普通高等教育经管类专业“十三五”规划教材

管理学

许彦彬　陈海玉　主　编
于　青　郭学静　赵京国　副主编

清华大学出版社
北　京

内 容 简 介

本书在“必需、够用、留有余地”的编写指导原则下，试图用较短的篇幅给学生提供相对完整的管理学知识体系，并尽量多地将管理学领域新的研究成果吸纳进来，从而体现精练、严密、深入浅出的特点。

本书知识体系清晰合理，逻辑结构严密，以管理职能为线索，从决策职能开始根据组织管理的流程设置各章的顺序，完全涵盖了组织管理的全过程。本书主要讲解3部分内容：一是相关理论知识；二是管理实践和管理思想发展史；三是管理实践。为了便于讲解和阅读，各章以专栏或案例分析的形式提供了阅读材料。

本书理论知识介绍的程度适中，较好地兼顾了理论学习与实操训练。在基础理论知识讲授的基础上，配合例题、案例分析以及各章后的习题，教师可以有效地开展案例教学和以问题为导向的教学。目前国内虽然有诸多的管理学教材，但是还鲜见适用于通识课程的管理学教材，如何让各个专业的学生快速地学好管理学，本书在这方面进行了有益的探索。

本书对应的电子课件和习题答案可以到http://www.tupwk.com.cn/downpage网站下载，也可通过扫描前言中的二维码下载。

图书在版编目(CIP)数据

管理学 / 许彦彬，陈海玉 主编. —北京：清华大学出版社，2019
(普通高等教育经管类专业“十三五”规划教材)
ISBN 978-7-302-52697-1

Ⅰ. ①管… Ⅱ. ①许… ②陈… Ⅲ. ①管理学—高等学校—教材 Ⅳ. ①C93

中国版本图书馆CIP数据核字(2019)第057411号

责任编辑：胡辰浩
封面设计：周晓亮
版式设计：孔祥峰
责任校对：牛艳敏
责任印制：沈 露

出版发行：清华大学出版社
网 址：http://www.tup.com.cn，http://www.wqbook.com
地 址：北京清华大学学研大厦A座 邮 编：100084
社 总 机：010-62770175 邮 购：010-62786544
投稿与读者服务：010-62776969，c-service@tup.tsinghua.edu.cn
质 量 反 馈：010-62772015，zhiliang@tup.tsinghua.edu.cn
印 装 者：清华大学印刷厂
经 销：全国新华书店
开 本：185mm×260mm 印 张：18 字 数：438千字
版 次：2019年6月第1版 印 次：2019年6月第1次印刷
印 数：1～3000
定 价：56.00元

产品编号：079026-01

前　言

管理和科技是现代社会发展的两翼。科技是“硬件”，管理是“软件”，两者的有机结合才能产生巨大的推动力。管理学是研究人类管理行为规律的科学，是在近现代社会大生产的条件下，汲取其他学科的营养发展起来的交叉性科学，被广泛应用于各类社会组织。管理知识已经成为各类人才必备的知识，管理学也已成为各个高校普遍开设的热门课程。

本书力求简明扼要、全面系统地介绍管理的基本原理、基本职能和基本方法，并努力将国内外的创新成果吸纳进来，从而让本书具有简洁、新颖的特征。

本书的价值体现在以下几个方面。

(1) 探索更为清晰的逻辑结构。章节安排以管理职能为框架，以管理流程为顺序。

(2) 在内容展开思路上，对每个问题按照历史昭示了什么，理性指示了什么，当代人正在做什么 3 个角度阐述，实现了用较少的篇幅呈献给学生一个完整的管理学理论框架。

(3) 探索“亲验式”教学理念在管理学教学中的贯彻路径。长期以来，管理学教学采用“代理制”授课方式，这使得教学受制于教材。本书开展了案例教学和以问题为导向的教学，提供了丰富的案例和例题，可以帮助授课教师实现“亲验式”教学理念。

本书具有下列特征。

(1) 全面性。本书借鉴、吸收了国内外管理学权威著作的精华，特别注重对中国古代管理思想的整理和归纳。

(2) 实用性。本书知识体系简洁清晰，提供了大量背景资料，兼顾了教师授课、学生自学等多方面需求。

(3) 创新性。本书内容可归纳为管理思想、管理职能、管理方法 3 个部分，同时将创新管理作为重要的内容纳入本书。

(4) 简洁性。本书通过大量图表、案例和阅读材料来讲解深奥的理论，便于学生理解和讨论。

(5) 共享性。本书配有 PPT 课件，各章有小结、案例分析、习题及参考答案，便于教师实施案例教学和以问题为导向的教学，也有助于学生课堂学习和课后复习。

本书由许彦彬、陈海玉任主编，于青、郭学静、赵京国任副主编，其他编写人员有马振鹏、鞠迎修、袁飞、王爱敏。全书共计十一章，编写人员及分工如下：第一章管理与管理学由许彦彬编写，第二章决策由陈海玉编写，第三章计划由于青编写，第四章战略性计划由马振鹏编写，第五章组织设计由王爱敏编写，第六章人力资源管理由郭学静编写，第七章领导由许彦彬编写，第八章激励由鞠迎修编写，第九章控制与控制过程由马振鹏编写，第十章创新及创新管理由赵京国编写，第十一章管理方法与技术由袁飞编写。

在编写本书的过程中，作者参考了很多同类教材、著作和期刊等，限于篇幅，恕不一一列出，特此说明并致谢。

由于受资料、编者水平及其他条件限制，书中难免存在一些不足之处，恳请同行专家及读者指正。我们的邮箱是huchenhao@263.net，电话是010-62796045。

本书对应的电子课件和习题答案可以到http://www.tupwk.com.cn/downpage网站下载，也可通过扫描下面的二维码下载。

编　者

2019年2月

目　录

第一章

管理与管理学

【导读】

在人类社会的发展过程中，在不同的历史时期，总会有某种因素发挥着关键作用，能源、技术、管理等因素都曾在不同的历史时期发挥关键作用。随着社会的发展，生产组织规模越来越庞大，管理在其中的作用越来越重要。20世纪以来，管理学在经济发展中的影响力有目共睹，人们对管理的重视和探索直接推动了管理学这个学科的发展。该学科从诞生之日起，在时代需求的强力推动和学者们孜孜不倦的探索下，获得了蓬勃发展，如今已经成长为一个流派众多、理论庞杂的思想丛林。

【学习目标】

准确掌握管理的概念及职能；系统掌握管理学思想发展的脉络；了解管理的特征和意义，以及常用的管理方法。

【学习难点】

泰勒制的内容，管理的系统性和科学性。

【教学建议】

本章主要采用讲授法介绍管理的基本知识，结合案例分析管理对于社会的意义。课下让学生查阅泰勒、德鲁克、张居正等人的相关资料。

第一节　管理概述

对管理的概念和职能的理解直接影响管理理论体系的构建，不同的理论流派对管理有不同的认识。造成这种分歧的原因很复杂，主要包括：首先，管理学理论是在对管理实践总结的基础上产生的，不同时代管理实践内容的差异导致理论界对管理的认识不同；其次，管理的内容复杂多样，不同的管理内容对于管理的效果有不同的影响，这种影响在不同的历史条件下又千差万别，理论界对某个管理要素和管理环节的理解不同进而导致这种差异；最后，学者的学术背景和学术兴趣不同，也导致其对管理职能的认识有差异。例如，西蒙主张管理即决策，他强调决策在现代管理中的重要性；张居正在其《纲鉴易知录》中强调“为政之要，惟在得人”。不过，无论存在何种分歧，各管理流派对管理的意义，以及基本职能的框架的认识还是比较一致的。

一、管理的概念

管，从语源上理解，就是管辖、制约。其来源可以追溯到西周时期的官吏管钥。管钥，是西周初期周公旦设置的一种官吏，专职掌管王宫禁城、都城国门的大门钥匙，在各诸侯国，该职责由司城负责。典籍《周礼•地官》中记载：“管钥，司门掌授管键以启闭国门，谓钥也。”管即主其事；理，本意指事物的纹理或事情的规律，引申为治理、整理。所以，管理可以简单阐述为应用科学的手段安排组织活动，使其有序进行。影响力比较大的有以下几种概念表述。

(1) “科学管理之父”弗雷德里克•泰勒(Frederick Winslow Taylor) 认为：管理就是确切地知道你要别人干什么，并使他用最好的方法去干(《科学管理原理》)。在泰勒看来，管理就是指挥他人用最好的办法去工作。

(2) 诺贝尔奖获得者赫伯特•西蒙(Herbert A. Simon) 对管理的定义是：管理就是制定决策(《管理决策新科学》)。

(3) 彼得•德鲁克(Peter F. Drucker)认为：管理是一种工作，它有自己的技巧、工具和方法；管理是一种器官，是赋予组织以生命的、能动的、动态的器官；管理是一门科学，一种系统化的并到处适用的知识；同时管理也是一种文化(《管理——任务、责任、实践》)。

(4) 亨利•法约尔(Henri Fayol)在其名著《工业管理与一般管理》中对管理给出如下定义。管理是所有的人类组织都有的一种活动，这种活动由5项要素组成：计划、组织、指挥、协调和控制。法约尔对管理的看法颇受后人的推崇与肯定，形成了管理过程学派。孔茨(Koontz)是第二次世界大战(以下简称“二战”)后这一学派的继承人与发扬人，使该学派风靡全球。

(5) 斯蒂芬•罗宾斯对管理的定义是：所谓管理，是指同别人一起，或通过别人使活动完成得更有效的过程。

(6) 吴广扬对管理的定义是：管着最基本的行为和执行着最初心里想的问题。

上述种种说法分别从不同的角度阐述了管理的特征，虽然结论不同但从不同角度揭示了管理的规律。综上所述，这里给出管理的定义：管理是组织内拥有权力的人通过一系列手段让组织内各种要素和各个环节有序运转并实现目标的活动。该定义强调下列几个方面。

(1) 管理活动是在某个组织内进行的活动。

(2) 管理活动需要有特定的权力作为支撑。

(3) 管理需要一定的手段来实现，手段的选择决定了管理的风格和管理效能。

(4) 管理的对象是组织内的所有要素和全部过程，对各个要素的管理和各个过程的管理就形成了管理的各个领域，对其规律的探索则形成了管理学的分支，如组织管理、人力资源管理、财务管理等。

(5) 管理的目的是实现组织目标。管理实践中，管理的目标有很多，有时候管理中会出现目标置换现象，但是实现组织目标是最根本的。

二、管理的重要性

1. 从管理的历史看管理的重要性

从社会发展的历史来看，管理在社会发展中的重要性是逐步提升的。随着生产力的进步，社会组织的规模越来越庞大，管理在组织中的地位也越来越重要。传说公元前3世纪，摩西带领60万犹太人从埃及返回自己的故乡。纵然摩西精力旺盛、兢兢业业，但是事无巨细地管理如此庞大的队伍，也让他疲惫不堪。他的岳父告诉他应该把全体人员分成大队，大队再分成小队，然后任命大队长和小队长，摩西只需要管理好大队长就行了。摩西按照这个办法对队伍进行了调整，队伍果然井井有条了，摩西也从繁杂的琐事中解脱出来。这个故事或许是人类对分权管理的较早的记载，同时也阐明了管理的重要性。

阿尔文•托夫勒在其《力量的转移》中根据各个要素在历史中的作用将人类历史划分为3个阶段，根据技术、资本、知识在历史中的作用，简单地将人类历史发展划分为3个阶段，即技术决定的阶段、资本决定的阶段、管理决定的阶段。在生产力低下、生产严重不足的阶段，生产技术起着决定性作用，这时候决定组织命运的是技术人员。这时候虽然管理也发挥着作用，但仅仅是辅助作用，管理职能也没有明确地从生产中分离出来，更没有独立的管理机构和人员。随着技术的进步，资本在企业中的地位凸显出来，这个时候随着组织规模越来越庞大，社会分工越来越精细，管理的作用在提升，但是仍然是资本的附属物。到了管理决定的阶段，管理职能独立出来，企业出现了专门的管理机构和人员。管理对于企业的生存发挥着至关重要的作用。管理的作用如图1-1所示。

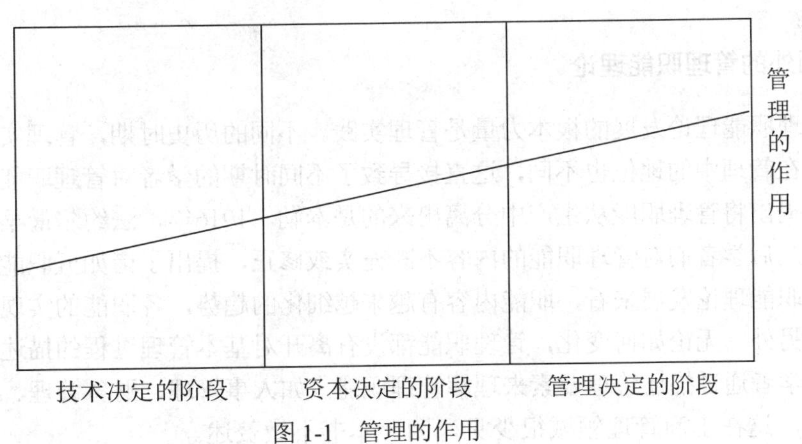

图 1-1 管理的作用

2. 从管理的职能看管理的重要性

1) 管理可以保证组织发挥正常功能

如果组织内部没有明确的职能分工，不明确相互之间的关系，组织就无法运行，纵使运行也会陷入混乱之中。组织规模越大，对管理的依赖程度越高。

2) 管理可以保证组织目标的实现

组织存在的基础是目标，但目标需要管理者进行规划和提出。任何组织都是由不同利益和追求的人组成的，没有管理的统一整合，组织是无法自主提出共同目标的。目标提出后，没有管理控制的作用，组织也会偏离目标。

3) 管理决定组织的成败

“凡事预则立，不预则废”“管理即决策”等充满智慧的格言深刻阐述了管理对于组织的意义。做正确的事情比正确地做事情更重要。当今社会，市场环境瞬息万变，发展机会稍纵即逝，如果不能正确决策、科学规划，一个企业巨头可能一夜之间陷于倒闭境地。王安集团、摩托罗拉等巨头的倒下都是因决策失误造成的。在管理领域，经验往往不可复制，但企业倒闭的教训往往是相同的，所以这也造成了决策的困难。科学预测和决策越来越成为决定企业存亡的关键因素。

三、管理职能

(一) 职能的概念

职能(function)，从语源的角度来说，有功能、职能等多种解释；从学科特征来说，社会学对该词语的理解偏重于功能，即发挥的作用，帕森斯的结构功能主义是这种观点的代表。管理学、行政学则更偏重于理解为职能，不仅强调能力和效能，也强调职责。泰勒在其《科学管理原理》中明确表达了这种思想，他主张将管理的职能从企业生产职能中独立出来，认为企业里应该有人从事专职的管理工作，生产者、管理者各司其职，不能让生产者承担自己不该承担的责任。不同的学者对职能的具体内容有不同的理解，但就其内涵而言，分歧并不明显。

(二) 国外的管理职能理论

推动管理职能理论发展的根本力量是管理实践。不同的历史时期，管理实践的内容，以及各项职能在管理中的地位也不同，这直接导致了不同时期的学者对管理职能内容有不同的主张。最早提出将管理职能从生产中分离出来的是泰勒。1916年，法约尔最早提出了管理职能的内容，此后学者们对管理职能的内容不断充实或修正，提出了诸如五职能理论、七职能理论等。从职能理论发展来看，职能内容有越来越细化的趋势，各职能的实现也越来越依赖量化方法。另外，无论如何变化，管理职能都没有离开对基本管理过程的描述。在公共管理领域，有的学者通过描述管理要素来理解管理职能，如人事管理、财务管理、办公室管理、后勤管理等，这在工商管理领域很少见，因此本书不做赘述。

1. 法约尔

法约尔认为，管理由计划、组织、指挥、协调、控制5个要素构成。法约尔在这里是把计划和预见作为一个相同的概念提出的，而预见即表示对未来的估计。

1) 计划

一个好的行动计划应具备以下特征。

(1) 统一性，即一次只能执行一个计划。

(2) 连续性，即应该使第二个计划不间断地接上第一个，第三个接上第二个，持续不断。

(3) 灵活性，即计划应能够顺应人们认识的发展而适当调整。

(4) 精确性，即根据预测，尽可能使计划适应未来发展的需求。

2) 组织

组织可分为物质组织与社会组织，法约尔所论及的仅仅是社会组织，其为企业的经营提供所有必要的原料、设备、资金和人员。

3) 指挥

指挥即让社会组织发挥作用，是一种以某些个人品质和对管理的一般原则的了解为基础的艺术。

4) 协调

协调是指企业的一切工作都要相互配合，以便企业经营的顺利进行，并有利于企业取得成功，使工作能做到先后有序、有条不紊。为了有效协调，他提出了著名的理论法约尔桥(fayol bridge)。

5) 控制

控制就是要证实一下各项工作是否都与计划相符合，以便加以纠正并避免重犯错误。控制涉及企业的一切方面，包括商业、技术、财政、安全和会计。控制应该由独立的机构或人员执行。在控制中，一方面要避免的危险是对各部门的领导和工作进行过多的干预；另一方面也要防止出现不负责任的控制人员。

2. 卢瑟•古利克的管理七职能理论

在1937年出版的由卢瑟•古利克和厄威克合编的《管理科学论文集》中，古利克提出了有名的管理七职能理论，取每种职能英文单词的首字母而称作POSDCRB，即计划(planning)、组织 (organizing)、人事(staffing)、指挥(directing)、协调(coordinating)、报告(reporting)、预算(budgeting)。

1) 计划

计划指为了实现企业所设定的目标而制定出所要做的事情的纲要，以及如何做的方法。

2) 组织

组织指为了实现企业所设定的目标，所建立的正式机构和组织体系，以便对各个工作部门加以安排、规定和协调。

3) 人事

人事指对职工的选择、训练、培养和适当安排等方面的职能。

4) 指挥

指挥包括以下各项工作：做出决策；发出命令和指示；对下属进行领导、监督和激励。

5) 协调

协调是一种使工作的各个部分有机联系起来的极为重要的职能。

6) 报告

报告指必须使那些负责人得到有关正在进行的情况的报告，并使自己及其下属通过记录、调查和检查而得到有关情报。

7) 预算

预算包括所有以财务计划、会计和控制形式出现的预算。

卢瑟·古利克认为他的管理七职能理论是管理领域普遍适用的，他特别强调了管理职能在政府管理中的作用。

3. 哈罗特·孔茨(Harold Koontz)的观点

哈罗特·孔茨的理论是在法约尔的一般管理理论基础上发展而来的。孔茨和奥唐奈在仔细研究其理论的基础上，将管理职能分为计划、组织、人事、指挥和控制5项，而把协调作为管理的本质，即5项职能有效综合运用的结果。相对于法约尔，孔茨对管理职能的描述更为系统，但是从对管理职能的理解来看，他和法约尔仍然都属于管理过程学派。

4. 斯蒂芬·罗宾斯(Stephen P. Robbins)的理论

(1) 计划：研究行动条件，制定决策，编制行动计划。

(2) 组织：设计组织，配备人员，运行组织，监督组织运行。

(3) 领导：提高和维持组织成员的积极性。

(4) 控制：制定检查标准，发现偏差，分析偏差原因，执行纠正偏差的措施。

5. 西蒙(Herbert A.Simon)的理论

20世纪40年代以来，系统论、控制论和信息论的产生以及现代技术手段的发展为决策学派的形成提供了理论和思想基础。管理实践发展到了决策在管理中起决定性作用的阶段。西蒙等人在解释管理职能时，突出了决策职能。他认为组织活动的中心就是决策，制订计划、选择计划方案需要决策；设计组织结构、人事管理等也需要决策；选择控制手段还需要决策。他认为，决策贯穿管理过程的各个方面，管理就是决策。

6. 威廉·纽曼(William Newman)的观点

在《经营管理的原则》中，威廉·纽曼将管理职能分为计划、组织、调节资源、指挥和控制。威廉·纽曼对计划职能的描述比较深入，进一步将其分为3种：组织目标、专门计划(为适应某一特定情况而确定的一整条行动路线)、长期计划。纽曼还第一次提出了“调节资源”的职能。而且，威廉·纽曼将协调归入了指挥职能，而不将其作为一项独立的职能。

7. 约瑟夫·L. 梅西的观点

约瑟夫·L. 梅西在《管理学基础》一书中，将管理职能分为决策、计划、组织、控制、通信与指挥。他强调了决策的作用，认为管理者的主要任务是进行决策，而不必亲自去做某项具体的工作。与其他学者的观点不同，他强调将通信作为一个独立的管理职能分离出来，认为管理的各项活动，尤其是组织和控制职能中必须有通信。

(三) 国内学者的观点

(1) 南京大学的周三多教授认为管理包括以下几个职能：决策、组织、领导、控制和创新。

(2) 复旦大学的芮明杰教授认为管理包括以下几个职能：决策、计划、领导、激励和控制。

(3) 清华大学的徐国华教授认为管理包括以下几个职能：计划、组织、控制、激励、领导和协调。

综合国内外学者对管理职能的认识，虽然内容表述不尽一致，但都是对管理过程的描述，管理过程的关键环节都得到了大家的重视。因此，本书按照管理过程提出五职能的主张。

(四) 管理的五大职能

1. 计划

计划职能是基本的管理职能，它在管理的各项职能中居于主导地位，即“凡事预则立，不预则废”。静态理解计划就是一整套行动方案，动态理解计划就是制定目标和行动方案的过程。

根据不同的标准可以将计划分成很多种类。根据时间跨度，可以将计划分为长期计划、中期计划和短期计划。根据计划出台的时间，可以将其分为基础计划和修正计划。在管理过程中，每一项工作都是以制订计划开始的，但是计划执行过程中外部条件在不断变化，这就需要对计划进行调整。

根据计划的地位，可以将计划分为战略计划和作业计划。根据计划的内容，可以将计划分为综合计划和专项计划。

计划具有系统性。任何计划的制订都应该根据目标的要求设计出一个完备的目标体系。计划制订过程中应该遵循目标的内在规律。首先，各项行动方案都应该为实现目标服务；其次，所有行动都应该是协调一致的，不能是相互冲突的；最后，必须保证各项行动所需要的资源不能冲突。

2. 组织

组织职能是指对企业的生产要素和生产过程进行组合。动态理解组织就是对企业内部责权关系、运行程序、要素关系进行设计和运行的过程。静态理解组织就是为了完成企业目标而设置的一整套工作机构和人员，其核心内容是各构成部分之间的责权关系以及各自扮演的角色。组织职能对于构建有序的关系、合理配置资源、提高劳动生产率具有重要的作用。

3. 领导

领导就是指挥、带领、引导和激励部下为实现目标而努力的过程。领导的主要作用是确立组织目标、协调利益关系、描绘组织愿景、激励下属为实现目标而努力。领导职能的发挥主要依赖领导职位赋予的岗位职权，同时与其个人魅力有密切关系。

领导效果与领导方式有密切关系。集权型领导与分权型领导、关心工作的领导与关心人的领导等不同的领导方式各有优劣势，其选择与组织规模、任务结构、上下级关系、员工成熟程度等因素有密切关系。费德勒在其权变理论中对领导方式的运用给出了比较合理的答案。

4. 控制

控制是指制定标准，不断比较行动与标准的偏差并给予纠正的过程。建立标准、衡量绩效和纠正偏差是控制过程的3个基本步骤。自从1948年诺伯特·维纳出版了著名的《控制论(或关于在动物和机器中控制和通信的科学)》一书以来，控制论的思想和方法已经渗透到几乎所有的自然科学和社会科学领域。在现代管理工作中，控制被公认为是一项基本职能，承担该项职责的不仅仅是管理层还有组织的所有成员。各级管理者都必须承担这一重要职责。

维纳用他创造的“cybernetics”这个英语新单词来表达他对控制的理解，这个单词来源于希腊文“mberuhhtz”，原意为“操舵术”，就是掌舵的方法和技术的意思。在柏拉图(古希腊哲学家)的著作中，经常用它来表示管理的艺术，所以，控制职能往往包含两个层面的含义。一是维持现状。任何系统的存在都必须建立在各个子系统服从于系统整体功能的基础之上，控制要按照系统的整体要求对各个子系统功能的发挥以及各个子系统之间、子系统与整体之间的关系进行协调，以维护系统的整体统一。二是完成目标。目标是组织存在的基础。任何系统都必须实现一定的目标。控制要按照目标实现的要求对各个子系统的行为进行比较评价，及时修正各个子系统的行为以保证实现目标。这种思想与塔尔科特·帕森斯(Talcott Parsons)的观点不谋而合。他认为一个社会需要满足4个基本需求：目标的获得、对环境的适应、将社会不同部分整合为一个整体，以及对越轨行为的控制。帕森斯尤其强调社会整合功能的满足，认为这需要社会成员接受和遵守社会的共享价值观。他认为是这些共享价值观将社会联系在了一起，如果过多的人拒绝接受这些价值观，社会的稳定将会瓦解。社会系统如此，管理系统也是如此。没有目标，系统是没理由存在的，没有控制和整合，系统将会瓦解。

5. 决策

决策是从两个以上的可行性方案中选择一个的过程。决策职能包含下列内容。

1) 分析形势找出问题，即构建决策问题

在管理中发现的现象往往不是决策问题，决策问题定位错误在决策中经常出现，危害也极其严重。因此，构建决策问题要求有充分、真实的信息作为基础。

2) 拟订可供选择的方案

方案的制定必须遵循可行性原则，方案要具体且具有可操作性，而不能仅仅是一种思路。方案的制定需要集思广益，即“天下之事，虑之贵详，行之贵力，谋之在众，断之在独”(张居正《陈六事疏》)。

3) 评价方案

评价方案的可行性、满意度以及执行结果。

4) 选择方案

选择方案需要注意可行性、满意性、执行后果三者的均衡。方案的选择不是决策者一个人能决定的，还会受到其他因素的制约，因此在决策时要有备选方案。比如经理看好一个工程师，但这个工程师未必接受经理的聘任，所以经理不得不安排另外一个人作为备选。选择方案的方法很多，有定量方法也有定性方法，各种方法并没有明显的优劣势，只是适用于不同的决策问题而已。

5) 执行决策

将决策方案分解给下属，说服大家全心全意地完成目标，应对执行过程中出现的各种问题。

6) 决策评估

通过追加评估衡量决策效果，对决策工作进行全方位检视。

四、管理的性质

从管理的作用、特征和运行规律来看，管理具有下列性质。

(一) 管理的二重性

管理的二重性是指管理具有自然属性和社会属性两种特性。

管理的自然属性是指管理是一种不随个人意识和社会意识的变化而变化的客观存在。管理首先是对客观事物关系的调节和控制，这种关系是有内在规定性的，无论何时何地由谁去管理，都应该遵循这种事物的自然属性。例如在生产组织中，各种生产要素的比例关系是固定的，不能人为地破坏这种规律，破坏这种规律的管理就会带来严重的后果。其次，管理受到各种自然条件的制约，在一定的自然条件下需要相应的管理与之相适应。

管理的社会属性指管理是一种只有在一定生产关系和社会制度中才能进行的社会活动。首先，管理思想、管理模式总是在一定的社会条件下产生的。虽然管理模式与社会生产关系未必是严格的一一对应关系，但是从长期来看，管理模式与其发挥作用的历史时期具有高度的一致性。其次，管理手段或管理风格受制于社会环境。同一个管理问题在不同的文化背景下，采取的管理方式往往是截然不同的。

(二) 管理的普遍性

首先，管理无处不在。从个体到群体，再到组织，处处有管理，时时有管理，可以说只要有人类的生产实践就有管理的存在。

其次，管理具有共同性。虽然不同历史时期管理的形态不同，管理思想各异，但是管理的基本规律是相同的。从横向来看，无论哪个国家，管理领域往往都考虑着相同的问题；从纵向来看，管理领域关注的问题往往是很多年前反复出现的问题。

(三) 管理的科学性

近代以来，对科学的定义集中在理性、客观、规律等方面。

1888年，达尔文对科学的定义是：科学就是整理事实，从中发现规律，得出结论。

《辞海》(1979年版)指出：科学是关于自然界、社会和思维的知识体系，它是适应人们生产斗争和阶级斗争的需要而产生和发展的，是人们实践经验的结晶。

法国《百科全书》指出：科学首先不同于常识，科学通过分类，以寻求事物之中的条理。此外，科学通过揭示支配事物的规律，以求说明事物。

《俄罗斯大百科全书》指出：科学是人类活动的一个范畴，它的职能是总结关于客观世界的知识，并使之系统化。“科学”这个概念本身不仅包括获得新知识的活动，而且还包括这个活动的结果。

一般认为科学具有如下特征。

(1) 理性客观。一切以客观事实的观察为基础，通常科学家会设计实验并控制各种变量来保证实验的准确性。

(2) 可证伪。这个观点来自卡尔•波普尔，即人类其实无法知道一门学科里的理论是否一定正确，当存在部分错误时，人们可以严谨、明确地证明这部分内容的错误的确是错的。

(3) 存在一个适用范围。任何科学理论都是有条件的，有一个适用范围。

(4) 普遍必然性。科学理论来自实践，也必须用于实践，它必须能够解释其适用范围内的已知的所有事实。

简而言之，管理的科学性就是指管理具有科学的所有特征。管理是对管理实践规律的认识和归纳，自从有了人类，就有了管理，但是管理学真正诞生是20世纪的事情。这个漫长的过程就是对管理规律探索的过程。

管理是一个严密的逻辑体系，每一种管理方法的适用范围都有清晰描述。

管理不断吸取其他学科的营养丰富自己，管理方法越来越可量化，心理学、社会学、经济学的理论与管理思想相结合，使管理越来越具有现代化的特征。

推动管理发展的是管理实践，随着社会环境的变化，不断有管理理论被证明其有限性，然后大家对其进行修正和补充，最终推动管理理论和思想发展。

(四) 管理的艺术性

管理需要管理者具有足够的管理知识和管理经验，并运用这些知识和经验来解决实际存在的问题。由于管理活动的环境具有某种不确定性，有效的管理还要利用管理者的个人经验和技巧来解决问题。这种经验和技巧往往植根于个人的天赋与直觉，带有很强的创造性和灵活性。高明的管理者能恰当地使用各种管理手段和管理方法，水平低的管理者往往照猫画虎，其结果也往往南辕北辙。管理的艺术性还表现在管理者的风格上，成功的管理者很多，有的果敢刚毅，有的谦虚和善，有的温和柔顺，但都能够实现自己的管理目标。

(五) 管理的人本性

管理的人本性有两方面的含义。

(1) 从管理者的角度来看，管理中最重要的因素是人，必须依靠人来实现管理目标。李世民曾说：“为政之要，惟在得人，用非其才，必难致治。今所任用，必须以德行、学识为本。”司马光在《资治通鉴》中有言：“为治之要，莫先于用人。”

(2) 从管理的目标来看，管理的目标是尊重人、发展人而不是限制人。无论是泰勒的科学管理理论、行为主义学派的理论还是德鲁克的目标管理理论，在思想上都试图构建平等的人际关系，实现人的自我发展和自我完善。这种观点在泰勒的国会听证会的演讲以及德鲁克对目标管理思想的解释中都有所体现。

(六) 管理的系统性

管理的系统性即管理具有系统的特性。

(1) 管理具有环境适应性。任何系统都处于一定的环境中并适应这种环境。管理总是与一定的经济文化发展阶段相适应的，可以说从古典管理学派到行为主义学派乃至发展到今天的管理实践，管理理论的发展不是思想进步的结果而是社会进步的结果。

(2) 管理具有结构功能特征。任何系统都是由若干子系统构成的，每个子系统都承担着某种功能，各个子系统整合起来能够完成任何一个子系统都不能单独承担的任务。从管理职能来看，任何管理都由若干管理职能子系统构成，但是，每个子系统都不能实现管理的最终目标，只有每个子系统都发挥作用才能实现最终目标。如果某个子系统过分强大，则可能威胁组织目标的实现；反之，如果某个子系统消失，即使其他子系统功能强大也不能弥补该子系统的功能，最终影响组织目标的实现。

(3) 管理的排他性。任何系统都具有排他性，即俗话说的“眼里揉不下沙子”。管理具有强烈的排他特性。从权力线来看，在管理中特别强调指挥的统一性。如果指挥不统一，则会导致管理的混乱。从管理的组织来看，每一个管理组织都有明显的排他特征或本能，其成员对于不同的目标或人员具有明显的排斥心理。从管理目标来看，管理目标总是排斥其他目标，这在组织管理中往往表现为强调自己的极端重要性或者与其他目标争夺稀缺资源。

第二节 管理的主体

一、管理的主体概述

管理的主体即管理者，是指在组织中承担计划、组织、指挥、协调、控制、决策等职能的人或机构。在传统观点和现代观点中，对管理者的认识有明显的分野。受泰勒的生产和管理职责分开观点的影响，传统观点认为，根据人们在组织中的地位和作用的不同，可以将他们分为操作者和管理者。操作者是指在组织中直接从事具体的业务，不对他人工作承担监督责任的组织成员，其任务就是做好组织分派的具体操作性事务。管理者是指那些在组织中指挥他人完成具体任务的人。管理者虽然也承担一定的具体事务性工作，但其主要职责是指挥下属工作。这种观点强调的是组织中的正式职位和职权，强调管理者必须拥有下属，由下属向其汇报工作。

现代观点则认为人与人的关系不应该是固定的，而应根据各自承担的目标来确定相互之间的关系，所以组织中也就不存在固定的操作者和管理者的划分。在现代观点中，管理的主体定义是：在一个现代组织里，一个知识工作者如果能够通过他们的职位和知识，对组织负有贡献的责任，从而能够实质性地影响该组织经营及达成成果，即为管理者。这一定义强调管理者的首要标志是必须对组织的目标负有贡献的责任，而不是权力。只要某人承担职能责任，对组织的成果有贡献，他就是管理者，而不在于他是否有下属人员。依据这一定义，拥有知识并负有贡献责任的工程师就是管理者。

综合以上分析，本书对管理者的定义为：履行计划、组织、指挥、协调、控制、决策等职能，对实现组织目标负有贡献责任的人。

二、管理者的类型

按照不同标准可以将管理者划分为多种类型，对其进行类型划分的主要目的是探究各个类型的管理者的职责、功能及行为特征。

(一) 按照管理者所处的层次划分

1. 高层管理者

高层管理者是指对组织的管理负有全面责任的人，他们的主要任务是制定组织的总目标、总战略，把握组织的发展方向。无论组织大小、成员多少，只有高层管理者能代表该组织，如学校的校长、副校长，医院院长、副院长，企业的董事长及董事会成员，城市的市长、副市长等。高层管理者除了代表一个组织外，还要把握本组织的目标及发展方向、做出计划和决策、审核组织业绩、保持与其他组织的联系。组织的高层管理者应具备较高的文化素质和较强的战略意识，具有较强的概念形成能力，能够提出发展愿景，具有大局意识。“丙吉问牛”的典故很直观地阐述了高层管理者的职能。

2. 中层管理者

中层管理者是指贯彻高层管理者所制定的大政方针和重大决策，并指挥和监督基层管理者活动的人。中层管理者位于组织的高层管理者和基层管理者之间，他们不承担具体事务，而是根据上级的计划，把具体任务分配给基层单位，并指导和协调基层管理者的工作。中层管理者起着承上启下的作用，对上下级之间的信息沟通负有重要的责任。中层管理者就是我们通常所说的中层干部，他们是一个组织中各个部门的负责人，如大学中的系主任、处长，企业中计划、生产、财务等部门的负责人。随着社会从工业化时代发展到知识经济时代，大量高科技手段在管理中得到运用，组织结构越来越扁平化，大公司的管理层次减少了，企业对中层管理者的需求也在锐减。

3. 基层管理者

基层管理者是指那些直接指挥和监督现场作业的人员，他们完成上级下达的各项计划和指令，直接带领具体操作人员完成上级下达的具体任务。基层管理者在组织中扮演着非常关键的角色，是管理者与非管理者之间的纽带。他们直接与具体操作人员打交道，协调解决工作中遇到的具体问题。基层管理者在传统意义上受中层管理者的指导和控制，以确保成功实施支持公司战略的行动。在一些优秀的企业内，基层管理者执行的作用变弱了，而对其创新和创造性的要求在提高，以便实现组织成长和新业务的开发。通常，企业车间里的班组长，职能部门的科长、股长、组长，大学各系(部)的教研室主任等就是基层管理者。基层管理者的工作对组织目标的实现和实际业绩起着决定作用，因为其处于一线岗位，最了解实际情况，因此，他们不仅在贯彻领导意图上发挥着重要作用，往往对于科学决策也发挥着重要的作用。

(二) 按照管理工作的范围与职责领域划分

1. 综合管理者

综合管理者是指负责整个组织或单位的全面管理工作的人员。他们是一个组织或单位的主管，对整个组织或单位的目标实现负有全部的责任；他们拥有领导一个组织或单位所必需的权力，有权指挥和支配该组织或单位的全部资源与职能活动，而不是只对单一资源或职能负责。例如，工厂的厂长、车间主任、工段长都是综合管理者；而工厂的财务处处长则不是综合管理者，因为其只负责财务这种单一职能的管理。

2. 职能管理者

职能管理者是指在组织内只负责某种职能的管理人员。这类管理者只对组织中单一职能或专业领域的工作目标负责，只在本职能或专业领域内行使职权、指导工作。职能管理者大多具有某种专业或技术专长，如一个工厂的总工程师、设备处处长、财务处处长等。就一般工商企业而言，职能管理者主要从事以下类别的管理工作：计划管理、生产管理、技术管理、市场营销管理、物资设备管理、财务管理、行政管理、人事管理、后勤管理、安全保卫管理等。

(三) 按照职权关系的性质划分

1. 直线管理人员

直线管理人员又称一线管理人员，是指有权对下级进行直接指挥的管理者。他们与下级之间存在隶属关系，是一种命令与服从的职权关系。直线管理人员的主要职能是决策和指挥。直线管理人员主要指组织等级链中的各级主管，即综合管理者。例如，企业的总经理、部门经理、班组长是典型的直线管理人员，组织的等级链主要由直线管理人员组成。

2. 参谋人员

参谋人员是指对上级提供咨询、建议，对下级进行专业指导的管理者。他们与上级的关系是一种参谋、顾问与主管领导的关系，与下级是一种非领导隶属的专业指导关系。他们的主要职能是咨询、建议和指导。参谋人员通常是指各级职能管理者，在实际管理中也可能同时担任直线管理人员。直线管理人员与参谋人员是依职权关系进行区分的，是相对于职权作用对象而言的，因此在实际管理中两者经常互相转化。例如，财务处处长对其他各部门来说是参谋人员，因为其只是在财务领域内进行专业指导；而对于财务处内部人员来说，财务处处长又是直线管理人员，因为他对本处工作人员有直接指挥的权力。市场环境的变化越来越快，决策问题越来越复杂，参谋人员和机构的地位越来越重要。大型企业往往设立专门的参谋机构，有时候为了弥补组织内部参谋机构的不足，进行重大决策时往往求助于外部的参谋机构，由此催生了大批民间参谋机构。

三、管理者的角色

角色是一个社会学概念，是指与某种身份相一致的一整套权利与义务的总和，是一整套的行为规范。亨利•明茨伯格对管理者角色进行了比较系统的研究。他对5位总经理的工作进行了一项细致的研究，对人们长期以来对管理者工作所持的看法提出了质疑。例如，当时流行的观点认为管理者是深思熟虑的思考者，在做决策之前，他们总是认真、系统地处理信息，而他发现他所观察的经理们经常陷入大量变化的、无固定模式的和短期的活动中，他们几乎没有时间静下心来思考，因为他们的工作经常被打断。有半数的管理者的思考活动持续时间少于9分钟。在对管理者进行大量观察的基础上，明茨伯格得出的结论是管理者扮演着10种不同却高度相关的角色。这10种角色可以进一步概括为3种类型：人际关系角色、信息传递角色和决策制定角色。

(一) 人际关系角色

1. 作为组织的官方代表，进行公关活动

作为组织的首脑，每位管理者有责任主持一些仪式，如接待重要的访客、参加某些剪彩仪式、与重要客户共进午餐等。在明茨伯格的研究里，首席执行官将12%的沟通时间花在礼节性的职责上，在他们收到的信件中，有7%是与其地位相关的感谢信或邀请函。

2. 作为组织的领导者，与下属进行互动

这个角色的工作包括雇用、培训、激励、惩戒雇员。管理者在组织中要经常与下属进行互动，比如代表组织与下属进行对话，激励和动员下属，在正式或非正式场合提出建议或下达指示，特别是在组织面临重大变革或者巨大外部压力的时候，这种互动至关重要。

3. 联络人

维护组织内部、外部的联络。

(二) 信息传递角色

信息传递是管理者工作的关键部分。信息资源的多少往往决定了一个管理者在组织中的地位。明茨伯格的研究发现，首席执行官将40%的时间用于传播信息，他们的信件有70%纯粹是情报性质的。在信息传递方面，管理者主要扮演监控者、传播者、发布者这3种角色。

1. 监控者

作为监控者，管理者要通过阅读期刊、报告等途径寻求和获取各种特定的内外部信息。他们为了得到信息而不断审视自己所处的环境。因为管理者在组织中的特殊地位，所以其获取信息的渠道远远多余其他组织成员。

2. 传播者

作为传播者，管理者必须分享并分配信息。管理者可以通过举行信息交流会的形式向组织成员传递信息，也可以分别向每个人直接传递他们独享的信息。当下属彼此之间缺乏便利联系时，管理者有时也会在他们之间传递信息。

3. 发布者

决定一个组织命运的因素有很多，如股东、消费者、社会公众、政府机构等。作为发布者，管理者的工作就是将组织的一些信息发送给组织之外的人，具体活动包括总裁发表演讲；建议供货商改进某个产品；举行会议，向股东发布信息等。另外，作为信息传递角色的一部分，每位管理者必须随时满足控制其组织命运的人或部门的要求。首席执行官可能要花大量时间与有影响力的人周旋，就财务状况向董事会和股东报告，还要履行组织的社会责任等。

(三) 决策制定角色

管理者在组织的决策制定过程中起着主要作用。作为拥有正式权力的人，只有管理者能够使组织专注于重要的行动计划；作为组织的“神经中枢”，只有管理者拥有及时、全面的信息以便制定战略。管理者的决策制定角色主要体现在以下4个方面。

1. 创业者

作为创业者，管理者应审时度势，发现新的机会进而做出变革的决定。在组织中，一般组织成员往往由于潜在风险或不确定性而对变革缺乏主动性。管理者在这方面拥有更高的理性。

2. 危机处理者

创业者角色把管理者描述为变革的发起人，而危机处理者角色则显示管理者非自愿地响应压力。作为危机处理者，管理者不再能够控制迫在眉睫的罢工、某个主要客户的破产或某个供货商违背了合同等变化。

3. 资源分配者

作为资源分配者，管理者不仅负责在组织内分配责任，还要负责设计组织的结构，即决定分工和协调工作的正式关系模式。重要决策在被执行之前，首先要获得管理者的批准，管理者通过这种权力确保决策是互相关联的，分散这种权力就等于鼓励不连续的决策和脱节的战略。

明茨伯格发现首席执行官们面临的选择复杂得令人难以置信。他们要考虑每个决策对其他决策和组织战略的影响，确保该决策能够得到那些对组织有影响力的人的承认，还要确保资源不会过分扩张，懂得各种成本、效益方案的可行性，并考虑时效性的问题。即便是在批准别人的某个提议时，所有这些考虑也是必要的。延误将浪费时间，快速批准有可能欠考虑，快速否决则会打击下属的积极性。常见的批准项目的方式是根据人而不是根据提议本身来确定是否批准该项目，也就是说，管理者倾向于批准那些具有可靠判断力的人提交的项目，但他们不能总是采用这个简单的原则。

4. 谈判代表

对各层次管理工作的研究显示，管理者花了相当多的时间用于谈判，比如足球俱乐部老板解决与超级球星的合同纠纷、公司总裁率领代表团去处理一次新的罢工事件等，正如伦纳德•塞尔斯所言，谈判对于富有经验的管理者来说是一种生活方式。谈判是管理者不可推卸的工作职责，而且是工作的主要部分，因为只有管理者有权把组织资源用于“真正重要的时刻”，并且只有管理者才拥有重要谈判所需要的“神经中枢”信息。

管理者角色的侧重点随其在组织中地位的变化而变化，如高层管理者更多地扮演传播者、挂名首脑、谈判者、联络者、发言人等角色，而基层管理者更多地从事领导者工作。另外，多数管理者既要从事综合管理活动，如谈判、挂名首脑的工作，也要从事纯粹的管理工作，如资源分配等。了解管理者的角色，主要目的在于认识管理者角色的重要性，加深对管理工作的理解。

四、管理者的素质

管理者的素质是指管理者的与管理相关的内在基本属性与质量。管理者的素质主要表现在品德、文化知识、能力与身心条件等方面。管理者的素质是管理水平与能力的基础，是做好管理工作、取得管理成效的极为重要的主观条件。

(一) 品德素质

司马光有言，“才者，德之资也。德者，才之帅也”，这句话深刻地阐述了管理者品德的重要性。具体而言，一个合格的管理者应该具备下列品德。

(1) 要具备清正廉洁、甘于奉献的高尚情操，时时刻刻以事业为重，把集体的利益看得高于一切，经得住诱惑。“人到无求品自高”讲的就是一个人的德行。

(2) 要具备求真务实、言行一致的品格。作为一个企业、一个部门的管理者，必须做到表里如一，言必信，行必果，才能上取信于领导，下取信于员工。另外，管理者必须从小事做起，从身边的事做起，以身作则。老子说：“天下难事，必做于易；天下大事，必做于细。”也就是说，做难事，是先从容易的地方做起；做大事，必须从细小的部分做起，切不可眼高手低，好高骛远。

(二) 文化素质

文化素质是管理者素质的重要组成部分，管理者文化素质的高低直接影响管理者主体能力的发挥。作为管理者，不仅要拥有业务所需要的专业知识，还要拥有丰富的非专业知识。在管理学领域，一直存在通才和专才的争论。作为管理者，既要当专才也要当通才，不过由于地位不同，对专才和通才的要求也不同。一般而言，对于高层管理者，对其知识面的要求高一些；对于基层管理者，则对其专业知识的要求高一些。总之，管理者要不断拓宽自己的知识面。

(三) 能力素质

能力素质是指管理者为完成领导目标所具备的智能、才能和技能。

1. 管理者要具备统揽全局的能力，要识大体、谋大局、抓大事

管理者要善于从全局的角度来考虑和处理问题，做到通盘筹划，整体协调，抓住关键，带动全局，从而达到纲举目张、事半功倍的效果。

2. 管理者要具备敏锐的洞察能力，要多谋善听、博采众长

管理者之间、上司和下属之间、同事之间要经常沟通，相互协助。管理者要多谋善听、博采众长。

3. 管理者要具备组织协调能力

管理者对内要处理好上下级关系，对外要处理好与周边环境、有关部门的关系。

4. 管理者要具备知人善任的能力

管理者要做到“人尽其才”“才尽其用”“人事相宜”，充分发挥各类人才的优势、积极性、主动性和创造性。管理者要有博大的胸怀，不可妒忌与压制比自己能力强的同事，应该多与比自己能力强的同事沟通，学习别人的长处，所谓“三人行，必有我师”。

5. 管理者要具备灵活应变的能力

复杂多变的社会环境要求管理者拥有灵活的变通能力，否则就会故步自封。

6. 管理者要具备开拓创新的能力

管理者要勇于打破常规，创造性地开展工作，要敢于创新，敢于求新，不畏困难，大胆探索。

7. 管理者要具备缜密的逻辑思维能力

1) 分析能力

分析能力是指把一个问题分解为几个部分，确认有关的事实，阐明意义和设想决策后果的能力。因为一个典型的管理问题会涉及很多事实，为了及时找出关键事实，管理者必须有一种直观的分析意识。

2) 概括推理能力

概括推理能力是指对事实进行概括形成概念并用逻辑说明概念的因果关系的能力。

3) 直观判断力

管理者需要在实践的基础上获得丰富的经验，进而培养强大的直观判断力。这种能力是应对瞬息万变的管理环境所必需的。

(四) 身心素质

1. 管理者需要有健康的体魄

管理是高强度的工作，管理者的身心要时刻处于观察、思考、谋划和判断的状态，如果没有健康的身体，管理者将无法应对复杂的管理工作。

2. 管理者需要有健全的心理

1) 决断的胆量

管理者不同于科学家，其往往不需要细致的研究和万无一失的推理来支持自己的决策。要想在情况不明和面临挫折时做出决策，没有胆量是不行的。

2) 自信

在满足需求和解决问题的过程中，人们对他人的依赖程度往往因人而异。同样，一个人面对他人主动维护自己的观点和积极地提出自己的观点时，其态度往往因对方职务的不同而有所不同。

3) 情绪稳定

情绪稳定的人倾向于下列行事方式：①平静、客观地接受不同的人，包括自己所不喜欢的人；②对障碍的反应是沉着地提高自己的努力程度，或寻找新的途径来实现自己的愿望，而不是否认障碍的存在，变得过度丧气、横加指责，或为自己的无能开脱；③当知道自己不可能完成某一既定的目标时，便把注意力转移到另一些感兴趣的事物上去；④在成功时刻的反应平静，并不会表现出孩子般的高兴或变得过度乐观；⑤举止朴实自然，没有矫揉造作或给人以牵强的印象。当一个人遇到紧张和矛盾的事情时，就将接受情绪稳定性方面的考验。

4) 坚韧

管理过程中会遇到各种阻力，这些阻力有的来自利益冲突，有的来自观念不和。当管理环境发生改变时，管理者往往要面临巨大的风险。管理实践中还经常遭受各种失败与挫折。因此，管理者必须具有果敢、坚韧和百折不挠的精神品质。

第三节　管理的对象和管理方法

一、管理的对象

管理的对象是指管理行为指向的客体。在一个组织中，与组织有关的所有因素都构成管理的对象，如人员、资金、机构、信息、技术、时间等。

1. 人员

“为政之要，惟在得人”。在所有管理要素中，人是最活跃的因素，因此，人员的管理在企业中至关重要。人员管理主要包括人员的选拔、任用、升迁、激励等内容。人员管理的核心不是管人而是协调人与事的关系，应做到人事相宜，人尽其才，事尽其用。

2. 资金

资金是任何社会组织，特别是营利性经济组织极为重要的资源，是管理的关键要素。无论什么组织，如果资金匮乏，其管理活动就难以进行，所以人们把资金称为管理活动的润滑剂。要保证管理活动正常进行，就必须对资金进行科学的管理。在一般的组织活动中，资金的运筹通过预算控制、成本分析、财务管理等形式来表现，具有很大的流动性。物资是社会组织开展职能活动、实现目标的物质条件与保证。物资与资金的区别在于两者的直接表现形式，后者是以货币形式来表现的，而前者则以实物形式来表现。例如，物资包括各式各样的物料和生产设备，如原材料、燃料、辅助材料、机器设备、厂房等。物资和资金有一个共同点，即两者在管理活动中都属于被动的对象。从本质上来讲，管理就是要使这些实务要素与其他管理要素(尤其是人员要素)紧密地协调起来，物尽其用，从而实现组织的目标。通过科学管理，充分发挥物资的作用，也是管理者的一项经常性工作。

3. 机构

机构是由两个或两个以上的个人为了实现共同的目标组合而成的有机整体。机构的设立、改组、变更、撤销等对一个组织的发展影响极大，与机构相关的工作如果处理不好会影响组织整体的运作。

4. 信息

信息是指能够反映管理内容的，可以传递、加工、处理的文字、数据或符号。管理中的人与人、人与物、物与物的对接，都要通过信息来反映和实现。实际上，管理的各种作用要得以正常发挥，信息的支持是不可或缺的。只有通过信息的不断交换、传递，把各个管理要素有机结合起来，才能形成现实的管理活动。在组织中，信息是不可缺少的“软”纽带，既是组织运行、实施管理的必要手段，又是一种能带来效益的资源。管理者必须高度重视，并科学地管理好信息。保证信息真实、完整、快捷是信息管理的目标。

5. 技术

技术作为管理的对象，泛指两个方面的内容：一是组织中的科学技术，如企业中的生产工艺流程，生产加工的技能、技巧等；二是组织活动的管理技术，如管理程序、管理方法和管理操作技巧。技术的特点和结构都对各种组织的运作有较大的影响，是管理者不可忽视的一个重要的管理因素。

6. 时间

时间是指在组织中，分配给各种活动的时期或时点。时间管理主要是在工作程序上协调各个机构之间的行动。时间是组织的一种流动形态的资源，也是重要的管理要素。任何组织都是在一定的时空条件下进行活动的，任何组织的管理都需要精确地计算时间的分布，因此时间就构成了管理活动的一个重要对象。现代社会的一个重要特点就是时效性日益突出。管理活动处在不同的时间区域就会产生不同的管理效果。管理效果在很多情况下也表现为时间的节约。各种管理要素的组合与安排明显呈现出时序性，如何按照一定的时序管理、分配各种管理要素，转化为如何管理时间的问题。实践表明，同样的管理结果或问题处理方案，在不同的时间就会表现出不同的效益，有时表现为高效益，有时甚至表现为无效益。管理者必须重视对时间的管理，真正树立“时间就是金钱”的观念，科学地运筹时间，提高工作效率。由于社会节奏越来越快，组织规模越来越庞大，大型项目涉及的机构越来越多，时间管理在组织中的地位越来越重要。原来“大鱼吃小鱼”的规则渐渐被“快鱼吃慢鱼”的规则所替代。

二、管理方法

管理方法是实施管理的途径或手段，是实现目标的中介和桥梁，对于管理成效及目标实现具有非常重要的意义。

按照作用的原理划分，管理方法可分为经济方法、行政方法、法律方法，以及社会学、心理学方法。

1. 经济方法

经济方法指遵循经济规律，依靠利益驱动，利用经济手段，通过调节和影响被管理者物质需要而促进管理目标实现的方法。经济方法的特点如下。第一，利益驱动性。被管理者是在经济利益的驱使下产生管理者所预期的行为的。第二，普遍性。经济方法被整个社会广泛采用，而且也是管理方法中的基本方法。第三，持久性。作为最基本的管理方法，经济方法被长期采用，而且只要运用科学，其作用也是持久的。经济方法的主要形式有价格、税收、信贷、经济核算、利润、工资、奖金、罚款、定额管理、经营责任制等。行为主义学派认为，工资、奖金等经济方法只能起到保健作用，激励效果并不明显，但是在实践中，经济方法的激励效果在某些领域十分明显。

2. 行政方法

行政方法指依靠行政权威，借助行政手段，按照行政隶属关系，直接指挥和协调管理对象的方法。行政方法的特点如下。第一，强制性。行政方法依靠行政权威强制要求被管理者执行。第二，直接性。行政方法是以直接干预的方式进行的，其作用明显、直接、迅速。第三，垂直性。行政方法反映了明显的上下级行政隶属关系，是完全垂直领导的。第四，无偿性。行政方法是通过行政命令方式进行的，不直接与报酬挂钩。行政方法的局限性是由于强制干预，容易引起被管理者的抵抗心理，单纯依靠行政方法很难进行持久的有效管理。行政方法的主要形式有命令、指示、计划、指挥、监督、检查、协调等。

3. 法律方法

法律方法指借助国家法律法规和组织制度，严格约束管理对象为实现组织目标而工作的方法。法律方法的特点如下。一是高度强制性。法律方法的强制性大于行政方法。二是规范性。法律方法是采用规范进行管理的一种形式，属于“法治”而非“人治”，这就增强了管理的规范性，从而限制了人的主观随意性。

4. 社会学、心理学方法

社会学、心理学方法指借助社会学和心理学原理，运用教育、激励、沟通等手段，通过满足管理对象社会心理需要的方式来调动其积极性的方法。社会学、心理学方法的特点如下。一是自觉自愿性。社会学、心理学方法是通过被管理者内心受激励而使其自觉自愿去实现目标的，不带有任何强制性。二是持久性。社会学、心理学方法是建立在被管理者觉悟和自觉服从的基础上的，因此，其作用持久，没有负面影响。社会学、心理学方法的局限性主要表现为对紧急情况难以适应，而且单纯使用这种方法常常无法达到目标。社会学、心理学方法的形式主要有宣传教育、思想沟通、各种形式的激励等。

第四节 管理学的产生和发展

一、早期管理思想

(一) 实践背景

社会大生产是管理学产生的实践基础。

自从有了人类，就有了管理实践，随着社会大生产的发展，逐渐产生了丰富的管理思想，但是这些管理思想是支离破碎的，无法构成严密的知识体系。从内容来看，囿于当时的组织类型和管理内容，当时的管理思想主要集中在人员管理和权谋上。

随着工业化的发展，管理在社会中扮演着越来越重要的角色，这时对管理的要求主要来自4个方面：大规模集体实践活动、政治控制和社会实践管理、战争、大型的工程项目等。此时，社会的封闭性被逐渐打破，民族之间、文化之间的冲突和交流日益频繁，无论是家庭经营还是国家治理，对管理的要求日益提高。经济上，随着商品交换的发展，重商主义逐渐衰落，市场鼓励创新和竞争，科学技术的突飞猛进成为规模经济的推动力，工业化的大幕拉开。政治上，代议制开始替代君主制，财产制度成为企业管理发展的制度背景。

(二) 理论基础

工业化以及理性、正式、系统的管理为管理学的诞生提供了前提条件。新教伦理、自由伦理和市场伦理等思想的产生为管理学提供了丰富的思想营养。新教伦理挑战中央教会的权威，打破了神学对人们的束缚，激发了人们对现实成就的需要；自由伦理反映了独裁政府和代表制政府的长期斗争，试图保护个人权利；市场伦理提出了对重商主义的挑战，倡导“以市场为导向的经济”的观点，重农学派的创始人魁奈和自由主义经济的奠基人亚当•斯密在这场思想革命中做出了巨大的贡献。经济学、心理学、社会学等学科的发展从理论上阐述了人的行为特征，进而为管理学的产生提供了逻辑基础。在管理学产生之前，作为社会学家或经济学家的马克斯•韦伯、亚当•斯密、罗伯特•欧文、查尔斯•巴贝奇等人都提出了企业管理的问题。在此基础之上，管理学呼之欲出了。

二、古典管理理论

(一) 科学管理理论

科学管理理论是19世纪末20世纪初在美国形成的。美国南北战争以后，经济得到快速发展，但是囿于管理落后，工人劳动时间长、劳动强度大、工作效率低下、工资水平很低，这种状况引发了工人的不满，也引起了管理人员和技术人员的注意。为了适应经济发展的需求，他们进行了许多实验，以便把最先进的科学技术运用到生产中去，因而形成了一整套的科学管理方法。这种理论的最主要的代表人物有弗雷德里克•泰勒、吉尔布雷斯夫妇、亨利•甘特等。泰勒出生在费城，因为患有眼疾不得不在18岁时辍学，进入米德维尔钢铁厂工作，历任该企业工长、总技师、总工程师。他在实践中观察发现，当时的管理者根本不懂管理，造成了极大的浪费，而工人没有经过专门训练，劳动效率低下。为了改进管理提高劳动效率，他从1888年开始进行了一系列实验，研究每一项工作的动作，进而提出科学的工作动作和劳动时间设计，在此基础上设计出计件工资制度，逐步形成了后人所说的泰勒制的管理方法。

1. 泰勒

泰勒的科学管理理论包括4项内容：

(1) 对工人工作的各个工序进行科学的分析，用科学的方法代替陈旧的操作方法；

(2) 科学地挑选工人，对工人进行培训以提高工人的技能和信心；

(3) 摒弃只顾自己的思想，促进工人之间的协作，使其按照科学的方法共同努力完成工作任务；

(4) 管理人员和工人都必须对各自的工作负责。

为了实现上述目标，泰勒提出了以下要求：

(1) 对工作环境进行分析；

(2) 进行工作任务分析，即工作包括哪些内容，达到什么标准；

(3) 给每一项工作制定定额并挑选合适的工人去完成工作(计件工资制度)；

(4) 管理者和工人要密切配合，督促工人完成任务。

泰勒制对美国企业管理乃至美国社会产生了巨大的影响，他提出的管理原则迅速在美国企业贯彻和推广，并取得了巨大的成效，为此，泰勒被称为“科学管理之父”，并受到了吉尔布雷斯、甘特等人的崇拜。也有一些人认为泰勒的理论无非是想从工人身上榨取更多的劳动成果和利润。不管大家对泰勒制的看法如何，今天的企业管理仍然受到泰勒思想的巨大影响。

2. 吉尔布雷斯夫妇

吉尔布雷斯夫妇是工业工程师，他们致力于工人动作的研究和简化。他们通过对砌砖工人动作的研究，设计出了砌砖脚手架，使砌砖效率比原来提高了200倍。

3. 亨利·甘特

亨利·甘特曾经是泰勒的助手，也是泰勒制有力的推广者。他的主要贡献是提出了发展和控制技术，创造了著名的甘特图(计划进度表)。他的第二个贡献是进一步发展了泰勒的计件工资制度，提出建立最高和最低工资制度，如果工人没有完成工作定额，则领取最低工资；如超额完成，则领取超额工资。

(二) 古典组织管理理论

在美国研究科学管理的时候，欧洲则进行组织管理的研究，主要代表人物有法约尔、马克斯·韦伯、厄威克、切斯特·巴纳德等。

1. 法约尔

法约尔是法国著名的企业家，出身于资产阶级家庭，受训于法国国家采矿学校，曾经担任冶金公司总经理。他总结自己50年的管理实践经验，出版了《工业管理与一般管理》一书。

法约尔的管理理论包括下列内容。

(1) 提出了管理的14项原则，即分工、权力、纪律、统一指挥、统一指导、个人利益服从集体利益、报酬、集权、等级链、秩序、平等、人员保持稳定、团结精神、主动性。

(2) 划分了管理的五大要素：计划、组织、指挥、协调、控制。

(3) 提供了管理过程的概念理论。

2. 马克斯·韦伯

马克斯·韦伯出生于一个富裕的德国家庭，他的思想对于社会学、管理学都有巨大的影响，其著作《新教伦理与资本主义精神》至今仍有着巨大的影响。他与法约尔、泰勒等是同时代的人物，但是，他的理论对于管理学的价值直到1947年其著作被翻译成英文以后才被世人所发现。他设计的官僚制理论模型是现代组织管理的基础，他所提出的权力的来源也深刻影响着领导理论的发展。

3. 厄威克

厄威克曾是英国皇家军队的军官，后转入工业领域从事管理工作。他综合了泰勒的科学管理理论和其他管理理论，并在此基础上提出了一整套的管理原则，其主要思想体现在《管理的要素》《管理金宝书》等著作中。

4. 切斯特·巴纳德

切斯特·巴纳德毕业于哈佛大学，曾担任贝尔电话公司总经理多年，其主要管理思想集中体现在代表作《经理人员的职能》一书中。他提出了著名的权威认可理论，同时，他也注意到组织生存需要内外平衡，意识到了组织和环境之间的关系，这在古典管理时期是非常可贵的。从一定意义上讲，切斯特·巴纳德是古典管理向行为主义管理转型的纽带。

(三) 古典管理理论的意义及特点

1. 意义

古典管理理论为管理学奠定了坚实的基础。泰勒率先在管理研究中采用近代科学方法，开管理研究中采用科学方法之先河。法约尔明确管理是企业的一种基本活动，其过程是计划、组织、指挥、协调、控制，为研究管理过程打下坚实的基础。马克斯·韦伯的官僚制理论提出企业组织发展需要的组织类型和基本管理精神，成为各类大型组织的“理想模型”，同时揭示了管理的理性精神和合理化精神。这一时期管理的实践与研究为管理学的进一步发展打下了坚实的基础。

2. 特点

(1) 古典管理理论着眼于简单组织的研究，侧重组织的静态分析，忽视了组织的动态分析及其与环境的关系分析。

(2) 对管理的程序论述太多，但这些程序在实际运行中往往是不存在的。

(3) 管理手段强调严格的制度和严厉的惩罚，没有意识到激励的作用。

(4) 理论的假设前提是人性是恶的，并且大部分人没有追求，因此在管理中把人当作工具。

三、行为主义管理理论

1. 霍桑实验与人际关系理论

古典管理理论虽然在提高劳动效率方面具有非常明显的效果，但是其不尊重人的局限性也导致了工人们强烈的反抗。随着科学技术的发展，单纯利用古典管理理论已经无法实现提高效率的目标，行为主义管理思想便应运而生。行为主义管理思想产生的标志是大名鼎鼎的霍桑实验。霍桑工厂是一家专门生产电话机和其他电器设备的工厂，有25 000名工人。为了确定工作环境对工作效率的影响，梅奥等人从1924年11月开始在工厂做了一系列的实验。他们相继做了灯光照明实验、刺激性工资实验，并进行了大量的访谈。实验结果表明，原来的工作环境影响工作效率的假设是不成立的，而人的因素要重要得多。梅奥与勒特里斯贝格尔指出，产量的提高不是由于设置茶点和休息时间，而是与激励的付薪机制以及监工的管理风格有关。这种人际关系理论强调人与人之间的倾听、交流以及领导者的社交技巧。

梅奥的《工业文明中人的问题》(1933)一书就是霍桑实验的成果总结，书中提出了与古典管理理论不同的观点——人际关系学说，其主要内容如下。

(1) 人是社会人，而不是经济人。

(2) 企业中存在非正式组织。

(3) 生产率的提高主要取决于工人的态度及其与周围人的关系。

在同时期，该学派重要的代表人物还有马斯洛和麦克雷格。马斯洛提出了著名的需要层次理论，这在本书第八章会有详细介绍。麦克雷格长期在美国哈佛大学从事心理学研究，他在1957年发表了论文《企业的人性面》，在论文中提出了著名的“X-Y”理论：X理论从悲观的角度看待工人，与科学管理学派的观点一致；Y理论以积极的态度看待工人，与人际关系学派的观点相一致。他认为Y理论更适合作为管理实践的基础。

2. 行为主义管理理论的要点

(1) 管理的前提是人：人是社会人，人都是有进取心的，工人是有价值的资源。

(2) 强调激励诱导在管理实践中的价值。

(3) 由于人的复杂性，对人的行为进行分析、预测是困难的。

四、现代管理的理论丛林

美国著名管理学家孔茨将20世纪三四十年代之后管理学百花齐放、百家争鸣的局面概括为“管理理论的丛林”。“二战”以后，无论是政治经济领域还是科学技术领域都得到了长足的发展，特别是管理实践的深入，带来了管理学理论的空前繁荣。这个时期涌现出了诸多管理学理论学派，比较有影响的有管理科学学派、社会系统学派、决策理论学派、权变理论学派等。

1. 管理科学学派

“二战”之后，数学和计算机技术得到快速发展，大型企业开始运用数学模型进行管理。科学管理学派强调信息情报系统的重要性，充分利用数学模型实现管理决策和经营管理，大大提高了复杂系统中的管理效率，但是，管理科学学派的理论存在下列局限性：

(1) 不能准确地预见或解释组织成员的行为；

(2) 数学模型太过复杂，构建和应用都存在困难；

(3) 数学模型有时候不切实际，难以实现。

2. 社会系统学派

其实巴纳德时期已经提出了社会系统学派的一些观点，前面已有介绍，但随着系统论的发展和完善，社会系统学派才形成了比较系统的理论体系。社会系统学派的理论包括以下内容：

(1) 系统是由若干子系统构成的实现特定目标的整体；

(2) 系统具有开放性，受外部环境的影响，与环境进行能量交换，同时系统对环境也有反作用；

(3) 系统内部各子系统之间是相互依赖的，一个组织中的子系统如果相互协同，就能实现比单个子系统更强大的功能；

(4) 任何一个系统如果不能适应外界环境的变化就会瓦解。

该学派的代表人物除了巴纳德外，比较重要的还有贝塔朗菲，他被称为系统论的创始人。

3. 决策理论学派

西蒙强调，管理即决策。他阐述了下列关于决策的思想。

(1) 决策的例外原则。日常性的事务不构成决策。

(2) 将决策分为4个阶段：收集情报、拟订方案、选择方案、评定方案。

(3) 信息在决策中具有重要作用，是决策的前提。

(4) 决策的目标是选择满意的方案而不是最佳方案，认为选择绝对理性的方案并不一定是最佳的决策。

4. 权变理论学派

20世纪70年代以后，权变思想对管理学的发展产生了重要的影响。该学派认为企业管理受到企业内外各种条件的影响，不存在一种普遍适用的管理理论和方法。因此，管理者应在考虑各种有关因素变动的基础上确定管理方法，才能取得良好的效果。

5. Z理论

20世纪80年代以后，大量日本企业进入美国，挤占美国的市场。美国企业发现日本企业的生产效率远远高于美国本土企业，于是掀起一股学习日本企业管理的风潮，但是，由于文化背景迥异，日本企业的管理模式并不适合美国的企业。美国管理学家威廉•大内综合美国的管理模式和日本的管理模式提出了一个中性的管理模式，他称之为Z理论，又称超Y理论。其主要思想见表1-1。

表1-1 Z理论模型

美国的管理模式	Z理论	日本的管理模式
1. 短期雇用制 2. 个人决策	1. 对职工采用长期雇用制 2. 进行集体决策	1. 终身雇用制 2. 集体决策

（续表）

美国的管理模式	Z理论	日本的管理模式
3. 个人负责	3. 个人负责	3. 集体负责
4. 对职工短期考察，快速提升	4. 对职工长期考察，缓慢晋升	4. 对职工长期考察，缓慢晋升
5. 明确具体的控制系统	5. 建立明确和不明确相结合的控制系统	5. 较不明确的控制系统
6. 强调职工专门化发展	6. 适当照顾职工多方面发展	6. 职工多方面发展
7. 只关心职工在职时的福利	7. 关心职工在职期间的个人和家庭福利	7. 关心职工长期福利

人类的管理实践经历了数千年，但是把管理作为一门学科进行研究才有一百多年的历史。推动管理学发展的力量是管理实践，而对人性的认识则是构建管理学理论大厦的前提。古典管理理论、行为主义管理理论和现代管理理论都具有鲜明的时代特色，解释了某些管理规律，对社会的进步都起到了重要的推动作用。3种理论相互补充，最后由社会系统学派和权变理论学派将其进行综合。

第五节　管理学的研究对象和研究方法

一、管理学的研究对象

研究对象是廓清一个学科与其他学科界限的关键，所以要想正确认识一个学科，首先要明确该学科的研究对象。另外，一个学科的研究对象也决定了该学科的分支学科的走向。英格尔斯为了阐明社会学的性质，提出了确定学科研究对象的基本框架，即理性指示了什么，历史昭示了什么，当代人正在做什么。确定各个学科研究对象应从逻辑的、历史的和实践的3个途径入手。虽然他是为了解释社会学的研究对象，但是该思想被广泛用于解释各个学科的研究对象。从上述3个途径看，管理学的研究对象包括下列3个方面的内容。

1. 管理的基本原理和规律

(1) 管理活动的基本关系，包括管理主体与管理客体的关系、上下级关系、协作关系、各目标之间的关系、程序之间的关系等。

(2) 管理运行规律，包括系统规律、控制规律、激励规律、创新规律、沟通规律等。

(3) 管理方法。管理方法是指人们在管理活动中，为达到既定的目标而采取的管理方式、程序和手段的总和。

2. 管理历史

管理历史包括管理实践史和管理思想史。

3. 管理实践案例

管理史主要在纵向上研究管理发展的规律，管理实践案例分析则是从横向上研究管理，以比较优劣。案例分析是目前管理学领域最重要的教学和研究方法，各种管理实践案例库也成为管理创新的重要参考依据。

二、管理学常用的研究方法

1. 调查研究法

调查研究法是认识管理活动、总结管理经验、探索管理规律的基本方法。管理理论的研究必须以通过直接或间接的调查取得的大量、可靠的材料为依据。

2. 比较研究法

“两刃相割，利钝乃知”，比较研究法可以揭示事物之间的共同点和差异。比较管理学是建立在比较分析的基础上，对管理现象进行研究的一个管理学分支，其研究往往建立在对不同文化背景和社会制度背景下的管理对比分析的基础上。比较管理学最早产生于20世纪50年代末，伴随跨国公司的发展与经济国际化的趋势而发展起来。

3. 系统方法

系统方法既是一种管理思想，也是重要的管理方法。系统论、控制论和信息论自产生之日起，就是作为一种方法论存在的，因此系统论是管理学研究的重要方法。在管理学研究中采用系统方法主要是将系统论的原则运用到对管理问题的分析中去。

4. 数学方法

数学方法是指运用数学理论、技术对所研究的管理客体进行定量分析，并用数学的形式揭示其内在联系和运动规律的方法。“二战”以后，随着计算机技术的发展，利用数学方法进行管理研究成为主流方法。

5. 案例分析法

案例分析法即从实际出发，通过分析案例、总结经验来研究管理问题。

6. 实验模拟法

任何事物的发展变化受制于多种因素，根据这些因素的影响程度，可以建立科学的数学模型，借助大型计算机对事物的演进进行模拟，进而完善决策，控制事物发展进程。在管理活动中，实验模拟法成为摸索经验、进行决策的有效工具，是帮助管理者发现管理问题并采取有效措施予以解决的重要手段。实验模拟法也是保证管理决策科学、有效的重要途径，许多重要决策都要先进行实验再进一步推广，即先验证决策的科学性再逐渐推广。在管理学发展过程中，实验模拟法也是创立先进管理理论的重要手段。一些重要管理理论，如泰勒的科学管理理论、梅奥的人际关系学说等，都是人们通过实验总结出来。

本 章 小 结

管理是组织内拥有权力的人通过一系列手段，让组织内各种要素和各个环节有序运转并实现目标的活动。管理具有计划、组织、指挥、协调、控制、决策等职能。管理具有科学性、艺术性、系统性等特征，对于人类发展具有重要的意义，管理学是在社会大生产的基础上产生的，对人性的假设推动了管理思想的发展。基于人性本恶的假设，科学管理学派强调严格的管理；基于人性本善的假设，行为主义学派更强调激励和人际关系的重要性。管理科学学派则认为人是复杂的，管理应该因势而变。

习　题

1. 阐述管理学产生的背景。
2. 比较科学管理思想与行为主义管理思想的异同。
3. 归纳管理思想发展的脉络。

案例分析

泰勒在国会听证会的演讲

泰勒的做法和主张并非一开始就被人们所接受，相反，最初还受到包括工会组织在内的人们的抗议。例如，一位名叫辛克莱的年轻的社会主义者写信给《美国杂志》主编，指责泰勒“把工资提高了61%，而工作量却提高了362%”。泰勒也遭到了来自管理部门以及伯利恒公民的反对。美国国会于1912年举行泰勒制和其他工场管理制的听证会。在那里，泰勒面对半数以上怀有敌意的国会议员们，不得不捍卫自己的观点。泰勒在会上发表的精彩证词，向公众宣传了科学管理的原理、方法和技术，成为他对其科学管理原理所做的最好说明，引起了很大的轰动。

1912年1月25日，泰勒在国会听证会上作证时，发表了如下的演说。

科学管理不是取得效率的手段，也不是保证效率的手段，甚至不是一套或一组取得效率的手段。科学管理不是一种核算成本的新制度；不是一种支付工资的新办法；不是计件工资制；不是奖金制度；不是津贴制度；不是支付工资的规划；不是用马表监视工人并记录他们的行动；不是工时研究；也不是动作研究；更不是人的活动分析；不是印刷和卸下一两吨空白表格给一批人，然后对他们说：“这就是你们的制度，拿去使用吧!”科学管理不是划分工长制或职能工长制，也不是一般人每当说到科学管理时所想起的任何手段。

一般人听到“科学管理”一词时，总认为是指上述一种或几种东西，然而，科学管理并不是上述手段中的任何一种。我不是在嘲笑成本核算制度、工时研究、职能工长制，也不是轻视任何新的和改进了的工资办法，更不是在轻视任何提高效率的手段。如果它们确实有助于提高效率，那么我信任这些手段，但是我要强调的是，这些手段无论是整个或部分来说都不全是科学管理，它们是科学管理有用的附属物，同样的，也是其他管理制度有用的附属物。

从本质上来说，科学管理包含一次全面的心理革命。一方面，对于任何特定企业中劳动的人，就他们对于工作、伙伴和雇主的责任而言，这是一次全面的心理革命；另一方面，对于工长、厂主、企业主、董事会，就他们对于企业中的同事、劳动者以及一切日常事务的责任而言，这同样是一次全面的心理革命。如果没有这两方面的全面的心理革命，那么科学管理就不存在。

在科学管理条件下，双方心理态度发生的伟大革命表现在：双方的眼光都从把分摊盈余作为最重要的事情上转移到增加盈余的数额，直到盈余大到没有必要再为如何分摊而争吵为止。他们开始认识到，如果他们不再互相倾轧并转为向同一方向并肩前进，那么由他们共同努力创造出来的盈余就会多得惊人。他们双方都认识到，当他们用友好合作和相互帮助代替彼此敌对和冲突的时候，他们就能够使盈余有巨额的增长，从而有充足的盈余来大大提高劳动者的工资，同时也大大增加了制造商的利润。先生们，这就是伟大心理革命的开端，它是走向科学管理的第一步。科学管理就是沿着完全改变双方的心理态度的路线，用和平代替战争，用真诚的兄弟般合作代替斗争和冲突，用齐心协力代替彼此背离，用相互信任代替猜疑戒备，由敌人渐渐变成朋友。我认为，科学管理必须沿着这条路线去发展。这种新看法或新观点是科学管理的实质所在。在新观点成为双方的主导思想之前，在用合作和和平的新思想代替倾轧和战争的旧思想之前，任何地方都不会出现科学管理。

双方对待盈余的心理态度的变化，只是在科学管理条件下发生的伟大心理革命的一部分，以后我将指出这一革命的其他部分。不过，还有一个观点的改变对于科学管理的存在也是绝对不可缺少的，即双方都必须从本质上认识到，要用严谨的科学调查和知识代替个人的判断或意见，去处理企业各项工作中的所有事务。

因此，在管理者和劳动者双方的心理、态度都发生变化之前，也就是说，在双方都尽各自的责任合作生产尽可能多的盈余，并且都认为有必要用严谨的科学知识处理工作事务之前，在任何企业中都不能说有了科学管理。

问题：

根据该案例材料整理泰勒制的核心思想。

第二章

决　策

【导读】

决策是指为了达到一定的目标，采用科学的方法和手段，从两个以上的方案中选择一个满意的方案并付诸实施的过程。任何工作一开始都要通过决策来为整个工作确定方向和目标，而且工作的其他各阶段也都包含决策的内容。因此，可以说管理就是决策。现代管理者只有善于在预测的基础上进行科学的决策，才能达到管理目标。

【学习目标】

掌握决策的含义、要素和程序；熟悉决策的相关理论、决策的类型以及决策的方法。

【学习难点】

应用现代科学技术(如统计学、运筹学、管理科学、计算机等)进行定量决策，在实践中科学运用确定型、风险型和不确定型决策方法选择满意的方案。

【教学建议】

理论讲授与案例讨论相结合，培养学生分析和解决实际问题的能力。建议采用模拟教学，设计决策实践活动，让学生模拟真实的决策者角色，模拟决策过程，提高分析、解决实际问题的能力和决策能力。

第一节　决策与决策理论

一、决策的含义

“决策”一词用英语表述为decision making，意思是做出决定或选择。学术界对于决策的含义有不同的认识，有代表性的观点主要有以下几种。

系统组织理论创始人切斯特•巴纳德提出：个人行为从原则上可以分为有意识的、经过计算和思考的行为，以及无意识的、自动的、反应的、由现在或过去的内外情况产生的行为。一般来讲，前面一类行为的先导过程，不管过程如何，最后可以归结为“决策”。与决策有关的显然有两点：要达到的目的和采用的方法。

行为决策理论管理学家赫伯•西蒙认为：“决策是管理的心脏，管理是由一系列决策组成的，管理就是决策。”他对决策过程的定义是：决策就是找出制定决策的条件，寻找、拟订和分析可能的行动方案，选择特定的行动方案。

随着管理科学的发展，人们对于现代决策的认识越来越趋于一致，即决策是为了达到一定的目标，采用科学的方法和手段，从两个以上的方案中选择一个满意的方案并付诸实施的过程。

正确把握决策的概念，应把握以下几层意思。

(1) 决策是行为的前提或基础。人们在生产经营或社会活动中，预先都有明确的目标和行动方案，确定目标和决策方案的过程就是决策。没有决策就没有合理的活动。

(2) 决策要有明确的目标。决策是为了解决某一问题，或是为了达到一定的目标，正确的目标是决策的前提。决策的目标要明确、具体，并且要有确定的依据。

(3) 决策要有两个以上备选方案。决策实质上是选择行动方案的过程，必须具备两个以上备选方案，对其进行比较、选择，最后选择一个满意的方案作为行动方案。

(4) 选择后的方案必须付诸行动。一项决策如果不能付诸行动，就称不上是真正的决策，最多只是一种良好的意愿。因此，决策不仅是一个认识过程，也是一个行动过程。

二、决策的原则

1. 系统原则

系统原则指运用系统理论进行决策，强调在决策时，把整体与局部、内部条件与外部环境、当前利益与长远利益、主要目标与次要目标结合起来进行系统思考、综合分析，同时注意事物的因果关系和发展的客观规律，以免顾此失彼、影响大局。

2. 信息准全原则

信息准全原则是指为决策所收集的信息必须全面、准确地反映决策对象的内在规律与外部联系。信息是决策的前提和基础，决策者必须掌握准确且全面的信息，对其进行归纳、整理和综合分析，才能为决策提供可靠的依据。

3. 满意原则

满意原则是指决策者按照一定的价值准则对诸多备选方案进行对比，从中选出一个满意的方案。对决策者来说，要想使决策达到最优，必须具备以下条件，缺一不可：

(1) 能够获得并掌握与决策有关的全部信息；

(2) 能够准确预测未来的外部环境和内部条件的变化；

(3) 做决策时不受时间和其他资源的约束；

(4) 能够制定出各种可能的方案，并能准确预测这些方案的结果。

显然，在现实中，上述条件往往得不到满足，这就决定了决策者的决策难以达到“最优化”，只能是做出相对满意的决策。

4. 可行性原则

可行性原则是指决策必须是在现有条件下切实可行的，这是衡量决策的科学性的重要标志。决策方案的选择应从客观情况出发，充分考虑主客观条件的有利因素、不利因素和外部条件变化的可能性，切实做好可行性分析。

三、决策的相关理论

1. 古典决策理论

古典决策理论是基于“经济人”假设提出的，主要盛行于20世纪50年代以前。古典决策理论认为，应该从经济的角度来看待决策问题，管理人员期望做出的决策能够为组织带来最大的经济利益。古典决策理论代表一种理想的决策模型，假设决策者是完全理性的，决策环境稳定与否是可以被改变的，在决策者充分了解有关信息的情况下，完全可以做出完成组织目标的最佳决策。古典决策理论忽视了非经济因素在决策中的作用，因此不可能正确指导实际的决策活动，从而逐渐被行为决策理论所取代。

2. 行为决策理论

行为决策理论形成于20世纪50年代，是从组织行为学的角度探讨决策过程的理论。最著名的代表人物是美国的赫伯特·西蒙教授。他在《管理行为》一书中指出，理性的和经济的标准都难以应用于管理的决策过程，进而提出有限理性标准和满意度原则。他认为，传统的古典决策理论是不符合决策实际情况的。其他学者对决策者行为做了进一步研究，在研究中发现，影响决策者进行决策的不仅有经济因素，也有其个人的行为表现，如心理和行为特征，包括态度、情感、经验和动机等。

3. 当代决策理论

继古典决策理论和行为决策理论之后，决策理论有了进一步的发展，产生了当代决策理论。当代决策理论把古典决策理论和行为决策理论有机地结合起来，概括出了一套科学行为准则和工作流程，既重视科学理论、方法和手段的应用，又重视人的积极作用。当代决策理论的核心内容是决策贯穿整个管理过程，决策程序就是整个管理过程。

组织是由作为决策者的个人及其下属、同事组成的系统。整个决策过程从研究组织的内外环境开始，进而确定组织目标，设计可达到该目标的各种可行方案，比较和评估这些方案，进行方案选择，最后实施决策方案并进行追踪检查和控制，以确保预定目标的实现。当代决策理论对决策的过程、原则、程序化决策和非程序化决策、组织机构的建立与决策过程的联系等做了精辟的论述。

【专栏2-1】

做重大决定时，在没有出现不同意见之前，不做任何决策

斯隆，通用汽车公司的第八任总裁，总是鼓励员工提出不同意见，这种做法使中层主管们勇于表达对决策的异议，即使面对最高管理层，中层主管们也不用担心提出异议会危及自己的职业生涯。

在通用汽车公司的历史上，遇到过很多次危难事件，其中最令人难忘的是发生在20世纪30年代大萧条时期的一段经历。

当时凯迪拉克车型在4年内销量大幅下滑，通用汽车公司面临是否停产的选择。1932年，通用汽车公司的董事会决定让凯迪拉克停产。如果这样，凯迪拉克这个品牌很可能会永远停留在美国汽车产业的历史中，多数董事甚至打算将凯迪拉克这个品牌注销。

此时，凯迪拉克公司里一位名叫尼古拉斯•德雷斯塔特的年轻工程师想和董事们见面。在斯隆的鼓励下，德雷斯塔特表达了自己的想法：如何让凯迪拉克公司在18个月内盈利。他请求董事会给他10分钟时间，由于斯隆的支持，这位工程师有机会向董事会阐述他的计划。

德雷斯塔特说，在通用汽车公司的一系列车型中，凯迪拉克这个品牌是成功和地位的象征，只有那些在商界有所成就的人才会买它。德雷斯塔特还向董事会提供了另一个信息，这让董事会很吃惊：凯迪拉克同样是富有黑人的地位象征，正如美国的其他汽车公司一样，通用汽车公司并未开辟面向黑人的市场，在黑人聚居的城镇或郊区，并没有凯迪拉克的代理商，黑人只有请白人朋友作为代理人，才能买到凯迪拉克车。

一位董事说："德雷斯塔特先生，你明白吗？如果你的计划失败，你可能得离开通用汽车公司。"

"当然先生，我很清楚这一点。"德雷斯塔特回答道。

"可我不这样认为。"此刻，斯隆说话了，"德雷斯塔特先生，如果您的计划失败，您将离开凯迪拉克公司，凯迪拉克公司也将不复存在。但是，只要通用汽车公司还在，只要我还是总裁，像您这样的人就永远有工作。您敢于担当责任，愿意主动解决问题，您有勇气，更有想象力。您关心凯迪拉克的前途，我关心您在通用汽车公司的前途。"

这次会议的结果是：通用汽车公司的董事会授权德雷斯塔特，允许他直接向黑人售车，这个计划的执行时间是18个月。

这次尝试的结果出人意料。1934年，在德雷斯塔特的领导下，凯迪拉克的销量上涨到11 468辆，并一路上扬。到了1962年，这一高利润车型的销售量接近16万辆，成为美国豪华车型的经典。通用汽车公司这次向黑人售车的尝试，是美国汽车销售史上第一个定位目标市场的成功案例。不得不说，是斯隆鼓励员工积极提出异议的做法挽救了凯迪拉克。

(资料来源：《中外管理》杂志增刊，2018年8月。)

第二节　决策的类型

决策根据其解决问题的性质和内容，可以分为许多不同的类型。管理者需要从不同层次和角度把握各类决策的特点，以便根据决策问题的特征，采取相应的方法，做出正确的决策。

一、按照决策在管理系统中的重要程度划分

按照决策在管理系统中的重要程度划分，决策可分为战略决策、战术决策和业务决策。

1. 战略决策

战略决策是指事关组织未来发展方向和远景的全局性、长远性的大政方针方面的决策，通常包括组织目标、方针的确定，组织结构的调整，产品的更新换代，技术革新等。这些决策关系到组织的发展方向、发展规模和发展速度，甚至组织的兴衰存亡，是对组织最为重要的决策，主要由组织的最高管理层负责进行。

2. 战术决策

战术决策又称管理决策，是指确定达到目标所要采取的程序、途径、手段和措施的决策，属于战略决策执行过程中的具体决策，如企业生产计划和销售计划的制订、设备的更新、新产品的定价以及资金的筹措等。战术决策旨在实现组织中各环节的高度协调和资源的合理使用，提高经济效益和管理效率，一般由组织的中层管理者负责进行。

3. 业务决策

业务决策又称执行性决策，是日常业务活动中为提高工作效率和生产效率、合理组织业务活动进程而进行的决策，如工作任务的日常分配和检查、工作日程或生产任务的安排和监督、岗位责任的确定和执行、库存的控制以及材料的采购等。业务决策只对组织产生局部影响，一般由组织的基层管理者负责进行。

二、按照决策是否具有重复性划分

按照决策是否具有重复性划分，决策可分为程序性决策和非程序性决策。

1. 程序性决策

程序性决策也称规范性决策，是在日常管理工作中以相同或基本相同的形式重复出现的决策。这类决策通常有章可循、有程序可依，决策者可依靠长期处理此类问题的经验或惯例来完成此类决策，其目标实现的把握性较大。程序性决策一般针对例行问题，即那些重复出现的、日常的管理问题，如管理者日常遇到的产品质量、设备故障、资金短缺、供货单位未按时履行合同等问题。

2. 非程序性决策

非程序性决策也称一次性决策或非例行的决策，具有极大的偶然性和随机性，很少重复出现，这类决策无章可循，因而其目标实现的风险较大。非程序性决策一般针对例外问题，即那些偶然发生的、新颖的、性质和结构不明的、具有重大影响的问题，如组织结构变化、重大投资、开发新产品或开拓新市场、重要的人事任免以及重大政策的制定等问题。

三、按照决策结果的可靠程度划分

按照决策结果的可靠程度划分，决策可分为确定型决策、风险型决策和不确定型决策。

1. 确定型决策

确定型决策指决策问题的条件是已知的，每个方案只有一种确定的结果，从中选择一个最优方案，付诸实施后就能取得预期效果的决策。确定型决策是一种理想化的情况，实际工作中并不常见。

2. 风险型决策

风险型决策指决策所面临的自然状态是一种随机事件，各种可行方案所需的条件存在不可控因素，一个方案可能出现几个不同的结果，各种结果的出现是随机的，但决策者知道有多少种自然状态，并可以根据相似事件的历史统计资料计算出各种自然状态的概率。实际工作中，风险型决策更为常见。根据方案估计结果的能力来源于个人经验或对第二手资料的分析，决策者应有指导其估计不同方案概率的历史数据或调研数据，否则只能采用主观概率。

3. 不确定型决策

不确定型决策是指客观上存在两种以上的自然状态，它们出现的概率是未知的，各种方案出现的结果是不确定的，完全凭决策者的主观经验和态度假设一个概率进行决策。

四、按照决策者人数的多少划分

按照决策者人数的多少划分，决策可分为个人决策和群体决策。

1. 个人决策

个人决策是指由最高领导人或某一个决策者做出决定的决策形式。个人决策是一种单一性的决策，决策主体为一人，决策方向为一个，这就决定了决策与领导者的素质之间有着直接的联系。个人决策的特点是决策迅速、责任明确，适用于处理常规的管理问题以及信息较为准确的简单决策问题。只要信息无误、决策效果较好、决策效率较高，就会取得显著的经济效益，而且能够充分发挥最高领导人或决策者的个人主观能动性，但是个人决策也往往受到决策者本人的价值观、性格、学识、能力、经验、魄力等的影响和制约，所以具有局限性。

2. 群体决策

群体决策是指由两个或两个以上的人组成的决策群体做出决定的决策形式。在一个团体和团队中，因为人与人在价值观、性格等方面的不同，做决策时需要考虑到每个人的想法，因此，群体决策就越来越被当今社会所认可。群体决策的优点如下：

(1) 群体决策是由群体来做出决策，收集了大量的信息，因此做出的决策具备一定的合理性和准确性；

(2) 群体决策是由群体讨论并决定的，说明群体中的每个人都熟知并认可决策的内容，有利于决策的实施；

(3) 群体决策是由群体做出的，因为群体中的人是不同的，这也在一定程度上体现出决策的创新性；

(4) 群体决策是每一个人都能接受的决策，这也就决定了决策的包容性。

五、按照决策影响的时间长短划分

按照决策影响的时间长短划分，决策可分为长期决策和短期决策。

1. 长期决策

长期决策是指与组织今后发展方向的长远性、全局性有关的重大决策，如投资方向选择、人力资源开发、组织规模的确定等。

2. 短期决策

短期决策是指为了实现长期战略目标而采取的短期策略和手段，又称短期战术决策，如日常运行决策、物资储备决策及生产中的资源配置等。

第三节　决策的过程

决策是我们塑造个人或组织未来的最强大的技能之一。每个决策都可以划分为6个不同要素：①合适的框架；②相关及可靠信息；③创造性的选项；④清晰的价值和权衡；⑤充分论证；⑥付诸行动。这6个要素明确了做出决策的问题或机会。除此之外，还有3件事情必须明确：①信息，捕捉我们知道且相信(但无法控制)的；②选项，限定我们做能做的；③价值，代表我们想要且希望达到的。信息、选项、价值3项构成决策的基础。这3项通过论证，在考虑所想要的价值和已知信息的前提下，引导我们做出满意的选择。

好的决策要求以上每个要素都是高质量的。据此，决策应按以下程序进行。

一、诊断问题或机会

决策者必须知道哪里需要采取行动，即明确面临的问题或机会，并设计出决策框架。决策框架由3部分构成：①做出决策的目的；②决策的范围，要包含什么、排除什么；③观点，包括相关者的看法、想如何做出决策、需要进行什么样的谈话、跟谁谈等。需要决策的问题可以很大，也可以很小，可能涉及长远发展，影响许多利益相关者，牵连许多问题，例如公司对于新产品发布战略的决策，会涉及生产制造、市场、销售、定价及顾客统计等；也可能涉及的范围很小，例如公司对于直邮产品的销售计划的决策，涉及的人员、部门及资源较少，风险也低得多。

诊断问题或机会的精确程度取决于信息的精确程度，因此，决策者应尽可能多地获取相关信息及可靠信息。相关信息是指决策者所知道的、将要知道的或者应该知道的与决策结果有关的所有重要信息；可靠信息是指值得相信的、客观公正的、来源权威的信息，然而，获得与决策有关的全部信息几乎是不可能的。为了做出对未来结果及其概率的可靠判断，必须采取收集案例、研究趋势、访问专家等措施，同时还要避免扭曲的偏见及决策陷阱。

二、明确决策目标

根据重要程度，可将决策目标划分为3类：必须达到的目标、希望达到的目标和不需要专门考虑的目标。首先，必须达到的目标对组织和决策来说是至关重要的，决定了决策成功与否；希望达到的目标对组织和决策来说是相对重要的，是一种弹性的要求；不需要专门考虑的目标对组织和决策来说重要性不大，不需要专门考虑，可以看成其他活动的附加成果。区分不同的决策目标便于决策者分析和判断决策目标的结构，即各项目标具体要求的合理性，并根据实际情况进行调整、补充和完善。

根据达成时间的长短，可将决策目标分为长期目标、中期目标和短期目标。长期目标通常用来指导组织的战略决策；中期目标通常用来指导组织的战术决策；短期目标通常用来指导组织的业务决策。无论达成时间长短，目标总是指导着随后的决策过程。

三、拟订决策方案

充分分析和研究决策要达成的目标，结合组织外部环境和内部条件，分析待决策事物未来可能的发展态势和情况。在此基础上，将信息进行排列组合，拟订出适量的实现目标的方案。通过调整和组织之后，形成多个备选方案。

备选方案可以是标准的，也可以是独特的和富有创造性的。标准方案通常是指组织以前用过的方案。如果简单地讨论是该接受还是拒绝某个方案，人们往往会抓住那些容易想到的、熟悉的、与自身经验直接匹配的想法不放，而引导决策者在没有创造并讨论其他选项的情况下就做出决策。更好的办法是通过头脑风暴法、名义小组技术或德尔菲技术等提出富有创造性的方案。

四、筛选决策方案

经过充分论证，找出能最大化地实现组织需求的选项。在论证之前，首先要明确价值导向。价值，是指我们想要的、关心的，或者更喜欢的。在决策背景下，价值有时被称为偏好。当决策者具有清晰的价值，以此来评估每个选项的优点，做出满意决策就变得非常容易，比如，决策结果想要获得的价值是更大的股东利益、积极的品牌影响还是环境保护，或者是兼而有之？每种价值的权重是多少？决策者必须权衡，为了获得更多的其他价值，而愿意对某个价值放弃到什么程度。

根据决策价值偏好，确定决策标准(如预期的质量)，然后对每种备选方案的预期成本、收益、不确定性和风险等进行评估，并对各种方案进行排序。决策者可以提出以下问题：该方案有助于质量目标的实现吗？该方案的预期成本是多少？与该方案有关的不确定性和风险有多大？在此基础上，决策者可以做出最终选择。

五、执行决策方案

要创造真正的价值，必须将决策转化为行动。如果没有有效行动，花费在决策上的时间和努力就是浪费。在大多数情况下，付诸行动是通过让正确的人参与到决策方案的执行过程中来实现的。正确的人必须包括有权利和资源践行决策、保证不偏离轨道的人(决策者)，以及那些被要求按决策行动的人(执行者)。

将决策方案及时通知相关者，确保组织成员充分接受和了解有关决策的各项指令，并获得他们对决策的支持和承诺。运用目标管理法将决策目标层层分解，落实到执行单位或个人，将决策方案付诸实践。相应的决策者应负起监督实施的责任，在关键环节要加强控制和监督，追踪调查方案实施对目标的保证程度，对局部与既定目标偏离的应采取措施，保证目标的实现。另外，决策者在方案执行过程中还需要再次评估环境是否发生了变化，尤其是长期决策，判断标准、方案和选择是否依然最佳。对客观条件发生重大变化，原决策目标确实无法实现的，要重新寻找问题，确定新的目标，重新修订可行方案进行评估和选择。

六、评估决策效果

将方案的实际执行效果与决策者当初设定的目标进行比较，看是否达到了预期目标。如果出现了偏差，则要找出偏差产生的原因，并采取相应的措施。具体来说，如果发现偏差的出现是由于当初考虑问题不周到、信息不可靠、对外来信息把握不准或所拟订的方案过于粗略(也就是说，偏差的产生与决策过程中的前4个步骤有关)，那么决策者就应该重新回到前面4个步骤，对方案进行适应性调整，以使调整后的方案更加符合组织的实际情况，并适应外部环境的变化。

如果出现的偏差是由于方案执行不力，管理者就应该加强对方案执行的监控，并采取切实有效的措施，在确保已经出现的偏差不扩大甚至有所缩小的基础上，尽可能采取有效措施进行纠偏，从而使方案取得预期的效果。

第四节 决策的方法

按照决策方法的性质划分，决策方法可分为两大类：一类是建立在个人或群体的经验、知识、智慧的基础上进行分析、评价与判断的定性决策方法；另一类是充分应用现代科学技术(如统计学、运筹学、管理科学、计算机等)的定量决策方法。

一、定性决策方法

定性决策方法也称决策的“软技术”，是依靠专家的知识、经验、智慧，运用社会学、心理学、组织行为学的理论，对决策问题做出科学的判断，所以，定性决策是一种主观决策。下面介绍3种常用的定性决策方法：头脑风暴法、德尔菲法和四分图法。

1. 头脑风暴法

头脑风暴法(brain storming，BS)又称智力激励法，是由美国创造学家A. F. 奥斯本(A. F. Osborn)于1939年首次提出，于1953年正式发表的一种激发创造性思维的方法。头脑风暴法是通过组织小型会议，让所有参加者在自由愉快、畅所欲言的气氛中自由交换想法或点子，并以此激发与会者的创意和灵感，使各种设想相互碰撞，进一步激发创造性。

该决策方法的4项原则如下：

(1) 各自发表自己的意见，对别人的意见不做评论；

(2) 提出建议之前不必深思熟虑，提出的建议越多越好；

(3) 鼓励独立思考、奇思妙想；

(4) 可以补充、完善已有的建议。

头脑风暴法的操作程序如下。

(1) 准备阶段。组织者事先要研究、分析所议问题，弄清问题的实质，找到问题的关键，设定所要达到的目标。同时，选定参加会议的人员，一般以5～10人为宜，时间一般为20～60分钟。然后，将会议的时间、地点、所需解决的问题、可供参考的资料和设想、需要达到的目标等事宜一并提前通知与会人员，让大家提前做好充分的准备。

(2) 热身阶段。这个阶段的目的是创造一种自由、宽松的氛围，使大家放松地进入一种无拘无束的状态。主持人宣布会议开始后，先说明会议的规则，然后随便谈点有趣的话题或问题，让大家为正式开始畅谈做好热身。

(3) 明确问题。主持人简明扼要地介绍有待解决的问题，介绍时不可过分周全，否则，过多的信息会限制参与人员的思维，抑制大家的想象力和创新力。

(4) 畅谈阶段。畅谈是头脑风暴法的创意阶段。为了使大家能够畅所欲言，保证会议的效果，主持人首先强调一下4项原则，然后引导大家自由发言、自由想象、自由发挥，让彼此相互启发，畅所欲言。在讨论过程中，记录员要记录大家的发言，并对发言记录进行整理和归纳。

(5) 筛选阶段。会议结束后一两天内，主持人应向与会者了解其会后的新想法和新思路，补充会议记录，然后将大家的想法整理成若干方案，再根据预定的标准进行筛选。经过反复比较和优中选优，最后确定最佳方案。

2. 德尔菲法

德尔菲法(Delphi technique)是20世纪40年代由奥尔弗•郝尔姆和诺曼•达尔克首创的，经过兰德公司进一步丰富、发展而形成的。1946年，兰德公司首次将这种方法用于预测决策，后来该方法被迅速广泛应用。

德尔菲法采用匿名发表意见的方式进行。专家之间不发生横向联系、不相互交谈，只是与调查人员进行联系。经过调查专家多轮次交换对问题的看法，再进行反复征询、归纳、修改，最后汇总成基本一致的看法作为预测的结果。这种方法具有广泛的代表性，较为可靠，可以充分发挥群体决策的优势。

德尔菲法的具体实施步骤如下。

(1) 选择专家。针对预测的内容，选择一批对所要研究的问题较为熟悉、经验丰富且乐于参与调查的专家，专家人数一般不超过20人。

(2) 陈述问题和要求。以调查表或个人征询意见的方式，向各位专家提出需要预测的问题及有关要求，并附上所有相关的背景材料，可以根据专家的需求提供补充材料。

(3) 专家给出意见。各位专家提出自己的决策意见。

(4) 整理反馈。调查人员将各位专家第一次的判断意见汇总，进行分析和对比，将归纳的意见和分歧告知所有专家，但不透露具体意见的提出者。让专家比较自己与他人的不同意见，对自己的意见和判断进行相应的修正，也可以请地位更高的其他专家对得出的初步结论加以评论，然后把这些意见传达给之前的各位专家，以便其参考后修改自己的意见。

(5) 重复步骤(4)，即将所有专家的修改意见再次收集、汇总，然后传达给各位专家。如此反复多次，最后形成代表专家组意见的方案。

【专栏2-2】

头脑风暴的杰作：用直升机扇雪

美国北部某地区冬季格外寒冷，大雪纷飞，电线上积满冰雪，大跨度的电线常被积雪压断，严重影响了通信。过去，许多人试图解决这一问题，但都未能如愿以偿。后来，电信公司经理尝试着解决这一难题。他召开了一次座谈会，参加会议的是不同专业的技术人员，同时他要求与会人员必须遵守以下四项原则。

(1) 自由思考。要求与会者尽可能地解放思想，不受约束地思考问题并畅所欲言，不必顾虑自己的想法或说法是否符合常规做法和逻辑。

(2) 延迟评判。要求与会者在会上不要对他人的设想品头论足，不要发表“这主意好极了”“这种想法太离谱了”之类的贬抑或赞誉之词。会后由组织人员对设想进行评判。

(3) 以量求质。鼓励与会者尽可能多地提出设想，以大量的设想来保证有价值设想的产生。

(4) 结合改善。鼓励与会者积极进行智力互补，在自己提出设想的同时，注意考虑如何把两个或更多的设想结合成一个更完美的设想。

基于这几项原则，于会者纷纷发表意见。有人建议设计一种专用的电线清雪机；有人想到用电热来化解冰雪；也有人建议用振荡技术来清除积雪；还有人提出能否带上几把大扫帚，乘坐直升机去扫电线上的积雪。对于这种“坐飞机扫雪”的设想，大家心里尽管觉得滑稽可笑，但在会上无人提出疑义。

有一位工程师在听到“坐飞机扫雪”的想法后，突发奇想，一种简单、可行且高效的清雪方法就此产生了。他想，每当大雪过后，出动直升机沿积雪严重的电线飞行，依靠高速旋转的螺旋桨产生的风力即可将电线上的积雪迅速吹落。于是，他马上提出“用直升机扇雪”的新设想，这个设想又引起其他与会者的联想，有关用飞机除雪的主意一下子又多了七八条。不到一小时，与会的10名技术人员共提出90多条新设想。

会后，公司组织专家对设想进行分类论证。专家们认为，设计专用清雪机、采用电热或电磁振荡等方法清除电线上的积雪，在技术上虽然可行，但研制费用大、周期长，一时难见成效。由“坐飞机扫雪”激发出来的几种设想倒是大胆的新方案，如果可行，将是既经济又高效的好办法。

经过现场试验，公司发现用直升机扇雪果然奏效，一个悬而未决的难题终于巧妙地得到了解决。这家电信公司经理提出的参加会议的四项原则就是头脑风暴法的主要思想。

(资料来源：网络，有删减。)

3. 四分图法

四分图法是美国心理学家迈尔提出的一种决策方法。该方法将组织中需要决策的事情分为四类，如图2-1所示，并针对不同的事情提出不同的决策方法。

图2-1中，质量度指与组织利益相关的程度。例如，对组织生存至关重要的事情(如产品、服务质量)即为高质量的事情。认可度指与员工利益相关的程度。例如，与员工切身利益紧密相关的薪酬改革等事情就属于高认可度的事情。

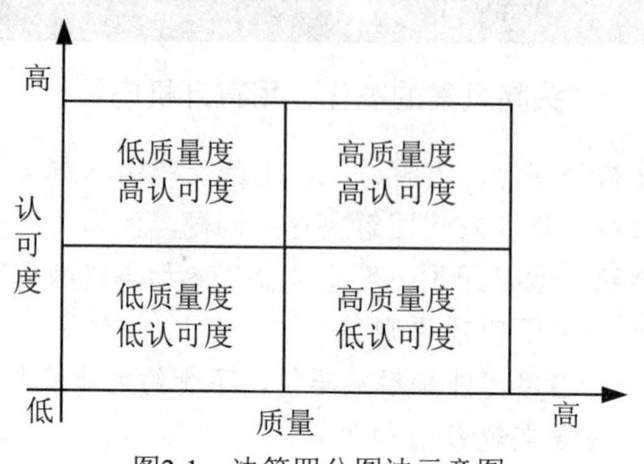

图2-1　决策四分图法示意图

(1) 高质量度低认可度的事情，即对组织生存至关重要但普通员工不会去关心的事情，如原材料采购。这类事情应由管理层来做决策。

(2) 低质量度高认可度的事情，即与员工的个人利益关系很大，员工的关注度很高，但对组织发展影响不大的事情，如新办公设备的分配等。这类事情应发扬民主，让基层管理者参与决策。

(3) 低质量度低认可度的事情，即与组织发展没有直接关系，与员工的切身利益也不密切相关的事情，如年终是发米还是发面。这类事情可以交给工会民主投票。

(4) 高质量度高认可度的事情，即与组织未来的绩效、发展前景以及员工个人发展都有密切关系，员工也很关注的事情，如企业改制、薪酬制度改革等。这类事情首先要有民主参与，最后要交由高层管理者做出决策。

二、定量决策方法

定量决策方法就是应用现代科学技术(如统计学、运筹学、管理科学、计算机等)和方法，对备选方案进行定量的分析、计算，得出方案的损益值然后选择满意方案的方法。定量决策方法通常称为决策的“硬技术”。常用的定量决策方法有以下几种。

1. 确定型决策方法

确定型决策指决策问题的条件是已知的，每个方案只有一种确定的结果，从中选择一个最优方案，付诸实施后就能取得预期效果的决策。实际工作中的许多问题虽然不是严格确定型决策问题，但如果主要因素是确定的，也可以暂时忽略不确定因素，简化为确定型决策问题。常用的确定型决策方法有线性规划法和量本利分析法等。

1) 线性规划法

线性规划法是指在满足一组已知的约束条件的情况下，使决策目标最优的方法，即求目标函数的最大值或最小值。

【例2-1】某企业生产A、B两种产品，已知生产一个A产品需要钢材4千克、水泥5千克、劳动力10个，净产值1200元；生产一个B产品需要钢材9千克、水泥4千克、劳动力3个，净产值700元；该企业有钢材360千克、水泥200千克、劳动力300个，问A产品、B产品各生产多少个能使企业净产值最大？

解：假设A产品的产量为X_1，B产品的产量为X_2，则有如下约束条件：

$4X_1+9X_2\leqslant 360$

$5X_1+4X_2\leqslant 200$

$10X_1+3X_2\leqslant 300$

$X_1, X_2\geqslant 0$

目标函数为

$$\max f(X_1, X_2) = 1200X_1+700X_2$$

求解得到X_1=24，X_2=20，最大净产值为42 800元，即安排生产24个A产品、20个B产品，企业获得的净产值最大。

2) 量本利分析法

量本利分析法又称盈亏平衡分析法或保本分析法，就是通过考察销售量或产品、成本与利润的关系以及盈亏变化的规律，掌握盈亏变化的临界点(保本点)而进行选择来为决策提供依据的方法。应用量本利分析法进行决策的关键是找出企业不赢不亏的产量(保本产量)，此时总收入等于总成本。企业利润是销售收入扣除成本后的余额；销售收入是产品销售量与销售单价的乘积；产品成本包括工厂成本和销售费用在内的总成本，分为固定成本和变动成本。

【例2-2】某商户买了一台复印机，假设它的固定成本为每年1万元，单位变动成本即每复印一张纸(如墨粉、纸张、电费、人工费等)为0.2元，对外每张复印费为0.5元，那么每年至少复印多少张才能保本？

解：假设为X张，根据盈亏分析保本点的特性，得到

$$0.5X = 10\,000+0.2X \text{ 或 } X = 10\,000/(0.5-0.2)$$

解得X = 33 334(张)。

因此，一年至少复印33 334张才能保本。

2. 风险型决策方法

在比较和选择活动方案时，如果未来的情况不止一种，方案实施可能会出现几种不同的自然状态，决策者也不知道哪种情况会发生，但是能够基于历史的数据或以前的经验推断出各种自然状态出现的概率即可能性，在这种情况下进行的决策就是风险型定量决策。风险型定量决策最常用的是损益期望值法和决策树法。

1) 损益期望值法

损就是亏损，益就是赢利。损益期望值就是组织(或某个投资项目)亏损或者赢利的数额。在一定时期内，组织各项收入抵补各项支出后的差额就是经营的最终成果，收入超出支出，就是纯益(用正数表示)；反之，就是纯损(用负数表示)。

损益期望值就是某一个行动方案在各种自然状态下可能得到的平均损益值，通常用符号E

表示，等于每个自然状况下概率与相应损益值的乘积之和。损益期望值法就是计算出每个行动方案的损益期望值，然后比较大小，根据“损益期望值最大规则”选择满意的方案。

【例2-3】 M公司打算生产某产品。根据市场预测分析，产品销路有3种可能性：好、一般、差。这3种情况出现的概率分别为0.3、0.4、0.3。生产该产品有3种方案：改进生产线、新建生产线、外包生产，各种方案的收益值如表2-1所示。

表2-1　各生产方案在不同市场情况下的收益

单位：万元

产品生产方案	销路好	销路一般	销路差
(1) 改进生产线	200	140	-50
(2) 新建生产线	220	100	-70
(3) 外包生产	100	70	16

解：各方案期望损益值计算如下。

(1) 改进生产线：200×0.3＋140×0.4-50×0.3=101(万元)。

(2) 新建生产线：220×0.3＋100×0.4-70×0.3=85(万元)。

(3) 外包生产：100×0.3＋70×0.4＋16×0.3=62.8(万元)。

由以上计算可知，第(1)种方案对应的期望损益值最大，所以选择改进生产线的方案。

2) 决策树法

决策树法是进行多阶段的风险决策时经常用到的方法。决策树是以方块和圆点为结点，并由直线连接而成的一种树状结构。决策树由5个要素构成：决策点、方案分支、状态结点、概率分支和结果点。作图时先确定决策点(用□表示)，由决策点引出方案分支(用直线表示)，方案分支的末端为状态结点(用○表示)，再由状态结点引出概率分支，概率分支的末端为结果点(用△表示)，概率分支上标明各状态发生的概率，各概率分支的损益值写在结点的后面，并根据有关数据计算各状态结点的期望值。决策树法简单明了，尤其在方案众多或需要做多级风险型决策的情况下，决策树法的优点更加突出。

【例2-4】 N公司计划投资建厂扩大生产规模，现有3种互斥的可选方案。

方案一：新建大厂，需一次性投资1000万元，据预算，若经济景气，每年可获利200万元；若不景气，每年会亏损50万元。方案二：新建小厂，需一次性投资400万元，若经济景气，每年可获利120万元；若不景气，每年会亏损20万元。方案三：改建老厂，需一次性投资150万元，若经济景气，每年可获利50万元；若不景气，每年仍可获利20万元。假设经济繁荣的可能性为70%，经济不景气的可能性为30%，资产的使用期为10年，在不考虑税收、资金、时间、价值等的情况下，请选择一个可行方案。

首先画出决策树，如图2-2所示。根据决策树上的数据计算每种方案的期望收益。

方案一的期望收益：(200×70%-50×30%)×10-1000=250(万元)。

方案二的期望收益：(120×70%-20×30%)×10-400=380(万元)。

方案三的期望收益：(50×70%＋20×30%)×10-150=260(万元)。

计算结果表明，方案二的期望收益最大，因此，应选择方案二作为实施方案。

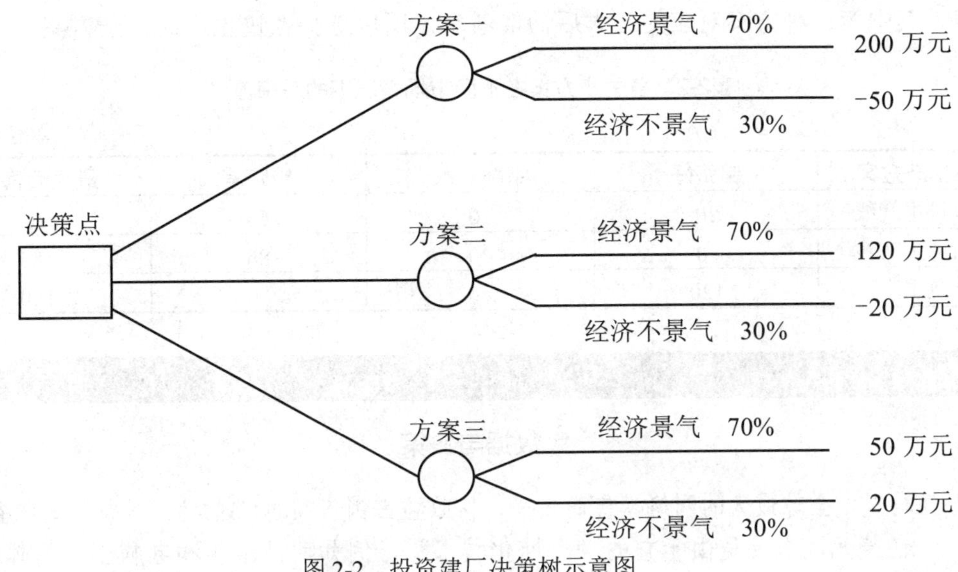

图 2-2 投资建厂决策树示意图

3. 不确定型决策方法

在选择活动方案时，如果决策者不知道未来情况有多少种，或虽然知道有多少种情况，但不知道每种情况发生的概率，则必须采用不确定型决策方法。常用的不确定型决策方法有小中取大法、大中取大法和最小最大后悔值法等。

1) 小中取大法

决策者对未来持悲观态度，认为未来会出现最差的情况。采用小中取大法进行决策时，对每种方案都按它带来的最低收益考虑，然后比较哪种方案的最低收益最高。

在例2-3中，3种方案最小收益分别为-50万元、-70万元、16万元，其中第3种方案对应的值最大，因此选择外包生产这一方案。

2) 大中取大法

决策者对未来持乐观态度，认为未来会出现最好的情况。采用大中取大法进行决策时，对每种方案都按它带来的最高收益考虑，然后比较哪种方案的最高收益最高。

在例2-3中，3种方案最大收益分别为200万元、220万元、100万元，其中第2种方案对应的值最大，因此选择新建生产线这一方案。

3) 最小最大后悔值法

决策者选择了某一方案后，若事后发现客观情况并未按自己的预想发生，会为自己之前的决策而后悔，最小最大后悔值法就是使后悔值最小的决策方法。采用最小最大后悔值法进行决策时，首先计算每个方案在每种自然状态下的后悔值。

某方案在某自然状态下的后悔值=该自然状态下的各方案中的最大收益-该方案在该自然状态下的收益

找出各方案的最大后悔值，然后进行比较，选择最大后悔值最小的方案作为最终方案。表2-2中给出了例2-3中各方案在每种市场情况下的后悔值，最右边一列给出各方案的最大后悔值，其中第一种方案对应的最大后悔值最小，所以选择改进生产线这一方案。

表2-2 各生产方案在不同市场情况下的后悔值

单位：万元

产品生产方案	销路好	销路一般	销路差	最大后悔值
(1) 改进生产线	20	0	66	66
(2) 新建生产线	0	40	86	86
(3) 外包生产	120	70	0	120

【专栏2-3】

大数据与决策

- 亚马逊，全球最大的网络零售商之一，按收益占销售额的1/3估计，其每年的收益达数十亿美元，主要是由于它的“个性化技术”，例如商品推荐和电脑生成的邮件。
- 在AutoZone公司，决策者们正在使用能够从各种数据库中收集信息的新软件，软件使5000家以上的当地商店实现了目标销售，并有望降低顾客未购买商品而离开的概率。AutoZone的首席信息官认为这是未来的方向。
- 不仅企业在使用大数据，旧金山市的研究人员也通过移动电话的使用情况来远距离预测疾病爆发的量级。

什么是大数据？大数据是可以使用高精度的数据处理程序分析的大量量化信息。一位信息技术专家用“3V”描述了大数据的特征：大量(high volume)、高速(high velocity)和高变体信息资产(high variety information assets)。

大数据和决策有什么关系？关系很大。手中有这种数据时，决策者就相当于有了非常强大的工具来辅助决策，然而，专家警告说，如果为了数据本身而收集和分析数据，那么付出的努力就是徒劳的。在收集和使用这种信息时，需要树立目标。有人说，大数据是一个多世纪前泰勒的科学管理的后裔。泰勒使用秒表来记录和监督工人的每个动作，而大数据则使用数学建模、预测技术和人工智能软件来测量和监管员工与机器，但是，管理者在利用大数据之前，需要实际检验和评估大数据对决策的贡献。因为不管大数据如何被全面或深入分析，它还是需要好的判断力来调和的。

本章小结

决策是为了达到一定的目标，采用科学的方法和手段，从两个以上的方案中选择一个满意方案并付诸实施的过程。

决策的相关理论主要有古典决策理论、行为决策理论和当代决策理论。古典决策理论认为，应该从经济的角度来看待决策问题，管理人员期望做出的决策能够为组织带来最大的经济利益；行为决策理论认为，影响决策者进行决策的不仅有经济因素，也有其个人的行为表现，如心理和行为特征，包括态度、情感、经验和动机等；当代决策理论把古典决策理论和行为决策理论有机结合起来，概括了一套科学行为准则和工作流程，既重视科学理论、方法和手段的应用，又重视人的积极作用。当代决策理论的核心内容是决策贯穿整个管理过程，决策程序就是整个管理过程。

决策根据其解决问题的性质和内容，可以分为许多不同的类型。管理者需要从不同层次和角度把握各类决策的特点，以便根据决策问题的特征，采取相应的方法，做出正确的决策。

每个决策都可包括6个不同要素：①合适的框架；②相关及可靠信息；③创造性的选项；④清晰的价值和权衡；⑤充分论证；⑥付诸行动。每个要素都要有高质量的答案。

决策应按照以下程序进行：诊断问题或机会、明确决策目标、拟订决策方案、筛选决策方案、执行决策方案、评估决策效果。

按照性质不同划分，决策方法可分为两大类：一类是在个人或集体的经验、知识、智慧基础上进行分析、评价与判断的定性决策方法；另一类是充分应用现代科学技术(如统计学、运筹学、管理科学、计算机等)的定量决策方法。

定性决策方法也称决策的“软技术”，是依靠专家的知识、经验、智慧，运用社会学、心理学、组织行为学的理论，对决策问题做出科学判断的方法，所以，定性决策是一种主观决策。本书介绍了3种常用的定性决策方法：头脑风暴法、德尔菲法和四分图法。

定量决策方法就是应用现代科学技术(如统计学、运筹学、管理科学、计算机等)和方法，对备选方案进行定量的分析、计算，选出方案的损益值然后选择满意方案的方法。定量决策方法通常称为决策的“硬技术”。常用的定量决策方法有确定型决策方法、风险型决策方法和不确定型决策方法。

习 题

一、名词解释

1. 决策　2. 战略决策　3. 战术决策　4. 业务决策
5. 程序型决策　6. 非程序性决策　7. 确定型决策　8. 风险型决策
9. 非确定型决策　10. 个人决策　11. 群体决策　12. 长期决策
13. 短期决策

二、简答题

1. 决策应遵循哪些原则？
2. 简述决策的主要类型。
3. 一项决策包含哪些要素？
4. 简述决策的程序。
5. 简述头脑风暴法和德尔菲法的操作过程。

6. 举例说明在确定条件、不确定条件和风险条件下进行决策的过程。

三、论述题

迄今为止，有关决策的理论经历了怎样的发展过程？

案例分析

一家天然气处理厂将天然气从附近的气井中收集起来，在工厂处理后输入管道，沿管道分支输送给周围地区的消费者。工厂在该地区没有找到足够的新气田使生产能力达到饱和，高管层正在寻找解决方案。

工厂运营的未来现金流净现值是公司考虑的首要价值指标，追求利润和留住员工也是工厂需要重点考虑的，但是人力资源支出又会减少这家工厂运营所得的现金流，这些价值有时会互相抵触。

与公司专家协商后，一个项目小组确定了几个解决方案，出于示例目的，这里仅列出其中两个。

(1) 保持现状。这个选项会在不裁员的情况下产生2000万美元的净现值。

(2) 关掉工厂，将处理工作外包给附近的一家竞争对手。该竞争对手产能过剩，提供了一个很有吸引力的价格来处理公司的所有天然气。在解雇100名员工后，这个方案会为公司带来7000万美元的净现值。

这两个方案的初步对比并没有明显分出优劣。货币收益(净现值)和员工保留似乎没有什么可比性。7000万美元净现值的方案非常有吸引力，但解雇100名员工并不令人满意，而2000万美元净现值的方案也让人无法接受。小组能不能想出另外一个方案，同时兼顾两个方面呢？

项目小组开始寻找一个既能保留可观的净现值，又能降低裁员消极影响的方法。其与工厂员工的交谈表明，如果公司能为每位员工提供15万美元，即为100名工厂员工总共提供1500万美元的离职补偿金的话，大部分员工是可以接受关闭工厂的。换句话说，有了该水平的货币激励，员工觉得去留无所谓。

有了这个新信息后，小组提出了一个新的方案：关闭工厂，提供15万美元的离职补偿金。除去离职成本后，这个新方案的净现值是5500万美元。高管层选择了这个方案，因为这个方案充分考虑到了两个方面——既大量节约了运营成本，又降低了裁员的消极影响。

(资料来源：斯坦福商业决策课：如何做好一个决策，2017：245-249。)

问题：

1. 高管层是依据什么做出决策的？你认同这一决策吗？为什么？
2. 结合该案例，谈一谈管理者应如何制定科学的决策。

第三章

计　　划

【导读】

在管理学中，计划具有两重含义：一是计划工作，是指根据对组织外部环境与内部条件的分析，提出在未来一定时期内要达到的组织目标以及实现目标的方案或途径；二是计划形式，是指用文字和指标等形式表述的组织以及组织内不同部门和不同成员，在未来一定时期内关于行动方向、内容和方式安排的管理事件。本章内容包括计划的概念、性质及类型，计划编制过程，运用目标管理、滚动计划法、网络计划技术进行计划的实施、调整和优化。

【学习目标】

了解计划的基本概念、特点、性质及类型；熟悉计划的编制方法及程序；掌握计划的方法与技术；了解目标管理的基本思想及性质；熟悉目标管理的过程；学会滚动计划法，能够熟练使用网络计划技术。

【学习难点】

计划与决策、目标管理的关系，滚动计划法及网络计划技术。

【教学建议】

第一节以课堂讲授为主，第二节、第三节建议结合案例教学引导学生查阅课外相关资料。运用计划制订的程序与方法，为模拟公司制订一份活动计划，要求科学规划、运筹周全，使活动计划具有可行性，并运用滚动计划法为其制订近期及远期计划，为模拟工程画出网络图。

一年之计在于春，一日之计在于晨。一年要有所收获在于这一年年初的计划，一天要达到目的在于这一天开始时的计划，一句俗语道出了计划的重要性。一位管理专家讲：“明年之计在于岁末，明天之计在于今晚。”更强调了计划的预先性。“先人一步”“先知先觉”，在竞争激烈的今天，“先”更为重要。计划是管理过程中的重要环节之一，也是管理的重要职能。只有计划确定了之后，管理的其他职能、活动才能进行，并且会随着计划和目标的改变而改变。一旦计划确定之后，就要根据计划进行组织、人员配备、指导、控制等工作。因此，计划是最基本的管理工作之一。

第一节　计划概述

一、计划的概念

计划是对事情进行预先筹划和安排的一项活动。管理中的计划就是明确管理的总体目标和各分支目标，并围绕这些目标对未来活动的具体行动任务、行动路线、行动方式、行动规划等进行规划、选择、筹谋的活动。计划工作的核心任务是回答“5W1H”。

what——做什么?(目标和内容)。明确计划工作的具体任务和要求。

why——为什么做?(原因)。明确计划工作的宗旨、目标和战略，并论证可行性。

who——谁去做?(人员)。明确规定每个阶段计划目标的责任人及其相互之间的协作关系。

where——何地做?(地点)。规定计划中的地点或场所，了解计划实施的环境和条件限制，以便合理安排计划实施的空间组织和布局。

when——何时做?(时间)。规定计划中各项工作的开始和完成进度，以便进行有效的控制，对能力及资源进行平衡。

how——怎样做?(方式、方法、手段)。确定实现计划的措施，以及相应的政策和规则。

二、计划的性质

(一) 计划工作是为实现组织目标服务

任何组织或个人制订计划都是为了有效地达到某个目标。在计划工作开始之前，这个目标还不十分具体，计划就是开始于这个不具体的目标。例如，某百货公司的经理希望来年的销售额和利润都有较大幅度的增长，这就是一个不明确的目标，然后再制定一个明确的目标，例如，销售额增长20%，利润增长15%。

(二) 计划工作是管理工作的桥梁

与管理的其他职能相比，计划居于首要地位，是组织、领导和控制等管理活动的基础，这主要是由于管理过程中其他职能都是为了支持、保证目标的实现，没有计划工作，其他工作无从谈起。

(三) 计划工作具有普遍性和秩序性

计划的普遍性和秩序性表现在两个方面：首先，组织的任何管理活动都需要有计划，计划涉及组织的各个层次、各个部门甚至全体成员；其次，计划是所有管理者应有的职能，各层次的管理者都要根据其职责和权力制订相应的计划，也只有这样，才能充分调动各级管理人员的积极性，更好地贯彻和执行计划。

(四) 计划工作要追求效率

计划工作的任务，不仅要确保实现目标，而且要从众多方案中选择最优的资源配置方案，以便合理利用资源和提高效率。计划工作的效率，是根据实现组织的总目标和一定时期的目标所得到的利益，扣除为制订、执行计划所需要的费用和其他预想不到的损失之后的总额来确定的。

三、计划的类型

计划是对未来行动的事先安排。计划可以按照不同的标准进行分类，不同的分类方法有助于我们全面地了解计划的内涵。认识到计划的多样性，在编制计划时就能有的放矢，根据工作内容选择合适的计划类型，从而提高计划的有效性。

(一) 按照计划的期限划分

按照计划的期限划分，计划可分为长期计划、中期计划和短期计划。一般来说，5年以上的计划为长期计划，1年以内的计划为短期计划，介于两者之间的计划为中期计划。

(1) 长期计划。长期计划只规定组织的目标和达到目标的总体方法，一般不规定具体的做法。长期计划越来越受到企业的重视，日本松下公司甚至已经制订了2050年的发展计划。

(2) 中期计划。中期计划比长期计划更为具体和详细，主要起衔接长期计划和短期计划的作用，以时间为中心，具体说明各年度应达到的阶段目标。中期计划既体现长期计划的具体内容，又为短期计划指明了方向。

(3) 短期计划。短期计划比中期计划更为具体和详细，更具有可操作性，能够直接指导各项活动的开展。

由此可见，长期计划为组织指明方向，中期计划为组织指明路径，而短期计划则为组织规定行进的步伐。

(二) 按照制订计划的组织层次划分

按照制订计划的组织层次划分，计划可分为战略性计划、战术性计划和作业计划。

(1) 战略性计划。战略性计划一般由高层管理者制订，以整个组织为目标，着眼于组织整体、长远的安排，属于战略规划。战略性计划的时间跨度大，内容也比较抽象概括，其目的在于使组织资源的使用与外界环境的机会相适应，对战术计划和作业计划起指导作用。

(2) 战术性计划。战术性计划由中层管理者制订，涉及组织生产经营、资源分配和利用，一般着眼于组织中各部门的定位及相互关系的确定，既可能包含各部门的子目标等战略性质的内容，也可能包含各部门的工作方案等作业性质的内容。战术性计划解决的主要是局部的、短期的以及保证战略计划实现的问题等。

(3) 作业计划。作业计划一般是由基层管理者制订的，主要包括下属人员的具体任务与作业程序等内容，也称为业务计划。

(三) 按照计划的明确程度划分

按照计划的明确程度划分，计划可分为指导性计划和具体性计划。

(1) 指导性计划。指导性计划只规定一些重大方针或一般性的指导原则，指出重点但不规定具体的目标或特定的行动方案。这种计划为组织指明了行动方向，但不提供实际操作指南，具有内在的灵活性。

(2) 具体性计划。具体性计划明确规定了目标，并提供一套明确的行动步骤和方案，也称指令性计划。与指导性计划相比，具体性计划更容易执行和控制。

组织通常根据面临的不确定性和可预见性程度的不同，选择制订不同类型的计划。

(四) 按照针对的活动是否为例行活动划分

西蒙把组织活动分为两类。一类是例行活动，指一些重复出现的工作，如材料的出入库等。对这类活动的决策是经常反复出现的，而且具有一定的规律，由此可以建立一定的决策程序。每当出现这类工作或问题时，就利用既定的程序来解决，而不需要重新研究。这类决策称为程序化决策，与此对应的计划是程序性计划。另一类活动是非例行活动，这些活动不经常重复出现，如新产品的开发、生产规模的扩大、品种结构的调整、工资制度的改变等。处理这类问题没有一成不变的方法和程序，因为这类问题在过去尚未发生过，或者性质、结构未知，或者极为复杂，或者这类问题十分重要而需要采用个别方法加以处理。解决这类问题的决策称为非程序化决策，与此对应的计划是非程序性计划。

(五) 按照计划的形式不同划分

按照计划的形式不同，哈罗德・孔茨和海因・韦里克把计划从抽象到具体分为一种层次体系：①使命；②目标；③战略；④政策；⑤程序；⑥规则；⑦方案；⑧预算。计划的层次体系如图3-1所示。

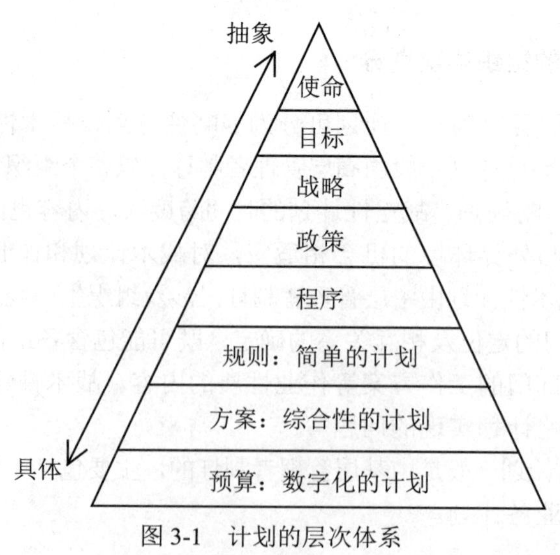

图 3-1 计划的层次体系

(1) 使命。组织的存在必然有一定的使命或宗旨，它是组织存在的根本，也可以是组织的发展意向。组织使命反映的是组织的价值观念、经营理念和管理哲学等根本性问题。

(2) 目标。目标是计划所要实现的结果，它是一切组织活动所指向的最终目的。确定目标本身也是计划工作，其方法与制订其他形式的计划类似。从确定目标起，到目标分解，直至最终形成一个目标网络，不仅本身是一个严密的计划过程，而且是构成组织全部计划的基础。

(3) 战略。战略是一个组织为实现目标而采取的总体纲要，其目的是通过一系列的主要目标和政策去决定和传达一个组织期望自己成为什么样的组织。

(4) 政策。政策是组织在决策或处理问题时用来指导和沟通思想与行动方针的明文规定。政策有助于将一些问题确定下来，避免重复分析，并给其他派生的计划提供一个全局性的概貌，使主管人员能够掌控全局。

(5) 程序。程序可以指导如何采取行动，而不能指导如何思考问题。程序的实质是对所要进行的活动规定时间顺序，是一种工作步骤。

(6) 规则。规则是一种简单的计划，是对在具体场合和具体情况下，是否允许采取某种特定行动的规定。

(7) 方案。方案是为了实施既定方针所必需的目标、政策、程序、规则、任务分配、执行步骤、使用的资源等而制订的具体的实施计划。

(8) 预算。预算是以数字表示预期结果的一种报表，可称为数字化的计划，是进行计划控制的标准。

第二节 计划编制过程

虽然计划的表现形式多样，但科学编制计划的工作程序却具有普遍适用性。计划的编制具体包括以下8个步骤。

一、确定目标

目标的确定是计划工作的基础。目标是期望的成果，是组织存在的前提，也是组织开展各项工作的基础。计划工作的第一步是在估量机会的基础上，为组织及其下属单位确定工作的目标，以及组织在一定时期内所要取得的效果。

对形势和机会进行正确估量之后，就要具体确定组织未来行动的目标，包括总体目标的设定、目标的分解、目标结构和重点的分析、具体目标的确定等，以指明将要进行的工作及其重点，告诉员工要完成的任务是什么。可见，在计划管理过程中，不仅要将目标转化为手段，还要把宽泛的目标细分为更具体的目标。可以说，确定目标贯穿整个计划过程。

二、认清形势

在开始制订计划之前，首先要认清组织所处的形势。认清形势的目的在于寻求合适、有效实现目标的途径。认清形势不仅需要有开放的精神，即将组织、部门置于更大的系统中，而且要有动态的精神，即考察环境、对手与组织自身随时间的变化以及相互间的动态反应。对环境中可能出现的机会进行估计，根据外部环境的机会、威胁和组织内部的资源状况来确定组织应采取的行动，扬长避短。严格来说，估计机会不是计划工作过程的一部分，但却是计划工作的真正起点。

三、研究过去

研究过去不仅是从发生过的事件中得到启示和借鉴，更主要是探讨过去通向现在的规律，其基本方法有两种：演绎法和归纳法。演绎法是将某一大前提应用于个别情况，并从中引出结论。归纳法是从个别情况发现结论，并推论出具有普遍意义的大前提。现代理性主义的思考和分析方式基本上可分为以上两种，即从已知的大前提出发加以立论，或者有步骤地把个别情况集中起来再从中发现规律。根据所掌握的材料，研究过去可以采用个案分析、时间序列分析等形式。

四、预测并有效地确定计划的重要前提条件

前提条件是关于要实现计划的环境的假设条件，也就是计划的预期环境。由于计划受到未来各种变动因素的影响，所以必须在制订计划时对它们进行预测和假定。预测并有效地确定计划的重要前提条件的重要性不仅在于对前提条件认识越清楚、越深刻，计划工作越有效，更在于组织成员越彻底地理解和同意使用一致的计划前提条件，组织计划工作就越容易协调。

由于未来的环境是极其复杂的，要对一个计划的未来环境的每个细节都做出假设，不仅不切合实际，也是不必要的。因此，前提条件限于那些对计划来说是关键性的或具有重要意义的假设条件，即那些对计划贯彻实施有重要影响的假设条件。预测在确定前提方面很重要，最常见的对前提条件进行预测的方法是德尔菲法。

五、拟订和选择可行的行动计划

在这一步中要拟订实现计划目标的各种方案，以便选择实现目标的最佳方案。有了备选方案之后，就要根据目标和前提条件来权衡各种因素，以此对各个方案进行评价。由于备选方案有着大量的变数和限定条件，评价工作可能相当复杂。组织必须根据自身的实际情况对各个方案进行分析，以确定最满意的方案。

选择方案是从备选方案中，根据组织目标选定一个最合理、最满意的方案，并正式通过该方案。这是计划工作中最关键的一步，也是做出决策的紧要环节。

有时会发现有两个可取的方案，这时，必须确定首先选择哪个方案，同时将另一个方案进行细化和完善，作为后备方案。

六、制订主要计划

选择了可行性计划后，就要拟订主要计划，即将所选择的计划用文字形式正式地表达出

来，作为一项管理文件。拟订计划要清楚地确定和描述5W1H的内容。

七、制订派生计划

派生计划是总计划下的分计划。总计划要靠派生计划来保证，派生计划是总计划的基础。例如，一家公司决定开拓一项新的业务时，这个决策发出了要制订很多派生计划的信号，如招聘和培训各种人员的计划、筹集资金计划、广告计划等。

八、编制预算，用预算使计划数字化

最后，要把计划转化为预算，使之数字化。预算实质上是资源的分配计划。编制预算，不仅可以使计划的指标体系更加明确，还可以使组织更易于对计划的执行进行控制。预算工作做好了，可以成为汇总和综合平衡各类计划的一种工具，也可以成为衡量计划完成进度的重要标准。

第三节 计划的实施

所有管理活动，只有在计划工作为组织确定了目标以后才能开展。组织目标决定了组织存在的理由以及组织发展的路线，是管理者和组织中一切成员的行动指南。任何一个组织都有各种不同的目标，只有协调并处理好各级各类目标之间的关系，才能保证组织有效、有序发展。

计划制订后必须付诸实施，而执行计划最有效的方法就是目标管理，对计划进行调整和优化，滚动计划法和网络计划技术是常用且有效的手段。

一、目标管理

目标是根据组织宗旨(社会对组织的要求)而提出的组织在一定时期内通过努力要达到的理想状态或希望获得的成果。目标就是关于组织未来的理想状态。组织宗旨规定了组织生存的目的和使命，反映了社会对组织的要求。

目标管理是管理科学理论不断发展的结果，是把泰勒的科学管理方法和梅奥的人际关系学相结合而形成的一种科学管理方法，是美国社会生产力和生产关系不断协调发展的产物。反映德鲁克目标管理基本思想的代表作是其1954年写成并出版的《管理的实践》。美国哈佛大学管理专家莱文森于1970年发表了《根据谁的目标进行管理》一文，强调了目标与工作之间的关系，更加重视人的作用，丰富了目标管理的内容。

目标管理是一种系统管理方法，它与计划和控制工作有很大的关系，使每个层级的人员通过设置目标来承担自己的义务。目标管理实质上是一种许诺管理。

(一) 目标管理的基本思想

(1) 目标管理追求工作效果，是轻过程而重结果的管理方法。

(2) 目标管理是一种综合的科学管理方法，它把“以作业为中心”的管理和“以人为中心”的管理结合起来，使人对工作产生兴趣并进行自我控制，进一步实现自我价值。

(3) 目标管理是一种立体的、多维的管理体系，即目标层层展开、逐级落实。

(4) 目标管理不同于传统的责任制。

从管理学的角度来看，组织目标具有独特的属性，通常称为SMART，即目标一定要具体、明确(specific)，可以度量或测量(measurable)，可以实现(acceptable)，目标之间相互关联(realistic)，时间限定(tim-bonded)。制定目标时，必须把握好目标的这些属性。

(二) 目标的性质

目标表示最后结果，而总目标需要由子目标来支持。这样，组织及其各层次的目标就形成了一个目标网络。进行任务分配、自我管理、业绩考核和奖惩实施的目标具有以下特征：层次性、网络性、多样性、可考核性、可接受性、挑战性、伴随信息反馈性。

1. 目标的层次性

组织目标形成一个有层次的体系，范围从广泛的组织战略目标到特定的个人目标。这个体系的顶层是组织的愿景和使命陈述。第二层次是组织的任务。在任何情况下，组织的使命和任务必须转化为组织的总目标和战略，总目标和战略更多地指向组织较远的未来，并且为组织的未来提供行动框架。这些行动框架必须进一步细化为更多具体的行动目标和行动方案。这样，在目标体系的基层，有分公司的目标、部门和单位的目标、个人的目标等。

在组织的目标层次体系中，不同层次的管理人员参与不同层次目标的建立。董事会和高层管理人员主要参与确定企业的使命和任务目标，也参与关键成果领域中更多具体的总目标。中层管理人员如副总经理、营销经理或生产经理，主要是确定关键成果领域的目标、分公司的目标和部门的目标。基层管理人员主要关心部门和单位的目标及其下级人员的目标制定。对于组织任何层次的人员来说，都应该有个人目标，包括业绩和个人发展目标。

2. 目标的网络性

如果说目标体系是从组织的整体来考察组织目标的话，那么目标网络则是从某一具体目标的实施、规划的整体协调方面来考虑。如果各种目标不互相关联、不互相协调，也不互相支持，则组织成员往往出于自身利益而采取对本部门有利而对整个公司却不利的行动。目标的网络性表现为以下4点。

第一，目标和计划很少是线性的，即并非一个目标实现后接着去实现另一个目标。目标和计划形成一个互相联系的网络。

第二，管理人员必须确保目标网络中的每个组成部分相互协调，不仅在执行各种规划方面要协调，而且在完成这些规划的时间上也要协调。

第三，组织中的各个部门在制定自己部门的目标时，必须与其他部门相协调。有研究表明，公司的一个部门似乎很容易制定完全适合自己的目标，但这个目标却很容易在经营上与另一个部门的目标相矛盾。

第四，组织制定各种目标时必须与许多约束因素相协调。

3. 目标的多样性

组织的主要目标通常是多种多样的，同样，目标层次体系中每个层次的具体目标也可能是多种多样的。如果目标的数目过多，而哪一个都没有受到足够的重视，那么计划工作将是无效的。因此，在考虑追求多个目标时，必须对各目标的相对重要程度进行区分。

4. 目标的可考核性

使目标可以被考核的办法之一是将目标量化。目标量化往往会损失一定的组织运行效率，但是会给组织活动的控制、成员的奖惩带来很多方便。有时，用可考核的措辞来说明目标比较困难，对高层管理人员和政府部门尤其如此，但只要有可能，就应该规定明确的、可考核的目标。

5. 目标的可接受性

根据美国管理心理学家维克多·弗鲁姆的期望理论，人们对工作的积极性或努力程度是效价和期望值的乘积。效价是指一个人对某项工作及其结果能够给自己带来满足程度的评价，即对工作目标有用性的评价；期望值是指人们对自己能够顺利完成这项工作可能性的估计，即对工作目标能够实现的概率的估计。因此，如果一个目标要对其接受者产生激励的话，这个目标必须是其可接受、可完成的；如果目标超过其能力所及的范围，则该目标对其没有激励作用。

6. 目标的挑战性

如果一项工作完成后所达到的目标对接受者没有多大意义，那么接受者也就没有动力去完成这项工作；如果一项工作很容易完成，对接受者来说是一件轻而易举的事，那么接受者也没有积极性去完成这项工作。管理学中所谓的“跳一跳，摘桃子”，说的就是这个道理。

目标的可接受性和挑战性是对立统一的，在实际工作中必须综合考虑让它们协调起来。

7. 目标的伴随信息反馈性

信息反馈是把目标管理过程中目标的设置、实施情况不断地反馈给目标设置和实施的参与者，让员工时时知道组织对自己的要求和自己的贡献情况。如果确立了目标，再加上反馈，就能进一步改善员工的工作表现。

综上所述，设置目标的数量一般不宜太多，应包括工作的主要特征，并尽可能地说明必须完成什么和何时完成，如有可能，也应明示所期望的质量和实现目标的计划成本。此外，目标应能促进个人在职业上的成长与发展，应对员工具有挑战性，并适时地向员工反馈目标完成情况。

(三) 目标管理的过程

1. 制定目标

目标的制定是目标管理的第一阶段，这一阶段的中心任务是组织上下的沟通和协调，制定好组织各层次的目标。目标的制定是非常复杂的工作，需要在对外部环境和内部资源进行充分分析的基础上，通过领导与员工的上下沟通，对目标项和目标值反复商讨、评议、修改，取得统一意见，最终形成组织目标。目标的制定阶段需要完成调查研究、协商分解和定责授权3项工作。首先，调查研究。制定组织目标需要研究组织外部影响因素和内部影响因素，发现组织自身的机会与威胁、优势与劣势，在此基础上，以组织使命为指导，确定组织的整体目标。其次，协商分解。目标的展开就是把组织的总目标逐级分解落实到每一个部门和成员，在分解目标的过程中，要注意协调好横向和纵向之间的关系，以保证各部门目标的系统性和一致性。在目标的展开过程中，不能强行下达计划指标，上级与下级应充分协商，共同确定目标。最后，定责授权。依据目标的大小、难易程度，确定相应权限，确定奖惩标准，然后授权执行。

2. 明确组织的作用

目标确定之后，组织的各个部门都会进入目标的实施阶段。目标管理在实施阶段强调自我控制、自我评价和自我管理，管理人员应该放手把权力交给下级，当然，也要强调下级的执行责任和报告义务。在目标管理的实施阶段，管理人员主要负责咨询指导、反馈控制和协调平衡。首先，咨询指导。管理人员应积极帮助下属，在人力、物力、财力、技术、信息等方面给予支持，尽可能指导下属提高工作效率，但尽量不要强硬地干涉下属的工作。其次，反馈控制。管理人员在目标实施的过程中，应及时了解工作进度、存在的困难等信息，及时把握整个组织的运行状况，这既有利于对下属进行指导，也有利于针对普遍存在的问题，调动组织的力量进行解决。最后，协调平衡。组织内部的部门之间、岗位之间存在诸多协作关系，而在目标的实施过程中可能出现为了完成自己的目标而忽略其他部门、岗位目标的现象。因此，管理人员需要在组织资源分配、工作进度统筹方面进行必要的协调，以平衡各部门、岗位的发展，从而保证组织整体目标的实现。

3. 执行目标

组织建立了自上而下的目标体系之后，组织中的成员就要紧紧围绕确立的目标、赋予的责任、授予的权力，运用固有的技术和专业知识，为实现目标寻找最有效的途径。为了保证组织成员能实现目标，必须授予其相应的权力，使之有能力调动和利用必要的资源。有了目标，组织成员便会明确努力的方向；有了权力，他们便会产生与权力使用相应的责任心，充分发挥自己的判断力和创造力，使目标执行活动有效进行。这样，作为上级的管理者就可以腾出时间和精力对组织重点活动进行综合性管理；同时，下属人员也会产生强烈的责任感，在工作中发挥自己的聪明才智和创造性，针对自己的不足，积极寻找自我提高的途径，力争达到自己的目标。

4. 评价成果

成果评价既是实行奖惩的依据，也是上下左右沟通的机会，同时还是自我控制和自我激励的手段。成果评价既包括上级对下级的评价，也包括下级对上级、同级部门相互之间的评价，以及各层次组织成员的自我评价。上下级之间的相互评价有利于信息、意见的沟通，从而有利于组织活动的控制；横向的关系部门相互之间的评价有利于保证不同环节的活动协调进行；各层次组织成员的自我评价有利于促进自我激励、自我控制和自我完善。

按照事先制定的目标值，对照工作成果进行评价，尽量做到公正、公平。目标成果的具体评价一般采用综合评价法，即按照目标的实现程度、目标的复杂困难程度和在实现目标过程中的努力程度3个要素对每一项目标进行评价，确定各要素的等级分值，修正后得出单项目标的分值，再结合各单项目标在全部目标中的权重数，得出综合的目标成果分值，以此来确定目标成果的等级。

5. 实行奖惩

依据预先设定的奖惩制度和部门、个人的各种评价的综合结果，进行相应的奖惩。奖惩可以是物质的，也可以是精神的。公平、合理的奖惩有利于维持和调动组织成员的工作热情和积极性，从而有利于下一项目标管理工作的顺利开展。如果奖惩有失公正，则会影响组织成员行为的改善。

6. 制定新目标并开始新的目标管理循环

成果评价与组织成员行为奖惩，既是对某一阶段组织活动效果和组织成员贡献的总结，也为下一阶段的工作提供参考和借鉴。在此基础上，为组织成员及组织各个层次、部门的活动制定新的目标并组织实施，进入目标管理的新一轮循环。

二、滚动计划法

(一) 滚动计划法的概念

滚动计划法又称连续性计划或滑动计划，是指按照“近细远粗”的原则制订一定时期内的计划，然后根据计划的执行情况和外界环境的变化情况，调整和修订未来的计划，并逐期向前移动，使计划不断向前延伸形成一个连续的过程，从而把短期计划、中期计划、长期计划有机地结合起来的一种方法。滚动计划法提高了计划的弹性，可以提高组织的应变能力。滚动计划法可以对计划及时进行调整，使各计划期基本保持一致。运用滚动计划法来编制企业的长期计划和短期计划，既能使企业适应市场变化的需要，又能保持企业生产的稳定性和均衡性，其是企业进行全面计划管理、计划编制的科学方法。

(二) 滚动计划的编制方法

滚动计划的编制方法是：在已编制出的计划的基础上，每经过一段固定的时期(例如一年或一个季度，这段固定的时期被称为滚动期)便根据变化了的环境、条件和计划的实际执行情况，从确保实现计划目标的角度出发对原计划进行调整。每次调整时，保持原计划期限不变，而将计划期顺序向前推进一个滚动期。例如编制五年计划，传统的方法就是固定起止期限，每五年编制一次计划，如2020年制订2020—2025年的五年计划，2021年之后再制订2022—2026年的五年计划。滚动计划则是将一年短期计划、三年中期计划和五年长期计划结合起来，形成五年计划，每完成一年计划，就再向前延伸一年，每年都编制一个新的五年计划。例如，2020年编制2021年的短期计划和2021—2025年的长期计划，形成一个近细远粗的五年计划，在2011年年底，总结本年度计划执行情况和外部环境的变化，修订和补充原来的计划，形成2022年的短期计划、2023年的中期计划和2026年以前的长期计划三部分内容组成新的五年计划，以此类推。五年期的滚动计划如图3-2所示。

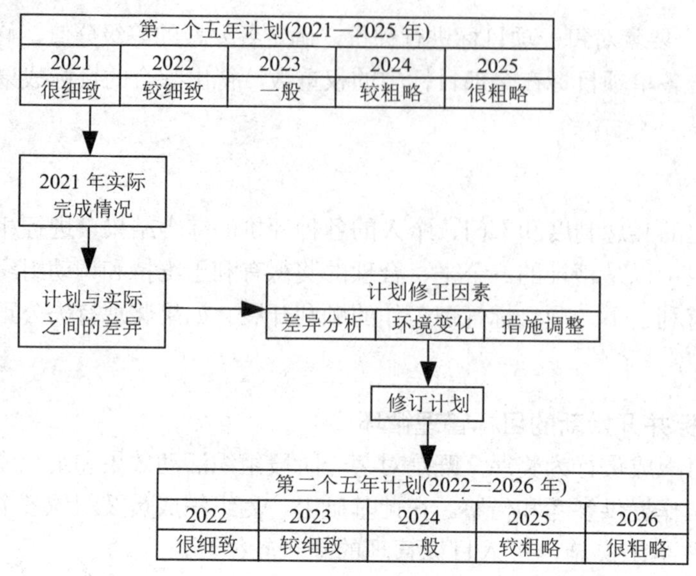

图3-2　五年期的滚动计划

由于长期计划的计划期较长，很难准确预测各种影响因素的变化，因此很难确保长期计划的成功实施，而采用滚动计划法，就可以根据环境的变化和实际完成情况，定期对计划进行修订，使组织始终有一个较为切合实际的长期计划做指导，并使长期计划始终与短期计划紧密衔接在一起。

滚动计划法既可用于编制长期计划，也可用于编制年度、季度生产计划和月度生产作业计划。不同计划的滚动期不一样，一般情况下，长期计划按年滚动，年度计划按季滚动，月度计划按旬滚动。需要指出的是，滚动期的选择要适应企业的具体情况，如果滚动期偏短，则计划调整较频繁，虽然有利于使计划符合实际，但降低了计划的严肃性。一般情况下，生产大批量产品的、比较稳定的企业宜采用较长的滚动期，生产单件小批量产品的、不太稳定的企业则可考虑采用较短的滚动期。

(三) 滚动计划法的评价

滚动计划法虽然使计划编制的工作量加大，但在计算机已被广泛应用的今天，其优点十分明显。首先，滚动计划法能够根据变化了的组织环境及时调整和修正组织计划，体现了计划的动态适应性，较好地解决了计划的相对稳定性和实际情况的多变性这一矛盾，使计划更好地发挥其指导生产实际的作用；其次，它可使中长期计划与短期计划紧密地衔接起来，从方法上解决了各阶段计划的衔接和与实际相切合的问题，使未来的目标立足于现在；最后，滚动计划法大大提高了计划的弹性，在环境剧烈变化的时代尤为重要，可以提高组织的应变能力，使企业的生产活动能够灵活地适应市场需求。

三、网络计划技术

网络计划技术是一种网络分析技术，是指应用网络图全面反映整个工作的流程，以及计划内各项工作之间的相互关系和进度，通过时间参数的计算，找出关键线路与机动时间，以对计划进行优化的科学方法。

网络计划技术是20世纪50年代后期在美国产生和发展起来的，我国于1962年开始使用这种技术，并根据其能够统筹安排的主要特点，将其称为统筹法(由著名数学家华罗庚教授提出)。网络计划技术包括关键路径法、计划评审技术、组合网络法等。网络计划技术是用于工程项目的计划与控制的一项管理技术，它的应用范围非常广泛，特别适用于一次性生产或单项工程，大型研制工程、航天工程、建筑工程、新产品开发与研制、设备大修理等都可采用网络计划技术。工程项目越大，协作关系越多，生产组织越复杂，网络计划技术的优越性就越明显。

(一) 网络计划技术的基本步骤

网络计划技术首先要确定整个计划或工程项目所包含的各项活动和活动的先后顺序，通过网络计算，估计各项活动所需的时间或成本，然后以一个网络图反映组成整个工程项目的各项活动(工序)的先后顺序及逻辑关系，找出关键工序与关键线路。利用时差不断改善网络计划，求得工期、资源与成本的优化方案，并在方案实施过程中进行有效的控制，确保达到预定的目标。网络计划技术的基本步骤如图3-3所示。

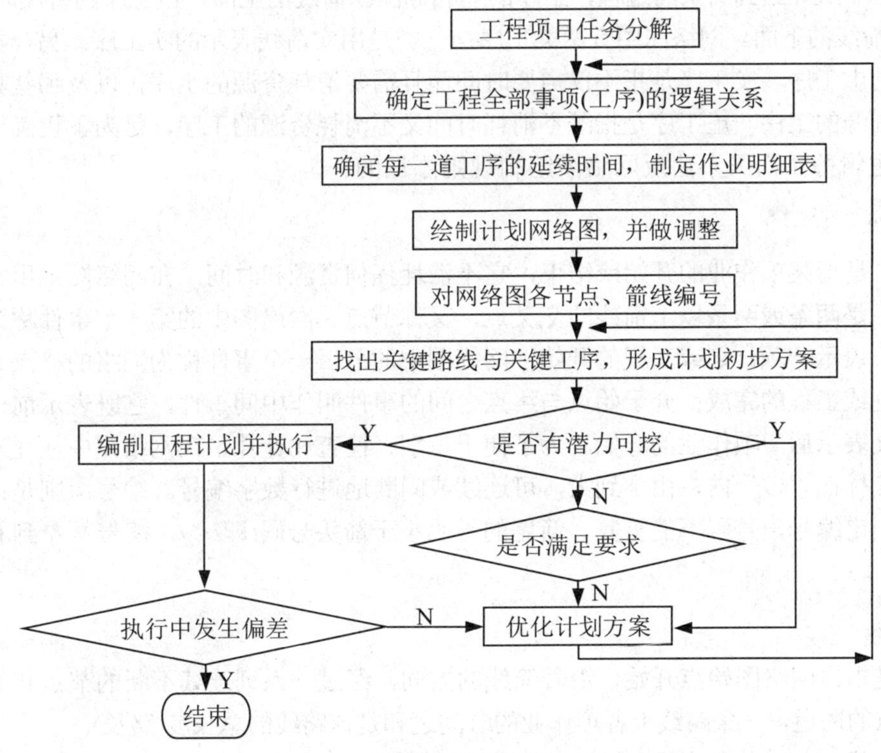

图3-3 网络计划技术的基本步骤

(二) 网络图

网络图是网络计划技术的基础，又称统筹图、工序流程图。网络图是对整个工程项目或产品生产过程各局部活动(或工序)内在的逻辑关系的综合描述，也是整个活动时间安排的模拟图，是确定生产周期和计划工作的基础资料。

网络图是用箭线和节点按某项工作的先后顺序和逻辑关系画成的工作流程图，主要由作业(以箭线表示)、事件(以节点表示)和路线3个因素组成。任何一项任务或工程都是由一些基本活动或工作组成的，它们之间有一定的先后顺序和逻辑。用带箭头的线段表示工作，用节点表示两项工作的分界点。每一个节点称为事件，表示一项工作的结束和另一项工作的开始。除了一个总开始事项和总结束事项，在节点中可标上数字，以便于注明哪项工作的结束和哪一项工作的开始。网络图的组成如图3-4所示。

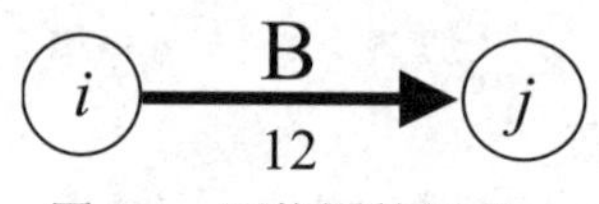

图 3-4　网络图的组成

1. 工序

工序泛指一项需要消耗人力、物力和时间的具体活动过程，称为工作或作业，在网络图中用箭线表示。图3-4中，箭尾i表示该工序的开始，箭头j表示该工序的结束，箭尾到箭头的线段表示该工序从开始到结束的过程，工序的名称标注在箭线的上面，该工序的持续时间(或工时)标注在箭线的下面。网络图中有两类工序：一类是用实箭线表示的实工序；另一类是用虚箭线表示的虚工序。实工序是指不仅需要时间而且需要消耗资源的工序，以及那些只消耗时间不消耗资源的工序。虚工序是指既不消耗时间又不消耗资源的工序，是为了正确地反映工序之间的逻辑关系而又不违反网络图绘制规则添加的。

2. 事件

事件，是指某项作业的开始或结束，它不消耗任何资源和时间，在网络图中用“○”表示，“○”是两条或两条以上箭线的交叉点，又称节点。网络图中的第一个事件称为网络的起始事件，表示一项计划或工程的开始；网络图中的最后一个事件称为网络的终点事件，表示一项计划或工程的完成；介于始点与终点之间的事件叫作中间事件，它既表示前一项作业的完成，又表示后一项作业的开始。为了便于识别、检查和计算，在网络图中往往对事件编号，编号应标在“○”内，由小到大，可连续或间断地进行数字编号。编号原则是：每一项事件都有固定编号，号码不能重复，箭尾的号码小于箭头号码(即$i<j$，编号从左到右，从上到下进行)。

3. 路线

路线是指自网络图始点开始，沿着箭线的方向，经过一系列连续不断的节点和箭线直至网络图终点的通道。一条路线上各项作业的时间之和是该路线的总长度(路长)。一个网络图中有很多条路线，其中总长度最长的路线称为关键路线，关键路线上的各事件为关键事件，关键事件的周期等于整个工程的总工期。有时一个网络图中的关键路线不止一条，即若干条路线长度相等。除关键路线外，其他路线统称非关键路线。关键路线并不是一成不变的，在一定的条件下，关键路线与非关键路线可以相互转化。例如，当采取一定的技术和措施缩短了关键路线上的作业时间，就有可能使关键路线发生转移，即原来的关键路线变成非关键路线，与此同时，原来的非关键路线却变成关键路线。

为了更好地理解网络图的绘制原则，假设一家建筑公司签订了一份合同，为一家私人高尔夫球场安装地下喷水系统。由于打高尔夫球的季节快到了，承包者同意加快工程进度。建筑公司的经理必须小心地控制各项工程的进展，以避免不必要的延误，表3-1列出了完成该工程所需的任务及各项任务预计需要的时间。承包者想利用网络图完成这个较为简单的项目计划，于是绘制地下喷水系统工程的网络模型，如图3-5所示。

表3-1 地下喷水系统工程的分解任务及时间

节点		任务	时长/天
开始	结束		
1	2	A——勘察高尔夫球场并做出成本预算	10.5
2	3	C——核对所需信用贷款并获得贷款	5.5
2	4	B——制订详细计划	7.5
3	4	虚构	
4	5	D——订购并验收砾石	3.2
4	6	E——铲除青草并开沟	24.5
4	7	G——订购并验收各种管道和接头配件	20.5
5	6	虚构	
6	9	F——用砾石铺平沟底	8.2
7	8	H——安装管道和接头	9.7
8	9	虚构	
8	10	I——将总水管延伸到喷水系统	5.0
9	11	J——安装喷水管道	20.3
10	11	虚构	
11	12	K——填平沟	10.3
11	13	L——将喷头与总水管接通	3.2
12	13	虚构	

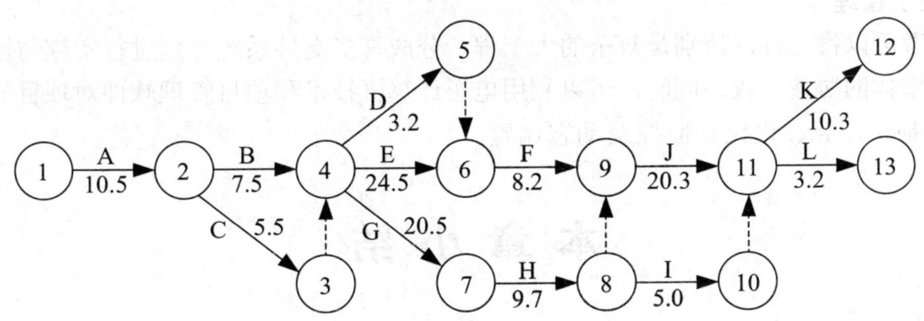

图3-5 地下喷水系统工程的网络模型

图3-5中，该工程由13项工作组成，共有13个节点，第①节点表示工程开始，第⑫节点表示工程结束。其中的英文字母表示工序代号，数字表示工序所用时间。一个网络图中往往存在多条路线，图3-5中，从始点①连续不断地走到终点⑬的路线就有多条(包括虚箭线路线)，

其中①—②—④—⑥—⑨—⑪—⑬路线用时最长，称为关键路线。关键路线的时长决定了整个工程所需的时间。根据关键路线，合理地安排、优化各种资源，不断改善网络计划，同时对各工序活动进行进度控制，是使用网络计划技术的主要目的。

(三) 网络计划技术的评价

网络计划技术虽然需要大量而烦琐的计算，但有其独特的优点，由于计算机技术的普及，这种程序被广泛应用。网络计划技术的优点如下。

1. 理清关系

网络计划技术通过网络图能全面而清楚地表达各项工作之间的时间顺序和相互关系，并指出完成任务的关键环节和关键路线。因此，利用网络计划技术制订计划时，可以统筹安排又不失重点，在实施计划的过程中还可以重点管理。

2. 资源优化

在计划实施过程中，管理者调动非关键路线上的时间、人力、物理和财力进行关键作业，进行综合平衡，对工程的时间进度与资源利用实施优化，既可节省资源又能加快工程进度。

3. 事先评价

网络计划技术指出了计划实施过程中可能发生的困难点，及其对整个任务产生的影响，使组织提前做好应急措施，减少了完不成任务的风险，提高了达到目标的可能性。

4. 方案优选

其能从若干可行方案中比较、挑选最佳方案。

5. 应用广泛

因其易于操作，具有广泛的应用范围，适用于各行各业以及各种任务。

6. 便于管理

管理者可以将工程，特别是复杂的大工程，分成许多支持系统分别进行实施与控制，达到局部和整体的协调一致。同时，可以利用电子计算机技术和项目管理软件对项目的进度计划进行绘制、计算、优化、监控及动态调整。

本 章 小 结

计划是管理的首要职能。计划有两种含义：从名词的角度来讲，计划就是对将来的事情做出打算、谋划或规划；从动词的角度来讲，计划是指计划工作，即为组织未来的发展确定目标，并为实现组织目标进行资源安排，制订计划、执行计划以及检查计划执行情况等一系列管理过程。计划的要素包括5W1H。

根据划分标准的不同，计划可以分为各种不同的类型。按照计划的期限划分，计划可分为长期计划、中期计划和短期计划。按照制订计划的组织层次划分，计划可分为战略性计划、战术性计划和作业计划。按照计划的明确程度划分，计划可分为指导性计划和具体计划。按照针对的活动是否为例行活动划分，计划可分为程序性计划和非程序性计划。

按照计划的形式不同，把计划从抽象到具体分为一种层次体系：①使命；②目标；③战略；④政策；⑤程序；⑥规则；⑦方案；⑧预算。

计划是一个过程。计划的编制一般遵循以下步骤：①确定目标；②认清形势；③研究过去；④预测并有效地确定计划的重要前提条件；⑤拟订和选择可行的行动计划；⑥制订主要计划；⑦制订派生计划；⑧制定预算，用预算使计划数字化。

计划的执行通过目标管理实现。目标管理是保证计划有效实施的一种系统管理方法，是每层级人员通过设置目标来承担自己的义务，在工作中进行自我控制，努力实现工作目标的一种管理方法。目标管理实质上是一种许诺管理。目标管理的过程包括：①制定目标；②明确组织的作用；③执行目标；④评价成果；⑤实行奖惩；⑥制定新目标并开始新的目标管理循环。

目标管理的基本思想：①目标管理追求工作效果，是轻过程而重结果的管理方法；②目标管理是一种综合的科学管理方法，它把“以作业为中心”的管理和“以人为中心”的管理结合起来；③目标管理是一种立体的、多维的管理体系；④目标管理不同于传统的责任制。

滚动计划法是指按照“近细远粗”的原则制订一定时期内的计划，然后根据计划的执行情况和外界环境的变化情况，调整和修订未来的计划，并逐期向前移动，使计划不断向前延伸形成一个连续的过程，从而把短期计划、中期计划、长期计划有机地结合起来的一种方法。滚动计划法提高了计划的弹性，可以提高组织的应变能力，可以对计划及时进行调整，使各计划期基本保持一致。

网络计划技术是指应用网络图全面反映整个工作的流程，以及计划内各项工作之间的相互关系和进度，通过时间参数的计算，找出关键线路与机动时间，以对计划进行优化的科学方法。

计划与决策的区别与联系如下。首先，计划与决策是相互区别的，因为这两项工作解决的问题不同。决策是关于组织活动方向、内容以及方式的选择；而计划则是对组织内部不同部门和成员在一定时期内具体任务的安排。其次，计划和决策又是相互联系的，因为：第一，决策是计划的前提，计划是决策的逻辑延续；第二，在实际工作中，计划与决策相互渗透，有时甚至是不可分割地交织在一起。

习 题

一、单项选择题

1. (　　)是按计划对象划分的计划类型。

A. 战略计划　　　　B. 管理计划

C. 项目计划　　　　D. 作业计划

2. 计划包括(　　)。

A. 指导和激励他人　　B. 实施监控以确保完成任务

C. 决定某事需要由谁来做　　D. 确定目标，制定策略

3. 长期计划的时间框架是(　　)。

A. 小于1年　　B. 大于1年

C. 超过两年　　D. 超过3年

4. 设计良好的目标的特征是(　　)。

A. 可度量和定量化　　B. 具有挑战性但却是可以达到的

C. 书面的　　D. 以上各项均是

5. 根据计划内容的明确性，可以将计划分为(　　)。

A. 长期计划和短期计划　　B. 战略性计划和战术性计划

C. 具体性计划和指导性计划　　D. 程序性计划和非程序性计划

6. 古人云："运筹帷幄之中，决胜千里之外"，这里的"运筹帷幄"反映了管理诸职能中的(　　)。

A. 计划职能　　B. 组织职能

C. 领导职能　　D. 控制职能

7. 下列计划中，更为具体且操作性强，并减少了风险因素的是(　　)。

A. 长期计划　　B. 短期计划

C. 中期计划　　D. 专项计划

8. 在目标管理理论中，关于目标的性质，有人认为管理人员可以有效地追求2～5个目标，这属于目标性质的(　　)。

A. 层次性　　B. 可考核性

C. 多样性　　D. 可接受性

9. 目标体系的基础和起点是(　　)。

A. 员工制定目标　　B. 领导分配任务

C. 最高管理层制定出组织总目标　　D. 员工执行任务

10. 在企业管理的各项职能中，被称为首要职能的是(　　)。

A. 计划　　B. 组织

C. 指挥　　D. 控制

11. 综合生产计划是根据市场需求预测、用户订单和企业生产能力，对企业未来较长一段时间内生产的产品、产出量、库存和所需劳动力等做出总量安排。这种计划的计划期一般为(　　)。

A. 5年　　B. 3年

C. 1年　　D. 半年

12. 管理的所有职能中，最基本的一项职能是(　　)。

A. 计划　　B. 组织

C. 人员配备　　D. 控制

13. 计划工作的核心是(　　)。

A. 决策　　B. 预测

C. 计划　　D. 构思

14. 确立目标是(　　)工作的主要内容之一。

A. 计划　　B. 人员配备

C. 指导与领导　　D. 控制

15. 与长期的战略性计划有关的计划是(　　)计划。

A. 上层管理　　B. 中层管理

C. 基层管理　　D. 人员培训

16. 短期计划通常是指(　　)计划。

A. 专项　　B. 基建

C. 五年　　D. 年度

17. “第十个五年计划”是(　　)计划。

A. 专项　　B. 长期

C. 中期　　D. 短期

18. (　　)也被称为数字化的计划。

A. 目标　　B. 政策

C. 规则　　D. 预算

19. 计划工作的第一步是(　　)。

A. 估量机会　　B. 确定目标

C. 确定前提　　D. 做好预算

20. 选择方案是指选择行为过程，正式(　　)方案。

A. 制定　　B. 评价

C. 通过　　D. 执行

21. 派生计划是主计划的基础。(　　)计划完成，主计划的完成才能得到保证。

A. 短期　　B. 专题

C. 派生　　D. 战略

22. 网络计划的主要优点是(　　)。

A. 编制简单　　B. 直观易懂

C. 计算方便　　D. 工作逻辑关系明确

23. 网络计划的表达形式是(　　)。

A. 横道图　　B. 工艺流程图

C. 网络图　　D. 施工平面布置图

24. 下列关于网络计划的说法中，正确的是(　　)。

A. 网络计划用网络图表达任务构成、工作顺序，并加注工作时间参数的进度计划

B. 网络计划不能结合计算机进行施工计划管理

C. 网络计划很难反映工作间的相互关系

D. 网络计划很难反映关键工作

25. 网络图组成的三要素是(　　)。

A. 节点、箭线、线路　　B. 工作、节点、线路

C. 工作、箭线、线路　　D. 工作、节点、箭线

26. 关键线路是(　　)。

A. 关键工作相连形成的线路　　B. 持续时间最长的线路

C. 含关键工作的线路　　D. 持续时间为零的工作组成的线路

27. 在网络图中，对编号的描述错误的是(　　)。

A. 箭头编号大于箭尾编号　　B. 应从小到大、从左往右编号

C. 可以间隔编号　　D. 必要时可以重复编号

28. 下列关于关键线路的说法中，错误的是(　　)。

A. 关键线路上各工作持续时间之和最长

B. 一个网络计划中，关键线路只有一条

C. 非关键线路在一定条件下可转化为关键线路

D. 关键线路上工作的时差均最小

29. 网络计划的优化不包括(　　)。

A. 工期优化　　B. 费用优化

C. 逻辑关系优化　　D. 资源优化

30. 在一个网络计划中，关键线路一般(　　)。

A. 只有一条　　B. 至少一条

C. 两条以上　　D. 无法确定有几条

二、判断题

1. 中层管理者负责制订影响整个组织的计划和目标。　(　　)
2. 目标通常被认为是计划的基础。　(　　)
3. 长期计划是为期超过两年的计划。　(　　)
4. 当不确定性很高时，采用方向性计划而不是具体计划则效果更好。　(　　)
5. 管理者层次越高，其计划工作就越具有操作性。　(　　)

三、名词解释

1. 计划　2. 战略性计划　3. 战术性计划　4. 目标

5. 目标管理　6. 滚动计划法　7. 网络计划法　8. 网络图

四、简答题

1. 如何理解各种不同类型的计划?
2. 一份完整的计划包括哪些内容?
3. 计划的编制程序是什么?
4. 在实际工作中经常会遇到计划跟不上变化的情况，因此就有人觉得计划工作不重要了，你的观点如何？请说明你的理由。

5. 在具体工作中，你更愿意接受上级为你制订指令性计划还是指导性计划？请思考这两种类型计划的适用条件。

6. 简述计划与决策的区别与联系。

7. 什么是目标管理？其有什么特点？

8. 目标管理的基本思想是什么？

9. 简述目标管理的过程。

10. 简述滚动计划的制订方法。

第四章

战略性计划

【导读】

战略性计划是指应用于整体组织的，为组织未来较长时期(通常为5年以上)设立总体目标和寻求组织在环境中的地位的计划。战略性计划的任务在于看清企业将来会成为什么样子。因此，企业首先要进行战略环境分析，即分析外部一般环境和内部条件，认识外部一般环境带来的机会与威胁、自身的优势与劣势，以及顾客的需求，从而在趋利避害、扬长避短及满足和创造顾客需求的原则下，指导自己的战略决策，选择适合企业的发展途径，并将战略性计划付诸实施。

【学习目标】

1. 能够正确区分愿景和使命，了解核心价值观及核心目标对企业的重要性。

2. 能够在制订战略性计划之前做好战略环境分析，从外部一般环境、行业环境、竞争者等方面着手，做出适合企业发展的战略决策，带动企业的发展。

3. 明白战略需要运用于各个层级，以及制定战略需要开发和评价不同的战略选择，能够选择最佳地利用组织的资源和充分利用环境机会的战略。

【学习难点】

首先，组织使命是组织未来基本的社会责任和期望在某些方面对社会的贡献，要想使组织的核心价值观与核心目标对组织成员产生激励作用，就必须用生动的语言把它表示出来；其次，战略环境分析需要考虑内部和外部的多重因素；最后，对战略的选择也是一个复杂的过程，要求具备战略眼光和丰富的经验、学识。

【教学建议】

以课堂讲授为主，在教学过程中结合案例进行教学，引导学生通过查阅相关资料完善知识体系。

战略原是一个军事术语，意思是将军指挥军队的艺术。20世纪60年代，战略思想开始运用于商业领域，并与达尔文“物竞天择”的生物进化思想共同成为战略管理学科的两大思想流派。

对于企业而言，战略管理是企业在宏观上通过分析、预测、规划、控制等手段，实现对本企业人、财、物等资源的充分利用，以达到优化管理，提高经济效益的目的。

企业战略管理是对企业战略进行设计、选择、控制和实施，直至达到企业战略总目标的全过程。战略管理具有全局性、长远性、涉及企业大量资源等特点，管理主体是企业的高层管理人员。企业战略管理还需要考虑企业外部环境中的诸多因素，如企业的经营方向、市场开拓、产品开发、科技发展、机制改革、组织机构改组、重大技术改造、筹资融资等。

战略性计划是指应用于整体组织的，为组织未来较长时期(通常为5年以上)设立总体目标和寻求组织在环境中的地位的计划。战略性计划的任务不在于看清企业目前是什么样子，而在于看清企业将来会成为什么样子。战略性计划的首要内容是愿景和使命陈述；第二项内容是战略环境分析，即分析外部环境和内部条件；第三项内容是战略选择，选择适合企业的发展途径；最后，通过制订一系列战术性计划将战略性计划付诸实施。

把战略性计划转化为战术性计划的过程，既是中期计划与短期计划的制订过程，也是长期计划、中期计划与短期计划组织实施的过程。战术性计划是指如何实现总体目标的详细计划，其具体内容是组织具体部门或职能在未来各个较短时期内的行动方案。把战略性计划转化为战术性计划，要求战术性计划在不同期间内和不同职能空间上协调一致，保证战略性计划全面且均衡地得以实施和完成。所谓全面地完成计划，是指组织整体、组织内的各个部门要按一切主要指标完成计划，而不能有所偏废；所谓均衡地完成计划，则是指根据不同时段的具体要求，做好各项工作，按年、季、月，甚至旬、周、日完成计划，以建立正常的活动秩序，保证组织稳步发展。

第一节　核心价值观、核心目标与组织使命

一、核心价值观

简单来说，核心价值观(core values)就是某一社会群体或组织判断社会事务时依据的是非标准和遵循的行为准则。在企业中，核心价值观是指企业必须拥有的终极信念，是企业哲学中起主导性作用的重要组成部分，是解决企业在发展中如何处理内外矛盾的一系列准则，如企业对市场、对客户、对员工等的看法或态度，核心价值观影响与表明企业的生存立场。

核心价值观是一个企业本质的和持久的一整套原则，它既不能与特定企业文化或经营实务混淆，也不能让步于企业的财务收益和短期目标。概括而言，核心价值观是企业本质和永恒的原则。作为指导企业经营的一套永恒的原则，核心价值观不需要获得外部的认证，它对企业内部的员工具有内在的重要价值。

企业核心价值观的内容体现在4个方面：

(1) 核心价值观是判断善恶的标准；

(2) 核心价值观是这个群体对事业和目标的认同，以及其对企业追求和愿景的认同；

(3) 在这种认同的基础上，形成对目标的追求；

(4) 形成一种共同的境界。

企业的核心价值观需符合以下标准。

(1) 核心价值观是企业核心团队或者企业家本人发自内心的肺腑之言，是企业家在企业经营过程中身体力行并坚守的理念。例如，有些企业的核心价值观中有“诚信”的字眼，但在实际经营过程中并没有体现出诚信的行为，那么诚信就不是这家企业的核心价值观。从这个角度来说，核心价值观不能够追求时尚，世界五百强企业的核心价值观不一定就是其他企业的核心价值观，如创新、以人为本或追求卓越等，它可以是其他企业价值体系的一部分，但并不一定是其他企业的“核心”价值观。

(2) 核心价值观是真正影响企业运作的精神准则，是经得起时间考验的，因此它一旦确定下来就不会轻易改变。

(3) 所谓核心，是指最重要的关键理念，数量不会太多，通常是5～6条。

总之，核心价值观是组织对社会和组织的总看法，是组织最基本和最持久的信念，具有内在性。一些知名企业的核心价值观可概括如下。

索尼公司：勇做开拓者，不模仿别人；尊重和鼓励每个人发挥自己的才能和创造力。

宝洁公司：领导才能、主人翁精神、诚实正直、积极求胜和信任。

波音公司：领导航空工业，永为先驱；应对重大挑战和风险；产品安全与品质；正直与合乎伦理的业务；吃饭、呼吸、睡觉都念念不忘航空事业。

IBM公司：成就客户、创新为要、诚信负责。

Intel公司：客户服务、员工满意、遵守纪律、质量至上、尝试风险和结果导向。

联想公司：成就客户、创业创新、精准求实、诚信正直。

迪士尼公司：健康而富有创造力。

二、核心目标

核心目标是组织存在的理由，而非组织目标或经营策略。核心目标不能仅仅描述组织的产出或目标顾客，还要抓住组织的“灵魂”。

核心目标回答“我们的企业为什么要存在”这一关键问题，是企业之魂。核心目标是确定企业经营领域与重点、制定战略目标和分配资源的基础，但它不是具体的目标或公司战略。

前Merck公司总裁罗伊•瓦格洛斯这样描述Merck公司核心目标的持久作用：“想象一下，如果突然把我们带到2091年，那会是什么样子？到那时，由于预想不到的新情况的发生，我们的许多战略和方法已经发生了变化，但无论我们的公司有多大的变化，我敢说有一样最重要的东西不会变，那就是Merck的精神。最重要的是，我相信这一点，因为Merck公司所专心从事的治病救人的工作是一项正当的事业，是一项激励人们为梦想做出伟大创举的事业。这项事业是没有时间性的。”

有效的核心目标反映了为企业工作的内在动力。好的核心目标对公司的指导和激励作用可以持续很多年，可以是一个世纪，甚至比一个世纪还长。

企业的核心目标的陈述可以从9个要素出发考虑：顾客、产品或服务、地域市场、技术、财务、价值观念、自我认知、公众形象及对员工的态度与责任等。

一些知名企业的核心目标陈述如下。

迪士尼公司：使人幸福。

3M公司：创新地解决不可解决的问题。

惠普公司：为人类进步和福利做出技术贡献。

玫琳凯公司：给妇女无限机会。

麦肯锡咨询公司：帮助领先公司和政府更加成功。

耐克公司：体验竞争、胜利和击垮对手的快乐感受。

沃尔玛：给平民百姓购买富人所购买的同样东西的机会。

三、组织使命

组织使命是组织的一种本质属性，是组织未来基本的社会责任和期望在某些方面对社会的贡献。组织使命表达了组织存在的根本理由。例如，索尼公司的使命就是为包括股东、顾客、员工乃至商业伙伴在内的所有人提供创造和实现他们美好梦想的机会。组织成员有了使命感才可能产生持续的内在动力。

组织使命回答的是“我们想成为什么和我们的使命是什么”这一问题，组织使命陈述应该生动活泼、言简意赅，便于记忆且富有意义，具有鼓舞性。

组织使命包括两个主要部分：核心意识形态(core ideology)和远大的愿景(envisioned future)。核心意识形态由核心价值观和核心目标两部分构成，给组织提供了长久存在的基础，是组织的精神。远大的愿景由10～30年的宏伟、大胆、冒险的目标和生动、逼真的描述两部分构成。

使命也可以称为“可见的未来”，指的是企业对其前景所进行的广泛的、综合的和前瞻性的设想，是用文字描绘的企业未来图景。它使人们产生对未来图景的向往，从而使人们团结在这个伟大的理想之下共同奋斗。使命只描述对未来的期望，而不包括实现这些愿望的具体途径和方法。

一个完善的使命陈述应阐明企业的经营目的、用户、产品、服务、市场、宗旨及采用的基本技术，包括：对企业进行定义并表明企业的追求；所包含内容的范围要窄到足以排除某些风险，宽到足以使企业有创造性的增长；将本企业与其他企业相区别；可作为评价现时及将来活动的基准体系；叙述足够清楚，以便在组织内被广泛理解。顾客的存在是企业生存之本，而股东、员工、社会的支持则为企业运行提供了良好的基础。组织使命必须要平衡顾客、股东、员工和社会的需求，即“四满意”。从长期来看，“四满意”各主体之间不存在优劣、先后的排序，只反映了同一问题的不同角度，战略决策者必须给予综合考虑。

组织使命的九要素如下。

(1) 用户：公司的用户是谁？

(2) 产品或服务：公司的主要产品或服务项目是什么？

(3) 市场：公司在哪些地域竞争？

(4) 技术：公司的技术是否是最新的？

(5) 对生存、增长和盈利的关切：公司是否努力实现业务的增长和良好的财务状况？

(6) 观念：公司的基本信念、价值观、志向和道德倾向是什么？

(7) 自我认知：公司最独特的能力或最主要的竞争优势是什么？

(8) 对公众形象的关切：公司是否对社会、社区和环境负责？

(9) 对雇员的关心：公司是否视雇员为宝贵的资产？

组织使命的陈述方式有4类，如表4-1所示。

表 4-1　组织使命的陈述方式

陈述维度	陈述语句举例	组织名称及时间
从质和量的角度陈述	成为在世界范围内改变人们认为日本产品质量差的看法的最知名的公司	索尼公司，20世纪50年代
	成为世界商业飞机的主角并将世界带入喷气时代	波音公司，20世纪50年代
从战胜竞争者的角度陈述	击败RJR，成为世界第一烟草公司	菲利普公司，20世纪50年代
	粉碎阿迪达斯	耐克公司，20世纪60年代
	摧毁雅马哈	本田公司，20世纪70年代
从相关角色的角度陈述	用20年的时间成为像今天的惠普公司一样受人尊敬的公司	某办公设备公司
	成为西部的哈佛	斯坦福大学，20世纪40年代
从内部改造的角度陈述	把大公司的优势与小公司的精干和灵敏结合起来，使公司成为所服务的市场中第一或第二的公司	通用电气公司，20世纪80年代
	将我们的公司由国防领域转变为科技领域内最好的、多样化的高科技公司	罗克韦尔公司，1995年

第二节 战略环境分析

一、外部一般环境

战略环境分析是为完成企业使命服务，也为战略选择服务。《孙子兵法》将环境的内容分为“天、地、彼、己”和“顾客(目标市场)”，其目的是“知天知地，知彼知己”和“知顾客”。就企业环境分析而言，“天”指外部一般环境，主要包括政治法律环境、经济环境、社会文化环境、技术环境和自然环境，“地”指企业竞争所处的行业环境，主要分析行业竞争结构；“彼”指企业竞争对手；“己”指企业自身条件；“顾客”指企业为之提供产品或服务的消费者。“知天知地”就是认识企业所面临的机遇与威胁，“知彼知己”就是了解企业的长与短、实力与不足。企业的产品或服务必须能为顾客创造价值，与顾客的需求相匹配，能够扬长避短、趋利避害，能够创造和获取顾客需求。

根据作用方式的不同，企业的外部环境可以分为一般环境和任务环境。一般环境处于外层，包括政治、经济、社会、技术、自然等因素。一般环境对所有企业的影响都是间接的、均等的，虽然不立即影响企业的日常经营，但从长远来看，会对企业逐渐产生影响。任务环境处于企业与一般环境之间，包括那些对管理者的日常工作产生影响的因素，如供应商、顾客、竞争对手、政府及公众等。任务环境与企业的相关程度较高，直接影响企业的日常经营和绩效。

(一) 政治法律环境

政治法律环境是指一个国家或地区的政治制度、体制、方针政策、法律法规等，具体包括政治环境(如一个国家的政治形势、政治体制、政府的方针政策和对外友好关系等)和法律环境。这些因素常常制约并影响企业的经营行为，尤其是影响企业较长期的投资行为，是影响企业营销的重要宏观环境因素。政治环境引导企业营销活动的方向，法律环境则为企业规定经营活动的行为准则。政治环境与法律环境相互联系，共同对企业的市场营销活动产生影响和发挥作用。

1. 政治环境

政治环境是指企业市场营销活动的外部政治形势。一个国家的政局稳定与否会给企业营销活动带来重大的影响。如果政局稳定，人民安居乐业，就会给企业营销营造良好的环境；相反，政局不稳，社会矛盾尖锐，秩序混乱，就会影响经济的发展和市场的稳定。企业在市场营销中，特别是在对外贸易活动中，一定要考虑东道国政局变动和社会稳定情况可能造成的影响。政治环境分析主要是分析国内的政治环境和国际的政治环境。

国内的政治环境包括政治制度、政党和政党制度、政治性团体、党和国家的方针政策、政治气氛等要素。

国际的政治环境主要包括国际政治局势、国际关系、目标国的国内政治环境等要素。

国家政府主要通过制定的方针政策，如人口政策、能源政策、物价政策、财政政策、货币政策等对企业的营销活动施加影响，具体表现在以下方面：国家通过降低利率来刺激消费的增长；通过征收个人收入所得税调节消费者收入的差异，从而影响人们的购买行为。

在国际贸易中，不同的国家也会制定不同的政策来干预外国企业在本国的营销活动，主要措施有进口限制、税收政策、价格管制、外汇管制、国有化政策。

2. 法律环境

法律环境是指国家或地方政府所颁布的各项法规、法令和条例等。国家或地方政府所颁布的各项法规、法令和条例等是企业营销活动的准则，企业只有依法进行各种营销活动，才能受到国家法律的有效保护。法律环境分析主要包括以下内容。

(1) 法律规范，特别是与企业经营密切相关的经济法律、法规，如《中华人民共和国公司法》《中华人民共和国中外合资经营企业法》《中华人民共和国合同法》《中华人民共和国专利法》《中华人民共和国商标法》《中华人民共和国税法》《中华人民共和国企业破产法》等。

(2) 企业的法律意识。企业的法律意识是法律观、法律感和法律思想的总称，是企业对法律制度的认识和评价。企业的法律意识最终会物化为一定性质的法律行为，并造成一定的行为后果。

(3) 国际法所规定的国际法律环境和目标国的国内法律环境。对从事国际营销活动的企业来说，不仅要遵守本国的法律制度，还要了解和遵守国外的法律制度，以及相关的国际法规、惯例和准则。例如，欧洲国家曾规定禁止销售不带安全保护装置的打火机，这无疑限制了中国低价打火机的出口市场；日本政府也曾规定，任何外国公司进入日本市场，必须找一个日本公司与它合伙，以此来限制外国资本的进入。只有了解并掌握这些国家的有关贸易政策，才能制订有效的营销对策，在国际营销中获得主动权。

(二) 经济环境

经济环境是指企业进行市场营销时所面临的外部社会经济条件。一个国家的社会经济运行状况及其发展变化趋势将直接或间接地对企业市场营销活动产生影响。经济环境分析主要包括经济发展阶段、地区与行业的经济发展状况、消费者收入水平、消费者支出模式与消费结构、消费者储蓄和消费者信贷等内容。

1. 经济发展阶段

关于经济发展阶段的划分，较为流行的是由美国学者罗斯托提出的“经济成长阶段理论”。他对世界各国的经济发展过程进行认真分析、研究后，将其总结归纳为5个阶段。

(1) 传统经济社会阶段。这一阶段的生产能力有限，经济较为封闭或孤立，社会对现代化缺乏兴趣。非洲撒哈拉沙漠地区的部分国家至今还处于这一阶段。

(2) 经济起飞前的准备阶段。这一阶段是摆脱贫穷落后走向繁荣富强的准备阶段，其特征是社会开始考虑经济改革问题，希望通过现代化来增强国力并改善人民的生活。这一阶段的一个重要任务是经济体制改革，为发展创造条件。

(3) 经济起飞阶段。在起飞阶段，随着农业劳动生产率的提高，大量的劳动力从第一产业转移到制造业，国外投资明显增加，以一些快速成长的产业为基础，国家出现了若干区域性的增长极。起飞阶段完成的标志是国家在国际贸易中的比较优势从农业出口转向了劳动密集型产品的出口，开始出口大量的服装、鞋、玩具、小工艺品和标准化的家电产品。

(4) 迈向经济成熟阶段。在这一阶段，社会已把现代化的技术有效应用到了大部分产业，国家的产业以及出口的产品开始多样化，高附加值的出口产业不断增多，厂家和消费者热衷新的技术和产品，投资的重点从劳动密集型产业转向了资本密集型产业，国民福利、交通和通信设施显著改善，经济增长惠及整个社会，企业开始向国外投资，一些经济增长极开始转变为技术创新极。

(5) 大量消费阶段。这一阶段的主要经济部门从制造业转向服务业，奢侈品消费向上攀升，生产者和消费者都开始大量采用高科技。人们在休闲、教育、保健、国家安全、社会保障项目上的花费增加，而且开始欢迎外国产品的进入。

(6) 超越大众消费阶段。罗斯托认为该阶段的主要目标是提高生活质量。随着这个阶段的到来，一些长期困扰社会的“老大难”问题有望逐步得到解决。

通常认为，人均国民生产总值从300美元上升到1000美元表明国家处于经济起飞前的准备阶段；人均国民生产总值超过1000美元则表明国家进入经济起飞阶段。经济起飞是指已克服了经济发展障碍，创造了使经济持续、协调发展的力量。在起飞阶段，市场交换成为企业的根本性活动，市场规模迅速扩大，企业投资机会大增，信息竞争将成为市场竞争的焦点，所有这些都将极大地影响企业的市场营销活动。所以，一个国家所处的经济发展阶段不同，对企业市场营销活动的影响也会不同，企业采取的策略也会有所不同。

2. 地区与行业的经济发展状况

在一个国家的经济发展过程中，通常存在各地区经济发展不平衡的现象，这种不平衡所造成的环境差异，给企业的投资方向、目标市场以及营销战略的制定等带来了巨大的影响。我国各地经济发展不平衡，行业和部门的发展也存在差异，客观上形成了东部、中部和西部三大地区并存的局面，以及经济发展水平东高西低的总体区域趋势。一个国家所处的经济发展阶段不同，其重点行业和支柱产业也会不同，企业应从中把握市场机会，迅速采取行动。

3. 消费者收入水平

消费者收入水平直接影响市场容量和消费者支出模式，从而决定购买力水平。在分析消费者收入时，可从宏观和微观两个层面具体剖析。从宏观层面来看，主要分析国民收入和人均国民收入两大指标，它们大体上反映了一个国家的经济发展水平；从微观层面来看，主要区分个人收入、个人可支配收入以及个人可任意支配收入3个概念。个人可支配收入是指从个人收入中扣除税款和非税性负担后所剩下的余额，即个人能够用于消费支出或储蓄的部分；个人可任意支配收入是指从个人可支配的收入中再减去维持生活所必需的费用(如衣服、食物、住房等)后所剩下的余额。个人可任意支配收入所引起的需求弹性大，是需求变化中最活跃的因素，也是影响商品销售的主要因素，故企业在市场营销活动中应特别关注。与此同时，还应注意社会各阶层收入的差异性以及不同地区、不同年龄、不同职业的收入水平等。另外，在分析消费者收入水平时，还要注意区分货币收入和实际收入。货币收入是指消费者在某一时期以货币表示的收入量；实际收入是指扣除物价变动因素后的实际购买力水平。

4. 消费者支出模式与消费结构

随着消费者收入的变化，消费者支出模式会发生相应变化，继而使一个国家或地区的消费结构发生变化。德国统计学家恩斯特·恩格尔(Ernst Engel)于1857年发现了家庭收入变化与各方面支出变化之间的规律，并以恩格尔系数来表示，即恩格尔系数等于食物支出金额占家庭消费支出总金额的比率。恩格尔系数通常又称食物支出的收入弹性，反映了人们收入增加时支出变化趋势的一般规律，即在一定条件下，当家庭个人收入增加时，收入中用于食物开支部分的增长速度要小于用于教育、医疗、享受等方面的开支增长速度。食物开支占总消费金额的比重越大，恩格尔系数越高，生活水平越低；反之，食物开支所占比重越小，恩格尔系数越小，生活水平越高。所以，恩格尔系数是衡量家庭、阶层乃至国家富裕程度的重要参数，但仅以恩格尔系数作为判断国家富裕程度的标准是不够的，因为它并不能完全反映一个国家居民的消费结构。例如，我国过去由于长期以来居民在住房、医疗交通等方面享受国家福利补贴，导致家庭在此方面开支较少。

5. 消费者储蓄和消费者信贷

人们的收入一般用于现实消费、储蓄和投资等方面。当收入一定时，储蓄越多，投资机会越多，现实消费量就越小，但潜在的消费量越大；反之，储蓄越少，投资机会越少，则现实消费量就越大，但潜在消费量就越小。从我国目前情况来看，消费者储蓄对现实消费的影响最大，因为我国居民有勤俭持家的传统，长期以来养成了储蓄的习惯。当然，储蓄是为子女教育、购买住房等未来潜在消费做准备。一般来说，影响储蓄的因素主要有以下几项。

(1) 收入水平。收入水平越高，储蓄能力越强。

(2) 通货膨胀率。通货膨胀使货币贬值，这将刺激消费、抑制储蓄。

(3) 利率。利率的高低将直接影响储蓄。利率降低将刺激消费和投资。

(4) 对未来消费和当前消费的偏好程度。如果消费者偏好当前消费，则储蓄下降；反之，则储蓄上升。

(5) 市场商品供应状况。如果当前市场上商品短缺或产品质量不能满足需求，则储蓄上升，以供将来选购满意的商品。

企业营销人员除须了解上述影响储蓄的因素外，还要深入了解消费者储蓄目的的差异性。因为储蓄目的往往会影响潜在需求量、消费内容、消费的发展方向以及消费模式，只有掌握了消费者的储蓄动机，才能更有效地强化其购买动机，并及时提供消费者满意的商品和服务。

(三) 社会文化环境

社会文化环境是指企业所处的社会结构、社会风俗和习惯、信仰和价值观念、行为规范、生活方式、文化传统、人口规模与地理分布等因素的形成和变动。社会文化环境是影响企业营销活动的诸多变量中最复杂、最深刻、最重要的变量之一。社会文化是人类社会在其长期发展过程中形成的，主要由特定的价值观念、行为方式、伦理道德规范、审美观念、宗教信仰及风俗习惯等内容构成，影响和制约着人们的消费观念、需求欲望及特点、购买行为和生活方式，对企业营销行为产生直接影响。

任何企业都处于一定的社会文化环境中，企业营销活动必然受到所处社会文化环境的影响和制约。为此，企业应了解和分析社会文化环境，针对不同的文化环境制定不同的营销策略，组织不同的营销活动。

(四) 技术环境

近年来，各领域的技术进步为各行各业的组织带来了大规模的、意义深远的变革。50年前，许多组织甚至还没有使用台式计算机，而今天，计算机网络、视频会议系统、蜂窝电话、传真机和笔记本电脑都可以想当然地认为是做生意的最基本的设备。技术进步几乎使每个人都可以接触互联网，这就改变了组织与其顾客的关系。许多公司都采用了领先的电子商务技术，利用私人网络或互联网来处理所有的业务。无线技术和新软件的开发与应用使移动电话和其他任何手持电子设备都可以很容易地接入互联网。通信和技术设备越来越小型化，同时功能却越来越强大，成本也日益低廉。

技术环境除了要考察与企业所处领域的活动直接相关的技术手段的发展变化外，还应及时了解：①国家对科技开发投资和支持的重点；②该领域的技术发展动态和研究开发费用的总额；③技术转移和技术商品化速度；④专利及其保护情况等。

技术环境是与组织的投入、产出密切相关的，任何类型的组织其作业活动过程所需要的技术的先进程度，受到整个社会科技水平的影响和制约。组织在计划作业时必须考虑到技术环境是不断变化的，不仅组织的业务活动与技术相联系，组织成果也在一定程度上代表不同的技术水平。技术的进步推动管理的发展，甚至改变着管理模式，技术的发展影响着产品的生命周期。技术转移、技术商品化的速度等组织所处领域的技术发展动态以及组织研发投入、专利情况等对组织的长远目标有很大影响。

(五) 自然环境

自然环境主要指企业经营所处的地理位置、气候条件和资源禀赋状况等自然因素。自然环境是社会环境的基础，是环绕在人们周围的各种自然因素的总和，包括大气、水、植物、动物、土壤、岩石矿物、太阳辐射等，是人类赖以生存的物质基础。人类是自然的产物，而人类的活动又影响着自然环境。自然环境不等于自然界，只是自然界的一个特殊部分，是指那些直接和间接影响人类社会的自然条件的总和。随着生产力的发展和科学技术的进步，会有越来越多的自然条件对社会发生作用，自然环境的范围会逐渐扩大。然而，由于人类生活在一个有限的空间中，人类社会赖以存在的自然环境难以占据整个自然界。

企业的自然环境的发展变化也会给企业带来市场机会或环境威胁，因此，企业应对自然环境的变化也加以密切关注，特别是自然资源的短缺与环境的破坏。在发展中国家，资源问题与环境问题更加突出，因此任何企业在选择目标市场时，都必须考虑资源的制约与环境的保护。我国是一个生产力水平相对落后的发展中国家，在发展社会主义市场经济的过程中，资源的合理利用与环境的保护尤其需要引起特别的关注，千万不能为了眼前的利益或局部、个人的利益而肆无忌惮地浪费资源与破坏环境。

二、行业环境

在分析企业经营环境的过程中，应侧重于分析行业环境。行业环境即企业所在行业的需求、供给与行业竞争结构等情况。

不同的组织面临着不同的行业环境，行业环境相对复杂，但它给企业管理者提供了更具体、有用的信息，绝大多数企业管理者将注意力集中在行业环境。对于一个组织来说，组织环境最关键的部分就是组织所面对的一个或几个行业。根据美国学者迈克尔·波特(Michael Porter)的研究，一个行业的竞争环境取决于五种基本竞争作用力。波特五力模型确定了竞争力的五种主要来源，即供应商的讨价还价能力、顾客的讨价还价能力、潜在进入者的威胁、替代品的威胁及行业内现有竞争对手的竞争，如图4-1所示。

(一) 供应商

企业生产所要求的许多生产要素是从外部获取的，包括人、财、物，提供这些要素的企业称为供应商。这里的供应商不只局限于一般意义上提供原材料、能源、机器设备的公司，还包括提供人力的劳动力市场、职业介绍所，提供资金的银行、保险公司、股东、福利基金等类似机构。

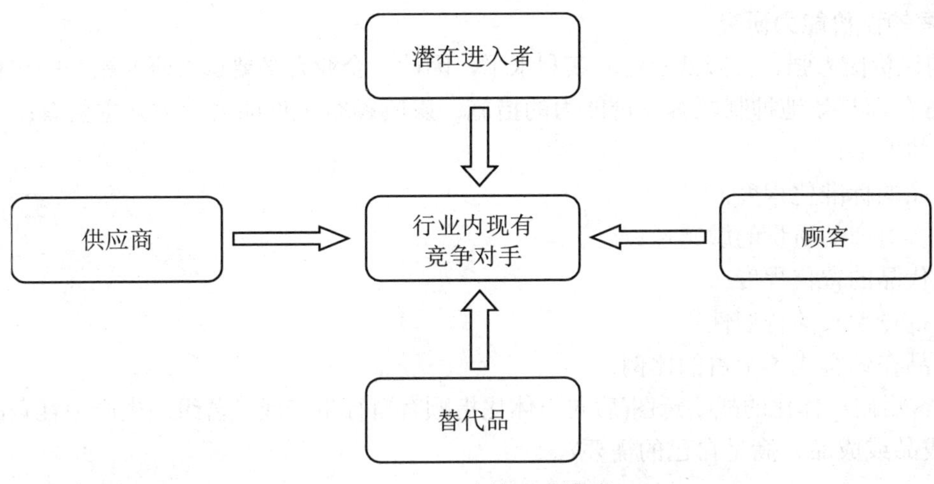

图 4-1　波特五力模型

供应商决定了企业是否能按时、保质、保量地获取所需要的生产要素，以及获取这些要素的成本的高低，所以，供应商的讨价还价能力制约着企业的经营。

供应商影响一个行业竞争者的主要方式是提高价格，或者降低所提供产品或服务的质量。以下因素决定了供应商的影响力：

(1) 供应商所在行业的集中化程度；

(2) 供应商所提供产品的标准化程度；

(3) 供应商提供的产品在企业整体产品成本中的比例；

(4) 供应商提供的产品对企业生产流程的重要性；

(5) 供应商提供的产品的成本与企业自己生产该产品的成本之间的比较；

(6) 供应商提供的产品对企业产品质量的影响；

(7) 企业原材料采购的转换成本；

(8) 供应商前向一体化的战略意图(前向一体化指要素供应商在向厂商提供要素的同时，自己也生产耗用这种要素的产品或服务)。

(二) 顾客

顾客是指从企业购买产品或服务的个人或组织。企业生产活动的意义在于满足顾客的需求，没有需求就没有生产。正因如此，“以客户为中心”“客户关系管理”等理念得到了企业的普遍认同。

顾客需求是多变的，需求总量和需求结构决定了行业的市场潜力和企业的发展空间，顾客的议价能力影响企业的获利水平，所以对顾客的研究可以从以下两个方面着手。

1. 顾客的需求研究

顾客的需求研究包括：①需求量研究，即某个行业中顾客的总需求量有多大，其中有支付能力的需求量有多少，没有支付能力的需求量有多少；②需求结构研究，即顾客需求的类别和构成比例，顾客的类型、分布地区及比例；③购买力研究，即顾客的购买力水平、购买力的影响因素及这些因素自身的变化。

2. 顾客的议价能力研究

顾客的议价能力强，会降低企业的获利水平，因此，企业有必要认真研究顾客的议价能力，并探讨合理有效地抑制顾客议价能力的措施。影响顾客议价能力的因素主要有：

(1) 集体购买；

(2) 产品的标准化程度；

(3) 顾客对产品质量的敏感性；

(4) 替代品的替代程度；

(5) 大批量购买的普遍性；

(6) 产品在顾客成本中占的比例；

(7) 顾客后向一体化的战略意图(后向一体化指顾客自行生产或经营组织生产中耗费的原材料、半成品或成品，满足自己的需要)。

(三) 潜在进入者

一个行业的进入者通常带来大量的资源和额外的生产能力，并且要求获得市场份额。除了完全竞争的市场以外，行业的新进入者可能使整个市场发生动摇。尤其是新进入者有步骤、有目的地进入某一行业时，情况更是如此。

新进入者威胁的严峻性取决于一家新的企业进入该行业的可能性、进入壁垒以及预期的报复，其中第一点主要取决于该行业的前景如何，行业增长率高表明未来的营利性强，而眼前的高利润也颇具诱惑力。

对于潜在进入者的威胁，客户需要研究影响进入壁垒的重要因素，如钢铁业、造船业、汽车工业，规模经济是影响进入壁垒的重要因素。此外，还有产品的差异条件，如化妆品业及保健品业，产品的差异条件是影响进入壁垒的主要因素。

进入障碍主要包括规模经济、产品差异、资本需要、转换成本、销售渠道开拓、政府行为与政策(如国家综合平衡统一建设的石化企业)、不受规模支配的成本劣势(如商业秘密、产供销关系、学习与经验曲线效应等)、自然资源(如冶金业对矿产的拥有)、地理环境(如造船厂只能建在海滨城市)等方面，其中有些障碍是很难借助复制或仿造的方式来突破的。预期现有企业对进入者的反应情况，主要是采取报复行动的可能性大小，取决于有关企业的财力情况、报复记录、固定资产规模、行业增长速度等。总之，新企业进入一个行业的可能性大小，取决于进入者主观估计进入该行业所能带来的潜在利益、所需花费的代价与所要承担的风险这三者的相对大小。

(四) 替代品

替代品是指那些与企业产品具有相同功能的或类似功能的产品。例如，糖精从功能上可以替代糖，飞机远距离运输可能被火车替代等，那么生产替代品的企业本身就给企业甚至行业带来威胁，替代品竞争的压力越大，对企业的威胁越大。

产品可以抽象地理解为满足某种需要的使用价值。若两种产品的使用价值相似，能够满足相同的消费者需求，则这两种产品就互为替代品。生产替代品的组织之间可能会形成竞争。首先，现有企业产品售价以及获利潜力的提高，将由于存在能被用户方便接受的替代品而受到限制；其次，由于替代品生产者的侵入，使现有企业必须通过提高产品质量或者降低成本来降低售价，或者使其产品具有特色，否则其销量与利润增长的目标就有可能受挫；最后，源自替代品生产者的竞争压力受产品买主转换成本高低的影响。总之，替代品价格越低，质量越好，用户转换成本越低，其所能产生的竞争压力就越强。

(五) 行业内现有竞争对手

大部分行业中的企业相互之间的利益都是紧密联系在一起的，作为企业整体战略一部分的各企业竞争战略，其目标都在于使自己的企业获得相对于竞争对手的优势，所以，在实施过程中就必然会产生冲突与对抗现象，这些冲突与对抗就构成了现有企业之间的竞争。现有企业之间的竞争常常表现在价格、广告、产品、售后服务等方面，其竞争强度与很多因素有关。

对行业内现有竞争对手的研究主要包括分析竞争对手的数量、分布、策略、规模、资金和技术力量等内容。研究哪些竞争对手对自己的威胁特别大，目的是找到主要的竞争对手。为了在浩如烟海的同种产品的生产厂家中找出主要的竞争对手，需要企业对众多生产厂家的竞争实力和变化情况进行严格的分析。行业内现有竞争对手研究的目的是找出主要竞争对手竞争实力的决定性因素，以帮助企业制定相应的市场竞争策略。

针对以上5种基本作用力，企业可以尽可能地将自身的经营与竞争力量隔绝开来，努力从自身利益需要出发影响行业竞争规则，先占领有利的市场地位再发起进攻性竞争行动等，以提高自己的市场地位并增强自己的竞争实力。

三、竞争者

竞争者是指与本企业处于同一行业，提供相同或类似产品的企业。也就是说，竞争者是与特定企业争夺消费者的企业。竞争者的攻击是对企业最具威胁性的一种力量。任何忽略竞争者行为的企业必将付出惨重的代价。

20世纪60年代，美国汽车在北美市场占有绝大部分份额，日本汽车的市场份额不足4%，根本没有引起美国汽车公司的重视。1967年，日本汽车的市场占有率上升到10%，美国公司仍不以为然。世界石油危机爆发后，日本汽车以其省油的特点大受美国用户欢迎，市场占有率迅速上升，到1989年市场占有率已达到美国市场的30%，令美国汽车公司瞠目结舌，后悔莫及。

(一) 竞争者类型

企业参与市场竞争，不仅要了解谁是自己的顾客，而且还要弄清谁是自己的竞争对手。从表面来看，识别竞争者是一项非常简单的工作，但是，由于需求的复杂性、层次性、易变性，技术的快速发展和演进，产业的发展使处于激烈的市场竞争中的企业面临复杂的竞争形势，一个企业可能会被新出现的竞争对手打败，或者由于新技术的出现和需求的变化而被淘汰。企业必须密切关注竞争环境的变化，了解自己的竞争地位及彼此的优劣势，只有知己知彼，方能百战不殆。

我们可以从不同的角度来划分竞争者的类型。

1. 从行业角度划分

从行业角度来看，企业竞争者包括以下类型。

(1) 现有厂商。现有厂商指本行业内现有的与企业生产同样产品的其他厂家，这些厂家是企业的直接竞争者。

(2) 潜在加入者。当某一行业前景乐观、有利可图时，会引来新的竞争企业，使该行业增加新的生产能力，并要求瓜分市场份额和主要资源。另外，某些多元化经营的大型企业还经常利用其资源优势从一个行业侵入另一个行业。新企业的加入将可能导致产品价格下降，使利润减少。

(3) 替代品厂商。与某一产品具有相同功能、能满足同一需求的不同性质的其他产品，属于替代品。随着科学技术的发展，替代品将越来越多，某一行业的所有企业都将面临与生产替代品的其他行业的企业进行竞争。

2. 从市场角度划分

从市场角度来看，企业竞争者包括以下类型。

(1) 品牌竞争者。企业把同一行业中以相似的价格向相同顾客提供类似产品或服务的其他企业称为品牌竞争者。例如家用空调市场中，格力空调、海尔空调、三菱空调等厂家即为品牌竞争者。品牌竞争者之间的产品相互替代性较高，因而竞争非常激烈，各企业均以培养顾客品牌忠诚度作为争夺顾客的重要手段。

(2) 行业竞争者。企业把提供同种或同类产品，但规格、型号、款式不同的企业称为行业竞争者。所有同行业的企业之间存在彼此争夺市场的竞争关系。例如生产家用空调与生产中央空调的厂家、生产高档汽车与生产中档汽车的厂家即为行业竞争者。

(3) 需要竞争者。提供不同种类的产品，但满足和实现消费者同种需要的企业称为需要竞争者。例如航空公司、铁路客运、长途客运汽车公司都可以满足消费者外出旅行的需要，当飞机票价上涨时，乘火车、坐汽车的旅客就可能增加，相互之间争夺满足消费者的同一需要。

(4) 消费竞争者。提供不同产品，满足消费者的不同需求，但目标消费者相同的企业称为消费竞争者。例如很多消费者收入水平提高后，可以把钱用于旅游，也可用于购买汽车或购置房产，因而这些企业间存在相互争夺消费者购买力的竞争关系，消费支出结构的变化对企业的竞争有很大影响。

3. 从企业竞争地位角度划分

从企业竞争地位角度来看，企业竞争者主要包括以下类型。

(1) 市场领导者，指在某一行业的产品市场上占有最大市场份额的企业。一般来说，大多数行业都存在一家或几家市场领导者，它们处于全行业的领先地位，其一举一动都直接影响同行业其他厂家的市场份额，其营销战略成为其他企业挑战、仿效或回避的对象。例如宝洁公司是日化用品市场的领导者，可口可乐公司是软饮料市场的领导者等。市场领导者通常在产品开发、价格变动、分销渠道、促销力量等方面处于主导地位。市场领导者的地位是在竞争中形成的，但不是固定不变的。

(2) 市场挑战者，指在行业中处于次要地位(第二、第三甚至更低地位)但又具备向市场领导者发动全面或局部攻击的企业。例如高露洁是日化用品市场的挑战者，百事可乐是软饮料市场的挑战者等。市场挑战者往往试图通过主动竞争扩大市场份额，提高市场地位。

(3) 市场追随者，指在行业中居于次要地位，并安于次要地位，在战略上追随市场领导者的企业。在现实市场中存在大量的市场追随者。市场追随者的最主要特点是跟随，在技术方面，不做新技术的开拓者和率先使用者，而是做学习者和改进者；在营销方面，不做市场培育的开路者，而是搭便车，以减少风险和降低成本。市场追随者通过观察、学习、借鉴、模仿市场领导者的行为，不断提高自身技能，不断发展壮大。

(4) 市场补缺者，多指行业中相对较弱小的一些中、小企业，它们专注于市场上被大企业忽略的某些细小部分，在这些小市场上通过专业化经营来获取最大限度的收益，在大企业的夹缝中求得生存和发展，对满足顾客需求起到拾遗补缺、填补空白的作用。市场补缺者通过生产和提供某种具有特色的产品和服务，赢得发展的空间，甚至可能发展成为“小市场中的巨人”。

综上所述，企业应从不同的角度识别自己的竞争对手，关注竞争形势的变化，以更好地适应和赢得竞争。

(二) 竞争者分析

竞争者分析是为了准确判断竞争对手的战略定位和发展方向，并在此基础上预测竞争对手未来的战略，准确评价竞争对手对本组织的战略行为的反应，估计竞争对手在实现可持续竞争优势方面的能力。对竞争对手进行分析是确定组织在行业中战略地位的重要方法。

竞争者分析一般包括以下6项内容。

1. 识别企业的竞争者

一般来说，识别竞争对手大致可以依照行业标准和市场标准进行。

1) 行业标准

这里所说的行业指的是提供相同、类似或者密切相关的产品的企业组合。俗话说同行是冤家，这些生产相同、类似或者密切相关的产品的企业之间也最容易发生竞争关系，所以，以行业作为标准寻找竞争对手具有较强的针对性。

2) 市场标准

市场指有相同或相似需求的顾客群体组合。采用行业标准辨识竞争对手简单易行，但是容易忽略一些潜在或隐性的竞争对手。因为真正的对手是争夺共同顾客的企业，虽然这其中大部分是生产相同产品的企业，但是由于科技的快速发展，新产品层出不穷，加之消费者求新求异的消费意识越来越强，那些提供新产品的企业或采用新的方法参与市场竞争的企业更可能对企业形成致命的威胁。

2. 识别竞争者的方法

明确识别竞争对手的基本标准后，就可以以此为基础寻找那些可能对自己构成威胁，是自己潜在竞争者的企业，进而确定自己真正的竞争对手。识别竞争对手，我们可以采用以下几种方法。

1) 产品市场矩阵图法

产品市场矩阵图是以产品分析为纵轴，以市场分析为横轴形成的二维矩阵图，通过研究产品与市场的关系可以帮助企业找准目前或未来一段时间将要面临的竞争对手。

2) 策略团体分析法

策略团体是指一个产业内执行相同或相似策略并具有近似策略地位的一组企业。策略是否相同或相似一般从以下几个方面来考察：

(1) 产品细分市场是否相同；

(2) 产品线长度与宽度是否相似；

(3) 品牌定位是否相近；

(4) 分销渠道一致与否；

(5) 产品价格与质量相似程度如何；

(6) 提供给消费者的服务与技术支持是否相近；

(7) 推动与拉动的关系怎么样。

策略地位是否相近主要取决于竞争双方在本市场的竞争实力对比。竞争对手可用来支撑其在市场竞争的资源也是确定竞争对手要考察的关键因素，事实上，各种品牌的产品并不是在真空中相互竞争的，公司的财力、物力是决定竞争能否获胜的很重要的因素。从这个意义上说，企业之间的竞争往往是不对称的。如果数个企业在策略性质与策略地位方面的相似性越大，则它们之间就越容易形成面对面的直接竞争；反之，竞争的强度就越小。

3) 品牌转换分析法

品牌转换分析法是一种简单易行的、以市场为主要标准的确定竞争对手的方法。品牌转换的可能性常被看成是测量消费者是否认为几种品牌之间存在相似性或可替代性的指标，品牌转换的可能性越高就意味着竞争越激烈。品牌转换不仅在替代品之间发生，也在互补产品之间发生。当顾客寻求消费产品的多样化时，他们有可能选择互补品。对消费者进行品牌转换的调查分析往往可以帮助确定企业的主要竞争对手。

4) 竞争层次分析法

前面3种方法虽然简单易行，但都存在视野狭窄的缺陷，容易忽视一些潜在或隐性的威胁。如果需要全方位识别企业的竞争对手，竞争层次分析法是一个不错的选择。所谓竞争层次分析法，就是首先把竞争对手按照竞争直接性的强弱划分为多个竞争层次，然后通过对不同竞争层次上的对手进行分析来辨识自己主要竞争对手的一种确定竞争对手的方法。要采用此方法首先要了解各种不同的竞争层次，一般来说，大致有以下4种竞争层次和相应的竞争者。

(1) 产品品牌竞争层次——品牌竞争者。

企业间最直接和最激烈的竞争层次是品牌竞争层次，竞争者除各自品牌不一样外，其他方面均没有大的差异，相应的竞争厂家称为品牌竞争者。就竞争领域而言，企业最直接的竞争对手是那些在同一产品类型中为同一市场、片区服务的其他品牌。例如尽管东风汽车公司和解放汽车公司都生产轿车，由于所生产的轿车在排量、座位等方面的不同，前者生产的富康轿车主要在低档轿车市场上竞争，而后者生产的奥迪轿车处于中高档市场，所以两者并不产生直接竞争，就品牌竞争层次而言，两者并不是竞争对手。产品品牌的竞争是一种狭窄的竞争范围，它主要注重竞争者现期提供什么产品，而不管以后可能会出现的情况，因而，仅仅从品牌竞争层次辨识竞争对手容易患“竞争对手短视症”。

(2) 产品类型竞争层次——形式竞争者。

产品类型竞争层次主要以产品的特性(功能)来划分，而不管其型号、规格、款式、价值方面的差异，在这种层次上形成的竞争者称为形式竞争者。产品类型竞争层次是公司决策者经常使用的确定竞争体系的一种标准。例如，如果不区分产品质量档次的话，所有生产啤酒的公司或所有生产绘图板的企业之间都是竞争者。很多收集、研究、整理和提供市场信息的咨询公司，如美国的尼尔逊(Neisen)公司，就是以产品的物理特性的相似性来确定产品类型和市场的。

(3) 一般竞争层次——替代竞争者。

一般竞争层次主要着眼于针对同一需求而提供不同的产品或者服务来满足这种需求而产生的竞争，即产品替代品之间的竞争，是从比较长远的角度来考虑竞争的。一般竞争层次把竞争者定义为所有能满足相同的用户需求的产品或服务的组合。按此观点，软饮料和橘子汁在饮料市场上形成了竞争，快餐和速冻食品在方便食品市场上也是竞争对手，在这种层次上形成的竞争对手称为平行竞争者或替代竞争者。如果公司决策者希望既能避免忽视潜在危机，又不错过潜在机会，那么这种以需求为基础的对竞争和市场的划分方法是一种很有效的方法，因为从长远观点来看不应该把业务经营范围定得太窄。例如，武汉一家原来只生产冰淇淋的企业把所有其他提供冷冻食品的厂家都作为竞争对手，其最终目标是成为武汉市的冷冻食品市场的领导者，因而该企业围绕冷冻食品开发出一系列食品，使企业全年业务饱满。

(4) 广泛竞争层次——愿望竞争者。

最广泛的竞争观点就是把市场上所有为同一顾客的购买力而竞争的所有产品或服务都纳入竞争体系中。比如，一个顾客有500元能自由支配的收入，他可以把这些钱用于旅游、买戒指或者其他方面。凡是能满足其上述愿望之一而让他消费这500元钱的厂家都可构成竞争者，这类竞争者称为愿望竞争者，也就是针对顾客相同的消费能力而提供不同的愿望满足方案的竞争者。

对竞争的4个层次的详细分析可以帮助公司经营策划者辨识各种可能的竞争对手，但是企业在进行具体的经营策划时，并没有必要对每个竞争层次上的所有对手都加以分析，事实上也不可能。因此，企业还必须明确在各种具体情况下以何种竞争层次的竞争对手作为自己分析的重点。

总之，在采用竞争层次法分析企业竞争对手时，首先要关注的是那些针对相同顾客提供相同或类似的产品或服务的公司(产品品牌竞争者与产品类型竞争者)，同时也要时刻注意通过提供不同产品尤其是新产品以满足顾客近似需求的企业(一般竞争者)，此外也要不时留心那些可能抢走自己客户的愿望竞争对手。准确识别竞争对手是企业制定竞争策略的重大前提，因而企业经营策划者应该对此时刻加以关注，采用产品市场矩阵图、策略团体分析法、品牌转换分析法和竞争层次分析法等方法明确识别自己现在或即将面对的真正竞争对手，并在对其做细致、深入的分析的基础上，制定相应的竞争策略，才能够建立竞争优势，在竞争中获得胜利。

3. 判断竞争者目标

在识别了主要竞争者之后，企业经营者接着应回答的问题是：每个竞争者在市场上寻求什么？什么是竞争者行动的动力？最初的经营者推测，所有的竞争者都追求利润最大化，并以此为出发点采取各种行动，但是，这种假设过于简单。不同的企业对长期利益与短期利益各有侧重。有些竞争者更趋向于获得满意的利润而不是最大利润。尽管有时通过一些其他的战略可能使它们获得更多利润，但它们有自己的利润目标，只要达到既定目标就满足了。

也就是说，竞争者虽然无一例外关心其企业的利润，但它们往往并不把利润作为唯一的或首要的目标。在利润目标的背后，竞争者的目标是一系列目标的组合，竞争者对这些目标各有侧重，所以，我们应该了解竞争者对盈利的可能性、市场占有率的增长、资金流动、技术领先、服务领先和其他目标所给予的重要性权数。了解了竞争者的这种加权目标组合，我们就可以了解竞争者对其财力状况是否满意，竞争者对各种类型的竞争性攻击会做出什么样的反应等。例如一个追求低成本领先的竞争者对于竞争对手因技术性突破而使成本降低所做出的反应，比对同一位竞争对手增加广告宣传所做出的反应强烈得多。

企业必须跟踪、了解竞争者进入新的产品细分市场的目标。若发现竞争者开拓了一个新的细分市场，这对企业来说可能是一个发展机遇；若企业发现竞争者开始进入本公司经营的细分市场，就意味着企业将面临新的竞争与挑战。对于这些市场竞争动态，企业若了如指掌，就可以争取主动，有备无患。

4. 评估竞争者的优势和劣势

在市场竞争中，企业需要分析竞争者的优势与劣势，做到知己知彼，才能有针对性地制定正确的市场竞争战略，以避其锋芒、攻其弱点、出其不意，利用竞争者的劣势来争取市场竞争的优势，从而达到企业营销目标。

竞争者优势和劣势分析的内容如下。

(1) 产品。竞争企业产品在市场上的地位、产品的适销性，以及产品系列的宽度与深度。

(2) 销售渠道。竞争企业销售渠道的广度与深度、销售渠道的效率与实力、销售渠道的服务能力。

(3) 市场营销。竞争企业市场营销组合的水平、市场调研与新产品开发的能力、销售队伍的培训与技能。

(4) 生产与经营。竞争企业的生产规模与生产成本水平、设施与设备的技术先进性与灵活性、专利与专有技术、生产能力的扩展、质量控制与成本控制、区位优势、员工状况、原材料的来源与成本、纵向整合程度。

(5) 研发能力。竞争企业内部在产品、工艺、基础研究、仿制等方面所具有的研究与开发能力，研究与开发人员在创造性、可靠性、简化能力等方面的素质与技能。

(6) 资金实力。竞争企业的资金结构、筹资能力、现金流量、资信度、财务比率、财务管理能力。

(7) 组织。竞争企业组织成员价值观的一致性与目标的明确性，组织结构与企业策略的一致性，组织结构与信息传递的有效性，组织对环境因素变化的适应性与反应程度，组织成员的素质。

(8) 管理能力。竞争企业管理者的领导素质与激励能力、协调能力、专业知识，管理决策的灵活性、适应性、前瞻性。

5. 确定竞争者的战略

各企业采取的战略越相似，它们之间的竞争就越激烈。在多数行业中，根据所采取的主要战略不同，可将竞争者划分为不同的战略群体。例如，在美国的主要电气行业中，通用电气公司、惠普公司和施乐公司都提供中等价格的各种电器，因此可将它们划分为统一战略群体。

根据战略群体的划分，可以归纳出两点：一是进入各个战略群体的难易程度不同，一般小型企业适合进入投资和声誉都较低的群体，而实力雄厚的大型企业则可考虑进入竞争性强的群体；二是当企业决定进入某一战略群体时，首先要明确谁是主要的竞争对手，然后决定自己的竞争战略。

除了在统一战略群体内存在激烈竞争外，在不同战略群体之间也存在竞争，因为：①某些战略群体可能具有相同的目标客户；②顾客可能分不清不同战略群体的产品的区别，如分不清高档货和中档货的区别；③属于某个战略群体的企业可能改变战略，进入另一个战略群体，如提供高档住宅的企业可能转而开发普通住宅。

6. 竞争者的市场反应行为

1) 迟钝型竞争者

某些竞争企业对市场竞争措施的反应不强烈，行动迟缓，这可能是因为竞争者受到自身在资金、规模、技术等方面的能力的限制，无法做出适当的反应；也可能是因为竞争者对自己的竞争力过于自信，不屑于采取反应行为；还可能是因为竞争者对市场竞争措施重视不够，未能及时捕捉到市场竞争变化的信息。

2) 选择型竞争者

某些竞争企业对不同的市场竞争措施的反应是有区别的。例如，大多数竞争企业对降价这样的价格竞争措施总是反应敏锐，倾向于做出强烈的反应，力求在第一时间采取报复措施进行反击，而对改善服务、增加广告、改进产品、强化促销等非价格竞争措施则不太在意，认为不构成对自己的直接威胁。

3) 强烈反应型竞争者

某些竞争企业对市场竞争因素的变化十分敏感，一旦受到来自竞争者的挑战就会迅速做出强烈的市场反应，进行激烈的报复和反击，势必将挑战自己的竞争者置于死地而后快。这种报复措施往往是全面的、致命的，甚至是不计后果的，不达目的决不罢休。这些强烈反应型竞争者通常都是市场上的领先者，具有某些竞争优势，一般企业轻易不敢或不愿挑战其在市场上的权威，尽量避免与其进行直接的正面交锋。

4) 不规则型竞争者

这类竞争企业对市场竞争所做出的反应通常是随机的，往往不按规则出牌，使人感到不可捉摸。例如，不规则型竞争者在某些时候可能会对市场竞争的变化做出反应，也可能不做出反应；既可能迅速做出反应，也可能反应迟缓；其反应既可能是剧烈的，也可能是柔和的。

四、价值链分析

(一) 价值链的含义

价值链是哈佛大学商学院教授迈克尔·波特于1985年提出的概念，波特认为，每一个企业都是在设计、生产、销售、发送和辅助其产品的过程中进行种种活动的集合体，所有这些活动可以用一个价值链来表明。企业的价值创造是通过一系列活动构成的，这些活动可分为基本活动和辅助活动两类，基本活动包括内部后勤、生产作业、外部后勤、市场和销售、服务等；而辅助活动则包括采购、技术开发、人力资源管理和企业基础设施等。这些互不相同但又相互关联的生产经营活动，构成了一个创造价值的动态过程，即价值链。

(二) 价值链分析的特点

企业为一系列的输入、转换与输出的活动序列集合，每个活动都有可能相对最终产品产生增值行为，从而提高企业的竞争地位。企业通过信息技术对关键业务流程的优化是实现企业战略的关键。企业通过在价值链过程中灵活应用信息技术，发挥信息技术的使能作用、杠杆作用和乘数效应，可以增强企业的竞争能力。

价值链分析的特点如下。

(1) 价值链分析的基础是价值，其重点是价值活动分析，各种价值活动构成价值链。价值是买方愿意为企业提供给的产品所支付的价格，也代表顾客需求满足的实现。价值活动是企业所从事的物质上和技术上的界限分明的各项活动，它们是企业制造对买方有价值的产品的基石。

(2) 价值活动可分为两种：基本活动和辅助活动。基本活动是涉及产品的物质创造及其销售、转移给买方和售后服务的各种活动。辅助活动是辅助基本活动并通过提供技术、人力资源以及各种公司范围的职能以实现对基本活动的支持的活动。

(3) 价值链列示了总价值。价值链除包括价值活动外，还包括利润，利润是总价值与从事各种价值活动的总成本之差。

(4) 价值链的整体性。企业的价值链体现在更广泛的价值系统中。供应商拥有创造和交付企业价值链所使用的外购输入的价值链(上游价值)，许多产品通过渠道价值链(渠道价值)到达买方手中，企业产品最终成为买方价值链的一部分，这些价值链都影响着企业的价值链。因此，获取并保持竞争优势不仅要理解企业自身的价值链，还要理解企业价值链所处的价值系统。

(5) 价值链的异质性。不同的产业具有不同的价值链。在同一产业中，不同企业的价值链也不同，这反映了企业各自的历史、战略以及实施战略的途径等方面的不同，同时也代表着企业竞争优势的一种潜在来源。

(三) 价值链分析的步骤

价值链分析的步骤如下：

(1) 把整个价值链分解为与战略相关的作业、成本、收入和资产，并把它们分配到“有价值的作业”中；

(2) 确定引起价值变动的各项作业，并根据这些作业分析形成作业成本及其差异的原因；

(3) 分析整个价值链中各节点企业之间的关系，确定核心企业与顾客和供应商之间作业的相关性；

(4) 根据分析结果重新组合或改进价值链，以更好地控制成本动因，产生可持续的竞争优势，使价值链中各节点企业在激烈的市场竞争中获得优势。

第三节 战略选择

一、核心能力

(一) 核心能力的含义及内容

核心能力是组织协调不同生产技术和整合多种多样技术流的能力。企业核心能力是在竞争中处于优势地位的强项，是其他对手很难达到或者无法具备的一种能力。企业核心能力可以促进各种技术和对应组织之间的协调和配合，从而给企业带来长期竞争优势和超额利润。

核心能力体现为一系列技能、技术、知识的综合体，要准确、全面地分析并评价一个组织的核心能力是比较困难的。核心能力是组织赢得持久竞争优势的源泉，一般而言，对组织的核心能力进行分析，可以从以下几方面入手。

1. 主营业务分析

在主营业务方面，该主营业务是否有稳定的市场前景，本组织在该领域中与竞争对手相比，竞争地位如何。一个组织若没有明确的主营业务，经营内容过于分散，则很难形成核心能力；或者组织虽有主营业务，但在该业务领域中的竞争地位很低，也谈不上有核心能力。在对主营业务进行评价时，组织可以运用主营业务明确程度、主营业务市场占有率及其行业排名、主营业务收益占总收益的份额、主营业务市场前景等指标。

核心产品是核心能力与最终产品之间的有形联结，决定最终产品价值。

2. 核心产品分析

核心产品是指核心的部件或组件。例如，本田公司的发动机、英特尔公司的微处理器，都是所属公司的核心产品。对核心产品进行分析时，应具体分析组织是否有明确的核心产品、销售现状、竞争地位、市场前景、产品的差异性和延展性，以及扩大虚拟份额的可能性和具体思路等。核心产品可以延伸至多个最终产品领域，最大限度地实现核心能力的经济效益。因此，一个组织如果没有过硬的核心产品，则很难说该组织具有较强的核心能力。判断某产品是否是核心产品的具体指标包括核心产品的市场份额、知名度、美誉度、行业延展度、销售收入增长率及未来市场前景等。

3. 核心能力分析

核心能力分析的主要内容包括：支持组织主营业务和核心产品的核心技术和专长是什么，组织管理人员是否对此达成共识；这些核心技术和专长的价值性、独特性、难以模仿性和不可替代性如何；这些核心技术和专长是否得到了充分发挥，为组织带来何种竞争优势，强度如何；保护、保持和发展这些核心技术和专长的现时做法、方案和未来计划是什么；等等。

核心能力具有动态性，昔日的核心能力今天可能会退化为一般能力。组织为了获得持久的竞争优势，必须不断保护和发展自己的核心能力。因此，对组织核心能力的分析，还应涉及更深层次的内容，即组织发展核心能力的能力。

(二) 核心能力的特征

一项能力能否成为企业的核心能力必须通过5项检验，即具备5个特征。

1. 价值性

核心能力必须能够使企业创造顾客可以识别和看重的，且在顾客价值创造中处于关键地位的价值。核心能力具有战略价值，它能为顾客带来长期的关键性利益，为企业创造长期的竞争主动权，为企业创造超过同业平均利润水平的超值利润。

2. 独特性

与竞争对手相比，核心能力必须是企业所独具的，即使不是独具的，也必须比任何竞争对手胜出一筹。独特性又称独具性，即企业核心竞争力为企业独自拥有。同行业中几乎不存在两个企业都拥有准确意义上相同或相似的核心能力。

3. 延展性

核心能力是企业向新市场延展的基础，企业可以通过核心能力的延展而创造出丰富多样的产品。核心能力可以有力地支持企业向更有生命力的新事业拓展。核心能力是一种应变能力，是一种适应市场不断变化的能力。

4. 难以模仿和不可替代性

企业核心能力是企业内部资源、技能、知识的整合，常常难以让竞争对手模仿和替代，否则，其独特性自然也就不具备了，竞争优势也相应丧失。例如，索尼公司的产品创新特别是小型化的能力；松下公司产品的质量与价值的协调能力；海尔公司的广告销售和售后服务能力；科隆公司的无缺陷制造和销售产品的能力等。

5. 长期性

核心能力的培育和建设取决于企业长期积累的经验、教训、知识、理念，需要一个漫长的过程，绝对不可能一蹴而就。

二、基本竞争战略

组织在竞争中存在基本竞争战略，也就是组织的二级战略，强调各组织在各自产业领域中的生存、竞争与发展之道。因此，它主要关注如何通过整合资源、创造价值以满足顾客需求。按照竞争优势和竞争范围两个维度，可以将事业部层战略分为成本领先战略、差异化战略和集中化战略。

(一) 成本领先战略

成本领先战略是指组织通过内部加强成本控制，采用一切可能的方式在研究开发、生产、销售、服务和广告等领域内把成本降到最低限度，成为产业内成本领先者的战略，其实质是以成本战略作为组织的基本竞争战略。

成本优势的来源因产业结构不同而异，可以包括追求规模经济、专利技术、原材料的优惠待遇和其他因素。成本领先并不等同于价格最低，如果企业陷入价格最低而成本并不最低的误区，换来的只能是无休止的价格战。

1. 成本领先战略的优势

组织实施成本领先战略，可以获得高于产业平均水平的收益，其优势主要体现在以下4个方面。

1) 增强组织讨价还价的能力

由于组织的成本低，可以使自己更易于应对投入费用的增长，提高组织与供应商的讨价还价能力，拥有更大的灵活性，降低投入因素变化所产生的影响。同时，由于组织成本低，还可以提高自己对顾客的讨价还价能力，拥有更大的主动权。

2) 形成进入障碍

组织的生产经营成本低，可以形成巨大的生产规模，为产业的潜在进入者设置较高的障碍。那些生产技术尚不成熟的、经营上缺乏规模效应的组织，将很难进入这个产业。

3) 降低替代品的威胁

由于组织的成本低，因此可以在激烈的竞争中凭借低成本的产品和服务吸引大量的顾客，降低替代品的威胁，使自己处于有利的竞争地位。

4) 保持领先的竞争地位

当组织与产业内的竞争对手进行价格战时，可以在竞争对手毫无利润水平时保持盈利，从而扩大市场份额，保持绝对的竞争优势。

2. 成本领先战略的风险

组织在采用成本领先战略时，要注意防范以下风险。

(1) 生产技术变化或新技术出现，可能使原有设备投资或学习经验变得无效。当生产技术发生变化时，其效率更高、成本更低，落后的技术自然就会被淘汰。

(2) 行业中新加入者采用模仿的方法。当组织的产品或服务具有竞争优势时，竞争对手会采取模仿的办法，形成与本组织相似的产品和成本，给自己造成困扰。

(3) 竞争者购买更先进的生产设备，开发出更低成本的生产方法。例如，竞争对手利用新的技术或更低的人工成本，形成新的低成本优势，使组织原有的优势成为劣势。

(4) 组织可能发现所生产的产品尽管价格低廉，却不为顾客所欣赏和需要。如果组织过分追求低成本，但是降低了产品和服务的质量，则会影响顾客的需求偏好，使优势变成劣势。

(5) 受通货膨胀的影响，生产投入成本升高，难以降低产品成本，使竞争优势丧失，导致战略失败。

3. 实施成本领先战略的原因

组织实施成本领先战略的主要原因在于：

(1) 现有竞争组织之间的价格竞争异常激烈；

(2) 组织所处产业的产品基本上都是标准化的或者同质化的；

(3) 实现差异化的途径很少；

(4) 多数顾客使用产品的方式相同；

(5) 消费者的转换成本低；

(6) 组织具有较大的生产规模和较高的市场占有率。

4. 成本领先战略的实施途径

组织主要通过以下途径实施成本领先战略：

(1) 通过扩大规模利用技术革新降低成本；

(2) 通过提高管理水平降低管理费用；

(3) 通过对组织内部部门的整合减少组织之间的摩擦来降低交易成本；

(4) 通过不同的生产工艺、新的销售渠道、新的原材料、纵向整合上的重大差异等多种方式来重新构造价值链，改变整体的成本结构，利用组织的优势资源来改变竞争的基础。

(二) 差异化战略

差异化战略又称差别化战略、别具一格战略，是指组织通过提供与众不同的产品和服务，满足顾客的特殊需求，形成竞争优势的战略。采用差异化战略时，组织的主要竞争手段是产品和服务的特色，而不是产品和服务的成本。采用差异化战略的组织往往在行业中表现得别具一格，具有很强的独特性。

1. 差异化战略的优势

组织实施差异化战略，可以形成对潜在进入者的行业壁垒，其优势主要体现在以下4个方面。

1) 形成进入障碍

由于组织独具的产品特色，顾客对产品或服务具有很高的忠诚度，形成了特别的偏好，从而使产品和服务具有强大的进入障碍。潜在进入者与采用差异化战略的组织竞争时，需要改变产品的独特性造成的顾客偏好结构。

2) 降低顾客敏感程度

由于产品或服务的差异化，顾客对其形成特殊的忠诚，即使产品或服务价格发生改变，顾客对价格的敏感程度也不高。因而，生产这种产品或服务的组织便可以运用差异化战略，在产业竞争中形成一个隔离带，避免竞争者的伤害。

3) 增强组织讨价还价的能力

产品差异化战略可以为组织带来较高的边际收益，降低组织的总成本，增强组织对供应者讨价还价的能力。同时，由于顾客没有更多、更好的选择，对价格的敏感程度又比较低，组织还可以运用这种战略降低顾客讨价还价的能力。

4) 防止替代品的威胁

如果组织的产品或服务具有特色，能够赢得顾客的信任，便可以在与替代品的竞争中比同类组织更有优势，从而有效地阻止了替代品对自己的威胁，长期地保持高利润。

2. 差异化战略的风险

组织在实施差异化战略时，通常会面临以下风险。

(1) 形成产品差异化的成本过高，大多数顾客难以承受产品的价格，组织也难以盈利。产品的成本是形成其价格的基础，往往占据价格的主要部分。当竞争对手的产品价格大幅度降低时，组织即使控制成本水平，顾客也不再愿意为差异的产品支付高昂的价格。

(2) 竞争对手推出相似的产品，会降低产品的差异化特色。如果竞争对手生产相同或类似的产品，就会形成很大的替代性，甚至会直接威胁产品或服务的独特性，使其差异化程度降低，进而降低产品或服务的市场价值。

(3) 竞争对手生产差异化更强的产品，使组织的原有顾客转向竞争对手，如果竞争对手生产的产品或服务更具有差异性，追求个性化的消费者就有可能改变偏好，放弃对自己产品或服务的需求，转向追求更具个性化的产品，使自己的差异化战略竞争力下降。

(4) 顾客不再需要本组织赖以生存的产品差异化的因素，当市场发生改变，如产品质量普遍提高、顾客对价格越来越敏感时，其差异化的重要性就降低了。另外，社会消费文化的改变也会影响顾客对产品差异化的追求。

3. 差异化战略的实施途径

组织成功地实施差异化战略，通常需要特殊类型的管理技能和组织结构。例如，组织需要从总体上提高某项经营业务的质量，树立品牌形象、保持先进技术和建立完善的分销渠道；需要具有很强的研究开发与市场营销能力的管理人员。同时，成功地实施差异化战略还需要良好的组织结构，以及能够确保激励员工创造性的激励体制和管理手段。

(三) 集中化战略

集中化战略也称目标集中战略、目标聚集战略，是指组织将经营重点放在一个特定的目标市场上，为特定地区或特定的购买人群提供特殊的产品或服务。因此，组织往往集中使用资源，以较高的增长速度来提高某种产品的销售额和市场占有率。实施集中化战略的前提条件是组织业务的专一化，能够以更高的效率和更好的效果为某一狭窄的细分市场服务，从而超越更多的竞争对手。

1. 集中化战略的类型

集中化战略旨在以更高的效率、更好的效果为某一类被选择的消费群体服务，从而超越在产业范围内的竞争对手，获得高于平均水平的利润。组织往往根据自己拥有的资源来决定采用哪种具体的集中化战略形式。根据集中化战略选择的结合点不同，可以分为集中成本战略和集中差异化战略两种主要形式。

1) 集中成本战略

集中成本战略以低成本为基础，通过向目标市场的顾客提供比竞争对手低的成本和价格，以保证获得竞争优势。组织把顾客限制在一个定义清晰的顾客群中，通过降低成本来满足顾客需求，使自己在价值链上比竞争对手增值。集中成本战略在实践中被普遍采用，是一种比较容易成功的战略选择。例如，市场上一些规模比较小的打印机生产制造商开始以低成本的仿制品代替有商标的高价墨盒，把墨盒分成几块，在不影响消费者使用的前提下重新组合，由于仿制墨盒的成本很低，大量交易就可以获得丰厚的利润。

2) 集中差异化战略

寻找独特产品的顾客群的能力、销售人员的能力和组织抵御竞争对手攻击的能力，是能否成功运用集中差异化战略的关键。集中差异化战略的焦点在于差异化的切入点。例如，劳斯莱斯、LV、欧莱雅、香奈儿和哈根达斯成功地运用集中差异化战略，锁定了偏好世界高水平产品和服务的高端奢侈消费群体。

2. 集中化战略的优势

组织实施集中化战略的优势主要体现在以下3个方面。

(1) 集中力量服务特定的细分市场，经营目标集中、管理简单方便，经营成本比较低，组织能够为目标消费群体提供更好的产品或服务。

(2) 规模大的组织由于追求高额销售收入，对于某些细分市场可能不感兴趣，这给中小组织实施集中化战略提供了良好的条件。

(3) 服务于较小的细分市场，独特的专业化生产能力能够有效抵御各种竞争力量，实现规模经济效益。

3. 集中化战略的风险

组织实施集中化战略也面临着风险，主要风险如下。

(1) 竞争对手可以通过更有效的途径与集中化战略的实施者在目标市场竞争，甚至可能提供更具有吸引力的产品，或者发展抵制其他竞争者的专业技术和能力。

(2) 集中化战略放弃了其他市场，因而对环境的适应能力较差，有比较大的风险。如果目标市场突然发生变化，如技术进步、替代品出现、价格猛跌、购买者兴趣转移、价值观念更新等，组织就有可能陷入困境。如果组织实施单一产品或服务的增长战略，其风险将更大，因为产品或服务的市场萎缩，组织就会面临困境。

(3) 集中化战略的细分市场吸引力很大，容易吸引很多竞争对手，使竞争加剧，利润降低。

4. 实施集中化战略的条件

实施集中化战略的目的就是在低成本或差异化的基础上建立竞争力，其实施的条件如下。

(1) 目标市场的细分要有足够大的盈利空间和成长潜力。

(2) 目标市场要具有完全不同的顾客群。

(3) 组织的资源不允许其追求广泛的细分市场。

(4) 在相同的目标市场中，其他竞争对手不打算实行重点集中的战略。

(5) 行业中各细分部分在规模、成长率以及获得能力方面存在很大的差异。

三、基于核心能力的成长战略类型

(一) 基于核心能力的企业内部扩张战略

1. 一体化增长战略

一体化增长战略是指组织充分利用自己在产品、技术、市场上的优势，根据物资流动的方向，使组织不断地向深度和广度方向发展的战略。一体化增长战略有利于深化专业分工与协作，提高资源的利用深度和综合利用效率。一体化增长战略可以分为横向一体化(水平一体化)和纵向一体化(垂直一体化)，而纵向一体化又可以分为前向一体化和后向一体化。

1) 横向一体化

横向一体化也称水平一体化，是指组织与处于相同产业、生产同类产品或工艺相近的组织联合，实现现有生产活动的扩展并使现有产品市场份额扩大。横向一体化实质是资本在同一产业和部门内的集中，实现规模经济，其目的是扩大规模、降低产品成本并巩固市场地位。例如，海尔集团整体收购合肥黄山电子集团就是为了扩大海尔彩电的生产规模。由于横向一体化与原有生产活动有关，比其他类型的增长更易于实现，因此，组织早期大多采用这种增长方式。横向一体化主要可以通过契约式联合、合并同产业组织两种方式来实现。

2) 纵向一体化

纵向一体化也称垂直一体化，是指组织向原有生产活动的上游和下游企业扩展，实现生产或经营的相互衔接、紧密联系。纵向一体化可以使组织通过内部的安排，将不同的生产阶段联结起来，实现交易内部化。按照物资流动的方向，可以将纵向一体化分为前向一体化和后向一体化。

(1) 前向一体化是指组织与客户组织之间联合，通过控制原客户组织的生产经营活动实现一体化，其目的是促进和控制产品的需求，促进产品的营销。例如，纺织印染厂原来只是将坯布印染成各种颜色的花布供应服装厂，现在纺织印染厂与服装加工厂联合，不仅搞印染而且还制成服装出售，从而促进和控制了产品需求，实现产品的营销。

(2) 后向一体化是指组织与供应组织之间联合，通过介入原供应商的生产活动实现一体化，其目的是确保产品或服务所需的全部或部分原材料的供应，加强对所需原材料的质量控制。例如，自行车厂原来要向橡胶厂购买轮胎，现在自行车厂收购了橡胶厂，自己生产自行车轮胎，从而保证了自行车轮胎的供应。电视机制造公司兼并显像管制造公司、食品公司投资兴办养殖场等都属于后向一体化。另外，有的组织既可以实现前向一体化，又可实现后向一体化。例如，化学工业公司既可以向石油冶炼、采油领域扩展以实现后向一体化，也可向塑料制品、人造纤维等领域扩展以实现前向一体化。纵向一体化是组织发展到一定阶段的主要扩张战略。

一般来说，组织通过横向一体化打败竞争对手，获得市场多头垄断地位以后，就会采用纵向一体化扩张战略以占领其供应和市场领域。当组织在某一生产领域占据重要地位之后，向多个领域扩张就成为其唯一的增长战略。

2. 多元化战略

多元化战略是指组织在现有业务领域的基础上增加新的产品或业务的经营战略。多元化经营是组织开拓经营空间，建立新的增长点的有效战略。然而，多元化经营将使组织从现有产品市场中分出资源和精力，投到组织不太了解的产品市场上，因此多元化经营不可避免地会带来一定的风险，多元化经营作为一种战略模式，其实施能否获得成功，关键在于是否能有效运用自身的资源、能力。

1) 多元化战略的类型

根据现有业务领域和新业务领域的关联程度，可以把多元化战略分为相关多元化与非相关多元化两种类型。

(1) 相关多元化。

相关多元化是指组织发展的业务具有一定的新特征，但它与组织的现有业务在战略上具有适应性。组织发展的业务与现有业务在技术、工艺、销售渠道、市场营销产品等方面具有共同或相近的特点，根据现有业务与新业务关联内容的不同，相关多元化又可以分为同心多元化和水平多元化两种。

同心多元化是指组织利用原有的技术、特长和经验等发展新产品，增加产品种类，从同一圆心向外扩大业务经营范围。例如，汽车制造厂增加拖拉机的生产。同心多元化的特点是原产品与新产品基本用途不同，但是有较强的技术关联性。例如，海尔、春兰等企业利用同心多元化战略生产冰箱和空调，就是利用这两种产品共用的制冷技术。

水平多元化是指组织利用现有市场，采用不同的技术来发展新产品，增加产品种类。例如，原来生产化肥的企业现在投资农药项目。水平多元化的特点是现有产品与新产品的基本用途不同，但是存在较强的市场关联性，可以利用原来的分销渠道销售新产品。例如，牙膏厂在生产牙膏时又增加牙刷生产，就是为了利用原有的市场推广经验与渠道。

(2) 非相关多元化。

非相关多元化也称集团多元化，是指组织通过收购、兼并其他产业的业务，或者在其他产业投资，把业务领域拓展到其他产业中去，新产品、新业务与组织的现有业务、技术、市场没有任何关系。因此，组织既不以原有技术也不以现有市场为依托，向技术和市场完全不同的产品或服务项目发展。非相关多元化往往是实力雄厚的大企业集团采用的一种经营战略。例如，美国通用电气公司在20世纪80年代收购美国保险公司和美国无线电公司，实现从单纯的工业生产向金融服务和电视广播产业的扩张。我国的海尔、格力等企业除生产空调等家用电器外，还涉足地产等业务领域。

2) 多元化战略的风险

组织实施多元化战略，可能面临5个方面的风险。

(1) 削弱原有产业。组织的资源总是有限的，多元化经营的投入往往意味着原有产业要受到削弱。这种削弱不仅是资金方面的，管理层的注意力也会被分散，它所带来的后果往往是严重的。原有产业是多元化经营的基础，新产业在经营初期需要原产业的支持。如果原产业迅速受到削弱，组织的多元化经营就会面临危机。

(2) 市场整体风险。支持多元化经营的经典理由是通过“把鸡蛋放在不同的篮子里”去化解经营风险，正所谓“东方不亮西方亮”。然而，市场经济的广泛关联性决定了多元化经营的各产业仍面临共同的风险，实际上“鸡蛋”仍放在一个篮子里，只不过是篮子稍微大了一些而已。在宏观力量的冲击之下，组织多元化经营的资源分散反而加大了风险。

(3) 行业进入风险。组织在进入新产业之后还必须不断地注入后续资源，去了解、学习这个行业并建设自己的员工队伍，塑造自己的品牌。同时，行业的竞争态势是不断变化的，竞争者的策略也是一个未知数，组织必须相应地不断调整自己的经营策略。所以，行业进入不是一个简单的“买入”过程，而是一个长期、动态的过程，很难用通常的投资额等静态指标来度量行业的进入风险。

(4) 行业退出风险。组织在多元化投资前往往很少考虑到退出的问题。由于资产的专用属性，多元化战略所进行的投资往往形成沉没成本，难以转移到其他的产业领域。如果组织深陷一个错误的投资项目却无法做到全身而退，那么很可能导致组织全军覆没。

(5) 内部经营管理整合风险。新投资的产业会通过财务流、物流、决策流、人事流给组织既有的产业经营带来全面的影响。不同的行业有不同的业务流程、市场模式和组织文化，因而对组织的管理机制有不同的要求，而组织作为一个整体，必须把不同行业对其管理机制的要求以某种形式融合在一起。

3) 多元化战略的实施途径

多元化战略的实施途径多种多样，主要有以下几种。

(1) 并购已经存在的公司。并购是组织进入另一个行业的常用方式。与进入一个新行业相比，并购提供了一条进入目标市场的捷径，而且能够迅速跨越行业壁垒。

(2) 内部开发。内部开发是指主要依靠组织所拥有的资源和能力进入新的行业领域来开展多元化经营。

(3) 战略联盟。战略联盟是指两个或多个组织为了实现特定的战略目标而采取的任何股权或非股权形式的共担风险、共享利益的联合行动。

(4) 剥离清算。一方面，母公司可以从一项经营中抽离股本，使之成为在财务和管理上独立的公司；另一方面，母公司可以在其中部分保留或不保留所有权，或者母公司可以将其业务单元彻底卖掉。

3. 加强型战略

加强型战略又称密集性成长战略或专业化成长战略，是指企业在原有生产领域内充分利用产品或市场方面的潜力，求得成长发展的战略。加强型战略的优势在于可以使企业通过市场渗透、市场开发和产品开发等途径将时间、资源和精力全部集中于企业核心业务上；劣势在于企业所有精力集中在一点，会增大经营风险，一旦企业所擅长的领域前景变差或环境恶化，就会导致企业竞争优势丧失从而陷入困境。

1) 加强型战略的类型

(1) 市场渗透，即企业通过加强市场营销，提高现有产品或服务在现有市场上的份额。市场渗透是在市场对本企业的产品或服务的需求日益增大时最常用的，也是最容易成功的一种加强型战略。

实施市场渗透战略的条件是产品与服务的市场存在需求且使用率还可以显著提高，途径是增加现有客户对企业产品或服务的使用数量和频率，吸引竞争对手的客户，争取潜在新客户。

能否成功实施市场渗透战略不仅取决于企业的相对市场地位，还取决于行业市场的特性。企业必须仔细审视行业市场的变化，利用企业自身优势抓住市场机遇，获得竞争优势。

(2) 市场开发，指企业将现有的产品或服务推向新的市场，实现现有产品在新的市场范围内的扩张，能够提高企业知名度并扩大企业市场份额。

市场开发成功与否取决于企业分销系统的潜力发挥，以及企业在资源上建立和完善分销系统或提高分销系统效能的支持能力。市场开发会增加销售费用和提高分销渠道管理难度，因而增加销售风险。所以，能否成功实施市场开发战略不仅取决于企业所处的市场特征，还与企业产品的技术特征密切相关。

(3) 产品开发，指通过改进原有产品或服务，或者开发新的产品或服务来增加企业在原有市场上的销售量。产品开发有利于提高企业的市场竞争地位和核心能力，但需要大量的投入且风险较大。所以，开发新服务或产品需坚持以下3项原则：

第一，以市场为导向，以顾客需求为中心，选择市场机会和设计产品；

第二，开发以企业核心的能力和技能为基础的产品，并以构建有利于企业长远发展的技术为基础；

第三，在产品开发过程中充分利用各种资源。

2) 实施加强型战略应具备的条件

(1) 企业要有明确的战略目标和使命，明确自己的经营领域和发展方向，能够理智地面对企业成长过程中一体化和多元化的诱惑。

(2) 企业必须在某一特定领域拥有特殊的资源或能力、生产技术、市场知名度，对用户要求具有敏感度，拥有一定的客户资源，对市场的了解程度要强于竞争对手。

(3) 企业必须将所有资源和能力用于核心领域，加强企业的核心竞争力。

(4) 企业经营领域小，因而必须采取科学的管理方式以提高效益和管理能力，具有竞争力的价格，提高产品或服务的质量。

(二) 基于核心能力的企业外部扩张战略

企业外部扩张战略是指企业立足自身的核心资源，开展与行业相关的工作，拓展其核心能力的战略。企业外部扩张战略主要包括以下几种。

1. 战略联盟

1) 战略联盟的含义

战略联盟是指由两个或两个以上有共同战略利益和对等经营实力的企业(或特定事业和职能部门)，为达到拥有市场、共同使用资源等战略目标，通过各种协议、契约而结成的优势互补或优势相长、风险共担、生产要素水平式双向或多向流动的一种松散的合作模式。

2) 战略联盟的特点

当前，网络组织已成为企业组织发展的一种趋势，战略联盟则是网络组织的一种，具备网络组织的以下特点。

(1) 边界模糊。战略联盟并不像传统的企业具有明确的层级和边界，而是一种“你中有我，我中有你”的关系。

(2) 关系松散。战略联盟主要是契约式或联结起来的，因此合作各方之间的关系十分松散，兼具了市场机制与行政管理的特点，合作各方主要通过协商的方式解决各种问题。

(3) 机动灵活。战略联盟组建过程十分简单，不需要大量附加投资。合作者之间的关系十分松散，解散十分方便。

(4) 行动高效。合作各方将核心资源投入联盟中，联盟的各方面都是较为完善的。在这种条件下，联盟可以高效地完成一些企业很难完成的任务。

3) 战略联盟的优势

(1) 创造规模经济。小企业因为远未达到规模经济，与大企业相比，其生产成本就会高些。这些未达到规模经济的小企业通过构建联盟，扩大规模，就能产生协同效应，即“1+1>2”，提高企业的效率，降低成本，增加赢利，以追求企业的长远发展。

(2) 实现企业优势互补，形成综合优势。企业各有所长，这些企业如果构建联盟，可以把分散的优势组合起来，形成综合优势，也就可以在各方面、各部分之间取长补短，实现互补效应。

(3) 可以有效地占领新市场。企业进入新的产业要克服产业壁垒，企业进入新市场也同样要越过壁垒。通过企业间的联盟合作进入新市场，就可以有效地克服这种壁垒。

(4) 有利于处理专业化和多样化的生产关系。企业通过纵向联合的合作竞争，有利于组织专业化的协作和稳定供给。例如，丰田公司只负责主要部件的生产和整车的组装，减少了许多交易的中间环节，节约了交易费用，提高了经济效益，而通过兼并实行联盟战略，从事多样化经营，则有利于企业寻求成长机会，避免经营风险。在选择联盟对象时，企业首先要清楚候选企业的战略意图，再调查候选企业的合作经验。此外，企业还应考察潜在候选企业是否具有独特的核心竞争力和发展潜力。

4) 战略联盟的形式

(1) 合资。合资是指由两家或两家以上的企业共同出资、共担风险、共享收益而形成企业，是当前发展中国家普遍采用的形式。合作各方将各自的优势资源投入合资企业中，从而使其产生单独一家企业所不能产生的效益。

(2) 研发协议。研发协议是指为了某种新产品或新技术，合作各方签订一个研发协议。签订研发协议的战略联盟形式汇集各方的优势，大大提高了新产品或新技术成功的可能性，加快了研发速度，各方共担研发费用，降低了各方的研发费用与风险。

(3) 定牌生产。如果一方有知名品牌但生产力不足，另一方有剩余生产能力，则另一方可以为对方定牌生产。拥有剩余生产能力的一方可充分利用闲置生产能力，谋取一定利益；拥有品牌的一方则可以降低投资或并购所生产的风险。

(4) 经营。合作各方通过特别的方式组成战略联盟，其中一方具有重要无形资产，可以与其他各方签署联合协议，允许其使用自身品牌、专利或专用技术，从而形成一种战略联盟。品牌、专利或专用技术拥有方不仅可获取收益，并可利用规模优势加强无形资产的维护，受许可方可以扩大销售、谋取收益。

(5) 相互持股。相互持股是指合作各方为加强相互联系而持有对方一定数量的股份。这种战略联盟中，各方的关系相对更加紧密。

当然，组建战略联盟一定要慎重选择合作伙伴，并建立合理的组织关系，合作各方应加强沟通。

2. 虚拟运作

虚拟运作是指企业通过签订合同、持有少量股权、信贷帮助、技术支持等方式与其他企业建立较为稳定的关系，从而将企业价值活动集中于自己的优势业务，将非专长业务外包出去。

1) 虚拟企业的含义

虚拟企业，是指当市场出现新机遇时，具有不同资源与优势的企业为了共同开拓市场，共同对付其他竞争者而组织的、建立在信息网络基础上的共享技术与信息、分担费用、联合开发、互利的企业联盟体。虚拟企业的出现常常是由于参与联盟的企业追求一种完全靠自身能力达不到的超常目标，即这种目标要高于企业运用自身资源可以达到的限度，企业自发地要求突破自身的组织界限，必须与其他对此目标有共识的企业实现全方位的战略联盟，共建虚拟企业，才有可能实现这一目标。

虚拟企业使传统的企业界限模糊化。虚拟企业不是法律意义上的完整的经济实体，不具备独立的法人资格。一些具有不同资源及优势的企业为了共同的利益或目标走到一起结成联盟，组成虚拟企业，这些企业可能是供应商、顾客，也可能是同行业中的竞争对手。这种新型的企业组织模式打破了传统的企业组织界限，使企业界限变得模糊。

2) 虚拟企业的特点

(1) 虚拟企业具有流动性、灵活性的特点。各企业出于共同的需要，为了共同的目标走到一起结盟，一旦合作目的达到，这种联盟便可能宣告结束，虚拟企业便可能消失。因此，虚拟企业可能是临时性的，也可能是长期性的，虚拟企业的参与者也具有流动性。虚拟企业正是以这种动态的结构、灵活的方式来适应市场的快速变化。

(2) 虚拟企业是建立在当今发达的信息网络基础之上的企业合作。虚拟企业的运行过程中，信息共享是关键，而使用现代信息技术和通信手段使沟通更为便利。采用通用数据进行信息交换，使所有参与联盟的企业都能共享与设计、生产以及营销有关的信息，从而能够真正协调步调，保证合作各方能够较好合作，从而使虚拟企业形成较强的竞争优势。

(3) 虚拟企业在运行过程中运用并行工程而不是串行工程来分解和安排各个参与企业要做的工作。虚拟企业在完成某一项目或任务时，项目或任务按照并行工程的思想被分解为相对独立的工作模块，促使承担分解任务的各方能够充分调动和使用各自的资源而不必担心核心技术或核心知识被泄露，并且各个合作模块可以并行作业，项目或任务的主持者可以利用先进的信息通信手段沟通与协调，从而保证各个工作模块最终的互相衔接。这种运行方式既缩短了时间，又节约了成本，同时还促进了各参与企业有效地配置自己的资源，以及虚拟企业整体资源的充分利用。

(4) 虚拟企业一般在技术上占有优势。由于虚拟企业是集合了各参与方的优势，尤其是技术上的优势而形成的，因此在产品或服务的技术开发上更容易形成强大的竞争优势，使其开发的产品或服务在市场上处于领先水平，这一点是任何单个实体企业很难相比的。

(5) 虚拟企业可以看作一个企业网络。该企业网络中的每个成员都要贡献一定的资源，供大家共享，而且这个企业网络运行的集合竞争优势和竞争力水平大于各个参与者的竞争优势和竞争力水平的简单相加。

虚拟企业的上述特点决定了虚拟企业具有较强的市场适应能力。各方优势资源集中更催生出极强的竞争优势与竞争力。因此，虚拟企业这种虚拟运作模式在当今快速多变的市场与技术环境中是获取竞争优势以提高竞争力的一种很有前途的合作方式，正在被越来越多的企业所认识和采纳。

3) 虚拟企业的运作方式

(1) 虚拟生产。虚拟生产是虚拟经营的最初形式，它以外包加工为主要形式，是指企业将其产品的直接生产功能弱化，把生产功能用外包的办法转移到别的企业去完成，而自己只留下最具优势并且附加值最高的开发和营销功能，并强化这些部门的组织管理。最著名的例子是美国生产运动鞋的耐克公司。耐克公司本身没有一条生产线，而是集中企业的所有资源，专攻设计和营销两个环节，运动鞋的生产则采用订单的方式交给人工成本低的发展中国家完成。耐克公司以虚拟生产的方式成为世界上最大的运动鞋制造商之一。国外著名的电器制造商近年来也采用了虚拟生产的模式，如日本的索尼、松下等电器公司，其在中国市场上销售的产品基本上都是由马来西亚、新加坡、泰国等劳动力成本较低的国家生产的，而公司总部则集中进行新产品的开发和营销战略的实施。

(2) 虚拟开发。虚拟开发是指几个企业通过联合开发高技术产品，取得共同的市场优势，谋求更大的发展。例如几家各自拥有关键技术并在市场上拥有不同优势的企业，为了彼此的利益，进行战略联盟，开发更先进的技术。

IBM和AMD于2003年年初共同表示，为了跟上Intel的发展速度，双方将联合开发下一代微处理器技术。其正在共同开发的特别微小的晶体管技术，能够提高芯片的效率，降低芯片的生产成本。该合作对于双方都很重要，因为这能改善与Intel竞争的形势。AMD缺乏Intel所具有的研发资金，没有合作伙伴很难迅速推出新产品。IBM自身掌握的微处理器技术有限，很难保证其在与Intel的竞争中领先。这种合作促使双方获得在芯片制造方面的竞争优势。

(3) 虚拟销售。虚拟销售是指企业或公司总部与下属销售网络之间的“产权”关系相互分离，销售虚拟化，促使企业的销售网络成为拥有独立法人资格的销售公司。此类虚拟化的销售方式，不仅可以节省公司总部的管理成本与市场推广费用，充分利用独立的销售公司的分销渠道以广泛推广企业的产品，促使本企业致力于产品与技术的创新，不断提升企业品牌产品的竞争优势，而且还可以推动销售公司的快速成长，网罗大批优秀的营销人才，不断扩展企业产品的营销网络。

美特斯·邦威公司是实行虚拟销售最为典型的企业之一。公司采取特许连锁经营的方式，通过契约将特许权转让给加盟店。加盟店在使用美特斯·邦威公司统一的商标、商号、服务方式的同时，根据区域的不同情况分别向公司缴纳5万～35万元的特许费。由此，公司不但节省了1亿多元的投资，而且还通过特许费的方式筹集到一大笔无息发展资金。公司总部把精力主要用在产品设计、市场管理和品牌经营方面，与香港、上海等地的著名设计师合作，每年推出约1000个新款式，取得了良好的经济效益。

(4) 虚拟管理。虚拟管理是指在虚拟企业中，把某些管理部门虚拟化，虽然保留了这些管理部门的功能，但其行政组织并不真正存在于企业内部，而是委托其他专业化公司承担这些管理部门的责任。例如，企业可以不设人力资源部门，对员工的培训可以委托专门的培训机构完成。再如，许多外资企业将人力资源交给专业的人才管理中心管理，由人才管理中心负责调动、职称评定及党团关系接转等工作。虚拟管理可为新组建的、缺乏管理经验和管理人才的企业提供较大的帮助。乐凯公司就聘请麦肯锡、罗兰贝格咨询公司的管理专家为其做战略规划、管理咨询。

3. 出售核心产品

企业将价值活动集中于自己少数优势方面，提供产品或服务，并将产品或服务通过市场交易出售给其他生产者进一步生产加工，通过市场运作的方式，将核心产品出售给价值链的其他生产者，以更有效地发挥企业的特质资源优势。

本章小结

核心价值观，就是某一社会群体或组织判断社会事务时依据的是非标准和遵循的行为准则。核心目标是组织存在的理由，有效的核心目标反映了为公司工作的内在动力，它不仅描述公司的产出或目标顾客，而且表达了公司的“灵魂”。组织使命是组织的一种本质属性，是组织未来基本的社会责任和期望在某些方面对社会的贡献，主要包括核心意识形态和远大的愿景两部分。

《孙子兵法》将环境的内容分为“天、地、彼、己”和“顾客(目标市场)”，其目的是“知天知地，知彼知己”和“知顾客”。就企业环境分析而言，“天”指外部一般环境，主要包括政治法律环境、经济环境、社会文化环境、技术环境和自然环境，“地”指企业竞争所处的行业环境，主要分析行业竞争结构；“彼”指企业竞争对手；“己”指企业自身条件；“顾客”指企业为之提供产品或服务的消费者。

根据美国学者迈克尔·波特的研究，一个行业的竞争环境取决于五种基本竞争作用力。五力模型确定了竞争力的五种主要来源，即供应商的讨价还价能力、顾客的讨价还价能力、潜在进入者的威胁、替代品的威胁及同行业公司间的竞争。

企业的价值创造是通过一系列活动构成的，这些活动可分为基本活动和辅助活动两类，基本活动包括内部后勤、生产作业、外部后勤、市场和销售、服务等；而辅助活动则包括采购、技术开发、人力资源管理和企业基础设施等。这些互不相同但又相互关联的生产经营活动，构成了一个创造价值的动态过程，即价值链。

核心能力是组织协调不同生产技术和整合多种多样技术流的能力。对组织的核心能力进行分析，可以从主营业务分析、核心产品分析、核心能力分析等方面入手。

组织在竞争中存在基本竞争战略，也是组织的二级战略，强调各单位在各自产业领域中的生存、竞争与发展之道。按照竞争优势和竞争范围两个维度，可以将事业部层战略分为成本领先战略、差异化战略和集中化战略。

基于核心能力的成长战略类型分为企业内部扩张战略(包括一体化增长战略、多元化战略、加强型战略)和企业外部扩张战略(包括战略联盟、虚拟运作、出售核心产品)。

习　　题

一、选择题

1. 企业愿景和使命陈述包括(　　)两个主要部分。
   A. 核心价值观和远大愿景　　B. 核心意识形态和远大愿景
   C. 核心意识形态和核心目标　　D. 企业核心能力和核心目标
2. 核心价值观(　　)。
   A. 是组织持久的本质的原则
   B. 是一般性的指导原则
   C. 可以为了经济利益和短期好处暂时放弃
   D. 不需要理性的或外在的理由
3. 在“天、地、彼、此”中，“地”是指(　　)。
   A. 企业竞争所处的行业环境　　B. 企业竞争对手
   C. 企业自身条件　　D. 外部一般环境
4. 行业内现有竞争对手分析包括(　　)。
   A. 竞争对手基本情况研究　　B. 主要竞争对手研究
   C. 主要竞争对手的发展动向研究　　D. 次要竞争对手研究
5. 企业将现有产品或服务打入新的区域市场，与竞争对手抢占市场，这种成长战略为(　　)。
   A. 市场渗透战略　　B. 市场开发战略
   C. 产品开发战略　　D. 目标集聚战略
6. 某拉面馆连锁集团公司收购了两家肉食品公司，这是一个(　　)的案例。
   A. 前向一体化　　B. 后向一体化
   C. 水平一体化　　D. 生产一体化
7. 某品牌电视因在电视机上加装VCD播放器而大受欢迎，这属于(　　)。
   A. 差异化战略　　B. 无差异化战略
   C. 集中化战略　　D. 成本领先战略
8. 企业的辅助活动包括(　　)。
   A. 企业基础设施　　B. 人力资源管理
   C. 采购　　D. 外部后勤

二、判断题

1. 战略性计划规定组织在较长时期的目标以及为目标所应采取的措施和步骤。(　　)
2. 核心价值观可以为了经济利益而放弃。(　　)
3. 波特五力模型包括现有竞争者、供应商的讨价还价能力、买方的讨价还价能力、潜在进入者的威胁和替代品的威胁。(　　)

4. 基于核心能力的企业内部扩张战略包括战略联盟、虚拟运作、出售核心产品。（　　）

三、填空题

1. 战略性计划的首要内容是__________和__________。
2. 企业愿景和使命陈述包括__________和__________两个主要部分。
3. ___________是组织持久和本质的原则。
4. 行业环境研究主要包括行业竞争结构研究和行业内__________研究。
5. 波特认为，行业的竞争状况以及最终利润状况取决于5种力量共同作用的结果，这5种力量是___________、___________、___________、___________和___________。
6. 根据价值链分析法，每个企业都是用来进行__________、__________、__________、__________，以及对产品起辅助作用的各种价值活动的集合。
7. 竞争战略包括______________、_____________、_____________。
8. 基于核心能力的企业内部扩张战略包括__________、__________、__________；基于核心能力的企业外部扩张战略包括__________、__________、__________。

四、名词解释

1. 战略性计划	2. 核心价值观	3. 核心目标	4. 核心能力
5. 组织使命	6. 一般环境	7. 行业环境	8. 竞争者
9. 市场领导者	10. 市场挑战者	11. 市场追随者	12. 市场补缺者
13. 成本领先战略	14. 差异化战略	15. 集中化战略	16. 一体化战略
17. 多元化战略	18. 加强型战略	19. 战略联盟	20. 虚拟运作

五、简答题

1. 简述企业愿景和使命陈述的主要内容。
2. 简述外部一般环境的内容。
3. 简述波特五力模型的基本内容。
4. 竞争战略包括哪些类型？
5. 成长战略包括哪些类型？

六、论述题

2005年2月，哈佛商学院出版社出版了钱·金和勒妮·莫博涅合作的《蓝海战略》一书，书中第一次提出了“蓝海战略”。“蓝海战略”的主要思想是：与其在拥挤的市场上(红海)做激烈竞争，不如开发新的、没有竞争的市场空间(蓝海)。

请结合竞争战略理论，对“蓝海战略”进行分析与评价。

案例分析

迪士尼公司跨文化环境分析及管理策略改进

1955年，迪士尼公司在美国加利福尼亚州开办了第一家主题公园，即迪士尼乐园。这个乐园吸引了大量的游客。20世纪70年代，迪士尼乐园在佛罗里达州再奏凯歌。1983年，东京迪士尼乐园也受到了大量游客的欢迎。

1992年，美国迪士尼公司把目光瞄准了法国巴黎，认为：巴黎地理位置良好；人口众多，预测市场容量大，且交通辐射半径较大；交通便捷，基础设施较好；法国政府给予政策、资金支持。美国迪士尼公司踌躇满志，准备在法国巴黎建立迪士尼乐园。

公司将美国迪士尼乐园的运作模式整个移植到日本获得了成功，所以又把美国那一套原封不动地搬到巴黎，并取名为欧洲迪士尼，目的是吸引所有欧洲人的到来，然而在开业后的当年，只有40%的法国游客来此参观。更让人惊讶的是，其中很大一部分是到欧洲旅行的日本人。截至1994年年底，欧洲迪士尼乐园共亏损大约20亿美元。

在美国、日本如此受欢迎的迪士尼乐园为什么在法国受到冷落呢？

最重要的原因是法国和美国存在较大的文化差异。法国人认为欧洲迪士尼乐园是美国文化对法国文化的侵略，从而加以抵制，而且，迪士尼公司员工在与法方的谈判中，经常表现出失礼的行为。法国人认为法语是世界上最美的语言，但一开始园内的工作语言要求必须使用英语，导致员工和游客之间的沟通困难。园内早餐供给不足和禁止饮酒的规定亦与欧洲人的生活习惯不符，园外公交车、停车场数量不足，进而引起游客不满。

其次是经济方面的原因。乐园开放不久正值欧洲遭受严重的经济衰退。经济萧条影响了游客的数量，并在相当程度上影响了人们的消费行为，并且，迪士尼公司实施高价位策略，促使变得节俭的欧洲人转而寻找其他类似的替代品。

法律因素和政治因素也是不可忽略的。法国的劳动法不允许雇主采用星期天工作制和年度工作制，迪士尼公司又错估了高峰期和低峰期时段，使劳动力成本远远高于美国。迪士尼公司规定：男性员工的头发必须修剪到衣领和耳朵以上，不得蓄须，不可纹身；女性员工必须使头发保持自然的颜色，化妆有节制，指甲不许长过指尖，应穿半透明的连裤袜，这导致法国政府劳工检察员正式对迪士尼公司提出抗议，声明法国法律禁止雇主限制个人和集体自由。欧洲迪士尼乐园开张不久，法国农民就将拖拉机开到乐园门口进行围堵，这一抗议行动是针对美国政府的，原因是美国政府要求法国削减农业补贴。

最后是竞争者因素。迪士尼乐园的进入使欧洲游客参观自己本土公园的热情高涨，欧洲本土企业投资主题公园的热情相应急剧增长，使主题公园的数量大规模增长，区域内的竞争压力不断加大。

法国人菲利普•邦圭根成为欧洲迪士尼乐园的首席执行官后，他改变了营销手段，采取了“本地化”营销策略，考虑了欧洲不同国家游客习惯的差异。同时，迪士尼也变得宽容了很多。新的经营方案主题是人们为了享受“真正的”迪士尼的一天而来。公司的标志把欧洲两字变小了，加上了“乐园”两字，随后又彻底去掉“欧洲”改名为“巴黎迪士尼乐园”。菲利普•邦圭根说：“我们认识到必须根据游客的文化和旅行习惯来欢迎他们。”经过一系列的调整，巴黎迪士尼乐园的游客日益增多。

如今，巴黎迪士尼乐园是欧洲最大的景点，甚至比卢浮宫和埃菲尔铁塔还受游人欢迎。

21世纪，迪士尼公司又实施了扩张计划：巴黎迪士尼乐园增加了沃尔特·迪士尼电影制片厂主题公园；建立了迪士尼东京海洋公园、香港迪士尼乐园，并且已在上海落户。一个闻名全球的主题乐园帝国不断成长、壮大。

(来源：艾静超. 欧洲迪士尼乐园经营失败的环境分析[J]. 长春理工大学学银(高教版)，2007，3(1)：72-73. 内容有整理)

请思考并回答以下问题：

1. 欧洲迪士尼乐园在第一年运作期间表现不佳的主要原因是什么？
2. 迪士尼公司如何缓解或彻底解决上述问题？
3. 巴黎迪士尼乐园的历史能为跨国公司的经营提供哪些建议？

第五章

组织设计

【导读】

组织是管理的一项重要职能。无论是一个企业，还是一个学校、机关，都要把总体任务分配给各个成员、各个部门去承担，建立它们之间的有分工同时又有合作的关系，这种关系就形成了一种框架或结构。组织结构是实现组织目标的载体。组织设计要求管理者根据组织目标和计划，设计合理、有效、能保证组织目标和计划顺利实施的组织结构与体系，合理安排、调配各种资源。组织工作的目的就是要建立一种能产生有效的分工协作关系的结构。如果一个组织不重视组织结构及运行模式，其他的管理领域也难以获得高绩效，组织就会遭受重大损失。好的组织结构不是自然而然形成的，需要通过组织设计这项管理活动，运用一定的科学程序与方法而形成。

【学习目标】

掌握组织和组织设计的概念、组织设计的影响因素、组织部门化的基本形式与特征，以及组织层级化设计中的集权与分权；熟悉组织设计的任务和原则，以及管理幅度设计的影响因素。

【学习难点】

组织结构图的绘制。

【教学建议】

第一节以课堂讲授为主，第二节和第三节建议结合案例教学，引导学生查阅课外相关资料进行分析，并撰写课程小论文。

第一节　组织与组织设计

一、组织的定义

“组织”一词在《辞源》中是指将丝麻纺织成布。英文中的“组织”(organization)则来源于“器官”一词，即指自成系统、具有特定功能的细胞结构。

对组织的理解有两种。一是组织的实体(名词)，指按照一定的目的、任务和形式建立起来的集体或团体。组织是一种实体，是人们进行合作活动的必要条件，如企业、学校、机关、医院、银行等。二是组织的过程(动词)，指组织工作，是为有效实现组织目标、建立组织结构、配备人员、使组织协调运行的一系列活动。组织是为了组织目标的实现，合理分派、整合组织资源的活动，作为动词使用，是管理的一种职能。

关于组织的概念，到目前为止，仍没有一个统一的认识。不同的学者从不同的角度出发，给出了许多的定义。法国组织理论学家亨利·法约尔、科学管理之父泰勒学者将组织看作一个围绕任务而将若干职位或部门连接起来的整体。古典组织理论的研究者詹姆斯·D. 穆尼认为，组织是人群联合起来为了达到某种共同的目标的形式。美国管理学家巴纳德认为，组织是有意识地协调两个或两个以上的人的活动或力量的协作系统。

二、组织设计的必要性

组织是管理过程中不可或缺的手段，在组织目标明确之后，就必须考虑进行有效的组织设计以保证组织目标的实现。组织设计就是对组织的结构和活动进行创建、变革和再设计。一方面组织设计是提高组织管理能力的要求。现代组织活动既要对劳动力进行科学的劳动分工，还要确保劳动力能进行严密协调，只有这样，才能提高企业经营管理能力，提高企业劳动生产率。通过组织设计，可以有效改变组织设置混乱的状况，实现组织生产经营队伍的高效运转，进而提高组织经济效益。另一方面组织设计是组织生产和管理工作队伍的基础。组织的工作内容涉及组织劳动分工、人员配置、劳动组织形式改进、设备管理、工作时间安排等各个方面。其中，劳动分工和人员配置是组织管理的主要内容。组织队伍建设、员工队伍生产能力的提高，都离不开组织建设。因此，组织设计的目的就是通过建构柔性灵活的组织，动态地反映外在环境变化的要求，并且在组织演化成长过程中，能够适时优化人力资源配置，同时协调好组织中部门与部门之间、人员与任务之间的关系，使员工能够明确自己在组织中的权利和责任，有效地保证组织活动的开展，更好地完成组织任务和目标。

三、组织设计的任务

(一) 组织设计的任务概述

设计组织的结构是执行组织职能的基础工作。组织设计的任务是提供组织结构系统图和编制职务说明书。组织结构系统图的基本形式如图5-1所示。

组织结构系统图中的方框表示各种管理职务或相应的部门；箭线表示权力的指向。通过箭线将各方框连接起来，表明了各种管理职务或部门在组织结构中的地位以及它们之间的相互关系。例如，A产品经理必须服从总经理的指示，并向总经理报告工作；同时，他又直接领导A产品营销负责人和生产技术负责人。

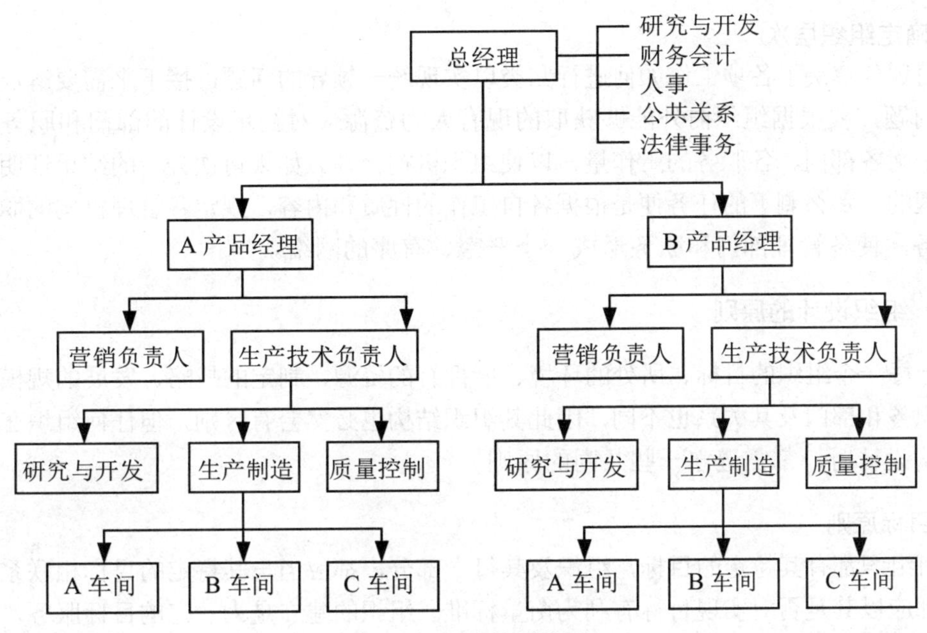

图 5-1　组织结构系统图

职务说明书要能够简单而明确地指出该管理职务的工作内容、职责与权力、与组织中其他部门和职务的关系，以及担任该职务者所必须拥有的基本素质、技术知识、工作经验、处理问题的能力等条件。

为了提供上述两种组织设计的最终成果，组织设计者需完成以下3个步骤的工作。

1. 职务设计与分析

组织结构设计的第一步是将实现组织目标必须进行的活动划分成最小的有机关联的部分，以形成相应的工作岗位。组织系统图是自上而下绘制的，在研究现有组织的改进方案时，也往往从自上而下地重新划分各个部门的职责着手进行。但是，设计一个合理的组织结构都需要从最底层开始，也就是说，组织设计是自下而上的。

职务设计与分析是组织设计的最基础的工作。职务设计是在目标活动逐步分解的基础上，设计和确定组织内从事具体管理工作所需的职务和数量，分析担任每个职务的人应负的责任、应具备的素质要求。

2. 部门划分

一旦将组织的任务分解成了具体的可执行的工作，第二步就是将这些工作按某种逻辑合并成一些组织单元，根据各个职务所从事的工作内容的性质以及职务间的相互关系，依照一定的原则，可以将各个职务组合后成为“部门”的管理单位。一个组织的各项工作可按不同原则进行归并，组织活动特点、环境和条件不同，划分部门所依据的标准也是不一样的。对同一组织来说，在同时期的背景中，划分部门的标准也可能会不断调整。

3. 确定组织层次

部门划分解决了各项工作如何进行归类以实现统一领导的问题，接下来需要解决的是组织层次问题，要根据组织内外能够获取的现有人力资源，对初步设计的部门和职务进行调整，并平衡各部门、各职务的工作量，以使组织机构合理。如果再次分析的结果证明初步设计是合理的，那么剩下的任务便是根据各自工作的性质和内容，规定各管理机构的职责、权限及义务，使各管理部门和职务形成一个严密、有序的网络。

(二) 组织设计的原则

由于每一个组织的目标、所处的环境、所拥有的资源、制定的战略、发展的规模不同，所需的职务和部门及其关系也不同，因此其组织结构也必然会有区别，但任何组织在进行机构和结构设计时，都需遵守一些共同的原则。

1. 目标原则

任何组织都有其特定的目标，组织及其每一部分，都应当与其特定的目标相联系，组织的调整都应以其是否对实现目标有利为衡量标准。组织的建立是为一定的目标服务，因此必须根据组织目标来考虑组织结构的总体框架。在进行组织结构设计时，首先就要明确该组织的发展方向、经营战略、目标要求等。另外还要认真分析，为了保证组织目标的实现，必须做什么工作，怎样才能做好等，然后以其为中心，设计职务，建立机构，配备人员。

2. 分工与协作原则

企业是两个以上的劳动者在一起进行分工劳动的集合体。为了发挥集团效率，组织内部要进行分工协作。组织设计中要坚持分工与协作原则，要做到分工合理，协作关系明确，对每一个部门的工作内容、工作范围、相互接口和协作方法等，做出明确的规定。企业生产活动过程的复杂性决定了任何个人都不可能同时拥有现代工业生产所需的所有知识和技能，每个人都只能在有限的领域中掌握有限的知识和技能，专业化分工能够把企业活动的特点和参与企业活动的员工的特点结合起来，把每个员工都安排在适当的领域中积累知识和技能，从而不断提高其工作的效率。根据这一原则，首先要搞好分工，解决每个员工干什么的问题。分工时应注意分工的粗细要适当。一般来说，分工越细，专业化水平越高，责任越明确，效率也越高，但也越容易出现机构增多、协作困难以及工作量增加等问题。分工太粗，虽然可减少机构，且易于培养掌握多种技能的人才，但是专业化水平低，也容易产生推诿责任的现象。

3. 权责对等原则

为了保障分工与协作关系的落实，在明确分工与协作关系的同时，还要明确每一个部门和岗位的职责，并赋予其相应的职权。组织中每个部门的职责都是必须完成规定的工作，而为了从事一定的活动，都需要利用一定的人力、物力或财力等资源。因此，为了保证“事事有人做”“事事都能正确地被做”，则不仅要明确各个部门的任务和责任，而且在组织设计中，要规定相应取得和使用必需的人力、物力、财力以及信息等工作条件的权力。没有明确的权力，或权力的使用范围小于工作的要求，则可能使责任无法履行，任务无法完成。当然，对等的权责也意味着赋予某个部门或岗位的权力不能超过其承担的职责。权力大于工作的要求，虽然可以保证任务的完成，但可能会导致权力被滥用，甚至会危及整个组织系统的运行。拥有一定的职权是保障职责履行的条件之一，在组织设计过程中，要做到责任与职权对等。

4．统一指挥原则

统一指挥原则要求每位下属应该有一个并且只有一个上级，在上下级之间形成一条清晰的指挥链。如果下属有多个上级，就可能会因为上级相互冲突的命令而无所适从。为了避免多头领导和多头指挥，组织的各项活动应该明确区分，并且应该明确上下级的职权、职责以及沟通联系的具体方式。

四、组织设计的影响因素

任何组织作为社会的一个单位，都存在于一定的环境中。组织外部的环境必然对内部的结构形式产生一定程度的影响。组织环境就是指存在于一个组织内部和外部的影响组织业绩的各种力量和条件因素的总和。

(一) 环境的影响

1. 一般环境的影响

一般环境对一个组织的运转有影响但是并不那么直接，主要包括政治、经济、社会、科技等。政治环境主要包括所在地区的政治制度、政治形势，执政党的路线、国家的方针与政策以及国家的法令法规等因素，这些因素会对一个组织产生重大影响，主要表现在政局的稳定和政府对各类组织或活动的态度上。政局的稳定性和政府态度会影响到组织在该地区的经营风险和组织进行各类活动的限制。经济环境通常包括组织所在国家的经济制度、经济结构、物资资源状况、经济发展水平等因素，组织的生存和发展会受到经济环境的影响。社会环境主要包括组织所在国家或地区的人口数量与结构、文化教育水平、风俗习惯以及伦理道德和价值观念等因素，这些因素对于一个组织的行为也有很大影响。也就是说，任何一个组织的行为都不得不受到社会秩序和伦理道德的影响。科技环境一般来说是由组织所在国家或地区的科技水平、科技潜力和科技政策等因素构成。组织的活动需要利用一定的技术和反映一定技术水平的物质手段来进行。技术以及技术设备的水平不仅影响组织活动的效果和效率，而且会作用于组织活动的内容划分、职务的设置和对工作人员素质的要求。在规划、决策、组织、控制等方面，技术都占据着重要的位置，科技进步推动着生产力的发展，只有适应科技进步的组织，才能在竞争中占据更有利的地位。

2. 任务环境的影响

任务环境对组织的影响相对于一般环境而言更加直接和具体，不同的组织有不同的任务环境，主要包括资源提供者、服务对象、竞争者、政府管理部门和社会特殊利益代表组织。组织的资源提供者是指向该组织提供资源的人或单位，组织所需要的资源主要包括设备、原材料、资金、人力、信息、技术、服务等。组织服务的对象，是指组织为其提供产品或劳务的人或单位，如企业的客户、医院的病人、商场的购物者等。组织的服务对象是影响组织生存与发展的主要因素，如果一个组织失去了其服务对象，该组织也就失去了自身存在的基础。组织的竞争者是指与其争夺资源、服务对象的人或组织，最常见的资源竞争包括资金竞争、人才竞争和原材料竞争等。政府管理部门主要是指国务院、各部委及地方政府的相应机构，如工商行政管理部门、物价部门、技术监督部门等。社会特殊利益代表组织是指代表社会上某一部分人的特殊利益的群众组织，如工会、消费者协会、环境保护组织等。这类组织可以通过直接向政府主管部门反映情况，通过各种宣传工具制造舆论来引起人们的关注。

(二) 技术的影响

组织的活动需要利用一定的技术和反映一定技术水平的物质手段来进行。技术以及技术设备的水平不仅影响组织活动的效果和效率，而且会作用于组织活动的内容划分、职务的设置和工作人员的素质要求。信息处理的计算机化必将改变组织中的会计、文书、档案等部门的工作形式和性质。

受技术对组织结构影响最明显的可能是作为经济组织的企业。现代企业的一个最基本特点是在生产过程中广泛使用了先进的技术和机器设备。由人制造的设备和设备体系有其自身的运转规律，这个规律决定了对运用设备进行作业的工人的生产组织的组织设计。在某些条件下，人们必须把某一类产品的制造放在一个封闭的生产车间内完成；而在另外的条件下，人们又可让不同车间的生产专门化，只完成各类产品的某几道工序。

(三) 组织规模与生命周期的影响

规模是影响组织结构的一个不容忽视的因素，适用于仅在某个区域市场上生产和销售产品的企业组织结构形态不可能也适用于在国际经济舞台上从事经营活动的巨型跨国公司。

组织的规模往往与组织的发展阶段相联系。随着组织的发展，组织活动的内容会日趋复杂，人数会逐渐增多，活动的规模会越来越大，组织的结构也要随之经常调整。

美国学者J. Thomas Cannon提出了组织发展五阶段的理论，认为组织的发展过程中要经历创业、职能发展、分权、参谋激增和再集权阶段，指出发展的阶段不同，要有与之相适应的不同的组织结构形态。

(1) 创业阶段。在这个阶段，决策主要由高层管理者个人做出，组织结构相当不正规，对协调只有最低限度的要求，组织内部的信息沟通主要建立在非正式的基础上。

(2) 职能发展阶段。在这个阶段，决策越来越多地由其他管理者做出，而最高管理者亲自决策的数量越来越少，组织结构建立在职能专业化的基础上，各职能间的协调需求增加，信息沟通变得很重要，也很困难。

(3) 分权阶段。在这个阶段，组织采用分权的方法来应对职能结构引起的种种问题。组织结构以产品或地区事业部为基础来建立，目的是在企业内建立“小企业”，对后者按照创业阶段的特点来管理，但随之而来出现了新的问题，各“小企业”成了内部的不同利益集团，组织资源用于开发新产品的灵活性减少，总公司与“小企业”的许多重复性管理劳动增加，高层管理者感到对各“小企业”失去了控制。

(4) 参谋激增阶段。为了加强对“小企业”的控制，公司职能的主管增加了许多参谋作为助手，而参谋的增加又会影响组织中的命令统一。

(5) 再集权阶段。分权与参谋激增阶段所产生的问题可能诱使公司高层主管再度集中决策权力。同时，信息处理的计算机化也使再集权成为可能。

(四) 组织文化的影响

组织文化是影响组织绩效的内部因素，是指处于一定经济社会文化背景的组织，在长期的发展过程中逐步形成和发展起来的日趋稳定的、独特的价值观(也就是文化理念)，以及以此为核心而形成的行为规范、道德准则、群体意识和风俗习惯等。在组织中，有各种不断发展的价值观、仪式、规章和习惯等，其一旦为员工所接受，就变成了组织的共同观念，亦即成为组织文化的一部分，而组织文化一旦形成，就会在很大程度上影响着组织中每一个成员的思维和行为，并体现在组织的各种行为和外在形象中。

第二节 组织的部门化

组织结构设计的实质是按照劳动分工的原则将组织中的活动专业化，而劳动分工又要求组织活动保持高度的协调一致性。协调的有效方法就是组织的部门化。组织的部门划分，主要解决组织的横向结构问题。

一、组织部门化的基本原则

(一) 因事设职和因人设职相结合的原则

为了保证组织目标的实现，必须将组织活动落实到每一个具体的部门和岗位上去，确保“事事有人做”。另外，组织中的每一项活动终归要由人去完成，组织部门设计就必须考虑人员的配置情况，使得“人尽其能”“人尽其用”，尤其是在组织需要根据外部环境的变化进一步调整和再设计组织部门结构时，必须贯彻因事设职和因人设职相结合的原则，及时调整与组织环境不相适应的部门和人员，使组织内的人力资源能够得到有效整合和优化。

(二) 分工与协作相结合的原则

分工与协作是社会化大生产的必然结果，古典的管理理论强调分工是效率的基础。在组织的部门设计中，必须要对每一个部门、每一个岗位进行必要的工作分析和关系分析，并按照分工与协作的要求进行组合。部门设计者可以依据技能相似性的归类方法来集合相关的业务活动，以期提高专业化分工的水平，但是，过分强调专业化分工也会造成管理机构增多、部门之间难以协调等问题，这反而会使管理效率下降。这时，可以依据关系紧密性的归类方法，按照业务流程管理的逻辑顺序来集合业务活动，以期达到紧凑、连续、利于协作的工作效果。

二、组织部门化的基本形式与特征比较

组织机构和结构的确定首先是为了管理的方便。组织设计的实质是通过对管理劳动的分工，将不同的管理人员安排在不同的管理岗位和部门中，通过他们在特定环境、特定相互关系中的管理作业来使整个管理系统有机运转起来。

管理劳动的分工，包括横向的分工和纵向的分工两个方面。横向的分工，是根据不同的标准，将管理劳动分解成不同岗位和部门的任务，横向分工的结果是部门的设置或“组织的部门化”；纵向的分工，是根据管理幅度的限制，确定管理系统的层次，并根据管理层次在管理系统中的位置规定管理人员的职责和权限，纵向分工的结果，是责任分配基础上的管理决策权限的相对集中或分散。

本节主要讨论部门化的问题。组织的部门有多种划分方式，根据不同的划分标准，可以分为职能部门化、流程部门化、产品或服务部门化、区域部门化等几种不同的部门化形式。其中，职能部门化和流程部门化是按工作的过程标准来划分的，而其余两种则是按工作的结果标准来划分的。

(一) 职能部门化

职能部门化是根据业务活动的相似性来设立管理部门。判断某些活动是否相似的标准是：这些活动的业务性质是否相近；从事活动所需的业务技能是否相同；这些活动的进行与同一目标(或分目标)的实现是否具有紧密相关的作用。

在商品经济中，企业为了实现生存和发展的目标必须盈利，而盈利的前提是有效地向社会提供人们需要的商品。因此，不同的企业，虽然所属行业、产品类型、制造工艺不同，但它们的活动都围绕着生产条件的筹集与组合、物质产品或劳务的寻找以及为这两者提供资金保证来展开的。生产、营销以及财务被认为是企业的基本功能，缺少了其中的任何一项，企业便无法生存。除了这些非常重要的基本职能外，企业还需要一些保证生产经营能顺利展开的辅助性的或次要的职能，如人事、公共关系、法律事务等职能。图5-2是一个典型的职能部门化的组织结构系统图。

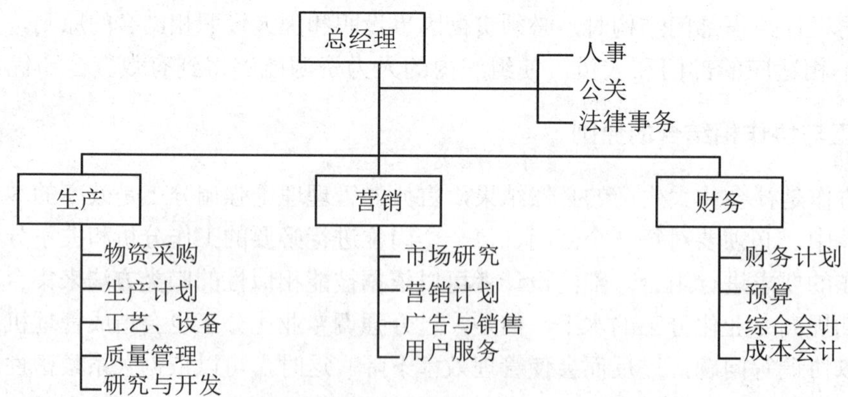

图 5-2 职能部门化组织结构系统图

职能部门化是一种传统的、普遍的组织形式。这首先是因为职能是划分活动类型以及设立部门的最自然、最方便、最符合逻辑的标准，据此进行分工和设计的组织结构可以带来专业化分工的种种好处，可以使各部门的管理人员专心致志地进行产品的开发和制造，或积极努力地探索和开发市场，或认真仔细地记录、分析和评价资金的运动。同时，按职能划分部门，由于各部门在最高主管的领导下从事相互依存的整体活动的一部分，因此有利于维护最高行政指挥者的权威和组织的统一性。此外，由于各部门只负责一种类型的业务活动，因此有利于工作人员的培训、相互交流和技术水平的提高。

职能部门化的局限性主要表现在以下几个方面：由于各种产品的原料采购、生产制造、产品销售都集中在相同的部门进行，各种产品给企业带来的贡献不易区别，因此不利于指导企业产品结构的调整；由于各部门的负责人长期只从事某种专门业务的管理，缺乏全局观，因此不利于高级管理人才的培养；由于活动和业务的性质不同，各职能部门可能只注重依据自己的准则来行动，可能使本来相互依存的部门之间的活动不协调，影响组织整体目标的实现。为了克服这些局限性，有些组织利用产品或服务、区域的标准来划分部门。

(二) 产品或服务部门化

按职能设立部门往往是企业在发展初期、品种单纯、规模较小的条件下所采用。随着企业的成长和品种多样化，把制造工艺不同和用户特点不同的产品集中在同一生产或销售部门管理，会给部门主管带来日益增多的困难。因此，与扩大企业规模相对应，如果主要产品的数量足够大，这些不同产品的用户或潜在用户足够多，那么组织除了保留公关、财务、人事，甚至采购这些必要的职能外，应该考虑根据产品来设立管理部门、划分管理单位，把同一产品的生产和/或销售工作集中在相同的部门。

从职能部门化到产品或服务部门化可能要经历一个发展过程。当企业规模还不足够大、各种产品的产量和社会需求量还不足够多的时候，组织中可以采取一定的变通方法，即在职能部门内部，不同的工作人员按产品的类别划分工作任务，然后随着产品需求量和生产量的发展再采取产品或服务部门化的形式。图5-3是一个典型的产品部门化的组织结构系统图。

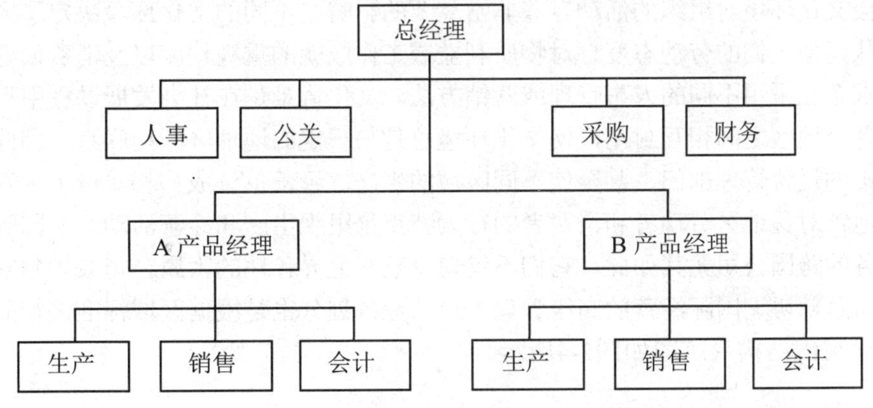

图 5-3　产品部门化的组织结构系统图

产品或服务部门化具有下述优势。

(1) 能使企业将多元化经营和专业化经营结合起来。整个企业向社会提供多种产品，而每一个部门只专门生产一种产品。因此，既可使企业因多元化经营减少市场风险，提高经营的稳定性，又可使企业的各部门因专业化经营而提高生产率，降低劳动成本。

(2) 有利于企业及时调整生产方向。按产品设立管理部门，要比按职能设立部门更容易区分和摊派各种产品的收益与成本，从而更易考察和比较不同产品对企业的贡献，因此有利于企业及时限制，甚至淘汰或扩大和发展某种产品的生产，使整个企业的产品结构更加合理。

(3) 有利于促进企业的内部竞争。由于各个产品部门对企业的贡献容易辨认，因此可能导致部门间的竞争。这种内部竞争如果处理不当，则可能影响总体利益的协调，但如加以正确引导，则可以促进不同的产品部门竞相改善本部门的工作，从而有利于促进企业的成长。

(4) 有利于高层管理人才的培养。每个部门的经理都需独当一面，完成同一产品制造的各种职能活动，这类似于对一个完整企业的管理。因此，企业可以利用产品部来作为培养有前途的高层管理人才的基地。

产品部门化的局限性是需要较多的具有综合能力的人去管理各个产品部，同时各个部门的主管也可能过分强调本部门利益，从而影响企业的统一指挥。此外，产品部门某些职能管理机构与企业总部机构重叠会导致管理费用的增加，从而提高了待摊成本，影响企业竞争力。

(三) 区域部门化

区域部门化是根据地理因素来设立管理部门，把不同地区的经营业务和职责划分给不同部门的经理。组织活动在地理上的分散所带来的交通和信息沟通困难曾经是区域部门化的主要原因。很难设想在一个交通和通信联络不方便的区域或国家，公司总部的经理人员能正确、合理地遥控指挥一个远在千里之外的生产单位的产品制造活动，但是，随着通信条件的改善，这个因素已不再那么重要。

取而代之的是社会文化环境方面的原因。随着管理理论研究的深入，人们越来越清楚地认识到社会文化环境对组织的活动有着非常重要的影响。不同的文化环境决定了人们不同的价值观，从而使人们的劳动态度、对物质利益或工作成就的重视程度以及消费偏好不一样，因此，要求企业采用不同的人事管理或营销方法。文化背景是在社会发展过程中形成的，由于历史上各个地区之间相互封闭，使文化环境总是与一定的地理区域相联系。因此，根据地理位置的不同设置管理部门，甚至使不同区域的生产、经营单位成为相对自主的管理实体，可以更好地针对各地区劳动者和消费者的行为特点来组织生产和经营活动。在国际范围内从事经营业务的跨国公司尤其如此，它们不仅使分散在世界各地的附属公司成为独立的实体，而且对公司总部协调国际经营的高级管理人员的业务划分也是根据区域标准进行的。典型的区域部门化组织结构系统图如图5-4所示。

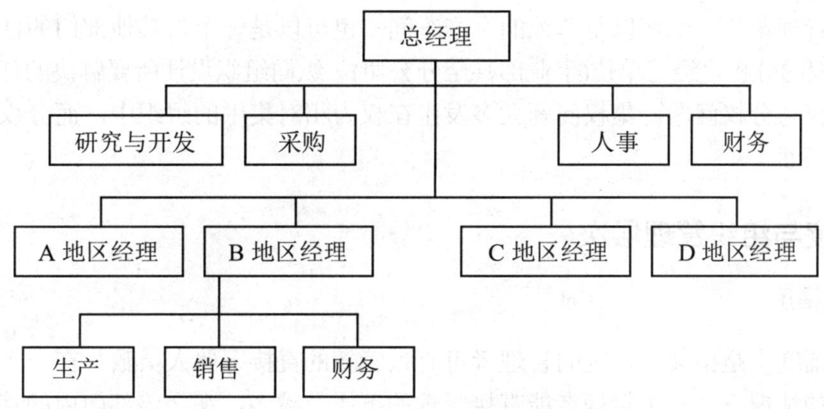

图 5-4 区域部门化组织结构系统图

(四) 流程部门化

流程部门化是按照工作或业务流程来组织业务活动。人员、设备等比较集中或者业务流程连续是实现流程部门化的基础。流程部门化的优点在于组织能够充分发挥集中的技术优势，易于协调管理，对市场需求的变动也能够快速敏捷地做出反应，易取得较明显的集合优势。另外还能够简化培训，在组织内部更容易形成良好的互相学习的氛围，产生较为明显的学习经验曲线效应。流程部门化的缺点在于部门之间的紧密协作有可能得不到贯彻，也会产生部门间的利益冲突，另外，权责相对集中，不利于培养出“多面手”式管理人才。图5-5是一个典型的流程部门化的组织结构系统图。

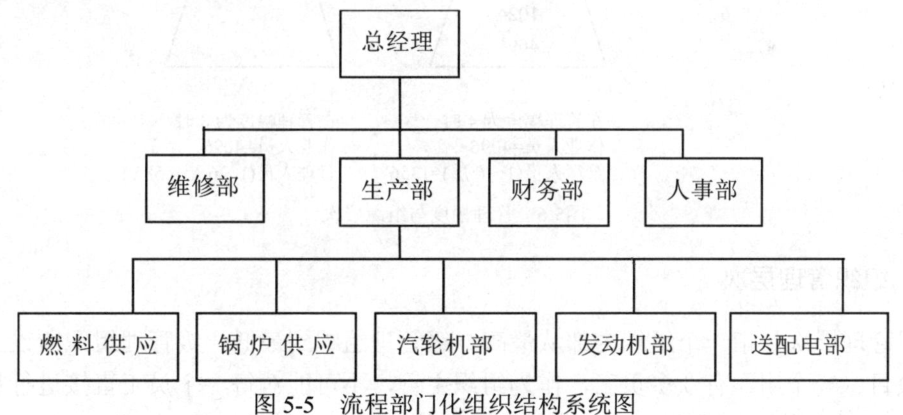

图 5-5 流程部门化组织结构系统图

第三节 组织的层次

组织部门化解决了各项工作如何进行归类以实现统一领导的问题，接下来需要解决的是组织层次问题，即确定组织中每一个部门的职位等级数。纵向组织设计是将管理权力在不同管理层次之间进行分配。组织的不同部门拥有的权力范围不同，会导致部门之间、部门与最高指挥者之间，以及部门与下属单位之间的关系不同，从而使组织的结构不同。例如，按产品划分设立的管理单位，既可以是单纯的生产车间，也可以是一个与其他部门的性质相同、拥有相同自主权的分权化经营单位(事业部甚至分公司)。纵向组织设计所要解决的任务，主要涉及组织的集权与分权问题。集权问题大多发生在权力相对集中的组织中，而分权则是分权化组织的主要特征。

一、管理幅度与组织管理层次

(一) 管理幅度

所谓管理幅度，是指某一特定的管理者可有效管辖的直接下属人员数。在一个部门的操作人员数一定的情况下，一个管理者能直接管理的下属数越多，那么该部门内的管理层次就越少，所需要的行政管理者也就越少；反之，一个管理者能直接管辖的员工数越少，所需的管理者就越多，相应的组织层次也越多，如图5-6所示。由此可见，管理幅度的大小，在很大程度上决定了组织层次的多少。

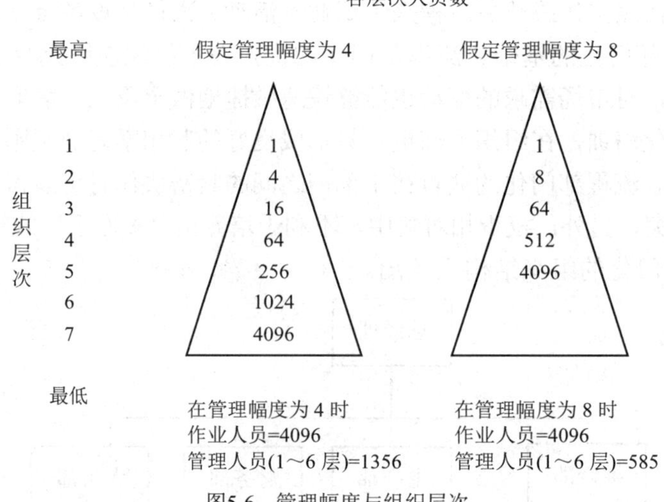

图5-6 管理幅度与组织层次

(二) 组织管理层次

组织管理层次是指一个组织内部从最高一级管理组织到最低一级管理组织所设立的行政等级的数目。一个组织有众多员工，作为组织主管，不可能对每一个员工直接进行指挥和管理，这就需要设置管理层次，逐级进行指挥和管理。

(三) 管理幅度与组织管理层次的关系

管理层次受组织规模和管理幅度的影响。一般来说，管理层次与组织规模成正比，也就是说管理规模越大，则管理层次越多。在组织规模既定的情况下，管理层次与管理规模成反比，也就是说管理幅度越宽，层次越少，其管理组织结构的形式呈扁平形。相反，管理幅度越窄，管理层次就越多，其管理组织结构的形式呈锥形。

二、管理幅度设计的影响因素

(一) 计划制订的完善程度

事先有良好、完整的计划，工作人员都能够明确各自的目标和任务，清楚自己应从事的业务活动，则管理人员就不必花费过多的精力和时间进行指导和纠正偏差，那么管理人员的管辖范围就可以大一些，则管理幅度较大，管理层次就相对少一些；反之，计划不明确、不具体，就会限制一个管理人员的管辖范围，管理幅度就相对较小。

(二) 工作任务的复杂程度

若主管人员经常面临的任务较复杂，解决起来较困难，并对企业活动具有较大影响，则他直接管辖的人数不宜过多；反之，当组织内部有一个良好运作的管理体系时，员工按所要求的明确的规则完成工作，可增大管理幅度，从而减少管理人员。

(三) 员工的经验和知识水平

管理人员的知识面越广，能力越强，相应管理幅度可以增大。管理者解决问题、指挥控制等各方面的能力越强，管理幅度可以增大。同时，下属的工作能力的强弱对上级的管理幅度也有着直接的影响。下属的工作能力强，能够很快明白上级的指令与要求，可以提高效率。所以，扩大管理幅度，不仅要提高管理者自己的管理能力，同样还应提高下级的管理能力。比如对于事先制订的良好的、完整的计划，工作人员都能够明确各自的目标和任务，清楚自己的职责，则主管人员就不必花费过多的精力和时间来指导和纠正偏差，那么主管人员的管辖幅度就可以大一些，管理幅度大，管理层次就相对少一些；反之，计划不明确不具体，就会限制一个管理人员的管辖范围，管理幅度就相对较小。

(四) 完成工作任务需要的协调程度

如果工作任务要求各部门或一个部门内部需要协调的程度高，则应减少管理幅度。

(五) 组织环境变化的激烈程度

组织环境稳定与否会影响组织活动内容和政策的调整频度与幅度。环境变化越快，变化幅度越大，组织中遇到的新问题越多，下属向上级的请示就越有必要、越频繁；相反，上级能用于指导下属工作的时间和精力就越少，因为他必须花更多的时间去关注环境的变化，考虑应变的措施。因此，环境越不稳定，各级管理人员的管理幅度越受到限制。

三、组织层次与集分权

(一) 权力的性质与特征

设计一个集权或分权的组织，分析某个组织主要是集权还是分权，需要解决的第一个问题是界定权力的含义。

“权力”通常被描述为组织中人与人之间的关系，是指处在某个管理岗位上的人对整个组织或所辖单位与人员的影响力，或简称管理者影响别人的能力。权力主要包括3种类型：专长权、个人影响权与制度权(或称法定权)。专长权是指管理者因具备某种专门知识或技能而产生的影响能力；个人影响权是指因个人的品质、社会背景等因素而赢得别人的尊重与服从的能力；制度权是指与管理职务有关并由管理者在组织中的地位所决定的影响力。与个人的品质、社会背景、知识、技能有关的影响力显然不会成为集中或分散的对象，因此，本书关心的主要是制度权。

作为赋予管理系统某一职位的权力，制度权的实质是决策的权力，即决定干什么的权力、决定如何干的权力，以及决定何时干的权力。制度权的这3个方面从本质上来说是不可分割的：只能决定干什么，而不能决定行动的内容和方式，则会影响决策者对目标实现的可行性研究，从而可能导致决策的盲目性；相反，如果只能决定如何干、何时完成，而无权决定行动的方向，则会影响决策的积极性，降低决策的动力。

制度权与组织中的管理职位有关，而与占据这个职位的个人无关。生产经理一旦调任营销或财务主管，对原部门的人员不再具有命令或控制的权力。赋予某个职位权力，也并不意味着在某个时期占据该职位的管理人员对本系统的任何层次的员工都能直接指挥和命令，比如生产经理负责对整个企业的产品制造活动进行统一组织指挥，但这不意味他可以不通过车间主任而直接给某个工人分派任务。制度权只赋予某个职位的管理人员对其直接下属发布命令的权力。

(二) 组织层次设计中的集权与分权

1. 集权与分权的概念

集权是指决策指挥权在组织层级系统中较高层次上的集中，即下级部门和机构只能依据上级的决定、命令和指示办事，一切行动必须服从上级指挥。

分权是指决策指挥权在组织层级系统中较低管理层次上的分散。组织高层将其一部分决策指挥权分配给下级组织机构和部门的负责人，由其充分行使这些权力，支配组织的某些资源，并在其工作职责范围内自主地解决某些问题。

2. 影响组织分权程度的主要因素

分权是必要的，组织中也存在许多有利于分权的因素，但同时也存在不少妨碍分权的因素。

1) 利于分权的因素

组织活动及其管理在诸多方面要求分权，其中最主要的因素如下。

(1) 组织的规模。组织的规模越大，则管理的层次越多，而多层次管理人员为了协调和指挥下属的活动，必然要求相应的权力。因此，权力往往随着组织规模的扩大和管理层次的增加而与职责一起逐层分解。同时，组织规模达到一定程度以后，决策权仍高度集中，则可能导致“规模负经济”。

(2) 活动的分散性。组织的某个工作单位如果远离总部，则往往需要分权。这是因为对总部来说，不在现场的管理人员难以正确、有效地指挥现场的操作。同时，分散在各地区的部门主管往往表现出强烈的自治欲望，这种欲望如果不能在一定程度上得到满足，则可能破坏组织的效率。

(3) 培训管理人员的需要。人往往是在游泳中学会游泳，在权力的使用中学会使用权力。低层管理人员如果很少有实践权力的机会或只有实践很少权力的机会，则难以培养成为能够统御全局的人才，从而造成组织无法在内部培养高层管理的后备力量。相反，独当一面的分权化部门主管可以非常迅速地适应总经理的工作。

2) 不利于分权的因素

(1) 政策的统一性。组织作为一个统一的社会单位，要求内部各方面的政策是统一的。如果一个企业在同一产品销售给不同的用户的价格上、在职工的报酬标准等方面采取不同的政策，则可能导致组织的解体。分权有可能对组织的统一性起到某种破坏作用。

(2) 缺乏受过良好训练的管理人员。分权与管理人员的培训是互为因果的，现有组织的重新设计不能不考虑组织现有管理人员的素质。分权导致基层管理人员的决策权增加，要求这些权力被有效地分解、运用，唯有此，才符合分权的初衷，才能促进组织效率的提高。然而，正确地运用权力，要求管理人员具有相应的素质。现有组织如果缺乏足够的、符合要求的基层管理人员，则会对进一步分权造成限制。缺乏受过良好训练的管理人员，也往往成为组织的中高层管理人员不愿分权的借口。

3. 影响集权与分权的因素

(1) 外部环境。通常情况下，组织所处的环境越复杂、不确定性越强，则组织越倾向于分权，这样可以充分发挥下级管理者的积极性、创造性，提高组织的灵活性、适应性。

(2) 组织的历史。一个组织成长发展的历史往往会影响其集权或分权的程度。比如一个在其创办者精心呵护之下，由小到大慢慢发展起来的组织，往往表现出一种明显的集权特征，而一个通过后来兼并或收购发展起来的企业则经常表现出分权的特征。

(3) 决策的性质。决策的重要性或许是影响分权程度最重要的因素。一般来说，越是重要的决策，越有可能由高层次的管理者做出，这不完全是因为高层管理者更有能力、更高明，很大程度上是出于责任的考虑。因为高层管理者分权给下级，授权后还需要对下属的决策承担最终责任，出于这样的原因，一般特别重要的关键性决策，高层管理者还是愿意把决策权掌握在自己手中，而不是分权给下级。

(4) 基层管理者的能力。基层管理人员能力强，高层管理者就容易放权，组织的分权程度就高；反之，基层管理人员能力弱，高层管理者就不敢放权，组织的集权程度就高。

(三) 组织层级化设计中的有效授权

1. 授权的概念

所谓授权，是指上级把自己的职权(主要是指决策权)授予下属，使下属拥有相当的自主权和行动权。任何一个管理者，其时间、精力、知识和能力都是有限度的，一个人不可能亲自去完成实现组织目标所必需的全部任务，授权可以使管理者的能力在无形中得以延伸。组织为了共享内部权力，激励员工努力工作，而把某些权力或职权授予下级。

权力的分散可以通过两个途径实现：组织设计中的权力分配(制度分权)与管理人员在工作中的授权。

制度分权与授权的结果虽然相同，都是使较低层的管理人员行使较多的决策权，即将权力分散化，但实际上这两者是有重要区别的。

制度分权是进行组织设计时，考虑到组织规模和组织活动的特征，在工作分析、职务和部门设计的基础上，根据各管理岗位工作任务的要求，规定必要的职责和权限；而授权则是担任一定管理职务的领导者在实际工作中，为充分利用专门人才的知识和技能，或在出现新增业务的情况下，将部门解决问题、处理新增业务的权力委任给某个或某些下属。

制度分权与授权的含义不同，决定了它们具有下述区别。

(1) 制度分权是在详细分析、认真论证的基础上进行的，因此具有一定的必然性；而工作中的授权则往往与管理者个人的能力和精力、拥有下属的特点、业务发展情况相联系，因此具有很大的随机性。

(2) 制度分权是将权力分配给某个职位，因此，需要根据整个组织结构的要求确定所分配权力的性质、应用范围和程度；而授权是将权力委任给某个下属，因此，委任何种权力和委任后应做何种控制这些问题，不仅要考虑工作的要求，而且要依据下属的工作能力。

(3) 分配给某个管理职位的权力，如果调整的话，不仅影响该职位或部门，而且会影响与组织其他部门的关系。因此，制度分权是相对稳定的，除非整个组织结构重新调整，否则制度分权不会收回。授权是某个主管将自己担任的职务所拥有的权限因某项具体工作的需要而委任给某个下属，这种委任可以是长期的，也可以是临时的。长期的授权虽然可能制度化，在组织结构调整时成为制度分权，但授权不意味着放弃权力，在组织再设计之前，不管是长期或是临时授予的权力，授权者都可以收回，使之重新集中在自己手中。

(4) 制度分权主要是一条组织工作的原则，以及在此原则指导下的组织设计中的纵向分工；而授权则主要是管理人员在管理工作中的领导艺术，是一种调动下属积极性、充分发挥下属作用的方法。

另外，必须指出，作为分权的两种途径，制度分权与授权是互相补充的。组织设计时难以预测每个管理岗位上的工作人员的能力，同时也难以预测每个管理部门可能出现的新问题，因此，需要各层次管理人员在工作中的授权来补充。

2. 有效授权的原则

(1) 适当原则。为达到某一目标，而通过一定程序进行的一定限度内的授权。

(2) 责任原则。授权的同时要明确下属的责任，也就是带责授权。

(3) 可控原则。授权不仅要适当，还要可控。

(4) 信任原则。领导者对将要被授权的下属一定要有充分的了解和考察，一旦授权就要对下属给予充分的信任，做到“疑人不用，用人不疑”。

(5) 考核原则。领导者授权后，要定期对下属进行考核，对下属的用权情况给予客观的评价，并与下属的切身利益结合起来。

四、组织结构的基本类型

组织职能设计完成后，就可以进行组织结构框架设计，包括横向结构设计和纵向结构设计两方面。横向结构设计解决部门划分问题，建立分工协作关系；纵向结构设计解决层次划分问题，建立领导隶属关系。通过机构、职位、职员、职权及它们之间的关系，实现纵横结合，组成不同类型的组织结构。

(一) 职能型组织结构

职能型组织是指设立若干职能部门，各职能部门在自己的业务范围内部有权向下级下达命令和指示，即各级负责人除了要服从上级直接领导的指挥外，还要受上级各职能部门的领导。以生产企业为例，其结构如图5-7所示。

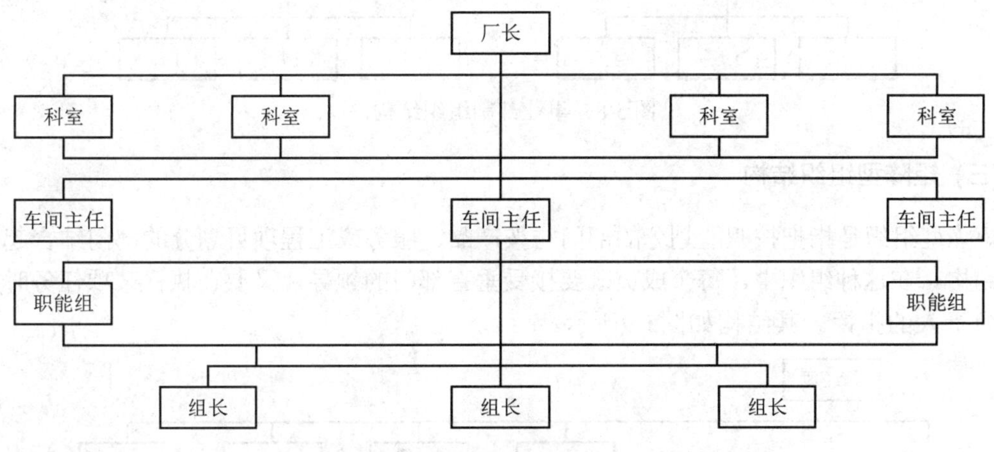

图 5-7　职能型组织结构

职能型组织结构的优点是：管理分工较细，职责容易明确；可以充分发挥职能机构的专业管理功能，可减轻高层管理者的负担，提高专业管理水平。职能型组织结构的缺点是：容易出现“多头领导”现象，破坏统一指挥原则；横向协调困难。

职能型组织结构适用于任务较为复杂的社会管理组织和生产技术复杂、各级管理人员需要具有专门知识的企业。

(二) 事业部制组织结构

事业部制组织按地区或所经营的各种产品来划分部门，各事业部独立核算，自负盈亏，适应性和稳定性强。以生产企业为例，其结构如图5-8所示。

事业部制组织结构的优点是：有利于组织最高管理者摆脱日常事务而专心致力于组织的战略决策和长期规划；事业部独立核算，有利于对比与内部的竞争，可以调动各事业部的积极性和主动性，并且有利于公司对各事业部的绩效进行考评；便于组织专业化生产，形成经济规模；有利于培养高层管理者。这种组织结构的缺点是：机构重叠，管理费用较高，且事业部之间协作较差。

事业部制组织结构主要适用于产品多样化和从事多元化经营的组织，也适用于市场环境复杂多变或所处地理位置分散的大型企业和巨型企业。

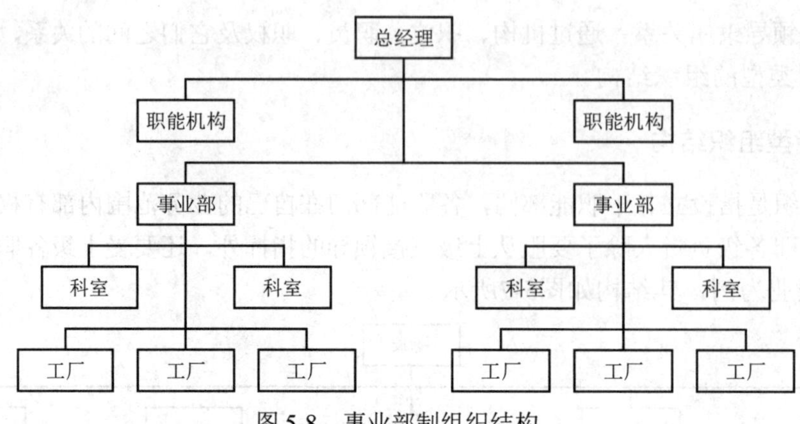

图 5-8　事业部制组织结构

(三) 矩阵型组织结构

矩阵型组织是指把按职能划分的部门与按产品、服务或工程项目划分的部门结合起来的组织结构。在这种组织中，每个成员既要接受垂直部门的领导，又要在执行某项任务时接受项目负责人的指挥。其结构如图5-9所示。

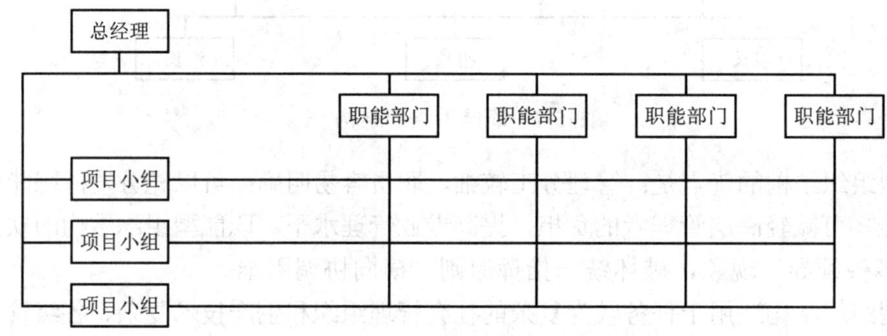

图 5-9　矩阵型组织结构

矩阵型组织结构的主要优点是：责任性和适应性较强，有利于加强各职能部门之间的协作和配合，并且有利于开发新技术、新产品和激发组织成员的创造性。其主要缺点是：组织结构的稳定性较差，双重职权关系容易引起冲突，同时还可能导致项目经理过多、机构臃肿。

矩阵型组织结构主要适用于科研、设计、规划项目等创新性较强的工作或者单位。

(四) 动态网络型组织结构

动态网络型组织结构是利用现代信息技术手段发展起来的一种新型组织机构。这种组织只有一个很精干的中心机构(核心公司)，以契约关系的建立和维持为基础，依靠外部机构从事制造、销售或其他重要业务经营活动，其结构如图5-10所示。动态网络型组织中，核心公司通过公司内联网和互联网创设一个“关系”网络，与独立的制造商、销售代理商及其机构达成长期协作协议，使它们按照契约要求执行相应的生产经营功能。各经营单位之间并没有正式的资本所有关系和行政隶属关系，只是通过一种互惠互利、相互协作、相互信任和支持的机制进行密切合作。动态网络型组织进一步的发展形态就是虚拟组织。

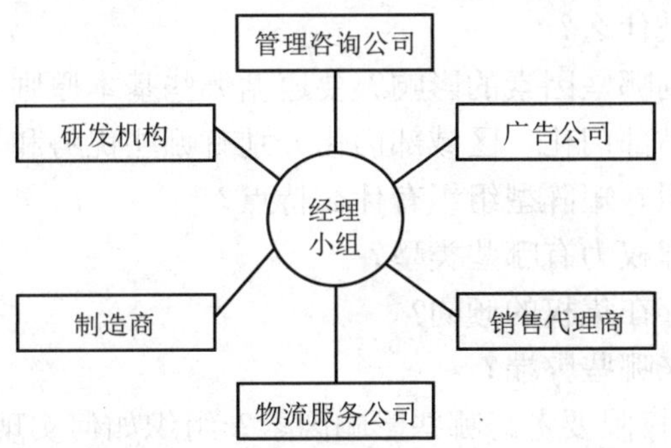

图 5-10 动态网络型组织结构

动态网络型组织结构的优点是：降低了管理成本；提高了管理效益；实现了企业在全世界范围内供应链与销售环节的整合；简化了机构和管理层次，实现了组织充分授权式的管理。缺点是：这种组织结构需要科技与外部环境的支持。

动态网络型组织结构并不适用于所有的企业，比较适用于玩具和服装制造企业，这些企业需要相当大的灵活性以对时尚的变化做出迅速反应。另外，这种组织结构也适用于那些制造活动需要低廉劳动力的企业。

本章小结

组织设计的必要性是由管理人员的管理幅度所决定的。管理幅度的大小决定了组织中管理层次的多少，以及组织应采用扁平结构还是锥形结构。组织设计的任务是在职务设计与分析的基础上，划分部门并确定各部门的相互关系。在进行上述工作的过程中要考虑到组织的战略、环境、技术以及规模等因素的要求与影响，遵循因事设职与因人设职相结合、权责对等、统一命令等原则。

组织设计的实质是将管理劳动进行横向和纵向的分工。横向分工是将管理劳动分解成不同岗位和部门的任务，并据此设置不同的部门。根据任务分解标准的不同，横向组织设计的结果可形成不同的职能部门、产品部门、区域部门或矩阵组织形式。纵向分工是在管理系统中规定各层次管理人员的职责和权限，其结果是在责权分配的基础上管理决策权限的相对集中或分散。管理权力过分集中虽然有可能导致决策质量、组织的适应能力以及组织成员的工作热情降低，但由于组织历史、领导个性以及追求政策统一与行政效率的原因，组织中仍经常表现出集权的倾向。为了克服集权的弊端，组织可采取制度分权和工作中的授权两类措施来促进和保证管理决策权限在一定程度上的分散。

习 题

1. 什么是管理幅度？如何确定合理的管理幅度？

2. 组织基本的结构形态有哪两种类型？这两种结构形态分别有什么特点？
3. 组织设计的任务是什么？
4. 组织设计要考虑到哪些因素的影响？要遵循哪些基本原则？
5. 职能部门化、产品部门化、区域部门化分别有哪些优势和局限性？
6. 什么是矩阵型组织？矩阵型组织有什么特点？
7. 什么是权力？管理权力有哪些类型？
8. 组织中为什么会存在集权的倾向?
9. 过分集权可能带来哪些弊端？
10. 规定管理人员的权限要考虑哪些影响因素？组织如何实现权力的分散？

第六章

人力资源管理

【导读】

随着知识经济和信息技术的蓬勃发展，人力资源已经成为推动社会与经济发展的战略性资源，各类组织也越来越重视人力资源管理。经济全球化、移动互联技术、法律法规等外部环境的变化以及组织内部提升核心竞争力的战略需求，都对组织如何通过人力资源创造更大的价值提出了更高的要求。因此，国内外许多优秀组织都致力于进一步探索人力资源管理实践，将人力资源管理与组织的使命、核心价值观、愿景和战略等有机融合，促使人力资源管理与各项职能相互匹配，共同聚焦于组织战略，依靠人力资源管理实现战略目标和建立竞争优势。

【学习目标】

掌握人力资源管理的概念、目标和基本职能；熟悉人力资源规划与招聘、培训与开发的程序、绩效管理的环节、薪酬管理的重要决策以及劳动关系管理的主要内容。

【学习难点】

人力资源管理需要体现战略性、专业性及合法性，需要在具备扎实的专业知识的基础上，在实践中领悟和总结，因此有较高的难度。使学生具备应用人力资源管理专业知识设计实践方案的能力是教学过程中的难点。

【教学建议】

讲授与案例讨论相结合，培养学生分析和解决实际问题的能力。另外，建议采用拟真教学，根据人力资源管理专业人员的胜任力要求，设计课程和社会实践活动，让学生模拟真实的人力资源从业者角色，设计人力资源管理方案，提升实践能力。

第一节　人力资源管理概述

一、人力资源的概念和性质

(一) 人力资源的概念

现代意义上的“人力资源”的概念是管理学大师彼得•德鲁克于1954年在《管理学的实践》一书中正式提出并加以明确界定的。他认为，与其他资源相比，人是一种特殊的资源，必须通过有效的激励机制才能加以开发和利用，并为企业带来可观的经济价值。20世纪60年代以后，西奥多•舒尔茨提出人力资本理论，其指出，土地本身并不是使人贫穷的主要因素，而人的能力和素质却是决定贫富的关键，提高人口质量的投资能够极大地有助于经济繁荣和增加穷人的福利。从此，人力资源的概念更加深入人心，对人力资源的研究也越来越多。

至今，学术界对于人力资源有能力观和人员观两种解释。能力观从能力的角度来界定人力资源，认为人力资源是指人的能力或潜力；人员观是从人员或人口的角度来界定人力资源，认为人力资源就是具有劳动能力的全部人口或人员。能力观更接近人力资源的本质，因为人只有具备了一定的能力或素质，才能创造财富。可以说，人力资源的本质就是能力，而人只不过是能力的载体而已。此外，界定人力资源的概念必须考虑到组织的战略目标。基于此，本书将人力资源定义为：人力资源是指一定时期内组织中的人所拥有的，能够支持组织目标实现的体力和脑力的总和。这个定义包含以下几个要点：一是人力资源的本质是人的脑力和体力的总和，统称为劳动能力；二是人的劳动能力要与组织的目标发生联系，必须支持组织目标的实现；三是人的劳动能力必须是组织所拥有的，这里的组织可以大到一个国家或地区，也可以小到一个企业或作坊。

(二) 人力资源的性质

人力资源作为一种特殊的资源形式，具有不同于自然资源的特殊性质。

1. 能动性

能动性是人力资源区别于其他资源的本质所在。在价值创造过程中，人力资源总是处于主动地位，能够发挥主观能动性，有目的、有意识地利用其他资源进行生产和创造活动，推动社会和经济发展。因此，可以说人力资源是组织中第一重要的资源。

2. 时效性

时效性是指人力资源的形成与作用效率要受其生命周期的限制，知识、技术的飞速发展也使闲置的人力资源逐渐丧失其价值。人力资源的管理与开发必须尊重人力资源的时效性特点，做到适时开发、及时利用、讲究实效，并根据人力资源职业发展阶段的不同，充分发挥人力资源的作用。

3. 增值性

与自然资源相比，人力资源具有明显的增值性。人力资源的知识、经验和技能不会因为使用而消失，反而会因为不断使用而更有价值。在人力资源的管理与开发过程中，通过培训、职业管理等方式加大人力资本投资，以支持对人力资源的培养、教育和维护，使人力资源在推动组织发展的过程中创造更大的价值。

4. 社会性

人总是处于一定的社会和时代之中，其所具有的体力和智力受到时代和社会因素的影响，从而具有社会属性。在社会化大生产条件下，个体要通过一定的群体发挥作用，合理的群体组织结构有利于个体的成长及个体作用的发挥。人力资源管理要重视人力资源的社会性特点，既要注重人与人、人与社会群体、人与社会关系的协调，又要加强组织的团队建设。

5. 可开发性

人力资源是一种具有可开发性的资源。根据组织战略目标、组织结构的变化，对人力资源进行调查、分析、规划和调整，通过有计划的学习、训练、教育等活动，帮助人力资源提高技能，改变态度和行为，改进绩效，同时达成组织与个人目标。

二、人力资源管理的概念和目标

(一) 人力资源管理的概念

随着人力资源管理理论和实践的不断发展，国内外专家、学者从不同角度界定了人力资源管理的概念，主要有5类：一是目的观，主要从人力资源管理的目的出发，认为人力资源管理是借助对人力资源的管理来实现组织目标；二是过程观，主要从人力资源管理的过程或承担的职能出发，把人力资源管理看成包括招募、甄选、训练、报酬等功能的活动过程；三是制度观，主要揭示人力资源管理的实体，认为人力资源管理是与人有关的制度和政策等；四是主体观，主要从人力资源管理的主体出发，认为人力资源管理是人力资源管理者与部门的工作；五是综合观，主要从目的、过程等方面出发综合地进行解释。综合观更为接近人力资源管理的本质。

当前，很多大型企业已经将人力资源管理提升到战略高度，强调依靠人力资源实现战略目标和赢得竞争优势。人力资源管理的工作范围不再局限于招聘、培训、绩效管理、薪酬管理等工作内容，而是被整合到组织的战略、运营等流程中，承担起新的职责。

综上所述，从综合观角度并融入战略观来解释人力资源管理更为科学。人力资源管理，即以组织目标为导向，根据组织战略来制定人力资源战略，并据此制定相应的人力资源管理政策与管理措施，对人力进行合理配置、有效开发与科学管理，使人力资源管理各项职能活动与组织战略保持动态协同，促进组织目标的实现。

(二) 人力资源管理的目标

人力资源管理的目标包括最终目标和具体目标。人力资源管理的最终目标就是打造组织战略所需要的高绩效人力资源团队，促进组织战略目标的实现。人力资源管理的具体目标与组织价值链的运作密切相关。组织价值链表明了价值在组织内部从产生到分配的全过程，人力资源管理的具体目标就是从人力资源的角度出发为价值链中每个环节的有效实现提供有力支持，主要包括以下内容。

(1) 保证价值源泉中人力资源的数量和质量。这一目标需要通过人力资源战略规划、招聘与配置等职能活动来实现。

(2) 为价值创造营造良好的人力资源环境。这一目标需要通过工作分析和设计、培训与开发、职业生涯管理、员工激励、劳动关系管理、组织文化建设等活动来实现。

(3) 保证员工价值评价的准确、有效。这一目标需要借助绩效管理等职能活动来实现。

(4) 实现员工价值分配的公平、合理。这一目标需要通过薪酬管理等职能活动来实现。

三、人力资源管理的职能

人力资源管理的目标是通过其所承担的职能来实现的。人力资源管理模型如图6-1所示，该模型包括了影响人力资源管理系统的主要变量，如组织所处的环境、组织的使命、核心价值观、愿景、战略以及组织文化等。组织的环境分为外部环境和内部环境。外部环境是组织边界以外影响人力资源管理的各种因素，包括政治、经济、技术、法律、文化等；内部环境指组织系统内部影响人力资源管理的各种因素，包括组织战略、组织文化、组织生命周期、高层管理者的领导风格等。

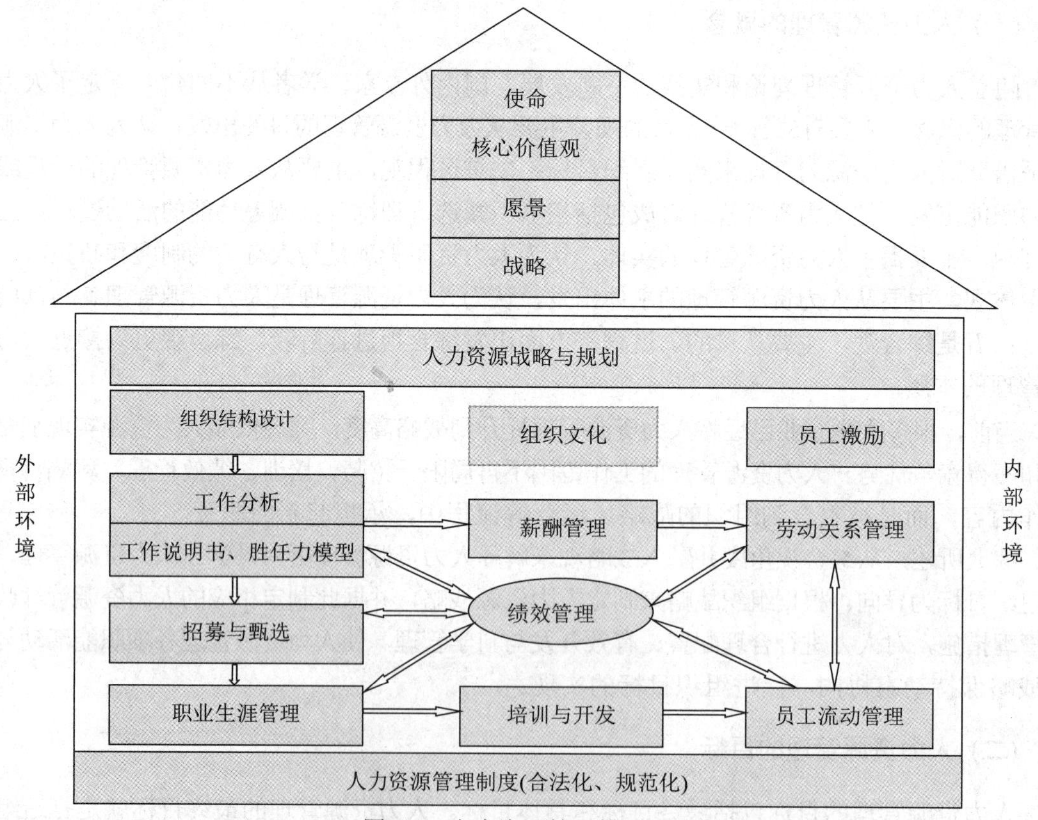

图 6-1　人力资源管理模型

在明确了组织的使命、核心价值观、愿景和战略后，人力资源管理系统通过人力资源战略与规划、组织结构设计、工作分析与工作说明书、胜任力模型、招募与甄选、职业生涯管理、培训与开发、绩效管理、薪酬管理、员工激励、员工流动管理以及劳动关系管理等职能进行运作。各职能之间相互影响、相互联系、相辅相成，构成了一个完整的体系。人力资源战略与规划制定了支撑组织战略实现的人力资源管理目标及相应的政策和措施，为人力资源管理指明了方向；组织结构设计和工作分析确定了组织的基本架构、工作内容和责任等，是其他职能的基石；根据人力资源规划、工作说明书及胜任力模型，明确了招聘计划和标准，据此制订招聘计划，实施招募和甄选，选出适合的人员并做出录用决策；对新员工进行职业生涯管理，进行培训与开发，提升员工胜任力和忠诚度；把组织的战略目标进行层层分解，对各个层级的绩效进行管理，实现战略、激励员工并持续改进绩效是整个人力资源管理的核心职能，是进行薪酬和职位调整、培训与激励等人力资源管理决策的基本依据；根据岗位相对价值、绩效考核结果等进行薪酬管理工作，起到激励作用；完善的奖惩激励政策对促进劳动关系和谐共赢发展非常重要，而绩效管理也是规避劳动用工风险的必要保障。

随着劳动用工法律制度的不断完善，劳动者维权意识和维权能力不断增强，组织在人力资源领域的法律风险也日益突出。如何在从招聘开始至整个用人的过程中全方位地防范劳动用工法律风险，已成为组织在日常经营活动中不得不面对的人力资源管理难题。因此，组织要建立合法、有效的人力资源管理制度，实现合法化、规范化管理，规避人力资源管理违法风险。

专栏6-1

1. HR(人力资源管理从业者)有没有价值？

作为HR，你可能遇到过这样的尴尬：

- 经常约不到CEO的时间，或者只给你5分钟；
- 和CEO无热烈讨论，无深入互动；
- 与CEO只讨论与人力资源管理有关的事，不深入讨论公司业务；
- 在董事会汇报中没有一席之地；

……

这是因为CEO不想听你说什么。

《哈佛商业评论》主编托马斯·斯图沃特在《财富》专栏呼吁“炸掉你的人力资源部”，拉姆·查兰近年撰文指出“是时候分拆人力资源部了”，*Fast Company*的基思·哈蒙兹曾经发长文痛陈“我们为何憎恨HR”。

难道HR真的没有价值？很可能是没有显现出价值——没有解决CEO的所思所虑。

2. CEO的3.5个问题

CEO在想什么？当然是业绩怎么做上去！

具体来讲，CEO会考虑3个问题：“做什么”“谁去做”“做没做”，即业务战略、人才战略、执行与结果。还有一个问题是愿景，这个问题不必时时思考，可以算作0.5个问题。

CEO在思考这3.5个问题时，HR在忙什么？

3. iPODA模式

iPODA模式讲的是HR该做什么、怎么做以及为什么做。

iPODA是通往人力资源3.0时代的必由之路。HR由事务性、单纯需要落实的工作(i, implementation)升级到主导核心岗位谁上谁下(P, People Strategy)，再升级到解决组织发展问题(O, Organization)，即愿景、业务战略、人才战略、执行与结果。在此过程中，HR通过明确地区分(D, Differentiation)获得话语权，通过坚决有效的行动(A, Action)为组织创造价值。iPO即HR该忙什么，DA即HR该怎么忙。

对于一个HR来说：

如果只做了i，仅仅站在人力资源的角度解决人的问题，这是人力资源1.0。

如果做到了iP，站在组织的高度解决人的问题，这是人力资源2.0。

如果做到了iPO，站在组织的高度，解决组织的问题，这是人力资源3.0。

人力资源1.0到人力资源3.0是一个从微观到宏观的过程。

(资料来源：谢克海. iPODA是通往人力资源3.0时代的必由之路[J]. 哈佛商业评论. 2017, (10). 有删减。)

第二节 人力资源规划与招聘

一、人力资源规划

(一) 人力资源规划的概念

人力资源规划就是根据组织的发展战略、目标以及组织内外环境的变化，科学地预测、分析组织的人力资源需求和供给状况，制定相应的管理政策和措施，以确保组织在需要的时间、需要的职位上及时获得所需要的人力资源的过程。简而言之，人力资源规划就是对组织在某个时期内的人员供给和需求进行预测，并根据预测结果采取相应的措施来实现人力资源的供需平衡。

人力资源规划必须与组织的经营战略保持一致，为组织的整体战略及人力资源战略服务，是组织为达成经营战略而确定的人力资源管理目标、计划与方式，将人力资源战略具体化和明确化，是组织人力资源管理工作的“龙头”。人力资源规划有助于人力资源在数量、质量和结构等方面与组织战略要求保持一致，使人力资源管理体系能够有效支持组织战略，并使组织获得竞争优势。

(二) 人力资源规划的内容

1. 人力资源总体规划

人力资源总体规划也称人力资源战略规划，是指组织在规划期内对人力资源管理的总目标、总政策、实施步骤及总预算的安排。人力资源总体规划主要研究组织的发展目标和各种内外部环境的影响，其重点是分析问题，而不是具体预测，指明在某个时期内人力资源管理的愿景和发展方向。

2. 人力资源业务规划

人力资源业务规划也称人力资源战术规划，是人力资源总体规划的分解和具体化，包括人员补充计划、人员配置计划、人员接替和提升计划、人员培训与开发计划、薪酬激励计划、员工关系计划和退休解聘计划等，如表6-1所示。

表6-1 人力资源业务规划的内容

名称	目标	政策	费用
人员补充计划	类型、数量、层次及人员素质结构的改善	任职资格、人员的来源范围、人员的起薪	招聘选拔费用
人员配置计划	部门编制、人力资源结构优化、职位匹配、职位轮换	任职资格、职位轮换的范围和时间	按使用规模、类别和人员状况决定薪酬预算
人员接替和提升计划	保持后备人员数量、改善人员结构	选拔标准、提升比例、被提升人员的安置	职位变动引起的工资变动
人员培训与开发计划	增加培训的数量和类别、提高工作效率	培训计划的安排、培训时间和效果的保证	培训与开发的总成本
薪酬激励计划	增加劳动供给、提高士气、改善绩效	工资政策、激励政策、激励方式	增加工资、奖金的数额
员工关系计划	提高工作效率、改善员工关系、降低离职率	民主管理、加强沟通	法律诉讼费用
退休解聘计划	降低劳动力成本、提高生产率	退休政策及解聘程序	安置费用

(三) 人力资源规划的程序

人力资源规划主要包括人力资源需求预测、人力资源供给预测及供需综合平衡3项核心工作。人力资源规划的程序一般包括4个阶段：准备阶段、预测阶段、实施阶段和评估阶段。

1. 准备阶段

准备阶段的主要工作是调查、收集和整理人力资源规划所需要的各种信息资料，并为后续阶段做准备。这些信息资源主要包括以下内容。

1) 组织战略

人力资源规划必须与组织战略保持一致，要为组织战略服务。因此，确认组织战略是制定人力资源规划的前提。组织战略方面的信息主要包括组织使命与战略目标、经营领域、竞争优势、战略选择及战略重点等。

2) 组织外部环境

组织外部环境的变化会导致人力资源需求和供给的变化，因此，对组织外部环境进行细致、深入的分析，是提高人力资源规划质量的重要环节。组织外部环境信息包括相关的政治与法律、经济、文化、人口、教育、法律等宏观环境信息，还包括与人力资源供需直接相关的信息，如劳动力市场的供需状况、劳动者的择业期望、竞争对手的人力资源政策等。

3) 现有的人力资源信息

只有及时、准确地掌握组织现有人力资源的状况，人力资源规划才能客观、有效。现有人力资源信息包括现有人力资源的数量、素质结构、使用状况、发展潜力及流动比率等。

2. 预测阶段

预测阶段是在充分掌握相关信息的基础上，采用定性和定量相结合的方法，对组织在未来某一时期的人力资源需求和供给进行预测，是人力资源规划中最关键的环节。预测的目的是掌握组织和各类人力资源在数量和质量上的需求，以及能满足需求的组织内外部人力资源供给情况，得出人力资源的净需求数据。在进行供给预测时，内部供给预测是重点，外部供给预测应侧重于关键人员。

3. 实施阶段

实施阶段是人力资源规划的实质性阶段。根据需求和供给预测的比较结果，通过人力资源总体规划和业务规划，制定并实施平衡供需的措施，确保组织在需要的时间、需要的职位上及时获得所需要的人力资源。在制定人力资源规划时，要注意保持总体规划、业务规划与组织其他经营计划的相互协调，确保通过人力资源规划的实施使人力资源战略目标得以实现。

4. 评估阶段

评估阶段是对人力资源规划的实施过程进行监督、评估，并及时进行信息反馈，对规划进行调整，使其更切合实际。人力资源规划的评估工作可由人力资源管理委员会负责。人力资源管理委员会由一位副总裁、人力资源部经理以及若干专家和员工代表组成，其职责是定期评估各项人力资源政策的执行情况，并对相关目标和政策提出修改意见。

二、人力资源招聘

(一) 招聘的含义与目标

招聘指组织为了发展的需要，根据人力资源规划和工作分析的要求，寻找、吸引那些有能力又有兴趣到本组织任职的人，并从中选出适合的人员予以录用的过程。招聘包括招募、甄选、录用和评估4个环节。其中，招募是组织采取多种措施吸引应聘者来填补组织职位空缺的活动；甄选是从某一职位的应聘者中选出最适合人员的活动；录用是对挑选出的人员进行录用决策、初始安置、试用、转正等；评估是对招聘成本、方法、过程、录用人员的数量和质量等进行评价，以找到招聘中可能存在的问题，从而对招聘工作进行优化和完善。

良好的招聘活动必须达到6R的基本目标。

(1) 恰当的时间(right time)，即在适当的时间内完成招聘工作，以及时填补岗位空缺，这是对招聘活动最基本的要求。

(2) 恰当的范围(right area)，即在恰当的空间范围内进行招聘活动，这一空间范围只要能够吸引到足够数量的合格人员即可。

(3) 恰当的来源(right source)，即通过适当的渠道来寻求目标人员，针对那些与空缺职位匹配程度较高的目标群体进行招聘。

(4) 恰当的信息(right information)，即在招聘之前要对空缺岗位的工作职责、任职资格要求、胜任素质以及组织的相关情况做出全面而准确的描述，以明确招聘标准，并使应聘者能够充分了解有关信息，以便对自己的应聘活动进行判断。

(5) 恰当的成本(right cost)，即在保证招聘质量的前提下，以最低的成本完成招聘工作。

(6) 恰当的人选(right people)，即运用科学的测评方法，采用合理的甄选程序，从应聘者中选出最适合的人员予以录用。

(二) 招聘工作的程序

为了保证招聘工作的科学规范，提高招聘效果，招聘一般按以下程序进行：确定招聘需求、制订招聘计划、招募、甄选、录用、评估，如图6-2所示。

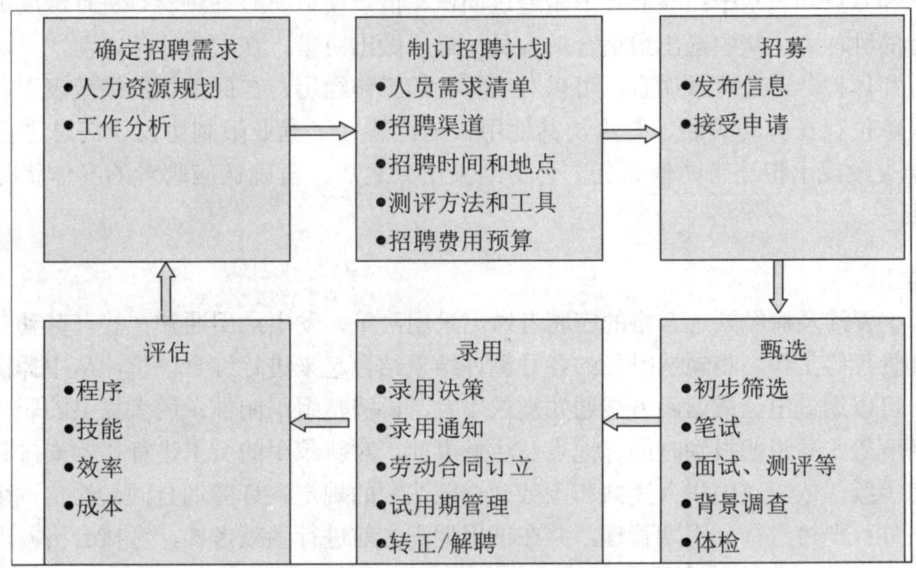

图 6-2　人力资源招聘工作的程序

1. 确定招聘需求

确定招聘需求是整个招聘活动的起点，要通过两项工作来完成：一是人力资源规划，据此确定需要招聘的人力资源的数量、结构，以及需要的时间等；二是工作分析，据此撰写的工作说明书和胜任力模型为人员的甄选和录用提供了主要的参考依据，也为应聘者提供了该工作的翔实信息。人力资源规划和工作分析被称为招聘工作的两大前提。

2. 制订招聘计划

招聘需求明确之后，人力资源管理部门需要与用人部门共同制订招聘计划。招聘计划主要包括以下内容：人员需求清单(包括职位名称、人数、层次、任职资格等)、招聘渠道(内部招聘还是外部招聘及其具体途径)、招聘时间和地点(根据招聘职位的需求确定)、测评方法和工具(根据招聘职位的类型和特点进行选择)，以及招聘费用预算(人工费用和业务费用)等。

3. 招募

招募主要指按照招聘计划中选择的招聘渠道和途径把招聘信息发布出去，鼓励和吸引人员前来应聘，主要包括发布招聘信息和接受应聘者申请两项工作。接受应聘者申请可以通过两种方法完成：一是接收应聘者的求职简历；二是直接要求应聘者填写《应聘申请表》。无论哪种方式，应聘者都要提供以下个人资料：个人简历、学历有关证明，包括获得的奖励、学历证书(复印件)；身份证(复印件)；职业资格证书(复印件)；与前用人单位解除或终止劳动关系的证明等。

4. 甄选

甄选是招聘中最关键的一环，也是技术性最强的一环，其目的是从应聘者中挑选出最适合的人员予以录用。首先通过审核应聘者的简历和《应聘申请表》进行初步筛选，剔除那些明显不符合要求的人员；然后可以安排笔试，考察应聘者是否达到了空缺职位所要求的一般知识水平和专业知识水平；核心环节是通过面试、情景模拟、心理测验等进行深度测评，考察应聘者的胜任力，从中选出最适合的人员；最后做出决策，在做出决策之前，一定要做好背景调查和体检。通过背景调查，可以对应聘者的工作经历、在原单位的绩效表现、是否与其他用人单位存在劳动关系、是否与其他用人单位签订了竞业限制协议等信息进行核实，防止招聘失败或承担连带赔偿责任。体检结果出来之后，再确认应聘者的身体状况是否符合岗位要求。

5. 录用

录用主要涉及对经甄选合格的应聘者做出录用决策、发出录用通知、签订劳动合同、进行试用期管理等工作。将甄选阶段的各种测评结果结合起来进行综合评价，从中择优确定录用名单；可以通过电话或信函方式通知被录用者，讲清楚组织向被录用者提供的职位、工作职责和薪酬等，并说明报到时间、地点及注意事项；对新录用的员工进行初始安排和引领，办理入职手续，依照《中华人民共和国劳动合同法》的规定签订劳动合同，约定试用期，明确录用条件；严格进行试用期管理，并在试用期满之前进行绩效考核，考核合格办理转正手续，考核不合格者以不符合录用条件为由合法解除劳动合同。

6. 评估

招聘效果的好坏直接影响员工的工作绩效、缺勤率、离职率等。对招聘工作进行评估，找到其中可能存在的问题，从而对招聘工作进行优化和完善，提高下一轮招聘工作的质量。招聘效果评估可以从以下几方面进行：招聘成本评估，对招聘的费用进行调查、核实，对照预算进行评价；录用人员评估，对录用人员的数量和质量进行评价；综合评估，对招聘过程中的招聘来源、方法、过程等诸多方面进行评估。

【专栏6-2】

甄选工具

1. 申请表
   - 应用最为普遍。
   - 收集信息最为有效。
   - 能够预测工作绩效，但是设计一份申请表并不容易。
2. 笔试
   - 笔试内容必须与工作相关。
   - 包括智力、资质、能力、性格和兴趣测试等。
   - 应用最为普遍(如性格测试、资质测试)。
   - 能够相对较好地预测管理岗位的绩效。
3. 绩效模拟测试
   - 采用实际的工作行为。
   - 工作抽样，利用与工作岗位相关的工作任务来测试应聘者，适用于按部就班或标准化的工作。
   - 模拟工作，适用于对管理潜能的评估。
4. 面试
   - 应用最为普遍。
   - 面试之前必须知道什么可以问，什么不可以问。
   - 适用于管理岗位的甄选。
5. 背景调查
   - 用于核实求职者信息。
   - 用于核实推荐信。
6. 体检
   - 适用于对身体素质有某些特殊要求的工作岗位。
   - 主要出于保险目的。

第三节 人力资源培训与开发

一、培训与开发的含义

培训与开发是指组织通过各种方式使员工具有完成现在或将来工作所需要的知识、技能并改变他们的工作态度，以提升员工在现有或将来职位的胜任力及绩效，最终实现组织整体绩效提升的一种计划性和连续性的活动。其中，培训的主要目的是使员工获得目前工作所需要的知识和能力，帮助员工更好地完成当前的工作；开发的主要目的是使员工获得未来工作所需要的知识和能力，帮助员工胜任其他职位的工作需要。随着培训与开发的战略地位日益凸显，两者间的界线日益模糊。两者在许多时候都要注重员工与组织当前和未来的需要，使用的技术通常也是相同的。

二、培训与开发的类型

培训与开发从不同的角度可以划分为不同的类型。

1. 按照培训对象不同划分

按照培训对象不同，培训可分为新员工培训和在职员工培训。

新员工培训又称岗前培训，指对新进员工进行的培训，主要是让新员工了解组织规章制度、组织文化、工作流程、人际关系等；在职员工培训是对已经在组织中工作的员工进行培训，主要是为了提高员工的胜任力和绩效。

2. 按照培训目的不同划分

按照培训目的不同，培训可分为应急性培训和发展性培训。

应急性培训是组织急需什么知识和技能就培训什么；发展性培训是根据组织的战略需要来开展培训。

3. 按照培训内容不同划分

按照培训内容不同，培训可分为基本技能培训、专业知识培训和工作态度培训。

基本技能培训是使员工掌握从事岗位工作所必需的技能；专业知识培训是使员工掌握完成本职工作所需要的业务知识；工作态度培训通过培训改善员工的工作态度，使员工和组织之间建立起相互信任的关系。

4. 按照培训形式不同划分

按照培训形式不同，培训可分为在岗培训和脱产培训。

在岗培训指员工不离开工作岗位，在实际工作过程中接受培训；脱产培训指员工离开工作岗位，专门接受培训。

三、培训与开发的程序

一般来说，培训与开发工作应该按以下程序进行：调查培训需求、设定培训目标、拟订培训计划、开展培训活动、转化培训成果、评估培训效果。

1. 调查培训需求

根据组织的战略规划、组织业务调整、员工胜任能力差距或职业发展规划，采用访谈、问卷调查、现场观察、团队讨论等调查方式对培训需求进行调查和分析，以确定培训目标及实施方案。调查培训需求是整个培训与开发工作的起点，决定着培训活动的方向，对培训质量起着决定性作用。培训需求主要包括组织战略、组织目标、个人差距和组织文化4个方面。组织战略方面的培训需求要体现组织未来发展和战略的需求，包括新技术的采用、产品结构和业务组合的调整等；组织目标方面的培训需求要体现组织资源和环境的变化，找出组织存在的问题，确定培训是否是解决这些问题的最佳途径；个人差距方面的培训需求要测评员工在知识程度、能力水平及绩效等方面与组织希望之间的差距，确定是否应该通过培训来解决；组织文化方面的培训需求要促进新员工对组织文化、组织制度的了解并能尽快融入。

2. 设定培训目标

培训目标将为培训计划提供明确的方向和遵循的框架。明确了培训目标，才能确定培训对象、内容、时间、方法等具体内容，并可在培训之后，对照目标达成情况对培训效果进行评估。培训目标分为3类：一是知识传授目标，通过培训使员工具备完成工作所需的基本业务知识，了解组织基本情况，如公司战略、经营方针、规章制度等；二是技能培养目标，通过培训使员工掌握或提升完成工作所必需的技术和能力，如沟通能力、协作能力、决策能力、操作技术等；三是态度转变目标，通过培训使员工具备从事某职位工作所要求的工作态度，如积极性、自律性、合作意识、服务意识等。

3. 拟订培训计划

培训项目要很好地实施，必须制订一份科学的培训计划。培训计划是从组织战略出发，在根据全面、客观的培训需求分析而确定培训目标的基础上，做出系统性的规划和方案，具体确定培训时间(when)、培训地点(where)、培训者(who)、培训对象(who)、培训方法(how)和培训内容(what)等的预先、系统的设定。培训计划必须满足组织和员工两方面的需求，兼顾组织资源条件和员工的组织基础，并充分考虑人力资源培养的超前性。具体的培训计划一般包括以下内容。

(1) 前言，介绍制订培训计划的背景、依据和理由。

(2) 课程设置，列明课程名称，说明培训目的，简要介绍课程内容。

(3) 培训对象，对参训者的参训资格和人数进行具体规定，避免出现不合适的人参加不合适的培训等情况。

(4) 时间、地点，明确培训的具体时间、期限和地点。

(5) 培训师，简要介绍培训师的教育背景和阅历。

(6) 培训方式，根据培训课程选择合适的培训方式，如讲授、研讨、角色扮演等，并说明配合某一培训方式需要参训者所做的准备工作。

(7) 培训预算，实施培训计划所需要的费用总额，主要包括培训教材费，聘请培训师的费用，参训者的交通、住宿、餐食费用，培训场地租用费等。

(8) 培训评估，对培训评估方法和负责人进行简要说明，以便衡量培训效果。

(9) 培训计划表，形成组织年度培训计划表。

4. 开展培训活动

培训计划的实施和培训目标的实现需要组织者、培训师和参训者三方的密切配合。一般而言，在培训开展阶段，又分为准备和实施两个环节。在准备环节，要事先落实培训计划中的一些工作和事项，以确保培训顺利开展，主要包括：通知培训师和参训者在规定时间到规定地点报到；报到地点、培训地点的标志及教学用具的准备；培训资料的准备；编制课程表、考勤登记表；培训效果评估表、试题的准备；培训证书准备等。在实施环节，首先由培训师或组织者介绍培训主题、目标、要求及日程安排等。培训过程中，培训师要选择科学、合适的培训方法对参训者进行知识、技能或态度等方面的培训，并关注参训者的反应。组织者要注意培训师和参训者的表现，以便及时发现问题并协调解决。培训结束时，参训者应向培训师致谢。整个培训过程都要做好记录，进行档案的收集与整理。

5. 转化培训成果

组织要通过管理活动让参训者有效且持续地将在培训过程所学到的知识、技能等运用于工作中，这样培训才具有现实意义。培训成果的转化一般包括以下步骤。

(1) 要求参训者根据培训内容写出心得或总结。

(2) 要求参训者将理解和心得与工作实践结合，拟订工作改进计划。

(3) 要求参训者将工作改进计划转化为可持续的工作行动，由管理者给予监督和辅导。

(4) 评估参训者绩效，并进行绩效反馈面谈，分析新的培训需求。

(5) 总结和发表培训成果，并对培训成果转化效果突出者给予奖励。

6. 评估培训效果

培训效果评估是收集培训效果以衡量培训活动是否有效的过程。它不仅是培训活动的收尾环节，还可以据此找出培训的不足、总结经验和教训、发现新的培训需求，因此又是下一次培训活动的重要依据，进而使培训活动进入良性循环。培训效果评估一般包括3方面的内容。一是对参训者的学习成果进行评估，这是培训效果评估的核心内容。柯氏四级评估模型是应用最广泛的评估工具，从反应(测评参训者对培训项目的反应，主要了解其对整个培训项目及培训内容、方式、培训师、课程教材等方面的满意度)、学习(测评参训者对与课程相关的知识、技能和态度等的理解和掌握程度)、行为(测评参训者将与课程相关的知识、技能和态度等在实际工作中的应用状况)和结果(测评培训对组织经营管理有哪些具体而直接的贡献，如生产率提高、质量改进、成本降低、离职率降低等)4个层次评估培训效果。二是对培训组织管理进行评估，包括培训时间安排、培训现场环境、培训器材设施、培训沟通协调等。三是对培训师的评估。结合参训者的评价，评估培训师在课程内容设计、授课形式、培训方法及语言表达等方面的水平和表现。

第四节 人力资源激励与维持

一、绩效管理

(一) 绩效的含义

对于绩效的含义，学者们提出3种典型观点：第一种观点认为绩效是结果；第二种观点认为绩效是行为；第三种观点认为绩效是行为和结果的统一体。本书认同第3种观点，将绩效定义为组织、团队及个人的履职表现及工作任务完成情况，即组织各层级在工作过程中所表现出来的与组织目标相关的，并且能够被评价的工作结果及行为。

绩效具有以下3个特点。

(1) 多因性。绩效的优劣并不取决于单一因素，而是受到技能、激励、环境和机会等主客观多种因素影响。

(2) 多维性。绩效需要从工作业绩、行为、态度和能力等多个维度或方面去分析和评价。

(3) 动态性。绩效会随着主客观条件的变化而发生变化。

(二) 绩效管理的含义和功能

绩效管理是指组织及其管理者在组织使命、核心价值观及愿景的指引下，为达成战略目标而进行的绩效计划、绩效监控、绩效评价、绩效反馈及结果应用的循环过程，其目的是确保组织成员的工作行为和工作结果与组织期望保持一致，通过持续提升个人、部门及组织的绩效水平，最终实现组织的战略目标。

绩效管理有以下3种功能。

(1) 战略功能。绩效管理系统将员工的工作活动与组织的战略目标联系在一起，通过提升员工的个人绩效来提升组织的整体绩效，进而实现组织的战略目标。

(2) 管理功能。绩效管理信息(尤其是绩效评价的结果)是组织进行薪酬管理、晋升、调岗或解除劳动合同等人力资源管理决策的重要依据。

(3) 开发功能。绩效管理的过程能够发现员工在知识、技能、能力、工作方式或态度中的不足之处，并对其有针对性地进行培训，以有效提升其胜任力，促进员工发展。

(三) 绩效管理的环节

绩效管理包括绩效计划、绩效监控、绩效评价、绩效反馈和结果应用5个环节。

1. 绩效计划

绩效计划是绩效管理过程的起点。在新的绩效周期开始时，管理者和员工依据组织的战略规划和年度计划，经过充分沟通，共同确定组织、部门、个人的工作目标和任务，并签订绩效目标协议。绩效计划主要包括以下内容。

(1) 员工在绩效周期内的绩效目标体系(包括绩效目标、指标和标准)、绩效考核周期。

(2) 为实现绩效目标，员工在绩效周期内应从事的工作和采取的措施。

(3) 管理者和员工应就工作进展情况进行沟通，及时纠正偏差。

(4) 员工在执行绩效计划的过程中有哪些权限。

(5) 为了达成绩效目标，员工是否有接受培训或自我开发某种工作技能的必要。

2. 绩效监控

绩效监控是在绩效计划实施过程中，管理者与员工通过持续的绩效沟通，采取有效的监控方式对员工的行为及绩效计划的实施情况进行监控，并提供必要的工作指标与支持的过程。绩效监控对绩效计划的顺利实施和绩效的公平评价都有着极为重要的作用。管理者主要承担两项任务。一是通过持续的双向沟通，了解下属的工作需求并向员工提供必要的工作指导。在沟通时，重点关注的内容有：工作的进展情况如何，是否在正确的轨道上？哪些工作进行得好，哪些工作遇到了困难和障碍？需要对工作进行哪些调整？员工还需要哪些资源和支持？等等。二是记录员工工作过程中的关键事件或绩效数据，为绩效评价提供信息。

3. 绩效评价

绩效评价是在一个绩效周期结束时，由绩效管理主管部门选定评价主体，采用有效的评价方法，对组织、部门及个人的绩效目标完成情况进行评价的过程。在这个过程中，绩效评价作为绩效管理中的一个环节，不能与其他环节脱离，主要体现在以下方面。

第一，绩效评价的基本依据是绩效目标体系，管理者不能随意评价。

第二，绩效评价不能与绩效监控中的绩效沟通脱节，管理者与员工进行绩效沟通的过程也是观察和记录员工绩效表现的过程。

第三，绩效管理的目的并非仅仅是绩效评价，而是通过客观、公正的绩效评价得到详尽、有效的绩效信息，为绩效改进提供依据。因此，绩效评价结束后，管理者要通过绩效反馈，让员工知晓其绩效优秀或绩效不佳的原因，并共同制订绩效改进计划。

第四，为了发挥绩效管理的激励功能，就要把绩效评价结果与人力资源奖惩决策相挂钩。

因此，绩效评价结束后，要将考核结果应用到薪酬调整、晋升、调岗或解除劳动合同等人力资源管理决策中。

4. 绩效反馈

绩效反馈是在绩效评价结束后，管理者与员工就绩效评价结果进行面对面的沟通，共同分析绩效不佳的方面及原因，并制订绩效改进计划的过程。绩效反馈在绩效管理中发挥着不可替代的作用。通过绩效反馈，管理者可以指出员工的绩效水平及存在的问题，从而有的放矢地进行激励和指导；员工可以了解管理者对自己的评价和期望，从而不断修正自己的行为。为了保证反馈效果，应注意以下几点。

(1) 绩效反馈要及时。在绩效评价结束后，管理者就应当安排合适的时间和地点进行绩效反馈面谈。

(2) 绩效反馈要指出具体的问题。在面谈时，不仅要告知员工评价结果，而且要详细地指出其哪里表现好，应当保持或加强，哪里表现不好，到底怎么不好。

(3) 绩效反馈要指出问题出现的原因及改进建议。双方要达成一致，为制订绩效改进计划做好准备。

(4) 绩效反馈要注意沟通技巧。反馈过程中，要以正面鼓励为主，起到强化和激励作用。

5. 结果应用

结果应用是将绩效评价结果应用到人力资源管理决策中，以起到激励员工、改进绩效和强化管理的作用。绩效评价结果主要用于两个方面：一是制订绩效改进计划，通过分析绩效评价结果，诊断员工存在的绩效差距，分析产生绩效差距的原因，制订绩效改进计划，并将其列入下一周期的绩效计划，以持续提高员工的绩效；二是作为人力资源管理决策的依据，主要表现在以下3个方面。

(1) 薪酬奖金的分配。将绩效评价结果与薪酬调整和奖金发放挂钩，发挥激励功能。

(2) 职位的调整。将绩效评价结果作为职位调整的重要依据，既可以是纵向的晋升或降职，也可以是横向的工作调动。根据《中华人民共和国劳动合同法》的规定，劳动者不能胜任工作时，可以调整其工作岗位，经调整后仍然不能胜任工作的，可以解除劳动合同。需要注意的是，涉及劳动合同变更和解除时，一定要经过合法的程序，避免违法风险。

(3) 培训与开发。根据绩效评价结果，分析员工在知识、技能或能力等方面存在的差距，为其安排有针对性的培训，提升其胜任素质。另外，根据员工的绩效水平和胜任素质，帮助其进行职业生涯规划，为其设计在组织中的发展路径，起到“激才”和“留才”的作用。

(四) 绩效管理的工具

随着管理思想及理论的发展，绩效管理工具也在不断完善，目前应用较为广泛的绩效管理工具有目标管理、关键绩效指标及平衡计分卡。

1. 目标管理

目标管理(management by objectives，MBO)是1954年由美国著名的管理学家彼得·德鲁克在《管理的实践》一书中提出的。目标管理是指一种程度或过程，它使组织中的上下级一起协商，根据组织使命确定一定时期内组织的总目标，由此确定上下级的责任和分目标，并把这些目标作为组织经营、评价和奖惩的标准。目标管理是一种以员工为中心、以人为本的管理方法，其本质是以民主代替集权，以沟通代替命令，使组织成员切实参与决策，并通过自我管理、自我控制，将个人目标与组织目标结合起来。

目标管理主要有以下5个步骤。

(1) 制定目标。通过组织目标的层层分解，由管理者和员工共同确定员工应达到的绩效目标，并明确相关部门及人员的任务和责任。

(2) 执行目标。对执行情况实施监控，掌握进度，及时发现问题并采用适当的矫正行动。

(3) 评价结果。将目标执行情况与预先设定的目标做比较，分析未达成目标的原因或达成目标的经验。

(4) 反馈面谈。管理者与员工回顾整个工作周期，对其目标的达成情况进行讨论，为制定下一周期的目标做准备。

(5) 实施奖惩。根据目标达成情况实施奖惩，以有效激励员工。

2. 关键绩效指标

关键绩效指标(key performance indicators，KPI)是指将组织战略目标经过层层分解而产生的、具有可操作性的、用于衡量组织战略实施效果的关键指标体系。设置关键绩效指标的目的是建立一种机制，将组织战略转化为内部流程和活动，从而使组织获得竞争优势，得到可持续发展。

关键绩效指标作为一种系统化的指标体系，包括3个层面：一是组织级关键绩效指标，是通过对组织的关键成功领域和关键绩效要素进行分析得到的；二是部门级关键绩效指标，是运用任务分工矩阵，将组织级关键绩效指标进行分解得到的；三是个人关键绩效指标，是根据岗位承担的职责，将部门级关键绩效指标进行分解确定的。

3. 平衡计分卡

平衡计分卡(balanced score card，BSC)是由哈佛商学院的教授罗伯特·S. 卡普兰和复兴全球战略集团的创始人兼总裁戴维·P. 诺顿在《平衡计分卡：良好绩效的评价体系》一文中提出来的。平衡计分卡从财务、客户、内部流程、学习与成长4个层面，将组织的使命、核心价值观、愿景和战略转化为现实。

平衡计分卡的4个层面如下。

(1) 财务层面。衡量组织的财务和利润状况，考察战略的实施和执行能否为最终经营成果的改善做出贡献，最终目标是利润最大化。其可以通过两种方式实现：收入增长和生产率提高。

(2) 客户层面。其反映了组织在吸引客户、保留客户和提高客户价值方面的能力，可以使用的衡量指标有客户满意度、客户保留率、市场份额等。

(3) 内部流程层面。其反映了组织内部运营的资源和效率，关注促进组织绩效提升的决策和行动过程，特别是对客户满意度和股东满意度有重要影响的流程，如运营管理流程、客户管理流程、创新流程、法规与社会流程等。

(4) 学习与成长层面。这是驱使前3个层面获得成功的内在动力，反映了如何将人力、信息技术和组织氛围整合起来共同支持战略目标的达成。

平衡计分卡强调4个层面目标因果关系的重要性，强调财务指标与非财务指标、内部要素与外部要素、前置指标与滞后指标、长期目标与短期目标的平衡。

3种绩效工具的对比如表6-2所示。

表6-2　3种绩效管理工具的对比

项目		目标管理	关键绩效指标	平衡计分卡
时代		20世纪50—70年代	20世纪80年代	20世纪90年代以后
性质		管理思想：重视工作与人的结合	指标分解的工具与方法，将战略与考核指标结合	集大成的理论体系，将战略管理与绩效管理有机结合
对象		个人	组织、群体、个人	组织、群体、个人
特征		员工参与管理，体现“我想做”，重视自我管理与自我控制	战略导向，指标层层分解、层层支撑	战略导向，目标层层分解、层层支撑；因果关系，强调平衡、协同
关注		管理、考核(关注结果)	考核、管理(关注结果)	管理、考核(关注过程和结果)
要素		目标、指标、目标值	战略、关键成功领域、关键绩效要素、关键绩效指标	使命、核心价值观、愿景、战略，客户价值主张、四个层面，目标、指标、目标值、行动方案
指标	设计	根据组织目标，由上下级协商确定	根据战略，由上而下层层分解	根据使命、愿景、战略，依据目标分层分别制定
	关系	各指标基本独立，彼此没有联系	各指标基本独立，彼此没有联系	因目标的因果关系导致4个层面的指标之间有关联
	类型	侧重定量指标	无前置指标和滞后指标之分，客观指标	有前置指标和滞后指标之分，客观指标、主观判断指标

二、薪酬管理

(一) 薪酬的含义

薪酬是指组织为认可员工的工作与价值而支付给员工的各种直接的和间接的经济收入。薪酬一般由以下3部分构成。

(1) 基本薪酬。基本薪酬指组织根据员工所承担的工作或者所具备的技能或能力而支付给员工的较为稳定的经济收入。根据确定的基础不同，基本薪酬可以分为职位薪酬体系(按照职位相对价值来支付)、技能薪酬体系(按照员工的技能等级来确定)和能力薪酬体系(按照员工的胜任力等级来确定)。

(2) 可变薪酬。可变薪酬指组织根据员工、部门或团队、组织的整体绩效而支付给员工的动态的经济收入。根据支付依据，可变薪酬分为个人可变薪酬与群体可变薪酬，前者是根据个人的绩效来确定，后者是根据部门、团队或组织的绩效来确定；根据支付周期的不同，可变薪酬可分为短期可变薪酬与长期可变薪酬，前者指在一年内兑现的可变薪酬，后者指兑现时间一般超过一年的可变薪酬。

(3) 间接薪酬。间接薪酬就是给员工提供的各种福利，分为国家法定福利与组织自主福利。国家法定福利指国家法律法规强制组织支付给员工的福利。我国目前的法定福利包括法定社会保险、公休假日和法定假日、带薪休假和地方政府规定的其他福利项目(如住房公积金)等。组织自主福利指组织在国家法定福利之外向员工提供的其他福利项目，如补充保险、免费体检、各种服务项目等。

(二) 薪酬管理的含义和意义

薪酬管理是指组织根据经营战略和发展规划，在综合考虑各种内外部因素影响的基础上，确定薪酬体系、薪酬水平、薪酬结构、薪酬形式，明确员工应得的薪酬，并进行薪酬调整和薪酬控制的过程。

有效的薪酬管理具有非常重要的意义：

(1) 有助于吸引和保留优秀员工，这是薪酬管理最基本的作用；

(2) 有助于激发员工的工作积极性；

(3) 有助于改善组织的绩效；

(4) 有助于塑造良好的组织文化。

(三) 薪酬管理的目标和决策

1. 薪酬管理的基本目标

薪酬管理的基本目标包括效率、公平和合法。

(1) 效率指薪酬管理系统在多大程度上能够帮助组织实现预定的经营目标，如提高绩效、保障质量、提高客户满意度、控制成本等。

(2) 公平包括外部公平、内部公平和个人公平。外部公平是指员工所得薪酬不低于其他组织为类似职位提供的薪酬水平；内部公平是指在同一组织中，不同职位或员工的薪酬应当与其对组织的相对贡献成正比；个人公平是指薪酬应当与员工的能力、贡献成正比。

(3) 合法是指薪酬管理要遵守全国性和地方性法律法规，如最低工资立法、同工同酬立法、加班工资立法等，并在法律法规发生变化时，做出相应的调整。

为达成薪酬管理的目标，组织在薪酬管理中必须做出一些重要的决策，主要包括薪酬体系决策、薪酬水平决策、薪酬结构决策和薪酬构成决策等。

2. 薪酬体系决策

薪酬体系决策是指组织以什么为基础确定薪酬。目前常用的薪酬体系有两种：职位薪酬体系与能力薪酬体系。

职位薪酬体系是根据每一职位的相对价值即根据职位评价的结果来确定其基本薪酬，是目前应用最广泛的薪酬体系。组织首先对每一职位的价值进行评价，然后根据评价结果来确定每一职位的薪酬。职位薪酬体系最大的特点是针对职位而不是针对人，主要考虑职位价值大小。其优点包括：员工的薪酬取决于其所在职位，容易被员工理解和接受；在薪酬管理过程中，重点关注职位，而不是人，操作相对简单；能够激励员工为了更高价值的职位而努力工作等。其缺点也非常明显：不能反映员工之间能力与贡献的差异；如果员工晋升通道受阻，其工作积极性会受到影响等。

能力薪酬体系是根据对每一位员工的能力(技能或胜任特征)的评价来确定其基本薪酬。根据评价内容不同，可将能力薪酬体系分为两种：一种是技能薪酬体系，评价对象是员工的技能；另一种是胜任特征薪酬体系，评价对象是员工胜任力。能力薪酬体系的最大特点是对人而不是对职位。其具有明显的优势：一是促使员工主动学习，努力提升技能或胜任力，有助于学习型组织的建立；二是通过多种发展渠道，避免了单一职位等级晋升而导致的“拥挤效应”或“彼得效应”等。能力薪酬体系需要具备一些前提条件，比如了解员工究竟需要哪些技能或胜任力、能力等级评价、需要的培训等。

3. 薪酬水平决策

薪酬水平决策指组织内部各职位、各部门以及组织整体平均薪酬的高低状况，反映了组织所支付薪酬的外部竞争性与薪酬成本。

组织要通过各种渠道进行薪酬调查，获得同地区或同行业企业组织的薪酬信息，结合职位评价的结果和组织的薪酬策略，确定各个职位的薪酬水平。

在确定薪酬水平时，组织通常采用4种策略。

(1) 领先型策略，即薪酬水平高于市场平均水平的策略。采用这种薪酬策略，组织的薪酬对外具有竞争力，成本相对较高。

(2) 追随型策略，即薪酬水平与市场平均水平保持一致。采用这种薪酬策略时，组织的薪酬竞争力中等，成本也是中等。

(3) 滞后性策略，即薪酬水平低于市场平均水平的策略。采用这种薪酬策略，组织的薪酬竞争力弱，但成本比较低。

(4) 混合型策略，即针对组织内部的不同职位采用不同的策略。例如，对关键职位采用领先型策略，对辅助性职位采用追随型策略。

4. 薪酬结构决策

薪酬结构决策即确定薪酬等级的数量、不同等级之间的薪酬差距以及用来确定这种差距的标准。

确定薪酬结构主要包括3方面工作。

(1) 划分薪等。一个薪等包含价值相同或相似的若干职位。一般来说，在其他条件既定的情况下，企业的职位越多，薪等就越多。

(2) 确定每个等级对应的薪酬区间。薪酬区间指针对每一薪酬等级的最低薪酬到最高薪酬之间的变动范围。根据外部市场薪酬调查数据和内部职位评价数据通过回归的方式确定中值，代表该职位薪酬的市场相对水平(高、中、低)，是最高、最低薪酬水平确定的基础。

(3) 确定相邻薪等之间的交叉重叠。利用薪酬相邻等级之间的交叉重叠，避免因晋升而带来的较大的薪酬差距以及晋升机会不足而带来的薪酬增长局限。

5. 薪酬构成决策

薪酬构成是指在组织薪酬中，不同类型薪酬的组织方式，即确定薪酬包括哪些项目以及各个项目所占权重。在确定薪酬构成时，重点要考虑基本薪酬、绩效薪酬和福利在总薪酬中所占的比例。根据其所占比例不同，可以划分为3种模式：高弹性、高稳定和调和型薪酬模式。

(1) 高弹性薪酬模式是一种激励性很强的薪酬模式。绩效薪酬是薪酬的主要构成部分，基本薪酬处于次要地位，所占比例相对较小。这种薪酬模式激励效果较强，但也会造成员工缺乏安全感和归属感。

(2) 高稳定薪酬模式是一种稳定性很强的薪酬模式，基本薪酬占主导地位，绩效薪酬占较小比重。员工收入稳定，但薪酬激励功能较低，组织承担的固定人工成本较高。

(3) 调和型薪酬模式兼具激励性和稳定性，基本薪酬和绩效薪酬所占比例基本相当。这种薪酬模式注重员工的业绩、个人资历和组织经营状况的有机统一。

三、劳动关系管理

(一) 劳动关系的含义

劳动关系指用人单位招用劳动者为其成员，劳动者在用人单位管理下提供有报酬的劳动而发生的权利义务关系。劳动关系具有3个法律特征：第一，劳动关系是在现实劳动过程中发生的；第二，劳动关系的双方当事人，一方是劳动者，另一方是提供生产资料的用人单位，包括各类企业、个体工商户、事业单位等；第三，劳动关系一方的劳动者要成为另一方即用人单位的成员，并遵守用人单位的内部劳动规则。

劳动关系的内容是指劳动关系双方依法享有的权利和应当承担的义务，一般包括劳动者与用人单位在劳动报酬、工作时间、休息休假、劳动安全卫生、劳动纪律与奖惩、社会保险和福利待遇、职业教育培训等方面形成的关系。这些方面与劳动者的利益密切相关，是直接影响员工积极性和满意度的重要因素。构建和谐的劳动关系，是人力资源管理的重要内容。

(二) 劳动关系管理的含义和内容

劳动关系管理指通过合法的规范化、制度化的管理，使劳动关系双方的行为得到规范，权益得到保障，协调双方的关系，避免或解决劳动关系中的劳动争议，维护稳定、和谐的劳动关系，促进组织的稳定发展。

劳动关系管理主要包括以下工作内容。

(1) 收集并掌握国家及地方的劳动法律法规。

(2) 制定、修改、完善并执行组织各类相关的规章制度，预防、规避各种劳动争议。

(3) 进行劳动合同管理。

(4) 对员工实施奖惩。

(5) 宣传组织相关规章制度，解答员工疑问。

(6) 处理员工与组织的各种劳动争议。

(三) 劳动合同管理

劳动合同又称劳动契约、劳动协议，是劳动者与用人单位确立劳动关系、明确双方权利和义务的具有法律效力的协议。对于劳动合同的管理，可以按劳动合同订立、履行与变更、解除、终止与续订等流程来进行。

1. 劳动合同订立

组织应根据《中华人民共和国劳动合同法》的有关规定，遵循合法、公平、平等、自愿、协商一致、诚实信用原则，及时与劳动者订立书面劳动合同。订立劳动合同的一般程序如下。

(1) 要约。劳动者或用人单位提出订立劳动合同的建议，称为要约。一般由用人单位提供劳动合同文本。

(2) 协商。双方就劳动合同的内容，包括劳动合同的必备条款和约定条款进行协商，达成一致。

(3) 签约。协商一致后，用人单位的法定代表人或者其书面委托的代理人代表用人单位与劳动者签订劳动合同，双方分别签字或盖章。

2. 劳动合同履行与变更

劳动合同履行是指劳动合同双方当事人依据合同规定的条件，享有各自权利、承担各自义务的法律行为。双方当事人应当按照约定的时间和方式，亲自、全面履行各自的义务。劳动合同变更是指劳动合同在履行过程中，经过双方协商一致或者在符合法律规定条件下，对合同的工作内容、工作地点、劳动报酬等条款进行修改或补充。劳动合同当事人一方要求变更劳动合同相关内容的，应当将变更要求以书面形式送交另一方。另一方应当在15日内答复，逾期不答复的，视为不同意变更劳动合同。

3. 劳动合同解除、终止与续订

劳动合同解除是指劳动合同在期限届满之前，双方或单方提前结束劳动合同效力的法律行为，分为协商解除和法定解除。协商解除指双方经协商一致解除劳动合同；法定解除指按

照法律法规规定单方解除劳动合同。劳动合同终止是指劳动合同期限届满或双方当事人主体资格消失，合同规定的权利义务即行消灭的法律行为。根据《中华人民共和国劳动合同法》的规定，劳动合同期满，双方可以续订劳动合同。续订劳动合同也要以书面形式进行。

(四) 劳动争议处理

1. 劳动争议的含义

劳动争议是指劳动关系当事人之间因劳动权利和义务而发生的纠纷。在我国，其具体指劳动者和用人单位之间，在劳动法调整范围内，因适用国家法律、法规和订立、履行、变更、解除和终止劳动合同，以及其他与劳动关系直接相联系的问题而发生的纠纷。劳动争议是劳动关系不和谐的反映，只有合法、公正、及时、妥善处理，才能维护劳动关系双方当事人的合法权益。

2. 劳动争议的类型

根据《中华人民共和国劳动争议调解仲裁法》的规定，我国劳动争议的范围如下：①因确认劳动关系发生的争议；②因订立、履行、变更、解除劳动和终止劳动合同发生的争议；③因除名、辞退和辞职、离职发生的争议；④因工作时间、休息休假、社会保险、福利、培训以及劳动保护而发生的争议；⑤因劳动报酬、工伤医疗费、经济补偿或赔偿金而发生的争议；⑥法律、法规规定的其他劳动争议。

3. 劳动争议处理的程序

根据《中华人民共和国劳动争议调解仲裁法》的规定，解决劳动争议，应当根据事实，遵循合法、公平、及时、着重调解的原则，依法保护当事人的合法权益。发生劳动争议，劳动者可以与用人单位协商，也可以请工会或者第三方共同与用人单位协商，达成和解协议；当事人不愿协商、协商不成或者达成和解协议后不履行的，可以向调解组织申请调解；不愿调解、调解不成或者达成调解协议后不履行的，可以向劳动争议仲裁委员会申请仲裁；对仲裁裁决不服的，可以向人民法院提起诉讼。

本 章 小 结

人力资源是指一定时期内组织中的人所拥有的，能够支持组织目标实现的体力和脑力的总和。

人力资源管理，即以组织目标为导向，根据组织战略来制定人力资源战略，并据此制定相应的人力资源管理政策与管理措施，对人力进行合理配置、有效开发与科学管理，促使人力资源管理各项职能活动与组织战略保持动态协同，促进组织目标的实现。

人力资源管理的最终目标就是打造组织战略所需要的高绩效人力资源团队，促进组织战略目标的实现。

人力资源管理的目标是通过其所承担的职能来实现的。在明确了组织使命、核心价值观、愿景和战略后，人力资源管理系统通过人力资源战略与规划、组织结构设计、工作分析与工作说明书、胜任力模型、招募与甄选、职业生涯管理、培训与开发、绩效管理、薪酬管理、员工激励、员工流动以及劳动关系管理等职能进行运作。各职能之间相互影响、相互联系、相辅相成，构成了一个完整的体系。

人力资源规划就是根据组织的发展战略、目标以及组织内外环境的变化，科学地预测、分析组织的人力资源需求和供给状况，制定相应的管理政策和措施，以确保组织在需要的时间、需要的职位上及时获得所需要的人力资源的过程。简而言之，人力资源规划就是对组织在某个时期内的人员供给和需求进行预测，并根据预测结果采取相应的措施来实现人力资源的供需平衡。

招聘指组织为了发展的需要，根据人力资源规划和工作分析的要求，寻找、吸引那些有能力又有兴趣到本组织任职的人，并从中选出适合的人员予以录用的过程。招聘包括招募、甄选、录用和评估4个环节。

培训与开发是指组织通过各种方式使员工具有完成现在或将来工作所需要的知识、技能并改变他们的工作态度，以提升员工在现有或将来职位的胜任力及绩效，最终实现组织整体绩效提升的一种计划性和连续性的活动。一般来说，培训与开发工作应该按以下程序进行：调查培训需求、设定培训目标、拟订培训计划、开展培训活动、转化培训成果、评估培训效果。

绩效管理是指组织及其管理者在组织使命、核心价值观及愿景的指引下，为达成战略目标而进行的绩效计划、绩效监控、绩效评价、绩效反馈及结果应用的循环过程，其目的是确保组织成员的工作行为和工作结果与组织期望保持一致，通过持续提升个人、部门及组织的绩效水平，最终实现组织的战略目标。

薪酬管理是指组织根据经营战略和发展规划，在综合考虑各种内外部因素影响的基础上，确定薪酬体系、薪酬水平、薪酬结构、薪酬形式，明确员工应得的薪酬，并进行薪酬调整和薪酬控制的过程。

劳动关系管理指通过合法的规范化、制度化的管理，使劳动关系双方的行为得到规范，权益得到保障，协调双方的关系，避免或解决劳动关系中的劳动争议，维护稳定、和谐的劳动关系，促进组织的稳定发展。

习　　题

一、名词解释

1. 人力资源　2. 人力资源管理　3. 人力资源规划　4. 招聘
5. 培训与开发　6. 绩效管理　7. 薪酬管理　8. 劳动关系管理

二、简答题

1. 人力资源管理的最终目标及具体目标分别是什么？
2. 简述人力资源规划的内容及程序。

3. 简述招聘工作的程序。
4. 简述培训与开发的程序。
5. 绩效管理具有哪些功能？包含哪些环节？
6. 简述薪酬管理的主要决策。
7. 简述劳动关系管理的主要工作内容。

三、论述题

论述人力资源管理的职能及各职能之间的关系。

案例分析

人才流失率高达120%，马云用3招解决了

——整理自卫哲先生于2017中国招聘领袖峰会·上海站的演讲

2009年，马云带队去美国考察一些著名公司，其中包括苹果、谷歌、微软、星巴克。见这些公司领导人时，他通常都会问一个问题：谁是你们的竞争对手？

当时微软的CEO叫Steve Ballmer，Steve一听到这个问题，瞬间来劲了，一口气讲了45分钟，我们和苹果竞争，和索尼竞争，和 Cisco 竞争，和 Oracle 竞争，我们是如何跟它们竞争的，又是如何战胜它们的。

然后拜访谷歌，也问谷歌的创始人 Larry Page同样的问题，谁是谷歌的竞争对手？答案特别出乎我们的意料。Larry Page 说：“NASA(美国宇航局)、Obama administration(奥巴马政府)是我们的竞争对手。”为什么呢？他说：“谁跟我抢人，谁就是我们的竞争对手。”

“我们的工程师，Facebook 和苹果来抢，我们不怕。我们开更高的工资，给更多的期权、股权就好了。可是我们的工程师去NASA，1年只有7万美元，只有我们这里的五分之一，我还抢不过。谷歌描绘了一个很大的梦想，但美国宇航局描绘的梦想是整个宇宙，梦想更大，做的事更好玩，把我们最优秀的工程师给吸引走了。我们这的管理者年薪都是几十万美元，结果 2009 年奥巴马上台后，美国政府意气风发，很多美国人居然愿意从政了。谷歌里面很多优秀的管理者愿意放弃几十万美元的年薪，拿5万美元的年薪去政府工作。所以，谁跟我抢人，谁就是我们的竞争对手，而且，这两个竞争对手是我最难对付的竞争对手。”

所有人力资源方面的管理者一定要深刻思考，谁才是你的竞争对手。微软看到的只是微软产品的竞争对手，而不是人才的竞争对手，结果怎么样？

当时，微软董事会发言人的原话是这样的：“Steve Ballmer 将不再担任微软 CEO，接下来谁担任CEO，董事会正在选择当中。”

说到人员流失也好，人才流失也好，我就想起我刚到阿里巴巴的时候。阿里巴巴是对人力资源特别重视的一个公司，但即使像这样一个特别重视人力资源的公司，在人力资源管理方面也走过很多弯路。然后，我们做了一个诊断，为什么员工流失率这么高？核心就是：人力资源的源头，也就是招聘出了问题。后来怎么解决的呢？

1. 重视业务能力以外的考核

业务能力很好判断。如果你是做销售的，来我们公司也是做销售的，以前业绩多少，卖什么产品，管多少人；如果你是工程师，以前是写Java程序的，还是写其他语言程序的，做过什么样的程序等。通过了解这些信息，其水平很好判断。

在业务能力以外，需要什么样的人呢？我们经常说，每个公司都有自己的“味道”。阿里巴巴招聘的时候经常通过“闻味道”来判断跟我们是不是一类人。因为人的分类没有对错，错的是什么呢？是不同类的人，天天要坐在一起，天天要在一起共事。可想而知，心情不愉快，工作效率低。

那么，到底怎么“闻味道”？我们要动脑筋去设计一些问题。比如，招聘一个岗位，特别希望他能吃苦，你不能问他，同学，你能吃苦吗？没有人会跟你说，对不起，我不能吃苦。你特别希望你们公司招的人都诚信，是守信用的人，你也不能问他，你诚信吗？不能这么问。

就拿第一个问题举例，能吃苦吗？很简单。同学，你能不能跟我描述一下，你这辈子吃的最大的苦是什么？有个面试者回答说，那个时候，没有动车，从上海到无锡，我没有买到坐着的票，我是从上海站到无锡的。这是他人生中吃过的最大的苦。可想而知，他的吃苦能力很弱。如果希望招的人大气一点，那你就可以问他，同学，你能不能跟我讲讲，你这辈子吃过的最大的亏是什么？我们有听到过一个答案：我在读小学的时候，同桌的女同学拿了我的橡皮到现在都没有还。女同学拿了块橡皮没有还，到二十多岁都还记得，而且他认为这是他这辈子吃过的最大的亏，那你觉得这个人适不适合你们公司？肯定大部分公司都不适合。

这些因素归纳为非技能类因素。在招聘中，围绕每个公司的“味道”，可设计一些非技能的问题。

这是阿里巴巴当年犯的第二个错误：招聘时过度强调技能，忽略非技能因素。其实，跨国公司经常犯这个错误，不过阿里巴巴纠正得快，纠正得坚决。

2. 跨一两级选拔人才

还有一个跨国公司犯得很严重的错误，阿里巴巴也犯过。举个例子，你要招一个月薪大约1万元的人，我们通常在月薪为8000～10000元的里面去挑。结果这些人的流失率很高，因为他们会认为，我原来挣8000元，跳槽后挣10000元很正常。在阿里巴巴有句话，叫作平凡的人做非凡的事情，我们不追求精英文化。

什么叫降级呢？你要招一个月薪1万元的人，应该从月薪为3000～4000元的人里去找。他来了之后，是不是有翻身做主人的感觉？成就感特别大，特别感谢公司给他这个机会，因为他在外面没有这样的机会。当然，说来轻松，从月薪8000元的人里挑可以给1万元的人容易，从月薪为三四千元的人里面确实不容易挑到这个人，可是容易的话，还要我们干嘛？

高考当年就差了一分，这个人就从名校到了普通高校。你可以在三四千元收入的人里面把他挖掘出来，并把他培养出来。这就叫作跨级招聘人才、跨级选人才。

3. 不轻易下放招聘权

阿里巴巴刚创建的时候，公司只有四五百人，任何人加入公司，马云都要亲自面试。任何人，包括前台接待和保安。所以，阿里巴巴能在今天诞生出一些传奇性的人物、很励志的人物，没什么好稀奇的。

阿里巴巴的首席人力资源官，之前做过菜鸟物流董事长的童文红，原来是军嫂，从我们前台的接待做起，然后做行政经理，做人力资源主管，管业务，管客服，后来，成为菜鸟物流董事长，现在升任整个阿里集团的首席人力资源官。那么，如果这个前台接待是行政经理面试的，她的出路应该就是行政经理，但如果这个前台接待是马云面试的，她就有可能成长为副总裁。

同样，楼内有一个保安，名字叫杨过。杨过每天在产品部晃悠，有点像武侠小说里面的少林寺藏经阁里的扫地僧。扫地的僧人，后来武功都很厉害。杨过先是旁听产品开发，偶尔能插嘴，后来产品经理烦了，你老是插嘴，有本事你来干干。这一干，两年干到产品总监。

刚才，我们讲到阿里巴巴在公司只有四五百人的时候，马云亲自来面试，就诞生了这么多奇迹。那么，后来招聘权力下放之后，就发现很多问题。最极端的例子，我们有很多经理，自己入职才一个多月，居然他可以去招聘别人了。他并不了解公司的文化和价值观，甚至对于这个岗位有什么要求也不清楚。

我们也碰到过中小企业的老板，员工人数有一两百人，就说我有人力资源部门，招聘是人力资源部门的事情，我不再管招人了。那我说，你在忙什么呢？他说我又是开会，又要出差，又要做销售，又要做客服。我说，你在降级，做不该你做的事。那么，为什么你会降级做这些事呢？因为你没有招对人，你没有把时间放在招聘上，形成了恶性循环。因为招的人不行，你要替他们去干本来该他们干的事。

很多跨国公司至少坚持跨两级招人，阿里巴巴一度恢复到跨四级招人。比如，我们广东大区的总经理下边有城市经理，城市经理下边有业务主管，业务主管下边是我们普通的销售或者客服。跨四级招人就是广东大区总经理要直接面试销售或者客服。

广东大区有多少人呢？广东大区有1000个人，每年有200～300人在流动。可想而知，他要招多少人，工作量有多大。

所以，阿里巴巴人力资源工作的改进就是从招聘这个源头开始，而招聘源头的第一件事就是不轻易下放招聘的权力。中国有很多公司，人力资源开始出问题，就在于下放了招聘权力。

(资料来源：https://mp.weixin.qq.com/s/qXeIW3FGP1JAHycxi6VWZA，有删减。)

问题：

1. “谁跟我抢人，谁就是我们的竞争对手。”你认同这句话吗？为什么？
2. 阿里巴巴通过哪些方式降低了人才流失率？这对其他公司有哪些借鉴意义？

第七章

领　　导

【导读】

领导是管理的重要职能，决定领导效能的因素有很多，领导特质、上下级关系模式、领导行为方式等理论从不同侧面阐述了各种因素与领导效能的关系。复杂多样的领导模式各有优劣，如何选择应因势而变。领导者是承担领导职责的人或集体，有效的领导要求领导者拥有不同于一般管理者的素质。领导的权威来自禀赋、制度等多个方面，因此领导力的提升需要多方面的修炼。

【学习目标】

掌握领导的概念、职能，以及每种领导理论的内容，并能分析其应用范围；能较系统地阐述领导理论发展的脉络；了解领导的类型和领导力修炼的途径。

【学习难点】

权变理论对领导环境判断的指标、职工成熟程度的衡量标准。

【教学建议】

第一节以课堂讲授为主，第二节、第三节、第四节和第五节建议结合案例教学，引导学生查阅课外相关资料进行分析并撰写课程小论文。

第一节　领导与领导的职能

一、领导概述

(一) 领导的语源考察

领，形声字从页(xié)，令声。页指人头，令意为支配、役使。页与令联合起来表示“人头通过脖子支配身体”。“领”字的本义为脖子，转义为衣领，引申义为带头、引导。导的繁体字为導，上面是首表示人，下面是寸表示脚，外面是走之底表示路口，即人走到路口时，需要得到引导、引领。因此，领导的含义就是支配、管理、引导。领导作为动词是指指挥、引导下属活动的过程，作为名词是指领导者。领导理论在静态考察时，往往关注领导特质和结构；在动态考察时，主要关注领导方式。

(二) 领导的特性

1. 领导活动的普遍性

领导是所有社会组织共有的一种现象。正是因为领导作为一种特殊的社会活动存在于各种人群和组织之中，才导致了以这一活动作为研究对象的领导学的诞生。

2. 领导原理和领导艺术的相通性

领导既是科学的，也充满了艺术色彩。各种领导方式“运用之妙，存乎一心”。

3. 领导行为的多样性与复杂性

领导行为有多种方式，每一种方式都有其优缺点，对领导方式的正确选择是有效领导的关键。如果不能根据领导条件选择合适的方式，往往导致领导无效。

4. 超脱性与全局性

从领导活动在组织体系中的地位来说，超脱性与全局性是其重要特性。领导者只有超脱于各种利益群体之上，才能从根本上和宏观上把握领导活动的整个过程。因此，超脱性是全局性的基础，即在保持自身超脱性的基础上，在战略层面规定组织的方向、任务和目标。领导者必须在整体发展、全局利益等领导理念的驱使下，在组织与环境的互动过程中处理各种关系，实现领导要素的有机组合以及各种资源的有效配置。

5. 超前性与战略性

领导更关注组织发展所面临的挑战，因此，领导行为往往具有超前性。不谋全局者不足谋一域，不谋万世者不足谋一时。领导往往从战略角度考虑问题，其行为具有明显的战略特征。

6. 服务性

服务性是领导活动的重要特性。领导在组织中往往扮演指导者和激励者。目标确定以后，领导的主要任务是为下属提供充分的条件去完成目标。优秀的领导者往往是可靠的服务者。

(三) 领导与管理的区别与联系

约翰·科特认为，虽然管理和领导的定义不同，但显然有诸多相似之处。两者都涉及对事情做出决定，建立一个能完成某项计划的人际关系网络，并尽力保证任务得以完成，然而，两者在职能重心、职能方式和职能关系上有明显的不同。

(1) 在职能重心上，管理倾向于常规目标的实现，利用的是既有的制度。领导往往更关注未来的发展方向。

(2) 在职能方式上，管理更注重既定的工作方式方法，领导者则倾向于利用更灵活的方式去激励下属。

(3) 管理的职能关系往往由制度所决定，领导的职能关系往往不受组织制度的制约，其与下属的沟通和互动更加灵活多样。

(4) 管理行为的控制和解决问题常常侧重于抑制、控制和预见性，而领导的激励和鼓舞侧重于授权、扩展，并不时地创造惊喜来激发群众的积极性。

(5) 管理的逻辑是如何干什么，领导则强调应该干什么。

(6) 领导与管理的根本区别体现为它们各自的功用不同，领导能带来有用的变革，而管理则是为了维持秩序。

简而言之，领导具有全局性，管理具有局部性；领导具有超前性，管理具有当前性；领导具有超脱性，管理具有操作性。

管理者与领导者的不同如表7-1所示。

表7-1 管理者与领导者的不同

管理者	领导者
正确地做事	做正确的事
可见	不可见
裁判	啦啦队队长
指导	教练
做什么	如何做
发号施令	帮助
负责	反应
有对任务的看法	有对任务的愿景
从里向外看世界	从外向内看世界
高高在上的领导	第一线的领导
说什么	如何说
保守	进取
平淡	对生活充满激情
受约束驱动	受目标驱动
关注做错的事	关注做对的事
以成本为中心	以努力为中心
注重数量	注重质量
提出方案	注重持久的过程
开发方案	开发人
关注方案	关注人
关注效率	关注有效性
想当英雄	韬光养晦

二、领导的职能

尽管不同领域、不同时期的领导活动的内容，在其构成要素和在组织中的地位等方面存在较大的差异，但是如果将其提炼一下，则可从一般的层面将领导活动的内容概括如下。

(一) 引导

引导的具体任务是规定组织的发展方向，主要包括制定目标、提出任务和制定实现任务的方法。首先，正确地制定目标是引导的核心。对引导工作的判断应首先集中于能否正确地制定目标、把握组织发展的方向。其次，正确地提出任务是引导的中心环节。提出任务实际上就是提出计划，计划活动包括确立行动方案，落实、评价和修正计划。最后，科学地选择领导方法和领导方式是引导的重要内容，即通过一系列技术化的手段保证组织目标的实现。

(二) 指挥

计划和决策不会自动地变成行政组织的运营活动，需要由人推动落实，即促进机构、人员采取行动，这就是指挥活动。美国前总统理查德·尼克松说："领导不仅要决定什么是应该干的事，而且要说服他人去做好这件事。"①

(三) 组织

毛泽东曾说："领导的责任，归结起来，主要是出主意、用干部两件事情。"②。出主意是指计划、决策、支出等行动方面的内容，用干部是指建立组织体系的过程，组织就是按照目标合理地设置机构、建立体制、分配权力、使用人员等。

首先，组织功能的有效发挥有赖于组织结构的合理化程度，取决于组织结构内在要素的存在形式与组合方式。

其次，组织的力量要依靠权力来体现，而权力的授予又以任务为依据。

最后，领导的组织功能还体现在选人和用人方面。

四) 协调

协调就是通过及时调整，使各个方面、各个部分的工作配合得当。

(1) 首先，由于涉及利益的配置、权力的调整，其中包含的矛盾和冲突肯定层出不穷；其次，由于工作态度不同和个人价值观、事业观的差异，力量发挥的程度也就有很大不同，会产生矛盾。

(2) 领导者的协调与调整活动是由行政工作的专门化所决定的。领导的协调活动主要通过3种途径完成：一是通过政策与目标获得组织活动的协调；二是通过行政组织的层级结构进行协调；三是通过正式沟通(与命令、指示、政策有关的沟通)和非正式的沟通进行协调。

① 于炳贵，等. 如何提升领导力[M]. 济南：济南出版社，2010.

② 毛泽东. 毛泽东选集(第2卷)[M]. 北京：人民出版社，1991.

(五) 控制与监督

控制涉及两大类，即系统和人。控制包括按照法规和规章所进行的规范控制，对组织活动过程中的问题和缺陷加以纠正的组织行为控制，以定期考核和奖惩作为表现形式的个人行为控制，以及通过感情沟通所进行的非正式组织控制。领导要时刻控制组织的行为回归到组织目标上来，否则组织的发展就可能偏离目标的轨道。如果一个领导的控制职能消失或弱化，组织往往变得混乱无序。

(六) 教育

领导要担任导师的角色，这样才能获得下属的尊重。教育是指通过领导者的宣传、动员以及与个别人的谈心，从各个方面提高下属素质、改正错误、消除纰漏的职能。

第二节 领导理论

领导理论研究的核心是如何成为成功的领导者。早期领导理论认为决定领导成功的因素主要是其个体的特殊品质，因此对领导行为特征的考察成为重点。有学者认为领导与下属的关系模式决定了领导的成效，则注重考察领导扮演的角色以及领导与下属的关系模式。领导的成效受到多重因素的制约，领导行为的选择并不是固定不变的，基于这种思想，产生了权变学派。

一、领导特质理论

领导特质理论是研究领导者的性格和素质方面的特征。传统特质理论认为领导者所具有的特质是天生的，由遗传决定。现代特质理论则认为领导者的特质是在后天实践中形成的，可以通过系统的教育和培训形成，该理论普遍受到学界的认同。到底领导者应该具备哪些特质呢，不同的研究者从不同的角度进行了归纳分析。

斯蒂芬•P. 罗宾斯认为，领导者有6项特质不同于非领导者，即进取心、愿望、正直与诚实、自信、智慧和工作相关知识。

普林斯大学的包英尔提出领导者应有以下能力。

(1) 合作精神，具有与他人合作的意愿，能通过说服和感动赢得人们的合作。

(2) 决策能力，能够依赖组织客观的内外部环境进行决策。

(3) 组织能力，能够发掘下属的潜能，善于运用组织各种资源。

(4) 善于授权，能够有效地运用授权的原则。

(5) 善于应变，能够灵活应对组织环境的改变，积极进取。

(6) 敢于创新，对新环境和新观念有敏锐的感受能力，具有创新意识和勇气。

(7) 敢于负责，对组织及用户具有高度的责任心。

(8) 敢想风险，敢于承担组织发展的风险，有创造新局面的信心及雄心。

(9) 尊重他人，能够重视和采纳别人的意见。

(10) 品德高尚，具有被组织员工所敬佩的品德。

爱德文•基赛利指出与领导效能有关的8种个性特征和5种激励特征。8种个性特征是指才能智力、独创性、果断性、自信心强弱、智慧能力大小、成熟程度高低、是否受下级爱戴和亲近、性别。5种激励特征是指对职业成就的需求、对自我实现的需要、对权力的需要、对金钱报酬的需要、对安全的需要。他认为，对领导效能影响最大的是指挥能力、对职业成就的需求以及对自我实现的需求等因素，其次是工作稳定性、金钱报酬、成熟程度等因素，性别因素与成效关系不大。

二、领导行为理论

领导特质理论建立在对有效领导案例归纳的基础上，在逻辑上陷入了某些人天生是领导的逻辑，这显然与管理实践不符。因此，学者们将研究的视角转向领导行为，试图描述领导行为与管理效能的关系。

(一) 罗夫•怀特和罗纳德•李皮特的3种领导方式理论

美国管理学家罗夫•怀特(Ralph K.Wbite)和罗纳德•李皮特(Ronald Lippett)所提出的3种领导方式理论：权威式领导、民主式领导及放任式领导，是一般人所熟悉的分类方式。

1. 权威式领导

所有政策均由领导者决定；所有工作进行的步骤和技术也由领导者发号施令行事；工作分配及组合，多由领导者单独决定；领导者对下属较少接触，如有奖惩，往往对人不对事。

2. 民主式领导

主要政策由组织成员集体讨论决定，领导者采取鼓励协助态度；通过讨论，使其他人员对工作全貌有所认识，在所设计的完成计划的途径和范围内，下属人员对于进行工作的步骤和所采用的技术，有相应的选择机会。

3. 放任式领导

组织成员或群体有完全的决策权，领导者放任自流，给组织成员提供工作所需的资料、条件和咨询，尽量不参与，也不主动涉及，只偶尔表示意见。工作的进行几乎全依赖组织成员、个人自行负责。

这3种领导方式中，一般认为民主式领导的效果较好。

(二) 伦西斯•利克特的理论

密执安大学教授伦西斯•利克特(Rensis Likert)通过对许多领导人及其下属的调查，发现领导行为有两种基本方式，以工作为中心的领导方式和以人为中心的领导方式。

1. 以工作为中心的领导方式

以工作为中心的领导方式一切以完成工作目标为中心，严格监控员工的行为以及工作进度，随时利用职权命令职工去做事情。

2. 以人为中心的领导方式

以人为中心的领导方式对职工的福利和发展极为关心，成立工作小组后，鼓励职工参与管理，关心职工的发展。

利克特认为，这两种领导方式是对立的，一个领导者不可能同时采取两种领导方式。这一点与其他研究领导方式的学者明显不同。调查显示，以人为中心的领导方式会产生更好的效果。

利克特假设了四种管理方法，以此进行研究，阐明他的领导原则。

管理方法之一：利用—命令式方法。管理人员发布指示，决策中有下属参与；主要采用恐吓和处分的方法，偶尔也用奖赏去激励人们；惯于由上而下地传达信息，把决策权局限于最高层等。

管理方法之二：温和—命令式方法。用奖赏以及某些恐吓及处罚的方法去激励下属；允许一些自下而上传递的信息；向下属征求一些想法与意见并允许把某些决策权授予下属，但又加以严格的政策控制。

管理方法之三：商议式方法。管理人员在做决策时征求、接受和采用下属的建议；通常试图去酌情利用下属的想法与意见；采用奖赏并偶尔处罚的办法，以及让员工参与管理的办法来激励下属；既使下情上达，又使上情下达；由上级主管部门制定主要的政策，让低一级的主管部门去做出具体的决定，并相互磋商办事。

管理方法之四：集体参与方法。管理人员向下属提出挑战性目标并对他们能够达到的目标表示出信心；在诸如制定目标与评价目标所取得的进展方面，让群众参与并给予物质奖赏；既使上下级之间的信息畅通，又使同级人员之间的信息畅通；鼓励各级组织做出决定，或者将他们自己与下属合起来作为一个群体从事活动。

利克特发现，采用第四种管理方法的管理人员一般是极有成就的领导者，以此种方法进行管理的组织，在制定目标和实现目标方面是最有成效的。他把这些归因于员工参与管理的程度，以及在实践中相互支持的程度。

(三) 卡罗尔·沙特夫的理论

通过问卷调查和访谈，卡罗尔·沙特夫将领导方式归纳为两种：结构式和体谅式。

1. 结构式领导方式

结构式领导方式的特点是领导通过制订结构式的计划、程序、目标等方式让下属实现满意的目标。这种领导方式与以工作为中心的领导方式相似。对于计划性较强的领导，这种领导方式可能会取得较好的效果。

2. 体谅式领导方式

体谅式领导方式与以人为中心的领导方式相似。这种方式以构建良好的人际关系为中心，考虑和关心下属的需求，上下级之间相互信任，组织气氛融洽。

对于领导方式的类型，上述两个学者的认识几乎相同，只是采用了不同的概念来表述。但是，沙特夫认为这两种方式不是对立的，同一个领导者可以采用不同的领导方式，只有这样才能取得良好的效果。他还主张根据具体情形把两种方式进行不同程度的组合，比如高结构低体谅或高体谅低结构。这种思想已经有了权变的色彩。

(四) 布莱克和莫顿的管理方格理论

管理方格理论是对领导风格的一个综合评价方案，以对人的关心程度和对工作的关心程度作为坐标维度来描述领导方式。管理方格如图7-1所示。

(1) (1.1)贫乏型领导。对员工和工作都漠不关心，希望通过最少的投入，履行领导者职责，这对组织的生存和发展会极为不利，当然实践中比较少见。

(2) (9.1)任务型领导。只关心组织工作的完成，而忽视了对人的关心。下属只能奉命行事，缺乏创新和积极进取的意愿和机会。

(3) (1.9)俱乐部型领导。特别关心员工，而忽视了工作绩效的完成。一旦上下级良好的人际关系开始恶化，工作任务的完成将会大受影响。

(4) (5.5)中间型领导。希望在对工作和对人的关心上保持中庸，以免顾此失彼。长此以往，会导致组织因循守旧缺乏创新，从而使组织落伍。

(5) (9.9)团队型领导。对工作和人都很关心，在带领员工共同实现组织目标的过程中，倡导员工创造性地完成工作，积极满足员工需求。布莱克和莫顿认为(9.9)团队型领导是最理想的模式，领导者应该根据客观情况，努力改善环境条件，将自己的领导提升到这个状态以获得最好的效益。

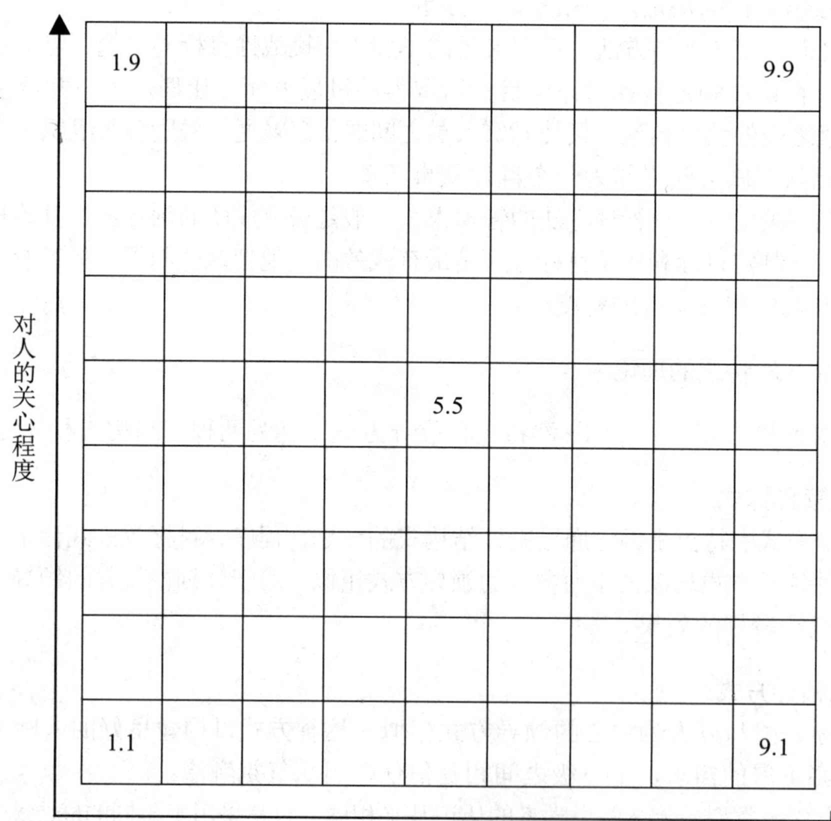

图7-1 管理方格

(五) 美国管理学家阿吉里斯的不成熟—成熟连续流理论

美国管理学家阿吉里斯(Chris Argyris)主要进行个人需求与组织需求的研究。他主张有效的领导者应该帮助员工从不成熟或依赖状态转变到成熟状态。不成熟员工与成熟员工的特点如表7-2所示。

表7-2　不成熟员工与成熟员工的特点

不成熟员工的特点	成熟员工的特点
被动性	能动性
依赖性	独立性
办起事来方法少	办起事来方法多
兴趣淡漠	兴趣浓厚
目光短浅	目光长远
从属的职位	显要的职位
缺乏自知之明	有自知之明，能自我控制

(六) 俄亥俄州立大学的二维构面理论

美国俄亥俄州立大学的研究者从1945年起，对领导问题进行了广泛的研究，得出了二维构面理论，又称俄亥俄学派理论。他们用关怀和定规来描述领导行为 。所谓关怀，是指一位领导者对其下属所给予的尊重、信任以及互相了解的程度。从高度关怀到低度关怀，中间可以有无数不同程度的关怀。所谓定规，是指领导者对于下属的地位、角色与工作方式，是否都定有规章或工作程序。这也可有高度的定规和低度的定规之分。因此，可构成一个二维领导行为坐标，大致可分为4个象限或4种领导方式，如图7-2所示。在生产部门，工作效率与定规正相关，而与关怀程度负相关，但在非生产部门，这种关系恰恰相反。一般来说，高定规和低关怀的领导方式效果最差。

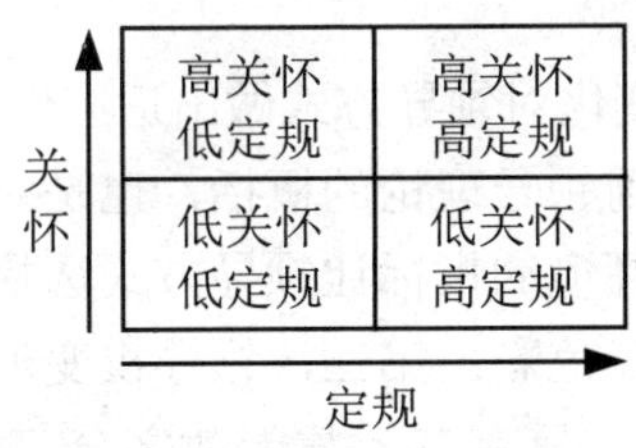

图 7-2　二维构面的领导方式

(七) 雷定的三维构面理论

美国管理学家雷定将二维构面理论发展到三维构面理论，他所利用的三维构面是：任务导向、关系导向和领导效能。

密切者是指这种领导者重视人际关系，但不重视工作任务。只要能使群体和睦相处，关系融洽，时间和效率均属次要。

分立者是指这种领导者既不重视工作，也不重视人际关系，下属人员似乎各不相干，一切按照规定行事，不考虑个人差异和创新。

尽职者是指这种领导一心只想完成任务，铁面无私，秉公办事。

整合者是指这种领导兼顾群体需求及任务完成，能与群体合作从而实现目标，故属于整合性质。

雷定的理论特点在于第三构面——领导效能。雷定不认为上述4种领导方式中有哪一种最具效能，而是每一种方式都可能发生效能，也都可能缺乏效能，因而，他认为效能是另一种单独的构面。

为此，雷定分别给每一种方式两个名称：一个代表低效能的领导方式；另一个代表高效能的领导方式。

雷定认为，一种领导方式高效或低效取决于当时所处的环境，用对了便是高效的领导方式，用得不对时便低效。这就包含了环境因素会对领导方式和领导效能产生影响的思想。

三维构面图如图7-3所示。

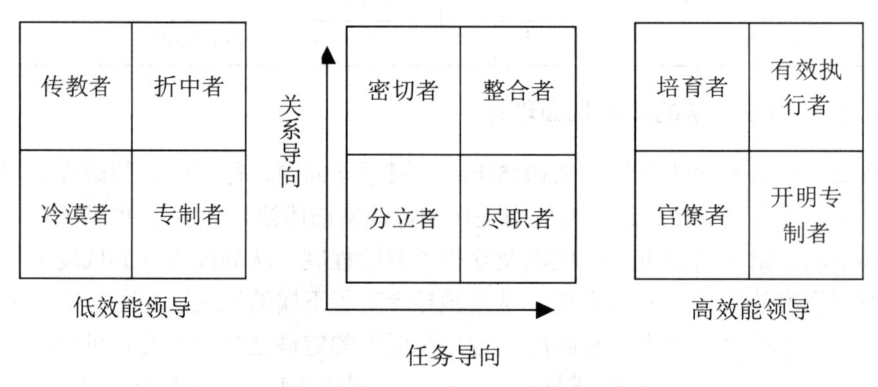

图7-3　三维构面图

(八) 领导权变理论

权变是指领导者根据环境的变化对领导方式做出适应性调整。领导权变理论的贡献在于3个方面：第一，这种思想是对之前领导理论的概括，也是对之前领导理论隐约显露的权变意识的系统化，其提出的判断领导环境的指标让领导方式选择有了可操作的标准；第二，领导权变理论使领导具有更强的艺术化色彩；第三，领导权变理论使对领导的判断不再局限于道德标准，领导方式便无好坏之分，只有有效与无效之分。

领导权变理论说明了两点：一是领导的有效性依赖于情境因素；二是这些情境因素可以被分离出来。

判断领导环境常采用下列指标：任务的结构化程度、领导者与成员的关系、领导者的职位权力、下属角色的清晰度、群体规范、信息的适用性、下属对领导决策的接受程度、下级的工作士气等。

1. 费德勒模型

第一个综合的权变领导模型是由费莱德·费德勒提出的。费德勒模型指出，有效的群体绩效取决于以下两个因素的合理匹配：与下属相互作用的领导者的风格；领导环境给领导者提供的控制和影响结果的程度。在此基础上，费德勒认为领导者与成员的关系、任务结构和职位权力这3项维度是确定领导有效性的关键因素。

领导者与成员关系是指领导者对下属信任、依赖和尊重的程度；任务结构是指工作任务的程序化程度，即结构化程度和非结构化程度；职位权力是指领导者拥有的权力变量(如聘用、解雇、训导、晋升、加薪等)的影响程度。

费德勒模型的结论是：任务导向的领导者在非常有利的情境和非常不利的情境下工作更有利，而关系导向的领导者则在中等有利的情境中干得更好。

费德勒模型如图7-4所示。

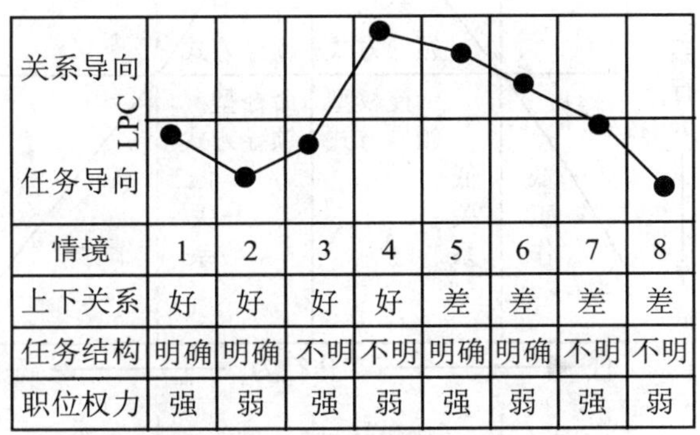

情境	1	2	3	4	5	6	7	8
上下关系	好	好	好	好	差	差	差	差
任务结构	明确	明确	不明	不明	明确	明确	不明	不明
职位权力	强	弱	强	弱	强	弱	强	弱

图7-4 费德勒模型

2. 领导生命周期理论

领导生命周期理论又称应变领导理论，由美国学者A. K. 科曼(A. Korman)首先提出，后经保罗•赫西(Paul Hersey)和肯尼斯•布兰查德(Kenneth Blanchard)进一步发展、完善。该理论认为，有效的领导方式要将工作行为、关系行为和下属成熟度综合考虑，依据下属成熟程度选择合适的领导方式。其中，成熟程度是指人们对自己行为承担责任的能力与愿望的大小，包括两个方面的内容：一是与完成工作任务所需知识、能力和经验有关的工作成熟度；二是与下属完成工作任务的意愿和动机相关的心理成熟度。赫西和布兰查德认为下属成熟度由低到高经历4个阶段：第一个阶段为不成熟阶段，下属对完成工作既无能力又不情愿；第二个阶段为初步成熟阶段，下属虽缺乏能力，但完成工作的意愿较强；第三个阶段为比较成熟阶段，下属虽有能力但工作意愿不强；第四个阶段为成熟阶段，下属同时具有完成工作的能力和意愿。

领导生命周期理论认为领导者应根据下属成熟度的演变，按照顺序逐渐推移和选择恰当的领导方式。

(1) 命令型领导方式(高工作—低关系)，领导者面对不成熟的下属，要用单向沟通的方式明确、具体地指导工作。

(2) 说服型领导方式(高工作—高关系)，领导者面对初步成熟的下属，要重视双向沟通，为下属工作提供指导和支持。

(3) 参与型领导方式(低工作—高关系)，领导者面对比较成熟的下属，多支持，少指导，加强沟通，促进工作的开展。

(4) 授权型领导方式(低工作—低关系)，领导者面对成熟的下属，几乎不提供指导或支持，通过授权鼓励下属自主做好工作。

领导生命周期曲线如图7-5所示。

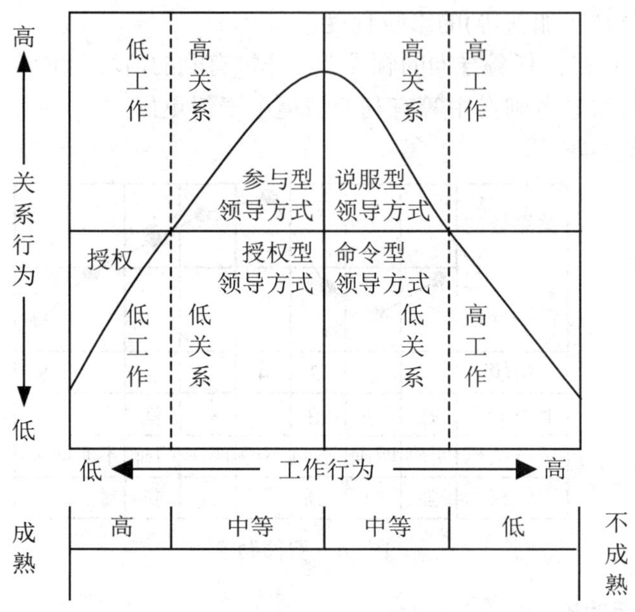

图 7-5 领导生命周期曲线

领导生命周期理论强调领导行为的灵活性和动态性：一方面，要根据同一个下属不同的成长阶段运用不同的领导方式；另一方面，要根据不同下属的成熟度采取恰当的领导方式，帮助他们快速成长。领导者要根据环境的改变而改变领导方式，做适应性强的领导。

3. 路径—目标理论

路径—目标理论是由加拿大的罗伯持•豪斯(R. House)教授提出的一种领导权变的理论，该理论认为领导的激励作用在于：第一，使绩效的实现与下属需要的满足相结合；第二，提供有效的工作绩效所必需的辅导、指导、支持和奖励。领导者的工作是帮助下属达到他们的目标，并提供必要的指导和支持以确保他们各自的目标与群体的总体目标相一致，即领导者通过明确指出实现工作目标的途径来帮助下属。路径—目标理论认为，领导者的工作是利用结构、支持和报酬，建立有助于员工实现组织目标的工作环境。路径—目标理论包括两个因素：建立目标方向和改善通向目标的路径，其内容包括以下5个方面：领导过程、目标设置、路径改善、领导风格和权变因素。

该理论确定了以下4种领导行为。

(1) 指导型领导：领导者对下属需要完成的任务进行说明，包括对他们有什么希望，如何完成任务，完成任务的时间限制等。指导型领导者能为下属制定出明确的工作标准，并将规章制度向下属讲得清清楚楚，指导不厌其详，规定不厌其细。

(2) 支持型领导：领导者对下属态度友好，重视下属的福利和需要，往往以平等的姿态与下属交流，尊重并理解下属，在下属有困难时往往给予真诚帮助。

(3) 参与型领导：领导者具有较强的民主意识，往往设定工作程序要求下属参与决策，尊重下属的意见和建议，能够有效地整合下属的意见，并将其意见体现到决策当中。

(4) 成就取向型领导：领导者具有强烈的事业心和成就感，对员工要求高，有完美主义者的特点，往往为下属制定很高的工作标准。这种领导者往往具有旺盛的精力和强烈的成功意识。如果想取得有效的管理，这种领导必须有强大的鼓动能力，能够让下属积极工作，否则就可能让员工感到巨大的压力，进而产生不满情绪。

在现实中究竟采用哪种领导方式，要根据下属特点、环境变化、领导活动结果等不同因素来选择，以权变观念求得同领导方式的恰当配合。

(九) 领导理论新进展

1. 领导归因理论

领导归因理论由米契尔(Terence R. Mitchell) 于1979 年首先提出。该理论指出，领导者对待下级的方式会受到其对下级行为归因结果的影响。领导归因理论模型表明，领导者根据对下级行为表现及所处环境的观察，做出归因分析和判断，再根据归因结果做出相应的行为反应。在归因分析和判断中，领导者根据自己的观察把下级的行为归于外因或内因，但这期间受两方面因素的影响：一是观察线索，即领导者要考虑下级行为的差异性(是仅对此项工作还是对所有工作)、普遍性(是仅一人如此还是全体皆然)和一贯性(是偶然为之还是长期如此)；二是领导者的个人偏见。在行为反应中同样也有两方面因素的影响，即对所造成后果影响的认识和领导者的偏见。

2. 领袖魅力理论

豪斯提出魅力型领导者的3项因素：极高的自信、极强的支配力以及对自己信仰的坚定信念。有人发现魅力型领导者有4种共同的能力：有令人折服的远见和目标意识；能清晰地表达这一目标，使下属明确理解；对这一目标的追求表现出一致性和全身心的投入；了解自己的实力并以此作为资本。还有人发现，魅力型领导者具有如下特点：他们有一个希望达到的理想目标；为此目标能够全身心地投入和奉献；反传统；非常固执而自信；是激进变革的代言人而不是传统现状的卫道士。

(1) 领导者清晰地描述宏伟前景，这一前景将组织的现状与更美好的未来联系在一起，使下属有一种连续的认识。

(2) 领导者向下属传达高绩效期望，并对下属达到这些期望表现出充分的信心。

(3) 领导者通过言语和活动传达一种新的价值观体系，并以自己的行为为下属设立了效仿的榜样。

(4) 魅力型领导者可以做出自我牺牲和反传统的行为，表明他们的勇气和对未来前景的坚定信念。

3. 交易型领导与变革型领导

交易型领导者通过明确角色和任务要求来指导或激励下属向着既定的目标活动。变革型领导者勾勒出一幅组织远景，并热情洋溢地进行宣传。前者带有更多的理性色彩，而变革型领导者则试图为组织提供希望和发展动力。

4. 领导的缓冲器、替代品与放大器

缓冲器包括物理距离、刚性的报酬系统以及下属或主管回避管理者的行为。

如果环境和领导者不能迅速发生改变，就会产生领导的替代品或放大器。它们来源于任务、组织和员工的权变因素，如员工的丰富经验、明确的规章、团结的工作群体。领导的放大器是指放大领导者对员工影响的因素。通过提高领导者的地位或报酬权力，可以强化领导的指挥导向，鼓励更多的团队活动和增加决策中的员工参与。

5. 自我领导和超级领导

自我领导执行自我激励的任务，以及自我管理的工作。

如何成为自我领导者呢？答案在于超级领导者的支持，超级领导者也就是能够积极释放下属能力的人。超级领导的起点是学习员工有关的一系列正面观点，必须放弃那些直接控制理论。

人们认为激励存在于挑战、责任以及具有自我实现意义的工作中。

跨文化领导和终生教育越来越成为领导学关注的主题。所有的领导者必须了解以下4件事情。

(1) 领导者的唯一定义就是其后面有追随者。

(2) 一个成功的领导者不仅是受人爱戴的人，而且是使追随者做出正确事情的人。结果才是最重要的。

(3) 领导者都是受人瞩目的，因此必须以身作则。

(4) 领导地位并不意味头衔、特权、级别或金钱，而是意味责任。

第三节　领导方式

一、领导方式的概念

领导方式就是领导者进行活动时对待下级态度和行为的表现。

如果把领导者对待下级的态度和行为加以模式化，就形成了领导方式这一重要概念。每一个领导者在对待下级时，都拥有不同的态度和行为，对多种多样的态度和行为进行抽象和提升，就可以总结出不同的类型和模式，所以，领导方式实际上体现了一种模式化的领导行为。

领导方法与领导方式的区别在于：领导方法灵活多变，而领导方式却较为稳定。

二、领导方式的类型

(一) 以领导活动的侧重点为标准划分

以领导活动的侧重点为标准划分，领导方式可分为任务取向的领导方式和人员取向的领导方式。结构维度反映了领导者的工作行为或任务取向，关系维度反映了领导者的关系行为或人员取向。

任务取向的领导方式主要关心组织效率，重视组织设计，明确职责关系，确定工作目标和任务。这种方式往往注重任务的完成，而不注重人的因素，忽视人的情绪和需要。工作行为包括建立组织，明确职责，规定信息交流渠道，确定完成任务的时间、地点及方法等。

人员取向的领导方式表现为尊重下属意见，重视下属的感情和需要，强调相互信任的气氛。领导者的关系行为包括建立情谊，互相信赖，意见交流，授权，让下属发挥智慧和潜力并给予感情上的支持。领导者的重要工作之一就是让下属感觉到自己的重要性，以鼓舞他们有更出色的表现，为组织的目标而做出自己的努力。一个真正优秀的领导者应该具备这样一个条件，他的下属都感觉到自己在领导者心目中的地位是重要的。在现实生活中，领导者只有将任务取向的领导方式和人员取向的领导方式有机地结合起来，才能保证领导目标的达成。

(二) 以领导活动的方式为标准划分

以领导活动的方式为标准划分，领导方式可分为命令式、说服式和示范式的领导方式。展示指挥功能的途径包括命令、说服、示范3种。命令式的领导方式在不同领域中应用的效应是不同的。说服式的领导方式是一种建立在领导者影响力之上的领导方式。示范式的领导方式是一种较为保守的领导方式，因为它是建立在下属对领导者的主动归依和主动模仿这一基础之上的。

(三) 以领导者与被领导者的关系为标准划分

以领导者与被领导者的关系为标准划分，领导方式可分为自决型(独断型)、放任型与民主型(参与型)的领导方式。

自决型领导方式中，自决型领导者以大权独揽的方式对下级进行领导，将决策权高度集中在自己手中，下属完全处于被动地位。他拥有全部的权力，并且承担全部责任。

放任型的领导方式是一种回避权力和责任的领导方式，主要通过让下属建立自己的目标来解决问题。

民主型的领导方式是居于以上两者之间的一种领导方式。

1985年，美国的戴维·布雷德福和艾伦·科恩在他们合著的《追求卓越的管理》一书中，提出了师傅型、指挥型等领导方式。他们认为，师傅型领导方式主要是指那些有业务技术专长的人当了领导者之后，重视工作细节，却较少注意管理控制，与下属保持私人的特殊关系。而指挥型领导者一般是逐级提升上去的管理人员，他们不爱亲自动手而用管理的手段来完成工作任务，比较重视下属人员的意见，但却不注意培养提拔下属。他们把以上两种领导方式统称为英雄型领导方式，都是以领导者为中心的。

第四节 领导者

一、领导者的概念

领导者就是在组织中承担领导职责的人或团体。对领导者的表述主要有下列几种：领导不是地位、特权、头衔和金钱，而是责任；领导是实干家；领导是人与人之间的关系，是领导者与其追随者之间的关系。由此可见，领导是在组织中居于支配地位，承担领导职责的人和集体。领导活动的主体是由领导者与被领导者共同构成的。大多数人总是把领导者视为领导活动的主体，这仅仅是从领导者与被领导者的关系角度着眼的。实际上，一项完整的领导活动必须依赖领导者与被领导者的有机结合才能顺利展开，因此从领导活动与领导目标的关系着眼，领导者与被领导者共同构成了领导活动的主体。

在社会共同活动中，经过选举、任命或从群体中涌现出来的，能够指导和协调群体成员向着既定目标努力的、具有影响力的个人或集体，就是领导者。“推动帆船前进的，不是帆，而是看不见的风。”实际上，领导者就是推动帆船前进的风。领导者通过计划、组织、指导和监督群体成员的活动，发展和维持成员之间的合作并调动其工作积极性，使之成为一个有机的整体。

从表现形式来看，领导分为个体领导者和领导集体。对于个体领导者来说，管理学强调如何提高个体的素质；对于领导集体来说，管理学强调领导集体的合理结构。

二、个体领导者

(一) 领导必备的要素

纵观古今中外，成功的领导者都离不开以下3种要素。

第一，先天性要素。领导者的气质与秉性往往是与生俱来的，正所谓江山易改禀性难移，这些稳定的行为特征往往是难以培养和改变的，但正是这种稳定的行为特征决定了一个领导者的风格，比如敢于承担责任和敢于开拓对于一个领导者是至关重要的，这样一种气质和秉性往往来自他的性格。

第二，修炼性要素。经过自身修炼而具有的气质，经过学习所建立起来的完整的知识结构，以及通过实践所累积起来的经验，是决定一个人成为领导者的首要因素。

第三，经验性要素。经验性要素是指从漫长的领导实践经验中提炼出来的领导技巧、领导手段和领导智慧。具有较强的组织和协调能力是一个人成为领导者的必不可少的条件。

领导者的特质来自领导者自身的性格、气质、修炼和积累，而一个人成为领导者的资源则来自外界的赋予和投放。

(二) 个体领导者的素质要求

1. 品德素质

领导力首先来自领导的权威，而权威建立在强大的人格魅力之上。高尚的道德情操是领导者应具备的基本修养，正所谓“吏不畏我严，而畏我廉；民不服我能，而服我公；公则明，廉则威”。作为领导，对工作要公正公平，对利益要清廉如水，对事业要孜孜以求，对目标要志存高远。

2. 知识素质

当前是知识爆炸的时代，具备广博的知识是对领导者的基本要求。对领导者的知识素质要求在不同的历史时期也有不同的内容，关于领导者应为专才还是通才的讨论在管理学界一直存在。知识专而窄，容易故步自封；知识博而不精，则容易导致外行领导内行，但无论如何争论，领导必须以足够的知识作为基础。

一般来说，领导者不仅要系统掌握自己所管业务的知识，还要尽可能掌握相关领域的知识，这样才能适应现代领导工作的综合性、复杂性、专业性、全局性和超前性的要求。因此，现代领导者应该是具备广博知识的通才与专才相结合的复合型人才。具体来说，领导者应该掌握下列知识。

1) 政治法律知识

政治思维是领导者必须具有的素质，只有拥有丰富的政治知识才能审时度势，在大方向上保证组织与国家、时代发展方向一致。当代社会是法制社会，法律知识和法制思维是领导者时刻不能忘记的。

2) 娴熟的领导管理知识

领导管理知识包括领导管理的一般原理、方法，以及心理学、社会学等知识。掌握必要的领导方法和艺术，可以创造性地做好领导工作。

3) 丰富的人文科学知识和自然科学知识

领导者对文化、历史、地理、哲学、文学、生物、化学、物理、计算机等方面的知识，都应当有一定的了解和涉猎，这样才能适应现代领导工作的需要。特别是在信息时代，领导者必须拥有计算机和互联网方面的知识。

4) 丰富的社会生活知识

领导者只有书本理论知识是不够的，还必须有丰富的生活实践经验，有解决实际问题的能力。违背生活常识的领导往往做出违背常理的决定，体恤民情必须有民间生活经历。

领导者还应当不断更新知识结构，关注现实社会的发展和世界科学技术的进步，了解当代的新发明、新方法、新思维、新理论，储备和应用新知识。对于领导者来说，丰富的文化知识与合理的知识结构十分重要，但更为重要的是要有获取知识的方法。当今世界知识的发展变化正在加快，领导者不能也不可能一劳永逸地掌握大量的科学文化知识和领导管理知识，因而掌握获取知识的能力就具有特殊的意义。只有具备了获取新知识的方法和技巧，才能不断丰富、更新自己的知识结构，从而使自己紧跟时代的步伐，把握社会的脉搏，适应社会发展的需要，高瞻远瞩，创造性地做好领导工作。

3. 能力素质

能力素质是领导者素质的核心。能力素质是指领导者成功地进行领导活动所必需的能力基础，包括观察力、注意力、记忆力、思维力、想象力、操作力等基本能力，也包括领导工作所必需具备的专业能力及某些岗位的特殊能力要求。领导者应该具备以下能力素质。

1) 预测能力

领导者是引导和率领群众朝一定目标前进的人。作为领导者，必须具有预测能力，善于深谋远虑，具有战略头脑和眼光，能够运筹帷幄，总揽全局。在复杂的情况下，领导者应能预测事物发展的趋势，判别事物的本质，分清问题的主次，这样才能做出正确的决策，采取相应的措施，有效地解决问题。一个领导如果没有预测能力，缺乏全局战略眼光，就会决策失误，给工作带来损失。

2) 决策能力

在社会急速发展变化的环境下，领导者还必须要有决策能力。面对错综复杂、突发的问题，领导者要反应敏捷，及时判别事物的本质，排除干扰，不为一时一事的得失所困扰，在可供选择的方案中及时做出抉择，采取果断措施，解决问题。如果优柔寡断，患得患失，议而不断，就会贻误时机，可能给国家、人民带来不可估量的损失。领导者果断决策的能力是在长期的学习和实践中形成的，其基础是对国家和人民的高度责任感，对事物的洞察力和事物发展趋势的预测力，对党的路线方针政策法规的把握，以及对群众的充分依靠。领导者在果断决策的同时还要勇于承担责任，给下属和群众以信赖感，这样，决策的实施才有坚实的群众基础。

3) 组织指挥能力

组织是领导活动的载体，是领导者与被领导者之间建立联系、发生作用的纽带与桥梁。组织也是领导者常用的一种领导方式，因此，领导者既要会应用组织力量，发挥组织管理功能，更要善于把具有各种不同才能的人聚集起来，合理安排，形成配合默契、步调一致、团结上进的集体，充分调动下属和群众的积极性。指挥是领导者通过组织系统权力，指引和率领被领导者为实现一定目标而进行活动的行为。对于领导者，如果缺乏组织指挥能力，即使有优良的政治素质、业务水平和丰富的知识，也不能发挥领导作用。好的组织指挥，犹如一个交响乐团的指挥，必须把各种乐器巧妙地组织协调起来，才能演奏出和谐美妙的乐曲。领导者的指挥能力集中表现在以下几个方面。

(1) 设计并建立合理的组织和规范，建立一个完善灵活、精简高效的组织指挥系统。

(2) 善于通过组织和规范进行综合协调，保证组织的正常有效运转。

(3) 善于应用组织力量来达到目标，充分调动下属人员的积极性，合理地利用人力、物力、财力，最大限度地发挥组织的功能和作用，使领导决策能迅速地付诸实施并取得成功。

4) 交际能力

领导工作是一项天天与人打交道的工作，领导者不仅需要争取上级的支持、指导及其他单位的协助，还需要下属的理解。这就要求领导者具有熟练的人际交往能力，善于与上级、同事、下属和其他人交往，正确处理个人与组织、与下属的关系，关心、理解他人，自觉服从上级，主动与同级者合作。领导者具有成熟老练的人际交往能力，不仅能使内部团结，而且还能与各兄弟单位友好往来，促进组织成为一个生机勃勃、积极进取的团体。领导工作通常是通过上级、下属、同事、其他单位之间的信息交流来实现的，领导者要有说服他人的能力，尊重、理解他人，与各方面的人员建立广泛的联系，为此还要有一定的风度、气量和较好的语言表达能力。

5) 协调能力

领导者还需要有协调能力，善于处理各种矛盾，协调各种关系。组织是由各种各样的人组成的，在工作中难免会产生各种各样的矛盾和冲突。领导者在工作中也会与上级、下属、同事和其他单位发生一些矛盾，这样，就要求其协调各方面的关系，巧妙地解决矛盾，消除误会，建立和谐的人际关系，获取上级的支持、下属、同事的拥护和其他单位的帮助。如果领导者没有良好的协调能力，气量狭窄，待人不诚恳，就会使矛盾加剧，挫伤下属的积极性，导致组织涣散、号令难行。

6) 应变能力

随着科学技术的进步、社会的快速发展、环境的复杂多变，以及利益群体的多元化，领导活动的时空跨度越来越大，个体中的变量越来越多，领导对象的构成也越来越复杂。因此，领导活动中常会发生一些突发、紧急和棘手事件，如在美国发生的“9·11”事件、在我国发生的“非典”以及“禽流感”等事件，对政治、经济等部门的领导者们提出了考验。如果一个领导者没有应变能力，在突发事件中束手无措或逃避拖延，就会使组织陷入危机。因此，领导者要有高超的应变能力、敏锐的洞察力与反应力、冷静的头脑、丰富的经验，面对突发性事件，既不惊慌失措，又不拘泥刻板，而是沉着冷静，果断处理，尽力化害为利，抓住机遇，推动工作的开展。

7) 开拓能力

在当今社会经济和科学技术飞速发展的时代，领导者还要有开拓精神，决不能故步自封、僵化守旧，更不能夜郎自大、目空一切，必须适应时代和社会环境的变化，解放思想，实事求是，开拓进取，善于捕捉新信息，勇于探索，勇敢面对挑战，抓住机遇。真正的领导应该能够实现跨界思维。在企业经营中，“快鱼吃慢鱼”逻辑逐渐替代了“大鱼吃小鱼”逻辑，诺基亚被三星和苹果超越就是其缺少开拓精神的结果。纵观管理实践历史，经验永远不可以复制，但失败的教训总是相似，根本原因就是领导默守成规不能实现自我超越。

4. 身心素质

1) 心理素质

人的心理素质就是指人在认知、思维、情感、意志、兴趣等多方面心理品质上的修养和能力。心理素质是一个内涵非常广泛的概念，涉及人的性格、兴趣、动机、意志、情感等多方面内容。心理素质是领导素质的一个重要组成部分，从某种意义上说，它制约和影响着领导者的其他素质。良好的心理素质即指心理健康或具备健康的心理。第一，领导者应具备成熟的心理状态，既能清醒地认识自己的内在需要，又能正确对待外部环境，自觉地把自己的行为控制在合理范围内。第二，领导者要有良好的情感过程。情感过程包括情绪、感情两个因素，是直接影响领导行为的一种心理因素，领导者需要确保情感过程优质、适度，确保理性和明智，确保领导工作不为情感所左右。第三，领导者还应具有坚韧不拔的意志。如果没有胜不骄、败不馁的坚强意志就很难在困难面前胜任领导责任。第四，领导者还应有良好的个性，如诚实、勤奋、踏实、认真、宽容、谦虚、豁达、强烈的责任心和牺牲精神等，这样才能有助于提高领导者活动和工作的效率。

2) 身体素质

身体素质主要是指人的身体健康程度。健康是革命的本钱，在领导诸要素中，身体素质是最基本的素质，它是领导者做好工作的条件和基础。如果把领导素质比作一座宏伟的大厦，那么，身体素质就像这一座大厦所赖以存在的地基。没有健全的体魄和良好的身体素质，领导者就失去了成就事业的最起码的条件。身体素质对人的心理健康和人格行为也具有一定的影响。领导者身体的基本情况一般包括体质、体力、体能、体型、精力等。一般来说，领导者应体格健壮，思维敏捷，精力充沛，耐力和生理适应力强，具有吃苦耐劳精神，能够较好地完成上级交办的各项工作任务。同时，领导者还要有良好的生活习惯、健康的生活方式和朴实的仪表形象。

三、领导集体

(一) 领导集体和领导集体素质结构

领导者这一从人群中分化出来的角色，是由个人或者集体来承担的。如果领导者是由群体来承担，那么就形成了领导者中的两个极其重要的概念：领导集体和领导集体素质结构。领导集体是指若干领导成员按照一定的原则、制度科学地排列组合起来的，相互间互相作用、互相影响的具有高度组织性和能动性的有机整体。而领导集体素质结构就是领导成员素质的组合构成，它是一个具有综合性、能动性的有机高智能结构。领导集体的功能不在于人员的多少、个体素质的高低，而在于领导成员素质要素的合理、恰当的排列组合，即领导集体的效能性在很大程度上取决于领导成员素质的组合构成。

(二) 领导集体素质结构的特点

领导集体素质结构表现出鲜明的整体性、相关性、适应性和目的性。

1. 整体性

在一个领导集体中，即使各个素质要素并不完善和优良，但经过科学的组合，也可以产生良好的整体效能。

2. 相关性

领导集体素质结构的相关性体现在两个方面：一是在领导集体中，领导成员的素质会从不同角度对领导集体发生作用，从而形成领导集体素质结构的合力；二是领导集体各成员的素质会发生相互作用、相互影响，这种影响可能是积极的，也可能是消极的。

3. 适应性

领导活动总是在一定的社会环境中进行的，而环境条件总是处于不断变化与发展中，领导集体素质结构必须适时做出调整，以适应其要求，更好地发挥领导效能。

4. 目的性

任何领导集体的素质结构都会体现出它的目标要求，即目标不同，对整体素质结构的要求也就不同。

(三) 领导集体素质结构的内容

1. 梯形的年龄结构

在领导集体中，各年龄段的领导成员应该各占一定的比例。一般来说，年龄结构应该呈橄榄形，年轻和年老成员的比例低，中年成员比例高。一般而言，中年成员应占50%～60%，年轻和年老成员各占20%～25%。

2. 协调的气质结构

所谓气质，是指个体稳定的行为特征。心理学通常将人的气质类型分为多血质、胆汁质、抑郁质和黏液质4种类型。不同气质类型的人具有不同的行为特征，所以适合在领导集体中担任不同的角色。在一个领导集体中，应该有不同气质类型的人以应付不同的问题。一般而言，在一个群体中应该有心思缜密的谋划者，也应该有杀伐果断的执行者，还应该有灵活变通的拾遗补阙者。

3. 合理的知识结构

领导集体的知识结构是指领导成员的知识构成状况。任何人的知识都是有限的，领导集体需要由具有不同知识背景的人组成。从各国领导人的知识背景来看，绝大部分领导集体具有知识综合化的特征，出身法律、历史、社会学专业等拥有综合化知识的人在领导集体中占的比例越来越高。

4. 互补的智能结构

智能是运用知识的能力，即分析问题、处理问题的能力。智能结构是指领导集体中各种智能水平的人的配比组合。一个合理的领导集体应该是具有各种不同能力的领导成员组合搭配、互补，使领导集体具有全面、高效的领导能力。一个领导集体应该是宏观把握的人、执行能力强的人、善于发现人才的人等具有各种能力者的有机组合。

第五节 领导力的修炼与提升

一、领导力的内涵和层次

(一) 领导力的内涵

领导力就是对他人的支配力，领导力是权威和权力的结合。领导力从本质上来说是一种影响力的展现。权威主要来自领导的个人魅力，权力主要来自与职位相关的制度授予。

人格权威是建立在个人魅力、知识、才能、资力等要素之上的，它带动的是被领导者的自愿服从和主动追随。权力是制度赋予的与某个职位相一致的对他人的支配力。权力主要有以下3种。

第一，合法权。合法权即与组织中的职位相一致的来自制度授予的权力。合法权包括下面讲的强制权和奖赏权。合法权既来源于职位及其权力容量，又来源于人们的认可。

第二，强制权。强制权是通过威胁或惩罚迫使人们服从的权力。它和惩罚的应用一样，会产生以下长远后果：抑制和报复、破坏信任、破坏人与人之间的关系。

第三，奖赏权。奖赏权就是领导者决定提供还是取消奖赏的权力。

(二) 领导力的层次

领导力本质上是一种支配力，即影响别人的能力。这种支配力是多种力量的综合体，最核心的是强制力。领导依据制度授权拥有对下属命令的权力、惩罚的权力、奖励的权力等。这种制度赋予的力量表现出来的是一种强迫的力量。

领导力的中间层表现为指导力。有效的领导可以不利用权力而是利用自己的专业知识和技术对下属进行指导，进而去影响下属的行为。

领导力最外层的表现是一种感召力。这种力量可以感染下属产生认同感，进而产生领导者期望的行为。

3个层面的领导力来源不同：强制力来自制度授权，指导力来自专业，感召力来自个人魅力。

二、领导力的来源

领导力受众多因素的影响，这其中既有制度的因素，也有个人的因素。领导者个人因素包括先赋条件、行为方式、专业技能、思维方式、沟通技能、管理能力等。不同的领导者处于不同的制度之下，所拥有的制度资源是不同的，如政府机关、学校、艺术团体等组织的领导者拥有的制度资源不一样，所以其对下属的支配能力也不同。在同样制度环境下的领导者，因为其个人素质不同，其拥有的感召力和指导力也是不同的。

行为特征不仅包括个人的气质类型和性格，也包括领导风格、互动模式等。领导特质理论比较系统地研究了领导的个性品质对领导成功的影响。除了性别特征之外，其他个人特征对领导的影响是比较明显的。社会互动理论则清晰地描述了一方互动模式的选择对另一方的行为具有明显的影响。领导方式理论主张针对管理对象的具体情况选择不同的领导模式，进而提出了权变领导的思想。激励理论从激励内容、激励过程等角度探讨了激励对员工的影响，这些因素都是领导力的来源。领导角色理论从领导角色意识、领导角色定位、领导角色扮演等角度阐述了影响领导力的关键因素和环节。

制度是领导力最显性的来源。制度赋予了领导者对下属的支配权，这种支配权又表现为奖励的权力、惩罚的权力、晋升的权力等。制度同样赋予了领导者获取信息的权力，居于高层的领导者比其下属掌握更多的信息资源，拥有信息就拥有了主动权。

因此，一个领导的个性特征、行为方式和制度环境是领导力的主要来源。领导力修炼是一个系统的过程，应该涵盖领导权力的各个来源。

三、领导力修炼

所谓领导力修炼，就是通过领导人在对工作反思的基础上不断完善行为特征、思维方式、领导方式及制度设计，以不断提高领导效能，带领组织成员更好地实现组织目标的过程。

(一) 领导力修炼的特征

领导力修炼的关键是领导者自身。领导者对工作经验的总结是修炼的基础，也是修炼的逻辑起点。不同的领导者，其领导力的效能不同，影响领导效能的因素也不一样，所以领导力修炼的内容和途径应该因人而异。在管理领域，成功的人各有各的成功原因，但失败却往往是因为几个共同的原因。所以，成功的经验是不可以复制的、每位领导者在领导力修炼的过程中，盲目借鉴别人的经验是很荒唐的。自己总结发现自己的缺陷才是最关键的。

领导能力修炼的关键环节是行为特征、思维方式、领导方式和制度设计。

领导力修炼的路径是优化和完善相关因素，而不是强化权力。领导力修炼的目的是提高领导的效能和实现组织目标，而不是强化自己的权威。

(二) 领导力修炼的基本途径

一般认为，领导力由3类因素决定。

第一，领导自身的素质，包括领导的道德品质、心理素质、认识高度、专业素养等。

第二，领导力修炼受到上下级互动关系的影响，因此，领导风格、领导模式等也是影响领导力提升的关键因素。

第三，领导力受制于下属的素质、士气以及对领导的认同。因此，良好的激励、优良的团队等也是影响领导力提升的关键因素。

领导力修炼的基本途径如图7-6所示。图中要点归纳如下。

1. 自我完善，成为高素质的领导者

首先领导者要自我完善，不断提升自己的道德水平和知识水平，让自己成为受员工信任、敬佩、依赖的领导，而不是被员工怀疑、鄙视、疏远的领导。其次，要准确定位自己的角色，不越权不推诿，既要当好命令者也要当好员工的导师，要不断探索领导模式，选择合适的领导方式，做到不枉不纵，既要高度分权又要合理控制。

2. 塑造良好的互动模式

第一，选择合适的领导行为，科学处理集权与分权的关系，尊重员工的主动性和创造性，充分发扬民主，让员工参与管理。认真听取员工的意见和建议，鼓励员工对领导者提出批评。

第二，科学设计激励机制。善激励者善管理，领导者要利用一切机会激励员工，但是激励的方式、内容、时机等技术手段的运用一定要谙熟于心，做到收放自如。

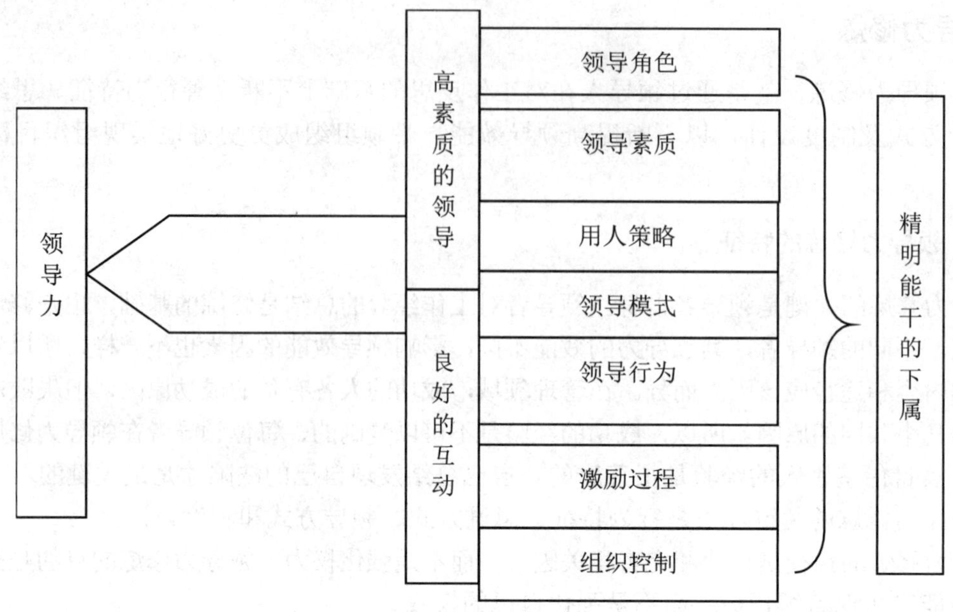

图7-6　领导力修炼的基本途径

第三，不断提高对组织的控制能力。领导者是领航员和掌舵者，对组织发展的状况要有敏锐的观察能力，对下属偏离目标的状况能及时发现并采取措施纠正。

3. 善于激励

好的领导是善于激励的领导。在领导过程中，领导者应该将经常激励和普遍激励作为基本的行为准则。唯有科学激励才能满足员工成就与荣誉的需求，才能鼓舞士气。激励效果受制于激励方式的选择，明智的领导总是能找到最恰当的激励方式并设计符合员工心理需要的激励内容。提高领导力就要掌握激励规律，否则可能出现南辕北辙的后果。

4. 善于用人

知人善用是优秀的领导者必备的能力。目标确定以后，领导最重要的工作是选择正确的人去承担。首先，领导要有一双慧眼，能够发现人才；其次，要做到用人不疑，疑人不用，领导要大胆授权，不能对下属掣肘；最后，领导对下属不能苛责。过分苛刻的领导只会导致下属胆怯和对抗。老子云：“其政闷闷，其民淳淳；其政察察，其民缺缺”，在一定意义上说明了领导对下属的影响。

5. 准确定位

领导应该扮演领导的角色，不能错位。首先，领导应该掌舵而不是划桨。将军离开指挥岗位亲自冲锋陷阵是莽夫行为。其次，领导应是裁判员而不是运动员，在组织中，领导应奖优罚劣。此时的领导应公正处理，当好裁判，不能参与下属的竞争。最后，领导应有战略思维，应着眼于系统整合而不是单一发展某个要素。任何组织中都存在部门间的利益之争，领导应该从整体利益角度考虑问题，不能因为某个部门的利益牺牲整体利益。

本章小结

领导是对下属指挥命令控制的活动。领导在静态上理解为领导者，在动态上理解为领导活动。领导效能受制于领导者的个人素质，也受制于领导方式的选择。管理学界对领导效能的解释有诸多理论。领导禀赋理论强调个人的素质对领导效能的意义。领导行为理论则从领导者的行为特征角度解释领导的效能，该理论根据领导关心工作还是关心人将领导行为进行了划分，常见的理论有方格理论、不成熟—成熟连续流理论等。权变理论则提出领导行为根据管理情景适时改变的观点。

个体领导者要不断提高自身素质，领导集体则应该注意年龄、知识、能力、行为等结构的优化。

领导力来自权威和权力，领导者应不断提高自身修养，提高沟通、激励、用人、控制等方面的能力，以提高自己的领导力。

习 题

1. 领导的职能有哪些？
2. 简述领导特质理论的基本内容和局限性。
3. 领导行为理论主要有哪些观点？
4. 领导权变理论判断领导环境的指标有哪些？
5. 判断员工成熟程度的指标有哪些？
6. 权力的来源有哪些？
7. 如何提高自己的领导力？

第八章

激　　励

【导读】

激励是管理者的重要职能和手段，也是评价领导者能力高低的重要指标。激励能提高员工绩效，有证据显示，如果激励充分，员工绩效能提高三四倍。人的行为由需要与动机激发，需要与员工的激励息息相关，需要的产生有赖于个体当时的生理状态、认知水平、社会情境等因素。个人的一切活动都是由一定动机所引发的，并指向一定的目的。动机指引活动去满足一定的意图、愿望、信念等。这种意图、愿望、信念等取决于目标能否，以及在多大程度上满足人的需要。围绕需要的产生、变化与满足，可将激励理论分为3类：内容型激励理论、过程型激励理论和改造型激励理论。其中，内容型激励理论将人的需要作为激励的基本内容和主要研究对象，揭示构成激励内容的需要和各自的作用，以及各种需要的顺序等问题，主要包括马斯洛的需要层次理论、赫兹伯格的双因素理论和麦克利兰的成就需要理论等。过程型激励理论是从动机的产生到行为这一过程出发对激励问题进行研究的理论，主要包括弗鲁姆的期望理论和亚当斯的公平理论。改造型激励理论是从行为后果的状态出发对激励问题进行研究的理论，提出如何消除或改变消极行为的措施，主要包括斯金纳的强化理论。

【学习目标】

掌握激励、需要和动机的概念；熟悉激励理论的分类；掌握各类激励理论的主要内容并运用相关知识分析社会实践案例。

【学习难点】

行为的一般过程、双因素理论、成就需要理论和强化理论，注意各种理论的基本内容及各自的局限性。

【教学建议】

第一节以课堂讲授为主，第二节、第三节和第四节建议结合案例教学和引导学生查阅课外相关资料进行分析学习。

第一节 激励概述

对于管理者来说，经常需要面对的问题是如何激励员工以提高其工作绩效，因为即使有好的战略、合适的组织结构，只有使员工创造出高水平的业绩，组织才是有效的。激励水平的高低也是评价一个领导者能力水平的重要指标。

一、激励的含义

从词义上理解，激励(motivating)就是激发、鼓励之意。激发是指通过某些刺激使人发奋。激励也就是激发动机，形成动力，鼓励行为。从广义上来讲，激励就是调动人的积极性和创造性。从狭义上来讲，激励是一种能使人们将外来刺激内化为自觉行为的刺激，促使其完成任务的行为处于高度激活状态的影响某些心理需求的外在因素。狭义的观点把激励看成各种外在因素对心理的唤醒，使人处于觉醒和准备状态。从管理学的角度来讲，激励是指管理者运用各种管理手段，刺激员工的需要，激发员工的动机，使员工努力实现组织目标的过程。激励包括以下几个方面的内容。

(1) 激励的基础是需要，激励的核心是激发、强化员工的动机。

(2) 激励的目的是引导员工的行为方向，促使其采取实现组织目标的行为。

(3) 激励的作用是强化员工实现组织目标的努力程度。

(4) 激励的过程是在管理者手段作用和所处情景条件下，员工心理变化的过程。

一般来说，激励由以下5个要素组成。

(1) 激励主体，指施加激励的组织或个人。

(2) 激励客体，指激励的对象。

(3) 目标，指激励主体期望客体的行为实现的成果。

(4) 激励因素又称激励手段，指能导致激励客体去进行工作的因素，可以是物质的，也可以是精神的。激励因素反映人的各种欲望。

(5) 激励环境，指激励过程中的环境因素，它会影响激励的效果。

二、激励的重要性

激励对于提高员工的绩效有多重要呢？美国心理学家奥格登(S. Orgdon)在1963年做了一项警觉性实验来研究激励作用对人行为的影响。实验分A、B、C、D 4个小组，采用一个光源，调节其发光强度，分别记录实验者辨别光强度变化的感觉，从而测试人们的警觉性。

A组：控制组，不施加任何激励，只是一般地告知实验的要求与操作方法。

B组：挑选组，该组的人被告知，他们是经过挑选的，觉察能力最强，理应错误最少。

C组：竞赛组，该组的人得知要以误差数量评定小组优劣与名次。

D组：奖惩组，每出现一次错误就罚款，每次反应无误就发少许奖金。

警觉性实验结果如表8-1所示。

表8-1　研究激励效果的警觉性实验

组别	施加激励情况	实验结果	误差顺序
A	不施加任何激励	24	4(最多)
B	精神激励(个人之间的竞争)	8	1(最少)
C	精神激励(组与组之间的竞争)	14	3
D	物质激励(奖与惩)	11	2

注：表中实验结果指“平均误差次数”。

奥格登的实验表明，经过激励的行为和未经过激励的行为存在明显的差距。美国著名心理学家威廉·詹姆斯(William James)早就指出，普通人在工作时一般只运用了10%的能力，在按时计酬的制度下，人们只发挥20%～30%的能力就足以完成自己的工作，若给予充分的激励，则可以发挥出80%～90%的能力。可见激励在激发人的工作热情与兴趣、解决工作态度和认识倾向方面的独特功能。通过激励，员工对本职工作产生强烈、深刻、积极的情感，并能以此为动力，集中自己的全部精力，为达到预期目标而努力。激励使人对工作产生浓厚且稳定的兴趣，使员工对工作产生高度的注意力、敏感性，形成对自身职业的偏爱。激励还能促使个人的技术和能力在浓厚的职业兴趣基础上发展起来。实践表明，激励能提高人们接受和执行组织命令的自觉程度，能解决员工对工作价值的认识问题，能使员工感受到自己所从事工作的必要性、重要性与迫切性，进而更自觉、主动、具有创造性地完成本职工作。

三、激励的过程

心理学研究表明，人的一切行动都是由某种动机引起的，而动机又产生于人的需要。需要是人的一种主观体验，人在社会实践中形成的对某种目标的需求和欲望构成了人的需要的内容，并成为人们行为积极性的源泉。人的行为受需要的支配和驱使，需要一旦被意识到，它就以行为动机的形式表现出来，驱使人的行为朝着一定的方向努力，以达到自身需要的满足。需要越强烈，由它引起的行为也就越有力、越迅速。激励的过程如图 8-1 所示。

(一) 需要

需要是指当个体缺乏某种东西或期待某种结果时所产生的一种主观状态，它是客观需求的反映。这里所说的客观需求，既包括对空气、食物、水等的物质需要，也包括对归属、爱等的社会需要。人类的行为活动都是为了满足某种需要。需要是动机的基础，是推动人的行为活动的原动力。因此，为了更好地解释人类的行为，分析人的积极性的产生原因，必须对人的需要进行更为透彻的了解。

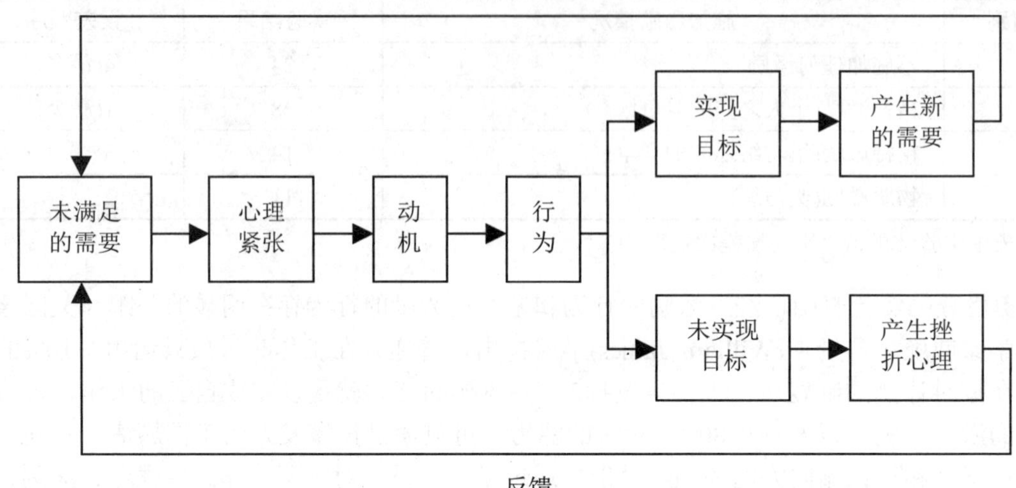

图 8-1　激励的过程

1. 需要的产生

人的需要是在人与客观环境相互作用的互动过程中产生与表现出来。个人需要的产生取决于个体当时的生理状态、认知水平、社会情境等因素。

1) 需要产生的生理状态

饥饿需要的产生取决于味觉、胃的收缩、血液含糖程度、荷尔蒙(激素)状态以及神经的活动等。脑及神经系统的活动与需要产生有关，特别是与某些欲望产生的关系更为密切。均衡说认为，有机体生理状态的均衡是维持个体生存的必要条件，机体内某种东西缺乏就会破坏均衡，从而使人产生饥饿感、紧张感，于是出现生理及安全的需要。这种学说可以解释某些低级需要的产生，但不能解释高级的自我实现需要的产生。

2) 需要产生的自然情境和社会因素

自然与社会环境因素容易诱发或增加已经产生需要的强度。在自然和社会情境中，目标对象是产生需要最强有力的因素。例如，嗅到或看见食物，最容易使人产生因饥饿引起对食物的需要；看到英雄、模范的形象，可以激起人产生崇高理想的需要与追求等。

3) 个人认知因素的影响

研究表明，人的思想特别是想象和幻想可能使一个人不断地产生欲望。如果一个人想象自己置身于某一社会情境之中，就可能加强其在这方面的欲望，而且，他就会将其中某些欲望付诸实现，以满足他的需要。

4) 成长理论认为，人不仅有缺乏性需要，还有成长性需要

成长性需要是在基本需要得到满足之后，产生的更高追求与理想，以便使自己成为完善的个人的需要。一个人成长需要的强烈程度也是影响其个性发展水平的一个因素。成长理论把需要看成一种积极、主动的过程，这一理论对了解需要的本质，揭示行为的规律有着重要的作用。这种理论补充了均衡说的不足。

2. 需要的种类

1) 自然性需要和社会性需要

人的需要是多种多样的。按照需要的起源，可以分为自然性需要和社会性需要。自然性需要是所有动物共有的，是一个人生而具有的，反映了人对延续和发展自己生命所必需的客观条件的需求。自然性的需要虽为人和动物所共有，但人的自然需要和动物的自然需要在需要的对象和满足的方式上有着本质的区别，主要表现在人的自然性需要不仅受人的生理需求所制约，同时也受社会生产、社会生活条件所制约。这就在自然性需要的基础上形成了人类所特有的社会性需要，如对知识、文艺、道德、实现理想的需要等。这些需要是在维持人们的社会生活、进行社会生产和社会交际过程中形成的。不同的历史时期，不同的文化条件、政治制度、阶级和民族，以及不同的风俗习惯，使人们的社会性需要也有很大的不同。

2) 物质需要和精神需要

按照需要的对象的不同，可以把需要分为物质需要和精神需要。在物质需要中，既反映人们对自然界产品的需要，也反映人们对社会文化用品的需要，因此在物质需要中既包括自然性需要，也包括社会性需要。随着社会生产的不断发展，人们对物质文化用品的需求日益扩展。精神需要是人对其智力、道德、审美等方面发展条件需求的反映，属于对观念对象的需要。人类最早形成的精神需要是对于劳动和交际方面的需要。另外，学习和参加社会活动的需要，在精神需要中占重要地位。随着社会生产的日益发展，新的精神需要也不断产生。为了更有效地调动员工的生产积极性，在管理工作中，管理者应当了解员工的需要，并对这些需要进行具体的分析，然后有针对性地设置目标，尽力把组织的目标与个人合理的需要有机地结合起来，促使员工自觉地把社会的需要、组织的需要转化为个人的需要，这样才能有效地发掘人的内在潜力。

(二) 动机

动机是指推动个体活动达到一定目的的内在动力和主观原因，是引发和维持个体活动的心理状态。个人的一切活动都是由一定动机所引发的，并指向一定的目的。动机是推动人去从事某种活动，指引活动去满足一定需要的意图、愿望、信念等。这种意图、愿望、信念等取决于目标能否以及在多大程度上满足人的需要。动机包含以下意义。

(1) 动机是个人行为的动力、原因。

(2) 动机为个人行为提出目标。

(3) 动机为个人行为提供力量以达到体内平衡。

(4) 人的动机是由需要、外在条件和对它们之间关系的认识所决定的，因而动机使人明确其行为的意义。

(5) 动机对人的活动起着发动、调节、维持和终止的作用。

动机影响着活动的性质和水平。有时人们进行同样的工作并追求同样的目的，但由于动机的差异，其行为的社会价值和完成活动的方法会产生很大差异。但是，需要和动机的概念是有区别的。需要是人的积极性的基础和根源，动机是推动人们活动的直接原因。当人的需要具有某种特定的目标时，需要才转化为动机。同时，还必须把动机和目的这两个概念区别开来。目的是人的活动所要达到的结果，动机则是推动人的活动去达到目的的心理活动。有时，人们的目的相同，但是推动他们达到目的的动机可能有很大差异。

动机的表现形式也是多种多样的，可以表现为感觉、兴趣、意图、信念、理想等各种形式。此外，人的行动往往不是由一种动机推动的。在多数情况下，推动人们活动的是几种动机的综合。这种动机的综合被称为动机模式或动机系统，但在这种动机模式或动机系统中必然有占主导地位的动机。研究人的主导动机，对于预测和引导人的活动有非常重要的意义。

四、激励理论的分类

(一) 内容型激励理论简述

内容型激励理论是从人的需要出发，对激励问题进行研究的理论。内容型激励理论将人的需要作为激励的基本内容和主要研究对象，揭示构成激励内容的需要和各自的作用，以及各种需要的顺序等问题。内容型激励理论主要包括马斯洛的需要层次理论、赫兹伯格的双因素理论和麦克利兰的成就需要理论等。

(二) 过程型激励理论简述

过程型激励理论是从动机的产生到行为这一过程出发，对激励问题进行研究的理论。过程型激励理论主要包括弗鲁姆的期望理论和亚当斯的公平理论。

(三) 改造型激励理论简述

改造型激励理论是从行为后果的状态出发，对激励问题进行研究的理论，提出如何消除或改变消极行为的措施。改造型激励理论主要包括斯金纳的强化理论。

第二节　内容型激励理论

内容型激励理论着重于研究个体行为动机由何种因素所激发，它强调的是动机内容，而非过程。其代表性理论有马斯洛的需要层次理论、赫茨伯格的双因素理论、麦克利兰的成就需要理论等。

一、需要层次理论

需要层次理论是美国心理学三大派别之一的人本主义心理学的代表人物马斯洛于1943年在其《人类动机理论》(*A Theory of Human Motivation Psychological Review*)一书中提出的。在书中，马斯洛将人类需求像阶梯一样从低到高分为5个层次，分别是生理需求、安全需求、社交需求、尊重需求和自我实现需求。1954年，马斯洛在《动机与人格》(*Motivation and Personality*)中补充了认知需要和审美需要。需要层次理论不论在心理学领域还是在行为科学领域中，都具有很大的影响。一般认为，需要层次理论有助于了解和解释人类动机结构的发展和人类的行为规律。

(一) 需要层次理论的基本内容

马斯洛的需要层次理论假定，一旦一个人的基本心理需要得到满足之后(不仅包括温暖、食物和欲望，而且还包括安全、有组织的环境)，那么就会期望更高的爱情需要、受尊敬的需要以及人的潜力的满足。他最伟大的认识在于意识到这些需要都不是绝对的，一旦一种需要被满足，那么这种被满足的事实也就不再重要了。

马斯洛需要层次理论的最底层是一个广阔的生理基础，包括食物、氧气、水、维生素、活动、睡眠，之上为对爱情、财产的需要，对自尊和被同事尊重的需要，对自我发展和实现的需要。马斯洛将前4个层次归类为“不足额需要”：如果其中任何一项需要没有得到满足，那么你能感觉得到，但如果你拥有了它们，你就感觉不到特别满足，此时它们就不能再被作为激励因素。与之成对比的是后3个层次，当这些需要没有被满足或者当人们努力去“自我实现”时，这些需要就会变得更强烈。

马斯洛需要层次理论示意图如图8-2所示。

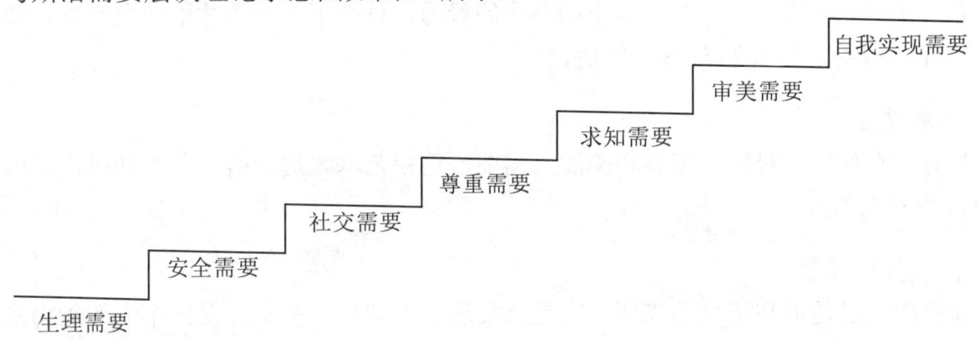

图 8-2 马斯洛需要层次理论示意图

1. 生理需要

生理需要是人类维持自身生存的最基本要求，包括饥、渴、衣、住、行等方面的要求。如果这些需要得不到满足，人类的生存就成了问题。从这个意义上说，生理需要是推动人们行动的最强大的动力。马斯洛认为，只有这些最基本的需要满足到维持生存所必需的程度后，其他的需要才能成为新的激励因素。

2. 安全需要

安全需要是人类要求保障自身安全、摆脱事业和丧失财产威胁、避免职业病的侵袭等方面的需要。马斯洛认为，整个有机体是一个追求安全的机制，人的感受器官、效应器官、智能和其他能量主要是寻求安全的工具，甚至可以把科学和人生观都看成满足安全需要的一部分。当然，这种需要一旦相对满足后，也就不再成为激励因素。

3. 社交需要

社交需要包括两个方面的内容。一是友爱的需要，即人人都需要伙伴之间、同事之间的关系融洽或保持友谊和忠诚；人人都希望得到爱情，希望爱别人，也渴望得到别人的爱。二是归属的需要，即人都有一种归属于一个群体的感情，希望成为群体中的一员，并相互关心和照顾。感情上的需要比生理上的需要更加细致，它与一个人的生理特性、经历、受教育程度、宗教信仰都有关系。

4. 尊重需要

人人都希望自己有稳定的社会地位，要求个人的能力和成就得到社会的承认。尊重的需要又可分为内部尊重和外部尊重。内部尊重又称自尊，是指一个人希望在各种不同情境中有实力、能胜任、充满信心、能独立自主。总之，内部尊重就是人们对自己的尊重。外部尊重又称他尊，是指一个人希望有地位、有威信，得到别人的尊重、信赖和高度评价。马斯洛认为，尊重需要得到满足，能使人对自己充满信心，对社会满腔热情，体验到自己活着的用处和价值。

5. 求知需要

人有知道、了解和探索事物的需要，而对环境的认知则是好奇心使然。求知的需要是克服障碍和解决问题的工具，求知需要坚韧不拔的毅力，只有不断探索才能获取真知，通过求知使自己充满信心，体验到自身的价值。

6. 审美需要

人都有追求秩序、对称、整齐和美丽的需要，重视艺术欣赏价值，并且通过由丑向美的转化获得精神上的满足。

7. 自我实现需要

自我实现需要是最高层次的需要。它是指实现个人理想、抱负，发挥个人的能力到最大限度，完成与自己的能力相称的一切事情的需要。自我实现的需要是创造的需要，是追求实现自我理想的需要，是充分发挥个人潜能和才能的心理需要，也是创造力和自我价值得到体现的需要。在1961年出版的《人性能达到的境界》一书中，马斯洛将自我实现的人描述为自觉的并具创造力的，不受传统的束缚，易于关注自身以外的问题，具有去伪存真能力的人。马斯洛提出，为满足自我实现需要所采取的途径是因人而异的。自我实现的需要是在努力发挥自己潜力的基础上，使自己越来越成为自己所期望的人物。不过这种需要很难实现，马斯洛认为世界上只有2%的人能够通过完全的自我实现来达到人生经历的顶峰。

案例分析

自我的力量

俾斯麦是德国著名的政治家，在普法战争中打败拿破仑三世，建立了德意志第二帝国。有一次，俾斯麦和一位朋友出去打猎，这位朋友不小心掉进了泥沼里。听到求救声的俾斯麦就赶紧跑了过去，可是他却没有把这位朋友救起来，反而对这位朋友说：“我是很想救你的，可是，如果我救你的话，我自己也会陷到泥沼里，所以我不能救你，请你原谅，但是你一定不愿意自己如此痛苦地死去，因此，我不如狠下心来，一枪把你解决掉吧！”说完这句话后，俾斯麦就端起猎枪，装作准备扣动扳机。这个时候，这位朋友拼命地在泥沼中挣扎，最终靠自己的力量爬出了泥沼。

分析：俾斯麦的这位朋友为什么能够自己爬出泥沼？

(二) 对需要层次理论的评价

(1) 马斯洛认为，只有低层次的需要得到部分满足以后，高层次的需要才有可能成为行为的重要决定因素。图8-2中所列的7种需要是按次序逐级上升的，当下一级需要获得基本满足以后，追求上一级的需要就成为驱动行为的动力，但这种需要层次逐渐上升并不是遵照“全”或“无”的规律，即一种需要100%的满足后，另一种需要才会出现。事实上，社会中的大多数人在正常的情况下，他们的每种基本需要都是部分地得到满足。

(2) 马斯洛把人的需要分为两种类型：匮乏性需要和成长性需要。

匮乏性需要也叫基本需要或缺失性需要，包括生理需要、安全需要、社交需要、尊重需要，是指人在满足这些需要的时候，完全依赖于外界。当这种需要得不到满足时，将直接危及个体的生命。

成长性需要包括求知需要、审美需要和自我实现的需要，是指不回避挑战，甚至刻意追求挑战；不回避紧张状态，甚至刻意保持适度的紧张状态。

(3) 马斯洛认为，一般情况下，当某种低层次的需要得到部分满足之后，就会向高层次的需要发展，但这种需求层次的等级也不是绝对的，有时人会在低级需要尚未得到满足之前，去寻求高级需要(如自我实现的需要)。

(4) 同一时期，一个人可能有几种需要，但每一时期总有一种需要占支配地位，对行为起决定作用。任何一种需要都不会因为更高层次需要的发展而消失。各层次的需要相互依赖和重叠，高层次的需要发展后，低层次的需要仍然存在，只是对行为影响的程度大大减小。

(5) 马斯洛认为，一个国家多数人的需要层次结构是与这个国家的经济发展水平、科技发展水平、文化和人民受教育的程度直接相关的。在欠发达国家，生理需要和安全需要占主导的人数比例较大，而高级需要占主导的人数比例较小；而在发达国家，则刚好相反。在同一国家不同时期，人们的需要层次会随着生产水平的变化而变化。K. 戴维斯(K. Davis)曾就美国的情况做过估计，1935年，美国居民对生理和安全需要的占比大约是35%和45%，而1995年两者的占比大约是5%和15%；与此相应，1935年，美国居民对尊重和自我实现需要的占比大约是7%和7%，而1995年两者的占比大约是30%和26%，对比非常明显。

【专栏8-1】

亚伯拉罕·哈罗德·马斯洛(Abraham Harold Maslow，1908—1970)出生于纽约，行为学家，被称为继弗洛伊德之后最伟大的心理学家。彼得·德鲁克称他为“人类心理学之父”，领导力理论大师华伦·贝尼斯认为他的贡献是“赋予了人类超越他自身潜力的自主权”。马斯洛创造了“需要层次(hierarchy of needs)”术语，来解释工作中人的动机的根源，明确了获得满足感的生理和心理需要。直到今天，他依然被许多人力资源人员视为人事管理领域最有影响力的思想家。

马斯洛曾求学于威斯康星大学，并于1947—1949年结束了他的学术研究生涯，开始在企业中工作，后来在马萨诸塞州布兰迪斯大学任教，在那里他成为一名教授和学院院长。之后，他花了很多时间进行工业研究。他在加州一家电子学工厂研究道格拉斯·麦格雷戈的Y理论，并得出结论：他非常敬佩的麦格雷戈理论在现实中不能奏效，因为它忽略了由主张权力主义的X理论提供的结构和确定性的需要。

马斯洛的“人性本善”的乐观主义态度影响了当时的社会氛围，并且，他的思想也影响了其他行为学家，如克里斯·阿吉瑞斯、麦格雷戈、伦西斯·利克特和福雷德里克·赫茨伯格。他相信，建立在信任基础上的开明的管理是“未来的冲击波”。因为如果在主张权力主义的行业中受教育和心理健康的员工越多，那么企业运行中面临的竞争越小。他承认这种战略需要时间去验证，但是，他断定在主张权力主义的管理中，人性被低估了。

二、激励—保健因素理论

激励—保健因素理论是由美国行为科学家弗雷德里克·赫茨伯格(Fredrick Herzberg)提出的，又称双因素理论。

(一) 激励—保健因素理论的基本内容

1959年，赫茨伯格与伯纳德·莫斯纳(B. Mausner)、巴巴拉·斯奈德曼(B. B. Snyderman)合著《激励因素》(*The Motivation To Work*)。这本书以对200名匹兹堡的工程师和会计师进行的密集式调查访问为基础，访问主要围绕两个问题：在工作中，有哪些事项是让他们感到满意的，并估计这种积极情绪持续多长时间；有哪些事项是让他们感到不满意的，并估计这种消极情绪持续多长时间。赫茨伯格以对这些问题的回答为材料，着手去研究哪些事情使人们在工作中得到快乐和满足，哪些事情造成不愉快和不满足。结果发现，使职工感到满意的，都是属于工作本身或工作内容方面的；使职工感到不满的，都是属于工作环境或工作关系方面的。他把前者叫作激励因素，后者叫作保健因素。

保健因素的满足对职工产生的效果类似于卫生保健对身体健康所起的作用。保健可以消除人所处环境中有害于健康的事物，它不能直接提高健康水平，但有预防疾病的效果。保健不是治疗性的，而是预防性的。保健因素包括公司政策、管理措施、监督、人际关系、物质工作条件、工资、福利等。当这些因素恶化到人们认为可以接受的水平以下时，就会产生对工作的不满意。但是，当人们认为这些因素很好时，它只是消除了不满意，并不会导致积极的态度，这就形成了某种既不是满意，又不是不满意的中性状态。

能带来积极态度、满意和激励作用的因素就叫作激励因素，也就是能满足个人自我实现需要的因素，包括成就、赏识、挑战性的工作、增加的工作责任，以及成长和发展的机会。如果这些因素具备了，就能对人们产生更大的激励。从这个意义出发，赫茨伯格认为传统的激励假设，如工资刺激、人际关系的改善、提供良好的工作条件等，都不会产生更大的激励。它们能消除不满意，防止产生问题，但这些传统的激励因素即使达到最佳程度，也不会产生积极的激励。按照赫茨伯格的意见，管理者应该认识到保健因素是必需的，不过它一旦使不满意中和以后，就不能产生更积极的效果。只有激励因素才能使人们有更好的工作成绩。他在后来的一本书《工作与人的天性》(*Work and the Nature of Man*，1966)中解释，人有两类需求，一种是作为动物而避免痛苦的需求，另一种是作为人的心理成长的需求。前者由保健因素满足，后者则由激励因素满足。

赫茨伯格及其同事之后又对各种专业性和非专业性的工业组织进行了多次调查，他们发现，由于调查对象和条件的不同，各种因素的归属有些差别，但总体来看，激励因素基本上都是属于工作本身或工作内容的，保健因素基本都是属于工作环境和工作关系的。但是，赫茨伯格注意到，激励因素和保健因素都有若干重叠现象，如赏识属于激励因素，基本上起积极作用，但当没有受到赏识时，又可能起消极作用，这时又表现为保健因素。工资是保健因素，但有时也能产生使职工满意的结果。

赫茨伯格的激励—保健因素理论的基本内容如图8-3所示。

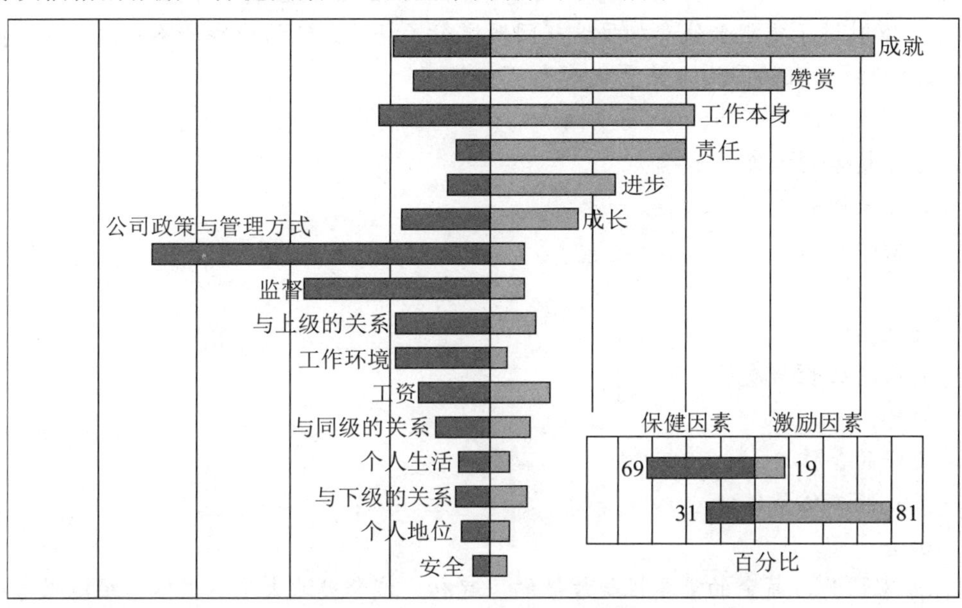

图 8-3 赫茨伯格的激励—保健因素理论的基本内容

案例分析

表扬不能当饭吃

史迪夫并不是特别喜欢公司所采用的绩效评价和考核制度，但他必须生活在这些制度中。这种制度既不比其他公司的制度好，也不比其他公司的制度差，它是通过建立奖励基金的方式发挥作用的。如果这一会计年度的工资总额是100万元(且经营稳定和有足够的现金)，公司就确定一个固定的百分比用于下一年度的晋升和凭成绩提工薪。假设固定的百分比是5%，就有5万元的基金留下用于薪金的增加。虽然对该基金的利用没有什么正式的规定，但每一位管理者都要利用该基金增加下属人员的工资，只是加薪的平均数量不超过现行的5%而已。从理论上讲，管理者应该鼓励那些最有效率的生产者，给他们以较大数量的加薪，对表现平平的生产者的加薪只是很少的一点，而对于那些勉强合格者则不应有任何加薪。然而，实际情况却常常未必如此。面对5%的规定，像史迪夫这样的管理者发现，自己掌管的那点奖励基金是不能充分奖赏那些能干的员工的。实际上，为了使抱怨和不满达到最低的限度，几乎每个人都能涨点工资。

史迪夫描述了公司考核制度中的一些不公正之处，并谈了一些他所经历的事情。

几乎每一个人都必须得到一定量的加薪，否则管理者肯定会遇到一些麻烦。实际上，表现平平的人获得了加薪的平均数(5%)。如果有人表现较差的话，他也能有2%～3%的加薪，因此，留下7%～8%给那些最佳贡献者。最佳贡献者只比表现平平者多2%～3%，根本不能鼓励超额生产。

这种制度一直使他感到困扰，直到他参加了一个由公司主办的短期管理研讨班。一共有17位管理人员参加了这一活动，并由来自纽约的大名鼎鼎的管理专家进行指导。

这位专家对过于重视金钱和加薪这一问题进行了评论。他认为钱并不能激励人！他列出了他所认为的激励人的因素。主要内容如下：

- 富有挑战性的工作；
- 富有趣味的工作；
- 富有变化的工作；
- 行动的自由；
- 责任；
- 成就感；
- 个人的成长与发展；
- 荣誉；
- 良好的合作者；
- 优越的工作条件；
- 薪金。

这位专家认为，薪金的重要性是最低的。起初，这令史迪夫难以置信，经过思考以后，他才明白除薪金外所有这些项目也都是相当重要的。当这个研讨班结束的时候，史迪夫似乎不像以前那样关心考核提薪的限额了。

就在研讨班结束后的那周，史迪夫对一个表现突出的员工进行考评。他们是用周年纪念日这个日期(从员工被雇用的日子算起)进行考评的，这位员工刚好满一年。

史迪夫利用刚刚从研讨班学到的东西，强调了员工的贡献，特别表扬了他这一年来所取得的成就，然后谈到要充实、丰富他的工作，使其更有趣味和富有挑战性。史迪夫甚至还为其下面几个月的工作设立了目标和达到这一目标的评价标准。直到史迪夫与员工谈到他的具体加薪数量时，史迪夫还是很为自己感到骄傲的。

他对具体加薪数量表达了相当的不满和恼怒，“5%？”他说，“这就是我在这所有赞誉之后所得到的吗？节省这些漂亮的字眼留给其他人吧……表扬不能当饭吃！”

分析：你觉得史迪夫做错了什么？

(二) 对激励—保健因素理论的评价

赫茨伯格的激励—保健因素理论与马斯洛的需要层次论有相似之处。他提出的保健因素相当于马斯洛提出的生理需要、安全需要、感情需要等较低级的需要；激励因素则相当于受人尊敬的需要、自我实现的需要等较高级的需要。当然，各因素的具体分析和解释是不同的。但是，这两种理论都没有把个人需要的满足与组织目标的达成这两点联系起来。

有些西方心理学家对赫茨伯格的双因素理论的正确性表示怀疑。有人做了许多实验，也未能证实这个理论。赫茨伯格及其同事所做的实验被有的心理学家批评为是他们所采用方法本身的产物：人们总是把好的结果归结于自己的努力，而把不好的结果归罪于客观条件或他人身上，问卷没有考虑这种一般的心理状态。另外，被调查对象的代表性也不够，事实上，不同职业和不同阶层的人对激励因素和保健因素的反应是各不相同的。实践还证明，高度的工作满足不一定就产生高度的激励。许多心理学家认为，不论是有关工作环境的因素还是有关工作内容的因素，都可能产生激励作用，而不仅是使职工感到满足，这取决于环境和职工心理方面的许多条件。

双因素理论促使企业管理人员注意到了工作内容方面因素的重要性，特别是它们与工作丰富化和工作满足的关系，因此是有积极意义的。赫茨伯格告诉我们，满足各种需要所引起的激励深度和效果是不一样的。物质需求的满足是必要的，没有它会导致不满，但是即使获得满足，它的作用也往往是很有限的、不能持久的。要调动人的积极性，不仅要关注物质利益和工作条件等外部因素，更重要的是要关注工作的安排，量才录用，各得其所，注意对人进行精神鼓励，给予表扬和认可，注意给人以成长、发展、晋升的机会。随着人的基本生活需要得到满足以后，这种内在激励的重要性显得越来越重要。

【专栏8-2】

弗雷德里克·赫茨伯格(Fredrick Herzberg，1923—2000)，曾获得纽约市立大学的学士学位和匹兹堡大学的博士学位，在美国和其他三十多个国家从事管理教育和管理咨询工作，从1972年到去世(2000年1月)的前几年，一直是犹他州大学的美国临床心理学家和管理学教授。他的主要著作有《工作的激励因素》(1959，与伯纳德·莫斯纳、巴巴拉·斯奈德曼合著)、《工作与人性》(1966)、《管理的选择：是更有效还是更有人性》(1976)。双因素理论是他最主要的成就，在工作丰富化方面，他也进行了开创性的研究。

他关于人的动机的研究对管理思想产生了较大的影响。他将一份工作中的诸项元素分离成保健因素和激励因素。赫茨伯格把他的理论与圣经中类似的比喻赋予了永恒的联系，他相信个人的需求和预期是由他所生存的宗教的哲学体制形成的。

更深入的是，他将工作满意感或者不满意感与精神健康联系起来，他声称，他的研究工作开始于“二战”时期的那段经历，解放达豪集中营后，他作为一名美国部队志愿者被派遣到那里。那段经历使他意识到，当心智健全的人变得愚蠢的时候，这个社会将变成一个疯狂的社会。“二战”后，他任职于美国公共健康服务机构，进行一些研究工作，特别是关于精神疾病问题的研究。从那时起，他开始阅读所有关于工业心理学的出版物，并且用他的行为理论来填补他所认识到的一处思想上的空白。

赫茨伯格将他新创造的概念“工作丰富化”作为一项激励因素。同时，他作为一名咨询顾问，是仅有的几个研究工业尖端问题的管理学思想家之一。他将关于激励因素的思想提炼为1968年发表在《哈佛商业评论》上的一篇论文《再论如何激励员工》(*One More Time: How Do You Motivate Employees?*)。据说，这是该期刊最畅销的一篇论文，共售出了100多万份。

三、成就需要理论

墨莱(H. A. Murray)认为，在考虑社会或组织中人的行为时，不能忽视人的社会性心理需要，其中的成就需要作为影响行为的重要因素而被许多学者所研究。哈佛大学的心理学家麦克利兰(D. C. McClelland)和阿特金松(J. W. Atkonsoc)关于成就需要的研究颇具代表性。

(一) 成就需要理论的基本内容

麦克利兰认为人的需要是不断发展的，人的生理需要获得满足之后的基本需要有权力、情感和成就3种。

1. 权力需要

权力需要是指影响和控制其他人行为的欲望。具有较高权力欲望的人对影响和控制他人表现出很大的兴趣，这种人总是追求领导者的地位。麦克利兰将管理者的权力分为两种：个人权力和职位性权力。追求个人权力的人围绕个人需要行使权力，在工作中需要及时反馈和倾向于自己亲自操作。职位性权力要求管理者与组织共同发展，自觉接受约束，从体验使用权力的过程中得到一种满足。权力需要也是管理成功的基本要素之一。

2. 情感需要

情感需要是指与他人建立和保持亲密人际关系的愿望。具有情感需要的人通常从友爱、情谊和社交中得到满足和快乐，喜欢与别人保持一种融洽的关系，享受亲密无间和相互理解的乐趣。但这种人也容易由于讲交情和义气而违背管理工作原则，导致组织效率下降。如果将这种人安排在需要协作的岗位上，则会大大提高工作效率。

3. 成就需要

成就需要是指争取优秀、追求卓越的需要。具有成就需要的人，经常考虑个人事业的前途和发展，对工作的胜任感和成功有强烈的要求。他们把取得成就看作人生的最大乐趣。麦克利兰认为，一个人成就需要的高低直接影响他的进步和发展；一个组织或国家拥有高成就需要的人的多少，直接决定其繁荣和兴旺发达程度。

权力需要、情感需要和成就需要可以同时并存，同时发挥激励作用。但是，这3种基本需要排列的层次和重要性因人而异。例如，年轻人的权力需要低些，而成就与情感需要较高；中年人强调高成就的需要，并有强烈的高权力需要，而情感需要相对较低。

麦克利兰通过广泛取样(尤其是企业家样本)着重对3种需要中的成就需要进行了深入研究。他通过主题统觉测试(TAT)了解人们成就需要状况。这套测试工具由4～6张图片组成，这些图片是无结构性的，可以唤起被测试者的多种反应，如会被个体知觉为多种不同事物的墨迹或可以衍生出各种故事的图片。测试时告诉被测试者这是为了测试他们的想象力，让他们在10～15秒内匆匆看过一幅图画，让他们以自己所理解的该图片所示的情景为主题，在短时间内(如5～8分钟)写一篇不到200字的短故事。按照以上方法对每幅图进行观察，并编写至整套做完，然后在专家指导下，被测试者自己单独或者与其他被测试者组成的小组一起，按给定的程序、规则与要领，参照一些例句，给自己编写的故事评分，由此测量出每个人的成就、情感和权力需要的强度及其组合情况。

该方法依据的是心理学上的投射方法。由于看图与回答的时间很短，被测试者只能凭直觉反应来回答问题，因此，答案往往投射出被测试者潜意识的、真实的意图。如一张图片上有一位女士正面带喜悦拿着话筒打电话，看完这幅图片后，要求针对以下问题撰写一则小故事：图片中正在发生什么事情？图片中的女士在想些什么？这是由何事引起的？一位经理看完后写道：这位女士是一位小企业管理人员，她想为公司赢得一份合同，但是竞争十分激烈，她在想象要是她的公司赢得这份金额巨大的合同，她该是多么快乐，因为这将意味着企业的发展以及她本人的升迁。由于她已经想出了帮助公司赢得该合同的捷径，因而此刻正感到踌躇满志。从他写的故事中就可以看出他对成就比较关注，说明他的成就需要十分强烈。

麦克利兰认为个体的激励水平取决于其追求卓越、力争成功的意愿强度，而成就需要的强烈程度与个人的童年经历、职业经历以及所在组织的风格有关。高成就需要者有以下4个方面的主要特征。

(1) 高成就需要者愿意为自己设立目标并承担责任。他们极少随波逐流，任命运左右，总是热衷于挑战，力求有所建树。他们不喜欢接受别人的忠告和帮助，但是肯求教于能提供他们所需要技术的专家们。他们会尽可能地承担达到他们目标的责任，赢了，将要求应得的荣誉；输了，也甘愿接受责备。高成就需要者喜欢研究解决问题，而不喜欢依靠机会或其他人来取得成果。

(2) 高成就需要者不会选择高难度的目标，而宁愿选择中等难度的目标。麦克利兰的研究证明，高成就需要者敢于冒风险，又能以现实的态度对待风险。他们不愿意选择过于容易的任务，也不愿选择过于困难而无法完成的任务。这样不会因为太容易而缺乏满足感，也不会因为太困难而全凭运气。

(3) 高成就需要者喜欢能及时提供反馈的工作。他们喜欢那些在实现目标的过程中能提供及时和明确反馈信息的职业和工作，如有明确销售指标的销售工作等；而不喜欢没有明确标准和拖延时间的工作。

(4) 高成就需要者能从完成工作中获得很大的满足。高成就需要者主要从完成工作所取得的成就中获得快乐，而并不只单纯追求物质报酬。他们仅仅将物质报酬作为衡量自己成就的重要指标之一，如果仅通过物质奖励反映其贡献，则会引起他们的不满，以致跳槽。

(二) 对成就需要理论的评价

麦克利兰指出了各种社会需要往往与人们的行为共同起作用，而且会有一种需要对行为起主要作用的观点，是其理论对马斯洛需要层次理论的一个最大的批判与发展。他认为，预测业绩的最好因素不是学历、技能等外在条件，而是人的深层素质，就像是位于水下的冰山部分。这个比喻看似浅显，却蕴含着巨大的理论价值和实践价值，对管理学，尤其是人力资源管理产生了重大影响。它揭示出影响个人绩效的最主要的因素并非是传统认为的那些外在因素。

当然，成就需要理论的适用具有一定的局限性。麦克利兰认为，马斯洛的理论过分强调个人的自我意识、内省和内在价值，忽视了来自社会的影响。但是，麦克利兰的3种需要理论要在满足基本需要以后才比较适用，对在贫困线上挣扎的人群讲成就需要或者权力需要是没有用处的。此外，麦克利兰强调人的成就需要是后天形成的，是可以改变并加以培养的，还缺乏严密的理论证明。

【专栏8-3】

戴维·麦克利兰(David C. McClelland 1917—1998)，美国社会心理学家，哈佛大学教授，1941年获耶鲁大学心理学、哲学博士学位，1956年开始在哈佛大学任心理学教授，1987 年后转任波士顿大学教授直到退休。1963年，他开创了麦克伯(McBer)顾问公司，这是一家专门从事管理人员评估和员工培训的公司。1987年，他获得了美国心理学会杰出科学贡献奖。麦克利兰早期对社会动机问题很感兴趣，发展了期望学说。他提出了测量成就的技术，并对成就动机进行了深入的研究，是当代研究动机的权威心理学家，并以3种需要理论而著称。除此之外，他还做出过其他贡献，包括差异性假设、有机体适应能力的研究，提出过胜任能力模型等。他通过对人的需求和动机进行研究，于20世纪50年代在一系列文章中发表了研究成果。麦克利兰把人的高层次需求归纳为对成就、权力和亲和的需求。他对这3种需求，特别是成就需求做了深入的研究。他认为，企业招聘应建立在对应聘者在相关领域素质考察的基础之上，应采用 SAT 测试方法。他那一度被认为过于激进的想法现今被企业界广为采用。

【专栏8-4】

1935年11月19日，杰克·韦尔奇(Jack Welch)出生在美国马萨诸塞州萨兰姆市一个普通的家庭。杰克是家里唯一的孩子，身材矮小，还带点口吃，为此小时候他很自卑。对杰克影响最大的是其母亲，她了解儿子的自卑心理，并不打击他，她更关心怎样逐步提高杰克的能力和意志力。杰克到了成年还略带口吃，但母亲说，这算不了什么缺陷，只有面对现实，坚持与别人沟通，让别人了解你，才能主宰自己的命运，别人才会跟你做朋友。她把缺点变成一种激励，教会杰克正确看待自己的缺陷，在此之后，杰克再也不以口吃为耻，这是一个伟大而又平凡的母亲给予杰克的最大财富。

1960年10月17日，杰克开始了在通用电气公司的职业生涯。经过努力，1968年，32岁的杰克被提升为主管塑料业务(Lexan和Noryl项目)的总经理，是当时通用电气公司最年轻的项目经理，这让他感到鼓舞和自豪。从1973年起，杰克开始放言，要当通用电气公司的CEO。而实际上，从一开始他就被排除在CEO候选人名单之外，直到CEO候选人名单上只剩下最后10人时，上面仍然没有他的名字。原因很简单，因为他生硬、直率、粗鲁，口出狂言，不注重礼仪，敌视管理部门，原人力资源部门负责人不喜欢他，所以“一直让他靠边站”。直到新人力资源部门负责人上任，他才荣幸地进入CEO候选人名单之内。

一天，公司总裁琼斯把韦尔奇叫到了他的办公室，然后关上门。

“假如我们一起搭乘公司的商务飞机，突然飞机失事，我俩都要命丧黄泉。你认为，谁应该出任通用电气公司下一任总裁呢？”琼斯不动声色地问道。

杰克凭直觉立刻选择了“爬出废墟和自己掌舵”，但琼斯礼貌地解释说，这不可能，因为我俩都在飞机上。

杰克坚持认为他能逃过那场劫难。

"不是这样，"琼斯打断了杰克，"我和你都不幸遇难。那么，谁应该成为公司的董事长？"

杰克告诉琼斯，他对自己充满信心，以至于他实在提供不出其他人选！

8年后，杰克终于通过了琼斯的漫长而严格的考核，成为通用电气公司副董事长。两年后，1981年4月，杰克成为通用电气公司历史上最年轻的董事长和首席执行官。在他的领导下，通用电气公司的市值由他上任时的130亿美元上升到了4800亿美元，该公司也从全美上市公司盈利能力排名第十位发展成位列全球第一的世界级大公司。他被誉为最受尊敬的CEO、全球第一CEO、美国当代最成功最伟大的企业家。如今，通用电气公司旗下已有12个事业部成为其各自市场领域的领先者，有9个事业部入选《财富》500强。杰克·韦尔奇带领通用电气公司从一家制造业巨头转变为以服务业和电子商务为导向的企业巨头，使拥有百年历史的通用电气公司成为真正的业界领袖级企业。

第三节 过程型激励理论

内容型激励理论以需要与满足的关系来解释人的行为。但是，仅用需要的满足不能解释人类的全部行为，过程型激励理论着重于研究从动机的产生到选择何种具体行为的心理过程，是内容型激励理论的一种重要的补充。该理论主要包括期望理论和公平理论。

一、期望理论

期望理论是美国心理学家维克托·弗鲁姆(Victor H. Vroom)受早期心理学家托尔曼(E. C. Tolman)、勒温(K. Lewin)和阿特金松(J. W. Atkonsoc)的启发，于1964年首次提出的。

(一) 期望理论的基本内容

组织中常常会出现这样一种情况，在面对同一种需要时，组织成员的反应是不同的，有的人会情绪高涨，而有的人则无动于衷，这是为什么呢？期望理论认为，人们采取某些特定的行动是因为他觉得这些行动可以达到某种预期的结果，并且这种结果可以带来他认为的报酬。换言之，人们采取某种行动的动力或激励取决于他对行动结果的价值评价和预期实现目标可能性的估计。其可以用公式表述为

$$M=V\times E$$

式中，M(motivation)表示激励力量，是直接推动或使人们采取某一行动的内驱力；V(valence)表示效价，是指一个人对某项工作及其结果(可实现的目标)能够给自己带来满足程度的评价，即对工作目标有用性(价值)的评价，它反映了个人对某一成果的偏好及渴望程度；E(expectation)表示期望值，是指采取某种行动实现目标可能性的大小，即对工作目标能够实现的概率的估计，也称期望概率。如果行动主体估计目标实现的可能性极大，这时的期望概率接近1；反之，如果行动主体考虑到主观能力的限制和客观竞争激烈的程度，估计实现目标的可能性极小，则期望概率接近0。

从上述表达式中可以看到，效价(V)和期望值(E)的不同组合，可以产生不同程度的激励力量(M)。一般存在如下几种情况。

V高×E高＝M高

V中×E中＝M中

V低×E低＝M低

V高×E低＝M低

V低×E高＝M低

显然，只有当人们对某一行动成果的效价和期望值同时处于较高水平时，才有可能产生强大的激励力量。

该公式说明，假如一个人把目标的价值看得越大，估计能实现的概率越高，那么激发的动机就越强烈，引发的内部力量也就越大。公式中的期望值是个人主观预期概率，并非实际概率或客观概率，也就是说期望值对行为导致结果(达到目标)可能性大小的表示，是个人心目中感觉到的可能性，它取决于个人的主观判断。

为了使激发力量达到最佳值，弗鲁姆提出了期望理论。弗鲁姆认为，根据人的期望模式，为了有效地激发职工的工作动机，需要正确处理好以下3种关系。

1. 努力与成绩的关系

人总希望通过努力去达到预想的结果。如果他认为通过努力有能力去实现目标，即个体主观上认为出现目标的期望概率很高，就会有信心、有决心，从而激发出强大的力量。但如果他认为目标高不可攀或者是目标太低、唾手可得，就会缺乏干劲，失去内部的动力。努力与成绩的关系取决于个体对目标的期望概率。期望概率是个体对目标的一种主观估价，它既要受到认知、态度、信仰等个性倾向的影响，还要受到个人的社会地位、别人对他的期望等社会因素的影响。因此，个体对某目标的期望概率是一个由主观条件和客观条件相互作用而决定的函数。

2. 成绩与奖励的关系

人总是期望在达到预期的成绩后能得到适当、合理的奖励。这个奖励是广义的概念，既包括奖金、提升、表扬，还包括看到自身工作的成效、得到同事信任、提高个人威望等。如果只要求工作贡献，而没有行之有效的物质或精神奖励进行强化，时间一长，人们被激发起来的内部动力会逐渐消退。

3. 奖励与满足个人需要的关系

人总希望奖励能满足个人的需要，如生理需要、尊重需要、自我实现需要等。由于人与人之间在年龄、性别、资历、社会地位、经济条件等方面存在差别，反映在需要上也有明显的个别差异。因此对于同一种奖励，不同的人所体验到的效价不同，它所具有的吸引力也不同。

为了提高奖励的效价，使它对员工具有强大的吸引力，本书认为要根据人们的需要，采取多种形式的奖励，才能最大限度地挖掘人的潜力，提高生产效率。

(二) 对期望理论的评价

期望理论以一种权变的观点来解释激励机制，人们未满足的需要并不能保证人们工作的积极性，人们在采取行动的过程中会综合考虑采取行动带来的成果的价值及其实现的可能性，这一过程更突出了个体的主观能动性。期望理论对于管理者有效调动员工的工作积极性，做好管理工作具有一定的启示和借鉴意义，具体分析如下。

第一，要正确认识目标效价。若想使奖励成为激励因素，必须使之适合激励的对象，即奖励应能很好地满足员工的个人需要。

第二，组织应设置难度适宜的目标。如果员工觉得要达到这个目标太困难或者可能性不大，他们受到的激励就很低。所以，不仅设置目标能起到激励的作用，设置好目标的难度同样也能起到激励作用，而且这还不需要更多资金的投入。

第三，尽量采取措施帮助员工提高获得预期成果的能力。例如给予员工培训、鼓励与支持，提高他们获得预期成果的可能性，从而提高目标的激励力量。

许多评论家认为期望理论的局限主要在于它只是一种理想的模式，这种理论只有在个体清楚地意识到个人努力、个人成绩、组织奖励、个人需要这一系列因素之间的关系的前提下，才能激发一个人内在的潜力，预测一个人可能发生的行为。但在实际工作中，人们做每一件事之前，往往无法清楚地意识到各因素之间的关系，更何况组织并非确切地按照个人的工作成绩，以及努力的程度给予个人奖励，而是习惯性地按照一个人的资历、学历、技能水准、工作难度等许多因素进行综合评价。因此，尽管期望理论在理论研究中很有价值，但在实际应用时却受到一定的限制。

【专栏8-5】

维克托·弗鲁姆(Victor H. Vroom)，著名心理学家和行为科学家，期望理论的奠基人。他曾在宾州大学和卡内基—梅隆大学执教，并长期担任耶鲁大学管理科学约翰塞尔讲座教授兼心理学教授，曾任美国管理学会(AOM)主席，美国工业与组织心理学会(STOP)会长。弗鲁姆对管理思想的贡献主要在体现两个方面：一是深入研究组织中个人的激励和动机，率先提出了形态比较完备的期望理论模式；二是从分析领导者与下属分享决策权的角度出发，创立了著名的参与决策领导理论，阐述领导规范模型。弗鲁姆教授于1998年获美国工业与组织心理学会卓越科学贡献奖，2004年获美国管理学会卓越科学贡献奖，是国际管理学界最具影响力的科学家之一，并曾为大多数全球500强公司做过管理咨询，其中包括GE集团、联邦快递、贝尔实验室、微软等跨国公司。弗鲁姆教授出版和发表了上百部专著和论文，其中最重要的两部著作《工作与激励》(1964)和《领导与决策》(1975)分别阐述了期望理论和领导规范模型。

二、公平理论

(一) 公平理论的基本内容

公平理论又称社会比较理论，由美国心理学家约翰·斯塔希·亚当斯(John Stacey Adams)

于1965年提出，该理论主要探讨报酬分配的合理性、公平性和对员工行为与工作积极性的影响。公平理论认为，员工的激励程度来源于对自己和参照对象的报酬和投入的比例的主观比较感觉。

1. 公平是激励的动力

公平理论认为，员工能否受到激励，不仅取决于自己得到了什么，还要取决于自己所得与别人所得相比是否公平。

人的知觉对人的动机的影响很大。亚当斯指出，一个人不仅关心自己所得所失本身，而且还关心与别人所得所失的关系。人们是以相对付出和相对报酬全面衡量自己的得失。当得失比例与他人相比大致相当时，就会心理平静，认为公平合理心情舒畅；比别人高则令其兴奋，是最有效的激励，但有时过高会带来心虚，不安全感激增；低于别人时会产生不安全感，心理不平静，甚至满腹怨气，工作不努力、消极怠工。因此，分配的合理性常是激发人的工作动机的因素和动力。

2. 公平理论的公式

公平理论的公式为

$$O_I/I_I=O_o/I_o$$

式中，O_I代表一个人对自己所获报酬的感觉，I_I代表一个人对自己所做投入的感觉，O_o代表这个人对其比较对象所获报酬的感觉，I_o代表这个人对其比较对象所做投入的感觉。这里的比较对象不仅仅是针对同事等人的横向比较，也包括自己现在与过去的纵向比较。显然，如果两者相等就会产生公平感，员工激励程度高；反之，则会产生不公平感。

3. 不公平的心理行为

当人们感觉受到不公平待遇时，心里会感觉苦恼，呈现紧张不安的状态，导致行为动机下降，工作效率下降，甚至出现逆反行为。亚当斯认为，个体为了消除不安，一般会采取以下行为措施。

(1) 改变自己的所得或投入。当员工发现自己与比较对象相比，所获报酬低于对方，必然会要求提高自己的所得。这种要求很难实现时，就会降低自己的投入，也就是所谓的“磨洋工”。

(2) 改变别人的所得或投入。当不公平感产生时，就会有一种内在的心理张力，去推动方程式两边平衡，从而力图改变别人的投入或所得。

(3) 改变参考对象。不公平感源自与别人的比较，有些人以己之短与别人的长处相比较，徒增烦恼。换一个参考对象，不公平感就会减少。

(4) 改变环境。当所处环境让员工充满不公平感而不能消弭或者减少时，员工会考虑工作轮换或者换份工作。

(二) 对公平理论的评价

公平理论为管理者公平对待每一位职工提供了一种分析、处理问题的方法，具有较大的启示意义。员工的横向比较或纵向比较客观存在，并且这种比较往往基于个人的主观感觉，因此，管理者要多做正确的引导，让职工有公平感。事实表明，员工的公平感不仅对员工个体行为有直接影响，而且还将通过个体行为影响整个组织的积极性。在组织管理中，管理者要着力营造一种公平的氛围，必须遵循公平、公正原则，积极提高员工的公平感。

此外，公平理论提出的基本观点是客观存在的，但公平本身却是一个相当复杂的问题，主要是因为公平与个人的主观判断有关。心理学研究表明，人们都有自利倾向，总是对自己的投入估计过高，对别人的投入估计过低。

案例分析

亨利的困惑

亨利已经在数据系统公司工作了5个年头。在这期间，他从普通编程员升到了资深的程序编制分析员。他对自己所服务的这家公司相当满意，被工作上的创造性要求所激励。

一个周末的下午，亨利和他的朋友及同事迪安一起打高尔夫球。他了解到他所在的部门新招聘了一位刚从大学毕业的程序编制分析员。尽管亨利是个好脾气的人，但当他听说这位新来的同事起薪仅比他现在的工资少30美元时，不禁发火了。亨利迷惑不解，他感到这里一定有问题。

周一的早上，亨利找到人事部主任埃德华，问他自己听说的事是不是真的。埃德华带有歉意地说，确实有这么回事。他试图向亨利解释公司的处境：“亨利，程序编制分析员的市场相当紧俏，为了使公司能吸引合格的人员，我们不得不提供较高的起薪。我们非常需要增加一名程序编制分析员，因此我们只能这么做。”

亨利问能否相应调高他的工资，埃德华回答说：“你的工资需按照正常的绩效评估时间评定后再调。你干得非常不错！我相信老板到时会给你提薪的。”亨利向埃德华道了声：“打扰了！”便离开了他的办公室，边走边不停地摇头，对自己在公司的前途感到疑虑。

分析：本案例描述的事情会对亨利产生什么影响？公司应对亨利采取什么措施？

第四节 改造型激励理论

在激励理论中，内容型激励理论着重研究人的行为产生的原因，从需要和动机的角度来探讨调动积极性的问题；过程型激励理论则着重研究人的行为激励的内部过程；而改造型激励理论不仅考虑积极行为的引发和保持，更着眼于消极行为的改造和转化。本节主要介绍强化理论。

一、强化理论

强化的概念最早是由俄国生理学家巴甫洛夫进行条件反射实验时提出的，几乎是同时，桑代克(E. L. Thorndike)发现了对人和动物的学习起决定作用的效果率，即在机体自动发生的许多行为中，凡是导致满意后果的行为便被保存下来，而带来烦恼后果的行为则被淘汰。美国心理学家斯金纳(B. F. Skinner)在巴甫洛夫强化概念和桑代克效果率的基础上，进一步发展了强化学说。斯金纳认为控制行为的因素是外部强化物，获得行为结果之后如果能有一个强化物对此加以肯定，这种行为的重复频率就会增加。由此，只要安排好一种被称为强化的特殊形式的后果，就可以几乎随意地塑造一个有机体的行为。巴甫洛夫提出的条件反射称为经典条件反射，斯金纳的条件反射则是操作条件反射。

小知识

操作条件反射实验

斯金纳通过实验提出操作条件反射理论。他的实验是以著名的斯金纳箱为基础进行的。斯金纳箱的主要构造包括可以按压的杠杆及食物盘。以白鼠为实验对象，箱内白鼠处于饥饿状态，偶然碰到杠杆，与杠杆相连的食物盘就出现一粒食物，白鼠便得到食物。经过这样多次“自发地”按压杠杆的操作与食物的结合，白鼠学会用按压杠杆得到食物。

斯金纳随后在斯金纳箱内加了两个灯：红灯和绿灯。红灯亮时，压杠杆得到食物；绿灯亮时，压杠杆不能得到食物。随着得不到食物次数的增加，白鼠按压杠杆的次数减少，最后就不再去按压杠杆。后来，莫勒按照同样的原理进行实验：只要白鼠踏上通电的踏板就会受到电击，从而产生回避反应，逐渐地白鼠就再也不去踏踏板。

操作条件反射实验得到的结论为：强化是建立条件反射的关键因素，随着强化次数的增加，条件反射得到巩固；不强化时则条件反射消退，恢复至自然状态。

强化主要有4种类型：正强化、负强化、自然消退和惩罚。

(一) 正强化

正强化又称积极强化。当在环境中增加某种刺激，有机体反应概率增加，这种刺激就是正强化。例如，当饥饿的白鼠按动开关时给予食物，食物便是正强化物。在工作生活中，当人们采取某种行动时，能从他人那里得到某种令其感到愉快的结果，这种结果反过来又成为推进人们趋向或重复此种行动的力量。例如，企业用某种具有吸引力的结果(如奖金、休假、晋级、认可、表扬等)表示对职工努力进行安全生产的行为的肯定，从而强化职工进一步遵守安全规程进行安全生产的行为。

(二) 负强化

负强化又称消极强化。当某种刺激在有机体环境中消失时，反应概率增加，这种刺激便是负强化，是有机体力图避开的刺激。例如，当处于电击状态下的白鼠按动开关时停止电击，白鼠按动开关的行为增加，停止电击就是负强化。在企业中，若员工能按所要求的方式行动，就可减少或消除令人不愉快的处境，从而也增大了员工符合要求的行为重复出现的可能性。例如，企业安全管理人员告知员工不遵守安全规程就要受到批评，甚至得不到安全奖励，于是员工为了避免此种不期望的结果，而认真按操作规程进行安全作业。

(三) 自然消退

自然消退又称衰减，是指对原先可接受的某种行为强化的撤销。由于在一定时间内不予强化，此行为将自然下降并逐渐消退。例如，企业曾对员工加班加点完成生产定额给予奖励，后经研究认为这样不利于职工的身体健康和企业的长远利益，因此不再给予奖励，从而使加班加点的员工逐渐减少。

(四) 惩罚

惩罚是指施加威胁性和令人生厌的刺激，以消除员工的某些行为。例如，批评、罚款、降薪降职、开除等手段的运用，就是对某些不符合要求的行为的否定并使这种行为不再发生。

值得一提的是，负强化容易与惩罚混淆。凡是能够减弱行为或降低反应频率的刺激或事件叫作惩罚；负强化不同于惩罚的概念，正强化与负强化都有加强行为的效用，惩罚是制止某种不当行为，这是惩罚与负强化的主要区别。 惩罚和自然消退的目的都是减少和消除不期望发生的行为。上述4种类型的强化相互联系、相互补充，构成了强化的体系，并成为一种制约或影响人的行为的特殊环境因素。

案例分析

老人与孩子

有个小区附近有一片开阔土地，不知从哪天起，出现一群踢球的孩子，隔三差五来踢球。本来安静的地方一下就热闹了，孩子们的吵闹声、喧哗声和踢球的砰砰声，让附近的居民不堪其扰。有人上去劝阻，说你们在这里踢球太吵了，让我们不得安宁，去别的地方踢吧。没有一个孩子理他，每天照踢不误。这人大为恼怒，甚至把孩子们的球都扔了。结果呢，第二天孩子们继续来。而且，为了报复，踢球的声音反而更大了。居民们都不知如何是好。有一位老人说道，我来想个办法试一试吧。

第二天，老人来到球场，对孩子们说，你们踢得真棒啊！我们老人寂寞，就爱看你们踢球玩儿，如果你们天天来踢球给我们看，我们每天给你们每人一块钱。孩子们想，出来踢球玩儿，还能挣钱，这个不错啊！就天天来踢。隔了几天，老人说，孩子们，我们都是老人，钱也不多，时间长了负担不起，可不可以降到每人五毛钱啊？孩子们想了想，五毛就五毛，有总比没有强吧！就答应了，每天仍然来快乐地踢球。可是，又隔了几天，老人再次说道，孩子们，我们没钱了，所以从今天开始，我们一分钱都不会给你们了，但是我们仍然欢迎你们来这里，免费踢球给我们看。这话一说，孩子们就不高兴了，从开始的一块钱降到五毛钱，我们忍了，现在一分钱不出，还要观看免费的球赛，我们才不干呢！孩子们一致决定：不踢了！从此这帮孩子再也没有出现在这个地方。

分析：本案例中，老人巧妙地运用了哪种强化方式？

二、对强化理论的评价

强化理论有助于对人们行为的理解和引导，因为一种行为必然会有后果，而这些后果在一定程度上会决定这种行为是否重复发生。管理人员的职责就在于通过正负强化手段去控制和影响职工的自愿行为。为此，管理人员为使某种行为重复出现，就应采取正强化的办法加以控制；如果要消除某些不利行为，就采取惩罚的办法使之削弱。这种控制和改造职工的行为并不是对职工进行操纵，相反，它使职工有一个最好的机会在各种明确规定的备择方案中进行选择。

不能忽略的是，强化理论过分依赖外在的强化物来控制人的行为，而无视人的情感、态度、愿望和已有的经验等心理变量对人的行为所产生的影响。华生在《行为主义》一书中写道："给我一打健康的儿童，如果在由我所控制的环境中培养他们，不论他们前一辈的才能、爱好、倾向、能力、职业和种族情况如何，我保证将其中任何一个人训练成我所选定的任何一种专家——医生、律师、艺术家、富商，甚至乞丐和盗贼。"强化的确是塑造行为的重要因素，但极少有学者认为它是唯一的因素。因此，管理者在运用正强化或惩罚等强化方式时必须注意，强化本身并不是目的。

【专栏8-6】

伯尔赫斯·弗雷德里克·斯金纳(Burrhus Frederic Skinner，1904—1990)，美国心理学家，新行为主义学习理论的创始人，也是新行为主义的主要代表。1904年3月20日出生于美国宾夕法尼亚州萨斯奎汉纳，1931年获哈佛大学心理学博士学位，1947年担任哈佛大学心理学系终身教授，1990年8月18日逝世于马萨诸塞州坎布里奇。斯金纳在心理学研究方面的成就卓著，他发展了巴甫洛夫和桑代克的研究，揭示了操作条件反射的规律。他设计的用来研究操作条件反射的实验装置斯金纳箱被世界各国心理学家和生物学家广泛采用。他在哈佛大学的鸽子实验室名垂青史。他根据对操作条件反射和强化作用的研究发明了教学机器，并设计了程序教学方案，对美国教育产生了深刻影响，被誉为"教学机器之父"。为表彰斯金纳在心理科学方面做出的重大贡献，1958年美国心理学会授予他"卓越科学贡献奖"。1968年，他荣获美国国家科学奖章，这是美国最高级别的科学奖励。1971年，美国心理学基金会授予他一枚金质奖章。1990年8月10日，美国心理学会授予他"心理学毕生贡献奖"荣誉证书。8天后，斯金纳去世。

斯金纳一生著作很多，自1930年以来发表了百余篇论文并出版了12本专著。他的主要著作有《有机体的行为：一种实验的分析》《科学与人类行为》《言语行为》《学习的科学和教学的艺术》《教学机器》《强化时间表》。这些著作全面阐述了操作行为主义理论及其在教学领域中的应用。此外，他出版了小说《沃尔登第二》《自由与人类的控制》《超越自由与尊严》，这些作品曾在美国社会中引起巨大反响和激烈争论。

本章小结

激励就是激发、鼓励之意。激发是指通过某些刺激使人发奋。激励就是激发动机，形成动力，鼓励行为。从广义上来讲，激励就是调动人的积极性和创造性；从狭义上来讲，激励是一种能使人们将外来刺激内化为自觉行为的刺激，促使其完成任务的行为处于高度激活状态的影响某些心理需求的外在因素。

需要的产生有赖于个体当时的生理状态、认知水平、社会情境等因素。

动机是指推动个体活动达到一定目的的内在动力和主观原因，是引发和维持个体活动的心理状态。个人的一切活动都是由一定动机所引发的，并指向一定的目的。动机是推动人去从事某种活动，指引活动去满足一定需要的意图、愿望、信念等，这种意图、愿望、信念等取决于目标能否以及在多大程度上满足人的需要。

基于需要、动机与行为的关系，将激励理论分为内容型激励理论、过程型激励理论和改造型激励理论。

内容型激励理论是从人的需要出发对激励问题进行研究，主要包括马斯洛的需要层次理论、赫兹伯格的双因素理论和麦克利兰的成就需要理论等。

过程型激励理论是从动机的产生到行为这一过程出发对激励问题进行研究，主要包括弗鲁姆的期望理论和亚当斯的公平理论。

改造型激励理论是从行为后果的状态出发对激励问题进行研究，提出如何消除或改变消极行为的措施，主要包括斯金纳的强化理论。

习 题

1. 内容型激励理论的主要观点有哪些？
2. 赫兹伯格认为激励因素有哪些？
3. 简述弗鲁姆的激励理论。
4. 斯金纳的激励理论对我们的激励工作设计有什么启示？

案例分析

杜竟远的困扰

杜竟远已经40岁了。回首工作以来的奋斗历程，他为自己早年艰苦而又自强不息的日子感叹。想当初自己没有稳定的工作就结了婚，妻子是位孤女，有父母留下的一幢虽然面积不小但很破旧的平房。妻子在待业中，两个人常为生计发愁。后来，杜竟远在某企业找到了一份固定的工作，并很快地被提拔为工段长，接着又成为车间主任，进而升为生产部部长。他记得那段日子对他个人和公司来说，都是极重要的转折点。他拼命地为公司工作，为自己是其中的一员感到自豪。他的付出也给他带来了丰厚的回报。现在他的工资收入已相当可观了，更重要的是，他在不断的提拔、升级中得到了让他感到自豪的权力和地位。

有段时间，他自己也沾沾自喜过，可最近细细想来，他觉得自己并没有什么成就，心里老是空落落的。企业一年比一年不景气，他是企业生产的总指挥官，很想在开发新产品方面为企业做出更大的贡献，可他在研究、开发和销售方面并没有什么权力。他多次给企业领导提议能否变革组织设计方式，使中层单位能统筹考虑产品的生产、销售及研究开发问题，以增强企业的活力和创新力，可领导一直没有这方面的想法。所以，杜竟远想换个单位，换个职务不要太高但能真正发挥自己潜能的工作，但是自己已步入中年了，“跳槽”又谈何容易。

问题：

1. 请运用有关激励理论，对杜竟远经历中所体现的个人需求的满足情况以及他目前的困惑心境进行分析。

2. 如果你是一家公司的总裁，而杜竟远有意“跳槽”到你的公司来工作，你应该在哪些方面采取措施以吸引他，并为他提供他所看重的激励？请说明具体理由。

案例分析

哈德森公司的工作表现奖金制

哈德森股份有限公司是美国中西部地区的一家帽子制造公司，公司由哈德森创建于60年前，目前由哈德森的女儿苏珊继任总经理。公司有23位管理人员、42位推销人员和300名全日制工人，对管理人员实行固定工资制，对销售人员实行定额销售报酬制，对工人则实行计时工资制。

近年来，帽子行业处境艰难，帽子市场日益萎缩。公司近两年来虽然与美国陆海军签订了几个合同，但也只能使公司勉强维持下来。

再过两个月，公司又要与代表工人的工会续签劳动合同了。该公司的职工已有两年没有增加工资，为此，工会坚决要求提高工人的工资。该公司工人现在的每小时工资要比其他公司低1美元。

苏珊责成公司人事经理草拟了一个方案，试图满足工会的要求，给工人提高工资，以求合理解决劳资关系。这个方案的基本要点如下。

(1) 把工人数量从现有的300人裁减到250人。

(2) 把工人原来的计时工资制改为工作表现奖金制。具体来说，就是重新制定每项工作的具体指标，对达到指标者付给一定的工资，对未达到生产指标者，则要从基本工资中扣除15%作为处罚；取消原来制作每顶帽子的奖金制，改为实行超产奖励制，如超过基本生产标准10%，则可拿到一定数目的奖金；如超过15%，则可领到更多的奖金。

同时，苏珊对即将续签的劳动合同增加了两项新的内容：一是在把现有职工削减至250人后，公司同意不再裁减工人；二是如果公司的年利润超过20万美元，公司将拿出其中10%的利润分配给职工。

工会已看过公司的方案，虽然尚有些保留意见，但可能会接受公司的建议。工会还声称，如果在商讨新合同签订期间工人的工资尚未提高20%的话，那么新的合同建议就得废除。

问题：

1. 试应用强化理论分析哈德森公司改革前的工资制度。
2. 哈德森公司对工人工资制度的改革遵循了哪种激励理论？
3. 你预测该公司在未来工作中会在职工激励方面遇到什么麻烦？

第九章

控制与控制过程

【导读】

控制是管理工作的重要职能之一，是保证计划顺利实施的重要保证，也是组织目标实现的保障。控制工作的内容主要包括确立目标、衡量绩效和纠正偏差。一个有效的控制系统能够保证各项行动的方向是组织的目标。确定控制系统有效性的标准是该系统在促进组织目标实现时的表现如何。控制系统越完善，管理者实现组织的目标就越容易。

【学习目标】

了解控制的含义和必要性；掌握控制的类型；把握控制的原理和原则；掌握控制过程和控制的基本方法。

【学习难点】

有效控制的特征和控制的基本方法。

【教学建议】

本章将从控制活动与控制过程两个角度来阐述控制的职能，建议结合案例进行内容讲授。

第一节　控制活动

一、控制的含义和必要性

(一) 控制的含义

控制是管理过程不可分割的一部分，是组织各级管理人员的一项重要工作内容。从管理学角度来说，控制是监督、检查工作是否按既定的计划、标准和方法进行，发现偏差，分析原因，进行纠偏，以保证组织目标实现的过程。这个含义包括3方面的内容：

(1) 控制的目的是保证既定计划或标准进行，目的性很强；

(2) 通过监督和纠偏来实现目标；

(3) 控制是一个过程，贯穿整个管理过程。

(二) 控制的必要性

斯蒂芬•罗宾斯曾这样描述控制的作用："尽管计划可以制订出来，组织结构可以调整得非常有效，员工的积极性也可以调动起来，但是这仍然不能保证所有的行动都按计划执行，不能保证管理者追求的目标一定能达到。"因此，控制功能是必要的，通过控制，既可检验各项工作是否按预定计划进行，并检验计划的正确性和合理性，又可调整行动或计划，使两者协调一致，实现组织的目标。控制的必要性主要由下述原因决定。

1. 组织环境的变化

组织所处的环境，上至宏观的国际环境，中到国内政治环境、经济环境、生态环境、行业环境等，小到微观的组织内部环境，无时无刻不在变化，时时刻刻影响组织的运行和发展。这就需要建立一个系统，通过获得相关信息来判断组织运行情况的状态是否符合组织目标的要求，出现问题及时纠正。

2. 管理权力的分散

随着组织成员的增加、组织规模的扩大，管理人员的直接控制变得越来越困难，需要进行纵向分工，形成组织的不同层级，授权成为其中一个必要的措施。因此，任何组织的管理权限都会制度化或非制度化地分散在各个管理部门和层次。组织分权程度越高，控制就越有必要。通过控制系统可以提供被授予了权力的员工的工作绩效信息和反馈，以保证授予他们的权力得到正确的利用，促使这些权力组织的业务活动符合计划与组织目标的要求。如果没有控制，没有为此而建立相应的控制系统，管理人员就不能检查下级的工作情况，即使出现权力不负责任的滥用或活动不符合计划要求等其他情况，管理人员也无法发现，更无法采取及时的纠正措施。

3. 工作能力的差异

即使组织制订了全面、完善的计划，经营环境在一定时期内也相对稳定，对经营活动的控制也仍然是必要的，这是由不同组织成员的认识能力和工作能力的差异所造成的。计划的实现要求每个部门的工作严格按计划的要求进行。然而，由于组织成员是在不同的时空进行工作的，他们的认识能力不同，对计划要求的理解可能发生差异。即使每个员工都能完全、正确地理解计划的要求，但由于工作能力的差异，他们的实际工作结果也可能在质和量上与计划要求不符。某个环节可能产生的这种偏离计划的现象，会对整个组织活动造成冲击。因此，加强对组织成员的工作控制是非常必要的。

二、控制理论

控制理论包含下列几个基本原理。

(1) 任何系统都是由因果关系链联结在一起的元素的集合，元素之间的这种关系就叫作耦合。控制论主要研究耦合运行系统的控制和调节。

(2) 为了控制耦合系统的运行，必须确定系统的控制标准 Z。控制标准 Z 的值是不断变化的某个参数 S 的函数，即 $Z=F(S)$。例如为了控制飞机的航行，必须确定航线，飞机在航线上的位置 S 的值是不断变化的，所以控制标准 Z 的值也必然是不断变化的。

(3) 可以通过对系统的调节来纠正系统输出与标准值Z之间的偏差，从而实现对系统的控制。

企业也是一个耦合运行系统。企业生产经营活动的全过程就是由严密的因果关系链联结起来的，无论是整个过程还是其中某个阶段、某个环节，为了得到一定的产出，就必须有一定的投入。通过控制投入生产过程的资金、人力、物资及管理和技术信息，就可控制企业生产经营活动的产出。

三、控制的类型

控制是管理的一种基本职能，根据控制工作的需要，可以按照不同的标准进行不同的划分。根据控制标准分类，可以分为程序控制、跟踪控制、自适应控制和最佳控制；根据控制对象或范围分类，可以分为生产(作业)控制、质量控制、成本控制和资金控制等；根据时机、对象和目的的不同分类，可以分为前馈控制、同期控制和反馈控制。下面重点介绍最后一种分类方法。

(一) 前馈控制

前馈控制是在企业生产经营活动开始之前进行的控制，其目的是防止问题的发生而不是当问题出现时再补救。前馈控制是管理者渴望采取的控制类型。

前馈控制的优点：前馈控制是预防式的，它作用于计划执行过程的输入环节，工作重点是防止所使用的各种资源在质和量上产生偏差，而非控制行动的后果；前馈控制面向未来，由于在工作开始之前进行，可防患于未然，克服了反馈控制中的事后控制因时间延迟对已铸成的差错无能为力的弊端；由于是在工作开展之前采取的措施，不是针对具体人员，因而不易造成对立面的冲突，易于被员工接受；适用于一切领域的所有工作。

前馈控制的困难：需要大量、及时和准确的信息，并要求管理人员充分了解前馈控制因素和计划工作的影响关系，相对来讲操作起来比较困难。

(二) 同期控制

同期控制又称现场或过程控制，是指企业经营过程开始以后，对活动中的人和事进行指导和监督，即主管人员在现场对正在进行的活动给予指导和监督，以保证组织的各项活动按计划进行。

这类控制工作是在活动进行中实施的控制，其纠正措施用于正在进行的计划过程，如果发现问题，立即提出建设性的建议。

对下属的工作进行同期控制，其作用有两个。

第一，可以指导下属采用正确的方法进行工作。指导下属的工作，培养下属的能力，这是每一个管理者的重要职责。现场监督可以使上级有机会当面解释工作的要领和技巧，纠正下属错误的作业方法与过程，从而提高员工的工作能力。

第二，可以保证计划的执行和计划目标的实现。通过同期控制，可以使管理者随时发现下属在活动中与计划要求相偏离的现象，从而将问题消灭在萌芽状态，或者避免已经产生的问题对企业不利影响的扩散。

(三) 反馈控制

反馈控制又称成果控制或事后控制，是指一个时期的生产经营活动已经结束以后，对本期的资源利用状况及其结果进行总结。由于这种控制是在经营过程结束以后进行的，因此，不论其分析如何中肯，结论如何正确，对于已经形成的经营结果来说都是无济于事的，无法改变已经存在的事实。反馈控制的主要作用甚至可以说是唯一作用是通过总结过去的经验和教训，为未来计划的制订和活动的安排提供借鉴。

常见的反馈控制主要包括财务分析、成本分析、质量分析以及职工成绩评定等内容。

(1) 财务分析的目的是通过分析反映资金运动过程的各种财务资料，了解本期资金占用和利用的结果，弄清企业的盈利能力、偿债能力、维持运营的能力以及投资能力，以指导企业在下期活动中调整产品结构和生产方向，决定缩小或扩大某种产品的生产。

(2) 成本分析是通过比较标准成本(预定成本)和实际成本，了解成本计划的完成情况，通过分析成本结构和各成本要素的情况，了解材料、设备、人力等资源的消耗与利用对成本计划执行结果的影响程度，以找出降低成本、提高经济效益的潜力。

(3) 质量分析是通过研究质量控制系统收集的统计数据，判断企业产品的平均等级系数，了解产品质量水平与其费用要求的关系，找出企业质量工作的薄弱环节，为组织下期生产过程中的质量管理和确定关键的质量控制点提供依据。

(4) 职工成绩评定是通过检查企业员工在本期的工作表现，分析他们的行动是否符合预定要求，判断每个职工对企业在劳动数量和质量方面做出的贡献。成绩评定不仅为企业确定付给职工的报酬(物质或精神上的奖惩)提供了客观的依据，而且职工会通过对报酬公平与否的判断，影响他们在下期工作中的积极性。公开报酬的前提是公开评价，这种评价要求以对职工表现的客观认识和组织对每个人的工作要求为依据。

小知识

扁鹊论医术

扁鹊，传说是黄帝时代的名医。一天，魏文王问名医扁鹊：“你们家兄弟三人，都精于医术，到底哪一位最好呢？”扁鹊答说：“长兄最好，中兄次之，我最差。”文王再问：“那么为什么你最出名呢？”扁鹊答说：“我长兄治病，是治病于病情发作之前。由于一般人不知道他事先能铲除病因，所以他的名气无法传出去，只有我们家的人才知道。我中兄治病，是治病于病情初起之时。一般人以为他只能治轻微的小病，所以他的名气只及于本乡里。而我扁鹊治病，是治病于病情严重之时。一般人都看到我在经脉上穿针管来放血、在皮肤上敷药等大手术，所以以为我的医术高明，名气因此响遍全国。”文王说：“你说得好极了。”

事后控制不如事中控制，事中控制不如事前控制，可惜大多数的管理者均未能体会到这一点，等到错误的决策造成了重大的损失才寻求弥补，则是亡羊补牢，为时已晚。

控制要以预防为主，在问题源头上控制最经济；控制还要对症下药，采取措施要与工作性质及后果相关；如果出现重大问题，则要勇于通过重大措施来进行纠偏。国家管理与企业管理在重大决策时应采取事前控制，防患于未然，如果出现重大问题才寻求弥补，就需要花费很大的代价，如果力图在运行的初始阶段就预计到可能发生的问题并采取措施，那么就能够避免更大的损失。

第二节　控制过程

控制是根据计划的要求设立衡量绩效的标准，然后把实际工作结果与预定标准相比，以确定组织活动中出现的偏差及其严重程度。在此基础上，有针对性地采取必要的纠正措施，以确保组织资源的有效利用和组织目标的圆满实现。控制的过程包括3个基本环节：确立绩效标准、衡量成效、纠正偏差。

一、确立绩效标准

标准是人们检查和衡量工作及其结果(包括阶段结果与最终结果)的规范。制定标准是进行控制的基础，没有一套完整的标准，衡量绩效或纠正偏差就失去了客观依据。

(一) 确定控制对象

标准的具体内容涉及需要控制的对象。经营活动的成果是需要控制的重点对象。控制工作的最初始动机就是促进企业有效地取得预期的活动结果。因此，要分析企业需要什么样的结果，这种分析可以从营利性、市场占有率等多个角度来进行。确定了企业活动需要的结果类型之后，要对它们加以明确的、尽可能定量的描述，即规定需要的结果在正常情况下希望达到的状况和水平。

要保证企业取得预期的结果，必须在成果最终形成以前进行控制，纠正与预期成果的要求不相符的活动。因此，需要分析影响企业经营结果的各种因素，并把它们列为需要控制的对象。影响企业在一定时期经营成果的主要因素如下。

1. 关于环境特点及其发展趋势的假设

企业在特定时期的经营活动是根据决策者对经营环境的认识和预测来计划和安排的。如果预期的市场环境没有出现，或者企业外部发生了某种无法预料和抗拒的变化，那么原来计划的活动就可能无法继续进行，从而难以为组织带来预期的结果。因此，应将制订计划时所依据的对经营环境的认识作为控制对象，列出其具体标志或标准。

2. 资源投入

企业经营成果是通过对一定资源的加工转换得到的，没有或缺乏这些资源，企业经营就会成为无源之水、无本之木。投入的资源不仅会在数量和质量上影响经营活动按期、按量、按要求进行，从而影响最终的物质产品，而且其取得费用会影响生产成本，从而影响经营的盈利程度。因此，必须对资源投入进行控制，使之在数量、质量和价格等方面符合预期经营成果的要求。

3. 组织的活动

投入生产经营过程中的各种资源不可能自然形成产品，企业经营成果是通过全体员工在不同时间和空间上利用一定的技术和设备对不同资源进行不同内容的加工劳动才最终得到的。企业员工的工作质量和数量是决定经营成果的重要因素，因此，必须使企业员工的活动符合计划和预期结果的要求。为此，必须建立员工的工作规范、各部门和各员工在各个时期的阶段成果的标准，以便对其活动进行控制。

(二) 选择控制重点

企业无法也没必要对所有成员的所有活动进行控制，只能在影响经营成果的众多因素中选择若干关键环节作为重点控制对象。根据不同企业的经营状况和性质等决定选择控制的重点。

(三) 制定标准的方法

控制的对象不同，为它们建立标志正常水平的标准的方法也不一样。一般来说，企业可以采用的制定标准的方法有下列3种。

1. 统计性标准

统计性标准也称历史性标准，是以分析反映企业经营在历史上各个时期状况的数据为基础来为未来活动建立的标准。这些数据可能来自本企业的历史统计，也可能来自其他企业的经验，常用的有统计平均值、极大(或极小)值和指数等。统计方法常用于拟订与企业的经营活动和经济效益有关的标准。

2. 根据评估建立标准

实际上，并不是所有工作的质量和成果都能用统计数据来表示，也不是所有的企业活动都保存着历史统计数据。对于新从事的工作或对于缺乏统计资料的工作，可以根据管理人员的经验、判断和评估来为之建立标准。一般是作为统计方法和工程方法的补充。

3. 工程标准

工程标准是以通过对工作情况进行客观的定量分析来建立的。比如，机器的产出标准是设计者计算的正常情况下被使用的最大产出量；工人操作标准是劳动研究人员在对构成作业的各项动作和要素的客观描述与分析的基础上，经过消除、改进和合并而确定的标准作业方法；劳动时间定额是利用秒表测定的受过训练的普通工人以正常速度按照标准操作方法对产品或零部件进行某个(些)工序的加工所需的平均必要时间。

二、衡量绩效

企业经营活动中的偏差如能在产生之前就被发现，则可指导管理者预先采取必要的措施以求避免，这种理想的控制和纠偏方式虽然有效，但在现实中被采用的可能性不是很高。并非所有的管理人员都有远见卓识，同时也并非所有的偏差都能在产生之前被预见。在这种限制条件下，最满意的控制方式应是必要的纠偏行动能在偏差产生以后迅速采取。为此，要求管理者及时掌握反映偏差是否产生并能判定其严重程度的信息。用预定标准对实际工作成效和进度进行检查、衡量和比较，就是为了提供这类信息。

为了及时、正确地提供能够反映偏差，同时又符合控制工作在其他方面的要求的信息，管理者在衡量工作成绩的过程中应注意以下几个方面。

（一）通过衡量成绩，检验标准的客观性和有效性

衡量工作成效是以预定的标准为依据的，但利用预先制定的标准去检查各部门在各个阶段的工作，这本身也是对标准的客观性和有效性进行检验的过程。

衡量过程中的检验就是要辨别并剔除这些不能为有效控制提供必要信息、容易产生误导作用的不适宜标准。

（二）确定适宜的衡量频度

控制过多或不足都会影响控制的有效性。这种过多或不足不仅体现在控制对象和标准数目的选择上，而且表现在对同一标准的衡量次数或频度上。对影响某种结果的要素或活动过于频繁的衡量，不仅会增加控制的费用，而且可能引起有关人员的不满，从而影响他们的工作态度；而检查和衡量的次数过少，则可能使许多重大的偏差不能及时发现，从而不能及时采取措施。

（三）建立信息管理系统

负有控制责任的管理人员只有及时掌握反映实际工作与预期工作绩效之间偏差的信息，才能迅速采取有效的纠正措施，不精确、不完整、过多或延误的信息将会严重地阻碍他们的行动。通常，并不是所有的衡量绩效的工作都是由主管直接进行的，有时需要借助专职的检测人员。然而，管理人员所接受的信息通常是零乱的、彼此孤立的，并且难免混杂一些不真实、不准确的信息。因此，应该建立有效的信息管理系统，通过分类、比较、判断、加工，提高信息的真实性和清晰度，将杂乱的信息变成有序的、系统的、彼此紧密联系的信息，并将反映实际工作情况的信息适时地传递给适当的管理人员，使之能与预定标准相比较，及时发现问题。

有效的信息管理系统还应能及时将偏差信息传递给与被控制活动有关的部门和个人，以使他们及时知道自己的工作状况、为什么错了，以及需要怎样做才能更有效地完成工作。建立这样的信息管理系统，不仅更有利于保证预定计划的实施，而且能防止基层工作人员把衡量和控制视作上级检查工作、进行惩罚的手段，从而避免产生抵触情绪。

三、纠正偏差

利用科学的方法，依据客观的标准，通过对工作绩效的衡量，可以发现计划执行中出现的偏差。纠正偏差就是在此基础上分析偏差产生的原因，制定并实施必要的纠正措施。这项工作使控制过程得以完整，并将控制与管理的其他职能相互联结。通过纠偏，使组织计划得以实施，使组织机构和人事安排得到调整，使领导活动更加完善。为了保证纠偏措施的针对性和有效性，必须在制定和实施纠偏措施的过程中注意以下几个方面。

(一) 找出偏差产生的主要原因

并非所有的偏差都可能影响企业的最终成果。有些偏差可能反映了计划制订和执行工作中的严重问题，而另一些偏差则可能是由一些偶然的、暂时的、局部性因素引起的，不一定会对组织活动的最终结果产生重要影响。因此，在采取纠正措施以前，必须首先对反映偏差的信息进行评估和分析。首先，要判断偏差的严重程度，是否足以构成对组织活动效率的威胁，从而判断是否值得去分析原因，采取纠正措施；其次，要探寻导致偏差的主要原因。

纠正措施的制定是以对偏差原因的分析为依据的，而同一偏差则可能由不同的原因造成：销售利润的下降既可能是因为销售量的降低，也可能是因为生产成本的提高。前者既可能是因为市场上出现了技术更加先进的新产品，也可能是由于竞争对手采取了某种竞争策略或是企业产品质量下降；后者既可能是原材料、劳动力消耗和占用数量的增加，也可能是由于购买价格的提高。不同的原因要求采取不同的纠正措施。要通过评估反映偏差的信息，分析影响因素，透过表面现象找出造成偏差的深层原因，在众多的深层原因中找出最主要者，为纠偏措施的制定指明方向。

(二) 确定纠偏措施的实施对象

如果偏差是由于绩效的不足而产生的，管理人员就应该采取纠偏行动，可以调整企业的管理战略，也可以改变组织结构，还可以制订更完善的选拔和培训计划或更改领导方式。但是，在有些情况下，需要纠正的可能不是企业的实际活动，而是组织活动的计划或衡量这些活动的标准。大部分员工没有完成劳动定额，可能不是由于全体员工的抵制，而是定额水平太高；经营者的兑现收入可高达数万甚至数十万元，是普通工人的数倍或数十倍，可能不是由于经营者付出的努力是普通工人的数倍或数十倍，而是由于基数不恰当或确定经营者收入的挂钩方法不合理；企业产品销售量下降，可能并不是由于质量劣化或价格不合理，而是由于市场需求的饱和或周期性的经济萧条。在这些情况下，首先要改变的不是或不仅是实际工作，而是衡量这些工作的标准或指导工作的计划。

预定计划或标准的调整是由两种原因决定的：一是原先的计划或标准制定得不科学，在执行中发现了问题；二是原来正确的标准和计划，由于客观环境发生了预料不到的变化，不再适应新形势的需要。负有控制责任的管理者应该认识到，外界环境发生变化以后，如果不对预先制定的计划和行动准则进行及时调整，那么，即使内部活动组织得非常完善，企业也不可能实现预定目标。例如，消费者的需求偏好发生转移，这时，企业的产品质量再好，功能再完善，生产成本、价格再低，依然不可能找到销路，不会给企业带来期望利润。

(三) 选择恰当的纠偏措施

针对产生偏差的主要原因，就可以制定改进工作或调整计划与标准的纠正方案。纠偏措施的选择和实施过程中要注意以下几个方面。

1. 使纠偏方案双重优化

纠正偏差，不仅可以选择不同的实施对象，而且对同一对象的纠偏也可采取多种不同的措施。是否采取措施，要视采取纠偏措施带来的效果是否大于不纠偏的损失而定，如果行动的费用超过偏差带来的损失，最好的方案也许是不采取任何行动，这是纠偏方案选择过程中的第一重优化。第二重优化是在此基础上，通过对各种经济可行方案的比较，找出其中追加投入最少、解决偏差效果最好的方案来组织实施。

2. 充分考虑原先计划实施的影响

由于对客观环境的认识能力提高，或者由于客观环境本身发生了重大变化而引起的纠偏需要，可能会导致对原先计划与决策的局部甚至全局的否定，从而要对企业活动的方向和内容进行重大的调整。这种调整有时被称为追踪决策，即当原有决策的实施表明将危及决策目标的实现时，对目标或决策方案所进行的一种根本性修正。

追踪决策是相对于初始决策而言的。初始决策是所选定的方案尚未付诸实施，没有投入任何资源，客观对象与环境尚未受到人的决策的影响和干扰，因此是以零为起点的决策。进行重大战略调整的追踪决策则不然，企业外部的经营环境或内部的经营条件已经由于初始决策的执行而有所改变，是“非零”起点。因此，在制定和选择追踪决策的方案时，要充分考虑随着初始决策的实施已经消耗的资源，以及这些消耗对客观环境造成的种种影响。

3. 注意消除阻力，使纠偏能够顺利进行

任何纠偏措施都会在不同程度上引起组织的结构、关系和活动的调整，从而影响某些组织成员的利益，不同的组织成员会因此而对纠偏措施持不同态度，特别是纠偏措施属于对初始决策和活动进行重大调整的追踪决策时。虽然一些原先反对初始决策的人会幸灾乐祸，甚至夸大初始决策的失误，反对保留其中任何合理的成分，但更多的人对纠偏措施持怀疑和反对的态度。初始决策的制定者和支持者因害怕改变决策标志着自己的失败，从而会公开或暗地里反对纠偏措施的实施；执行初始决策、从事具体活动的基层工作人员则会对自己参与的已经形成的或开始形成的活动结果怀有感情，或者担心调整会使自己失去某种工作机会，影响自己的既得利益，而极力抵制任何重要纠偏措施的制定和执行。因此，控制人员要充分考虑到组织成员对纠偏措施的不同态度，特别要注意消除执行者的疑虑，使纠偏措施的执行得到更多人的理解、赞同和支持，避免在纠偏方案的实施过程中可能出现的人为障碍。首先，纠偏的根本目的是总结得失，让工作更加科学、合理地进行；其次，要对前期工作进行适当追责，尤其是领导人员要勇于承认失误；最后，纠偏要优化组织和流程。

第三节　有效控制

控制的目的是保证企业活动符合计划的要求，以有效地实现预定目标，但是，并不是所有的控制活动都能达到预期的目的，有效的控制应具有下述特征。

一、适时控制

企业经营活动中产生的偏差只有及时采取措施加以纠正，才能避免偏差的扩大或防止偏差对企业不利影响的扩散。及时纠偏，要求管理人员及时掌握能够反映偏差产生及其严重程度的信息。如果等到偏差已经非常明显，且对企业造成了不可挽回的影响后，反映偏差的信息才姗姗来迟，那么，即使这种信息是非常系统、绝对客观、完全正确的，也不可能对纠正偏差带来任何指导作用。

纠正偏差的最理想方法应该是在偏差未产生以前，就注意到偏差产生的可能性，从而预先采取必要的防范措施，防止偏差的产生。

预测偏差的产生，虽然在实践中有许多困难，但在理论上是可行的，可以通过建立企业经营状况的预警系统来实现。可以为需要控制的对象建立一条警戒线，反映经营状况的数据一旦超过这个警戒线，预警系统就会发出警报，提醒人们采取必要的措施防止偏差的产生和扩大。

预警系统模型如图9-1所示，其中，纵轴表示反映产品某个质量特征或某项工作质量完善程度的数值，横轴表示取值(即进行控制)的时间，中心线CL表示反映质量特征的标准状况，UCL和LCL分别表示上、下警戒线。如果反映质量特征的数据始终分布在CL周围，则表示质量在控制中，一旦越过UCL和LCL，则表示出现了质量问题。在这以前，质量控制人员就应引起警惕，注意质量变化的趋势，并制定或采取必要的纠正措施。

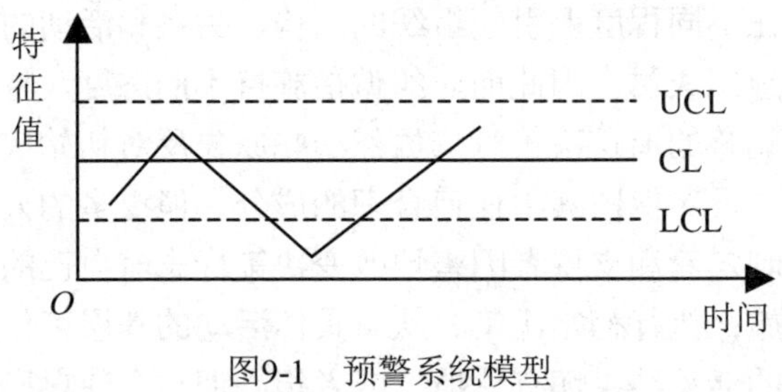

图9-1　预警系统模型

二、适度控制

适度控制是指控制的范围、程度和频度要恰到好处。这种恰到好处的控制要注意以下几个方面的内容。

(一) 防止控制过多或控制不足

控制常给被控制者带来某种不愉快，但是如果缺乏控制则可能导致组织活动的混乱。有效的控制应该既能满足对组织活动监督和检查的需要，又要防止与组织成员发生强烈的冲突，适度的控制应能同时体现以下两个方面的要求。

一方面，要认识到过多的控制会对组织中的人造成伤害，对组织成员行为的过多限制会扼杀他们的积极性、主动性和创造性，会抑制他们的创新精神，从而影响个人能力的发展和工作热情的提高，最终会影响企业的效率。

另一方面，也要认识到过少的控制将不能使组织活动有序地进行，不能保证各部门活动进度和比例的协调，将会造成资源的浪费。此外，过少的控制还可能使组织中的个人无视组织的要求，我行我素，不提供组织所需的贡献，甚至利用在组织中的便利地位谋求个人利益，最终导致组织的涣散和崩溃。

控制程度与否适当受到许多因素的影响，判断控制程度或频度是否适当的标准，通常要随活动性质、管理层次以及下属受培训程度等因素而变化。此外，企业环境的特点也会影响人们对控制严厉程度的判断。例如，在市场疲软时期，为了共渡难关，部分职工会同意接受比较严格的行为限制，而在经济繁荣时期则希望工作中有较大的自由度。

(二) 处理好全面控制与重点控制的关系

任何组织都不可能对每一个部门、每一个环节的每一个人在每一时刻的工作情况进行全面的控制。由于存在对控制者再控制的问题，这种全面控制甚至会造成组织中控制人员远远多于现场作业者的现象。

适度控制要求企业在建立控制系统时，利用ABC分析法和例外原则等工具找出影响企业经营成果的关键环节和关键因素，并据此在相关环节上设立预警系统或控制点，进行重点控制。选择关键控制点是一条比较重要的控制原则，有了这类标准，主管人员便可以管理一大批下属，从而扩大管理幅度，达到节约成本和改善信息沟通的效果，同时也使主管人员在有限的时间内，花费有限的精力做出更加有成效的业绩。

(三) 使花费一定费用的控制得到足够的控制收益

任何控制都需要花费一定的费用，衡量工作成绩、分析偏差产生的原因，以及为了纠正偏差而采取的措施，都需支付一定的费用。同时，任何控制由于纠正了组织活动中存在的偏差，都会带来一定的收益。图9-2说明了控制费用与收益是如何随控制程度而变化的。

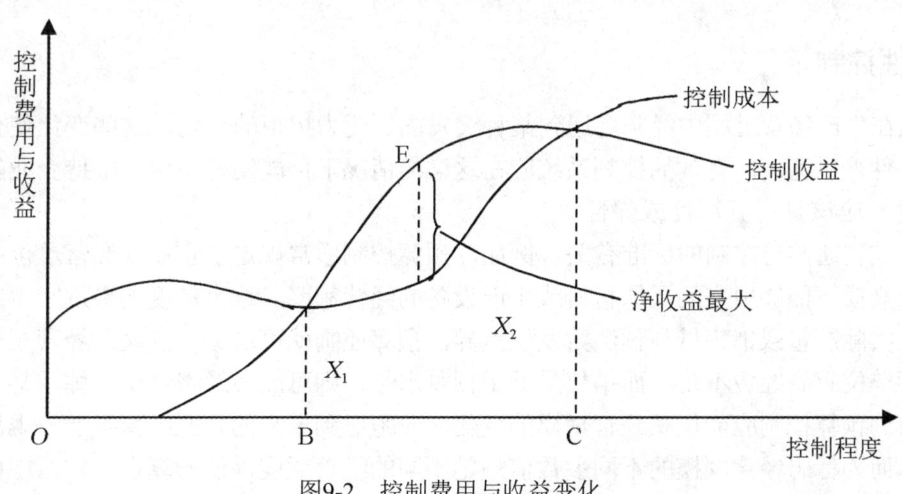

图9-2　控制费用与收益变化

由图9-2可以看出，控制费用基本上随着控制程度的提高而增加，控制收益的变化则比较复杂。在初始阶段，较小范围和较低程度的控制不足以使企业管理者及时发现和纠正偏差，因此控制费用可能会高于产生的收益。随着控制范围的扩大和控制程度的提高，控制的效率会有所改善，能指导管理者采取措施纠正一些重要的偏差，从而使控制收益能逐渐补偿并超过控制费用。图中，控制成本和收益曲线在X_1到X_2点的变化便反映了这种情况，在E点，控制净收益达到最大。在X_2点，控制收益与控制费用曲线再度相交，自此点开始，控制所需的费用重新超过其收益。之所以会出现这种情况，是因为组织活动的主要偏差在X_2点以前已经解决，这以后的控制只能解决一些次要的、影响不大的问题，因此带来的收益甚小。同时，由于过度的控制会抑制组织成员的工作积极性，从而影响劳动生产率和经济效益的提高。

从理论上讲，控制程度在与X_1和X_2相对应的B、C两点之间为适度控制；低于B点，为控制不足；高于C点，为控制过剩。虽然在实践中企业很难确定各种控制的费用与收益之比，但这种分析告诉我们，过多的控制并不总能带来较高的收益，企业应根据活动的规模特点和复杂程度来确定控制的范围和频度，建立有效的控制系统。

三、客观控制

控制工作应该针对企业的实际状况，采取必要的纠偏措施，或促进企业活动沿着原先的轨道继续前进。因此，有效的控制必须是客观的、符合企业实际的。客观的控制源于对企业经营活动状况及其变化的客观了解和评价。为此，控制过程中采用的检查、测量的技术和手段必须能正确地反映企业经营时空上的变化程度和分布状况，准确地判断和评价企业各部门、各环节的工作与计划要求的相符或相背离程度，这种判断和评价的正确程度还取决于衡量工作成效的标准是否客观和恰当。为此，企业还必须定期检查过去规定的标准和计算规范，使之符合现时的要求。另外，由于管理工作带有许多主观成分，因此，对一名下属人员的工作是否符合计划要求，不应不切实际地加以主观评定，只要是凭主观来控制的地方，都会影响对业绩的判断。没有客观的标准、态度和准确的检测手段，人们对企业实际工作就不易有一个正确的认识，从而难以制定出正确的措施，进行客观的控制。

四、弹性控制

企业在生产经营过程中经常会遇到某种突发的、无力抗拒的变化，这些变化使企业计划与现实条件严重背离，有效的控制系统应在这样的情况下仍能发挥作用，维持企业的运营，也就是说，应该具有灵活性或弹性。

弹性控制通常与控制的标准有关。例如，预算控制通常规定了企业各经营单位的主管人员在既定规模下能够用来购买原材料或生产设备的经营额度。这个额度如果规定得绝对化，那么一旦实际产量或销售量与预测数发生差异，预算控制就可能失去意义：经营规模扩大，会使经营单位感到经费不足；而销售量低于预测水平，则可能使经费过于宽绰，甚至造成浪费。有效的预算控制应能反映经营规模的变化，应考虑到未来的企业经营可能呈现出的不同水平，从而为标志经营规模的不同参数值规定不同的经营额度，使预算在一定范围内是可以变化的。

弹性控制有时也与控制系统的设计有关。通常组织的目标并不是单一的，而是多重目标的组合。由于控制系统的存在，人们为了避免受到指责或是为了使业绩看起来不错，会故意采取一些行动，从而直接影响一个特定控制阶段内信息系统所产生的数据。例如，如果控制系统仅仅以产量作为衡量依据，则员工就会忽略质量；如果衡量的是财务指标，那么员工就不会在生产指标上花费更多时间。因此，采取多重标准可以防止工作中出现做表面文章的现象，同时也能够更加准确地衡量实际工作和反映组织目标。

一般来说，弹性控制要求企业制定弹性的计划和弹性的衡量标准。

除此之外，一个有效的控制系统还应该站在战略的高度，抓住影响整个企业行为或绩效的关键因素。有效的控制系统往往集中精力于例外发生的事情，即例外管理原则，凡已出现过的事情，皆可按规定的控制程序处理，第一次发生的事例，需投入较大的精力。

第四节 控制方法

一、预算控制

(一) 预算的含义

企业未来的几乎所有活动都可以利用预算进行控制。所谓预算，就是用数字，特别是用财务数字的形式来描述企业未来的活动计划，它估计了企业在未来时期的经营收入和现金流量，同时也为各部门或各项活动规定了在资金、劳动、材料、能源等方面的支出额度。

预算控制就是根据预算规定的收入与支出标准来检查和监督各个部门的生产经营活动，以保证各种活动或各个部门在完成既定目标、实现利润的过程中对经营资源的利用，从而使费用支出受到严格、有效的约束。

(二) 预算的内容

不同企业生产活动的特点不同，预算表中的项目也会有所不同，但一般来说，预算内容包括以下几个方面。

1. 收入预算

收入预算和支出预算提供了关于企业未来某段时期经营状况的一般说明，即从财务角度计划和预测了未来活动的成果以及为取得这些成果所需付出的费用。

由于企业收入主要来源于产品销售，因此，收入预算的主要内容是销售预算。销售预算是在销售预测的基础上编制的，即通过分析企业过去的销售情况、目前和未来的市场需求特点及其发展趋势，比较竞争对手和本企业的经营实力，确定企业在未来时期内为了实现目标利润必须达到的销售水平。

由于企业通常不止生产一种产品，这些产品也不仅在某一个区域市场上销售，因此，为了能为控制未来的活动提供详细的依据，便于检查计划的执行情况，往往需要按产品、区域市场或消费者群，为各经营单位编制分项销售预算。同时，由于在一年中的不同季度和月度，销售量也往往不稳定，所以通常还需预测不同季度和月度的销售收入。这种预测对编制现金预算是很重要的。

2. 支出预算

企业销售的产品是在内部生产过程中加工制造出来的，在这个过程中，企业需要借助一定的劳动力，利用和消耗一定的物质资源。因此，企业必须编制能够保证销售过程得以进行的生产活动的预算。关于生产活动的预算，不仅要确定为取得一定销售收入所需要的产品数量，而且更重要的是要预计为得到这些产品、实现销售收入需要付出的费用，即编制各种支出预算。不同企业经营支出的具体项目可能不同，所需编制的支出预算内容也不同。

3. 现金预算

现金预算是对企业未来生产与销售活动中现金的流入与流出进行预测，通常由财务部门编制。现金预算只能包括那些实际包含在现金流程中的项目，赊销所得的应收款在用户实际支付以前不能列作现金收入，赊购所得的原材料在未向供应商付款以前也不能列入现金支出，而需要今后逐年分摊的投资费用却需要在当年实际支出现金。因此，现金预算并不需要反映企业的资产负债情况，而是要反映企业在未来活动中的实际现金流量和流程。企业的销售收入很大，利润即使相当可观，但大部分尚未收回，或收回后被大量的库存材料或在制品所占用，那么它也不可能在目前给企业带来现金上的方便。通过现金预算，可以帮助企业发现资金的闲置或不足，从而指导企业及时利用暂时过剩的现金，或及早筹齐维持营运所短缺的资金。

4. 资金支出预算

上述各种预算通常只涉及某个经营阶段，均属于短期预算；而资金支出预算则涉及企业经营过程中的多个阶段，属于长期预算。如果企业的收支预算被很好地执行，企业有效地利用了资源，那么利用这些资源得到的产品销售以后的收入就会超出资源消耗的支出，从而给企业带来盈余，企业可以利用盈余进行生产能力的恢复和扩大。这些支出由于具有投资的性质，因此对其的计划安排通常被称为资金支出预算或投资预算。资金支出预算的项目包括：用于更新改造或扩充包括厂房、设备在内的生产设施的支出；用于增加品种、完善产品性能或改进工艺的研究与开发支出；用于提高职工和管理队伍素质的人事培训与发展支出；用于广告宣传、寻找顾客的市场发展支出等。

5. 资产负债预算

资产负债预算是对企业会计年度末的财务状况进行预测，它通过将各部门和各项目的分预算汇总在一起，表明如果企业的各种业务活动达到预先规定的标准，在财务期末企业资产与负债会呈现何种状况。作为各分预算的汇总，管理人员在编制资产负债预算时虽然不需做出新的计划或决策，但通过对预算表的分析，可以发现某些分预算的问题，从而有助于采取及时的调整措施。比如，通过分析流动资产与流动债务的比率，可能发现企业未来的财务安全性不高，偿债能力不强，可能要求企业在资金的筹措方式、来源及其使用计划上做相应的调整。另外，通过将本期预算与上期实际发生的资产负债情况进行对比，还可以发现企业财务状况可能会发生哪些不利变化，从而指导事前控制。

(三) 预算的作用和缺陷

1. 预算的作用

由于预算的实质是用统一的货币单位为企业各部门的各项活动编制计划，因此，它使企业在不同时期的活动效果和不同部门的经营绩效具有可比性，可以使管理者了解企业经营状况的变化方向和组织中的优势部门与问题部门，从而为调整企业活动指明方向。通过为不同的职能部门和职能活动编制预算，也为协调企业活动提供了依据。更重要的是，预算的编制与执行始终是与控制过程联系在一起的，编制预算是为企业的各项活动确立财务标准，用数量形式的预算标准来对照企业活动的实际效果大大方便了控制过程中的绩效衡量工作，也使之更加客观可靠。在此基础上，很容易测量出实际活动对预期效果的偏离程度，从而为采取纠正措施奠定了基础。

2. 预算的缺陷

在预算的编制和执行过程中，也暴露了一些缺陷，主要表现在以下几个方面。

(1) 预算只能帮助企业控制那些可以计量的，特别是可以用货币单位计量的业务活动，而不能促使企业对那些不能计量的企业文化、企业形象、企业活力的改善予以足够的重视。

(2) 编制预算时通常参照上期的预算项目和标准，从而忽视本期活动的实际需要，因此会导致这样的错误：上期有的而本期不需要的项目仍然沿用，而本期必需、上期却没有的项目会因缺乏先例而不能增设。

(3) 企业活动的外部环境是在不断变化的，这些变化会改变企业获取资源的支出或销售产品实现的收入，从而使预算变得不合时宜，特别是涉及较长时期的预算可能会过度束缚决策者的行动，使企业经营缺乏灵活性和适应性。

(4) 预算，特别是项目预算或部门预算，不仅对有关负责人提出了希望他们实现的结果，也为他们得到这些成果而能够开支的费用规定了限度，这种规定可能使管理人员在活动中精打细算，小心翼翼地遵守不得超过支出预算的准则，而忽视了部门活动的本来目的。

(5) 在编制费用预算时通常会参照上期已经发生过的本项目费用，同时，管理人员也知道，在预算获得最后批准的过程中，预算申请多半是要被削减的，因此，他们的费用预算申报数要多于其实际需要数，特别是对于那些难以观察、难以量化的费用项目更是如此。所以，费用预算总是具有按先例递增的习惯，如果在预算编制的过程中，没有仔细地复查相应的标准和程序，则预算可能成为低效管理部门的保护伞。

二、标杆控制

(一) 标杆控制的含义

标杆控制又称标杆管理，由美国施乐公司于1979年首创，是现代西方发达国家企业管理活动中支持企业不断改进和获得竞争优势的最重要的管理方式之一，西方管理学界将其与企业再造、战略联盟一起并称为20世纪90年代三大管理方法。

标杆控制是以在一项指标或某方面实践上竞争力最强的企业或行业中的领先企业或组织内部某部门作为基准，将企业的产品、服务管理措施或相关实践的实际状况进行定量化的评价、比较，在此基础上制定、实施改进的策略和方法，并持续不断、反复进行的一种管理方法。标杆控制较好地体现了现代知识管理中追求竞争优势的本质特性，因此具有较大的实效性和广泛的适用性。如今，标杆控制已经在市场营销、成本管理、人力资源管理、新产品开发、教育部门管理等各个领域得到广泛的应用。

(二) 标杆控制的步骤

标杆控制的步骤如下：

(1) 确定标杆控制的项目；
(2) 确定标杆控制的对象和对比点；
(3) 组成工作小组，确定工作计划；
(4) 资料收集和调查；
(5) 分析比较，找出差距，确定最佳纠偏做法；
(6) 明确改进方向，制定实施方案；
(7) 沟通与修正方案；
(8) 实施与监督；
(9) 总结经验；
(10) 进行再标杆循环。

(三) 标杆控制的作用和缺陷

1. 标杆控制的作用

标杆控制之所以能引起各大企业的重视并风靡于全世界，其根本原因在于它能给企业带来巨大的实效。它会让企业形成一种持续学习的文化，企业的经营业绩永远是动态变化的，只有持续追求最佳才能获得持续的竞争力，才能始终立于不败之地。标杆控制的作用主要表现在进行企业绩效评估、企业持续的改进、提高企业经济绩效、制定企业战略、增进企业学习、增长企业潜力、衡量企业工作好坏、实行企业全面质量管理等方面。这种直接的、中断式的、渐进的管理方法，使企业可以寻找整体最佳实践，也可以发掘优秀“片断”进行标杆比较，由于现实中不同的企业各有长短，所以这种“片断”标杆可以使企业的比较视角更开阔，也更容易使企业集百家之长。

2. 标杆控制的缺陷

(1) 标杆控制容易导致企业竞争战略趋同。标杆控制鼓励企业相互学习和模仿，因此，在奉行标杆控制的行业中，可能所有的企业都企图通过采取诸如提供更广泛的产品或服务以吸引所有的顾客细分市场等类似行动来改进绩效，从而达到在竞争的某个关键方面超过竞争对手。从整体上看，模仿使企业运作效率的绝对水平大幅度提高，然而企业之间相对效率差距却日益缩小。各企业普遍采用标杆控制的结果必然使各个企业的战略趋同，各个企业的产品、质量、服务甚至供应销售渠道大同小异，市场竞争趋于完全竞争，容易造成在企业运作效率上升的同时，利润率却在下降。以美国印刷业为例，在1980年，利润率维持在7%以上，在普遍实施标杆控制之后，1995年利润率已降至4%～6%，并且还有继续下降的趋势。因此，标杆控制技术的运用越广泛，其有效性就越是受到限制。

(2) 标杆控制容易导致企业陷入“标杆控制陷阱”。由于科技的迅速发展，使产品的科技含量和企业使用技术的复杂性日益提高，模仿障碍提高，从而对实施标杆管理的企业提出了严峻的挑战：能否通过相对简单的标杆控制活动就获得并掌握复杂的技术，跟上技术进步的步伐？如果标杆控制活动不能使企业跨越与领先企业之间的“技术鸿沟”，单纯为赶超先进而继续推行标杆控制，则会使企业陷入繁杂的“落后—标杆—又落后—再标杆”的“标杆控制陷阱”之中。

三、平衡计分卡控制

(一) 平衡计分卡的含义

平衡计分卡(balanced scorecard，BSC)是20世纪90年代初由哈佛商学院的罗伯特·卡普兰(Robert Kaplan)和诺朗诺顿研究所所长、美国复兴全球战略集团创始人兼总裁戴维·诺顿(David Norton)所提出的未来组织绩效衡量方法，是一种绩效评价体系。当时提出该控制方法的目的在于找出超越传统以财务量度为主的绩效评价模式，以使组织的策略能够转变为行动。平衡计分卡控制是一种全新的组织绩效管理方法。

平衡计分卡就是根据企业组织的战略要求而精心设计的指标体系。按照卡普兰和诺顿的观点，平衡计分卡是一种绩效管理的工具，它将企业战略目标逐层分解转化为各种具体的、相互平衡的绩效考核指标体系，并对这些指标的实现状况进行不同时段的考核，从而为企业战略目标的完成建立可靠的执行基础。

(二) 平衡计分卡的控制指标

平衡计分卡的设计包括4个层面：财务、客户、内部经营流程、学习与成长。这几个层面分别代表企业3个主要的利益相关者：股东、客户、员工。每个层面的重要性取决于层面的本身和指标的选择是否与公司战略相一致，每一个方面都有其核心内容。

平衡计分卡控制模型如图9-3所示。

1. 财务层面

平衡计分卡财务层面的指标可以显示企业的战略及其实施和执行是否对改善企业盈利做出贡献。财务目标通常与获利能力有关，其衡量指标有营业收入、资本报酬率、经济增加值等，也可能是销售额的迅速提高或创造现金流量。

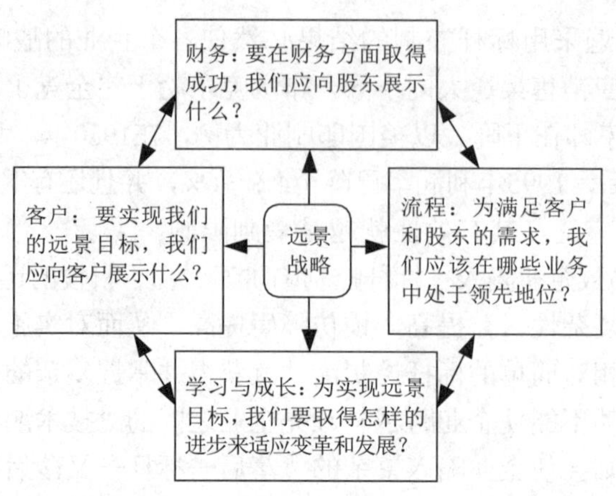

图 9-3　平衡计分卡控制模型

2. 客户层面

在平衡计分卡的客户层面，管理者确立了与业务单位竞争的客户和市场，以及业务单位在这些目标客户和市场中的衡量指标。客户层面指标通常包括客户满意度、客户保持率、客户获得率、客户盈利率，以及在目标市场中所占的份额。业务单位的管理者应能够阐明客户和市场战略，从而创造出色的财务回报。

3. 内部经营流程层面

在内部经营流程层面上，管理者要确认组织擅长的关键的内部流程，这些流程帮助业务单位提供价值主张，以吸引和留住目标细分市场的客户，并满足股东对卓越财务回报的期望。

4. 学习与成长层面

在学习与成长层面，企业应确立要创造长期的成长和改善所必须建立的基础框架，确定目前和未来成功的关键因素。平衡计分卡的前3个层面一般会揭示企业的实际能力与实现突破性业绩所必需的能力之间的差距，为了弥补这个差距，企业必须投资于员工技术的再造、组织程序和日常工作的理顺，这些都是平衡计分卡学习与成长层面追求的目标，如员工满意度、员工保持率、员工培训和技能等。

最好的平衡计分卡不仅仅是重要指标或重要成功因素的集合。一份结构严谨的平衡计分卡应当包含一系列相互联系的目标和指标，这些指标不仅要前后一致，而且应互相强化。

平衡计分卡通过因果关系提供了把战略目标转化为可操作内容的框架。根据因果关系，对企业的战略目标进行划分，可以分解为实现企业战略目标的几个子目标，这些子目标是各个部门的目标，同样各中级目标或评价指标可以根据因果关系继续细分直至最终形成可以指导个人行动的绩效指标和目标。

(三) 平衡计分卡控制的作用

平衡计分卡反映了财务与非财务衡量方法的平衡、长期目标与短期目标的平衡、外部和内部的平衡、结果和过程的平衡、管理业绩和经营业绩的平衡等多个方面。所以能反映组织综合经营状况，使业绩评价趋于平衡和完善，有利于组织长期发展。

(1) 平衡计分卡为企业战略管理提供强有力的支持。随着全球经济一体化进程的不断发展，市场竞争的不断加剧，战略管理对企业持续发展的作用愈加重要。平衡计分卡的评价内容和相关指标与企业战略目标紧密相连，企业战略的实施可以通过对平衡计分卡的全面管理来完成。

(2) 平衡计分卡可以提高企业整体管理效率。平衡计分卡所涉及的4个层面，都是企业未来发展成功的关键要素，通过平衡计分卡所提供的管理报告，将看似不相关的要素有机地结合在一起，可以大大节约企业管理者的时间，提高企业管理的整体效率，为企业未来成功发展奠定坚实的基础。

(3) 平衡计分卡有助于加强团队合作，防止企业管理机能失调。团队精神是一个企业文化的集中表现，平衡计分卡通过对企业各要素进行组合，让管理者能同时考虑企业各职能部门在企业整体中的不同作用与功能，使他们认识到某一领域的工作改进可能是以其他领域的退步为代价换来的，促使企业管理部门考虑决策时要从企业出发，慎重选择可行方案。

(4) 平衡计分卡可提高企业激励作用，扩大员工的参与意识。传统的业绩评价体系强调管理者希望(或要求)下属采取什么行动，然后通过评价来证实下属是否采取了行动以及行动的结果如何，整个控制系统强调的是对行为结果的控制与考核。而平衡计分卡则重视目标管理，鼓励下属创造性地(而非被动)完成目标，强调的是激励动力。因为在具体管理问题上，企业高层管理者并不一定会比中下层管理人员更了解具体情况，所做出的决策也不一定比下属更明智，所以由企业高层管理人员规定下属的行为方式是不恰当的。另外，目前企业业绩评价体系大多是由财务专业人士设计并监督实施的，但是，由于专业领域的差别，财务专业人士并不清楚企业经营管理、技术创新等方面的关键性问题，因而无法对企业整体经营的业绩进行科学、合理的计量与评价。

(5) 平衡计分卡可以使企业信息负担降到最少。在当今信息时代，企业很少会因为信息过少而苦恼，随着全员管理的引进，当企业员工或顾问向企业提出建议时，新的信息指标总是不断增加，从而会导致企业高层决策者处理信息的负担大大加重。而平衡计分卡可以使企业管理者仅仅关注少数而又非常关键的相关指标，在保证满足企业管理需要的同时，尽量减少信息负担。

本 章 小 结

控制是组织管理中的重要职能，对于组织的发展具有重要的意义。控制分为前馈控制、同期控制和反馈控制。控制的过程主要包括确定绩效标准、衡量成效和纠正偏差3个基本环节。有效的控制要求适时控制、适度控制和客观控制。控制常用的方法有预算控制、标杆控制和平衡计分卡控制。

习　题

一、名词解释

1. 控制　2. 前馈控制　3. 反馈控制
4. 标杆控制　5. 平衡计分卡

二、简答题

1. 简述控制的意义。
2. 控制的分类有哪些？
3. 控制的过程由哪些环节构成？
4. 有效控制的要求是什么？
5. 控制的常用方法有哪些？
6. 如何利用平衡计分卡实现控制？
7. 查阅资料整理我国古代朝廷对军队控制的方法。

第十章

创新及创新管理

【导读】

组织、领导与控制是保证计划目标实现所不可缺少的。从某种意义上来说，它们同属于管理的维持职能，其任务是保证系统按预定的方向和规则运行。但是，对在动态环境中生存的社会经济系统进行管理，仅有维持是不够的，还必须不断调整系统活动的内容和目标，以适应环境变化的要求，这就是经常被人们忽视的管理的创新职能。本章旨在分析创新与维持的关系及其对系统生存和发展的作用，介绍创新的含义、类别、源泉、内容，以及创新的组织和过程，以揭示创新的规律，指导创新职能的履行。

【学习目标】

了解创新的含义、创新和维持的关系；熟悉创新的类别和源泉；掌握创新的基本内容，以及创新的组织和过程。

【学习难点】

掌握创新与维持的关系，学会分析引起创新的原因，深刻了解创新职能的基本内容。

【教学建议】

以理论教授为主，结合课堂讨论及案例分析。

第一节　创新及其作用

一、创新的内涵

(一) 熊彼特的定义

“创新”对我们来说并不陌生，当它在管理学或经济学的教科书中出现时，通常与技术的更新、产品的开发等联系在一起。毫无疑问，这些技术和产品革新是创新的重要内容，但不是全部内容。

经济学上，创新的概念起源于美籍经济学家熊彼特在1912年出版的《经济发展概论》。熊彼特在其著作中提出，创新是指把一种新的生产要素和生产条件相结合引入生产体系，包括5种情况：

(1) 采用一种新产品；

(2) 采用一种新的生产方法或新工艺；

(3) 开辟一个新市场；

(4) 取得或控制原材料(半制成品)的一种新的供给来源；

(5) 形成新的产业组织或企业重组。

熊彼特的创新概念首先是指采用一种新的产品，而不是指开发一个新产品，这是非常重要的。因为开发一种新产品属于技术创新，而采用一种新产品则含有向消费者推销他们尚不熟悉产品的方式、方法的运用过程。熊彼特所指出的采用一种新的生产方法，完全可以理解为采用一种对组织内资源进行有效配置的新方法、新方式，开辟新市场、控制原材料或半制品的一种新的供应来源。因此，熊彼特所指创新的5个方面，虽然他的本意是要说明它们在经济发展中的功效，但实质上包含了创造全新的资源配置方式、方法的内在含义。

(二) 现代的观念

创新是人们为了发展的需要，运用已知的信息和条件，突破常规，发现或产生某种新颖、独特的有价值的新事物、新思想的活动。

创新是企业家向经济中引入的能给社会或消费者带来价值追加的新事物，这种事物以前未曾从商业的角度引入经济之中。

创新的本质是突破，即突破旧的思维定式、旧的常规戒律。创新活动的核心是“新”，体现在产品的结构、性能和外部特征的变革，或者是造型设计、内容的表现形式和手段的创造，或者是内容的丰富和完善。

二、作为管理基本职能的创新

1. 创新首先是一种思想及在这种思想指导下的实践，是一种原则以及在这种原则指导下的具体活动，是管理的一种基本职能

近几十年来，由于科学技术迅速发展，社会经济活动空前活跃，市场需求瞬息万变，社会关系也日益复杂，每位管理者每天都会遇到新情况、新问题。如果因循守旧、墨守成规，就无法应付新形势的挑战，也就无法完成组织的目标。创新已经成为管理者成功的关键因素。

德鲁克指出，如果管理人员只限于做已经做过的事情，那么，即使外部环境和条件资源都得到充分的利用，他的组织充其量不过是一个墨守成规的组织，这样下去很有可能会造成企业衰退，而不仅仅是停滞不前的问题，在竞争的情况下尤其如此。他还指出，企业管理不是一种官僚的行政工作，它必须是创新性的，而不是适应性的工作。管理创新是企业优化软环境的关键，它可以根据企业内部条件与外部环境的变化，有效地协调、整合资源使之最优化。自20世纪80年代以来，中国企业的内外环境发生了许多深刻的变化，面临许多前所未有的问题，中国管理领域也随之出现了许多新的理论和新的方法。

2. 维持和创新是管理的本质内容，有效的管理在于适度维持和适度创新的结合

管理在于解决问题，管理是一种手段。解决问题的办法很多，最适合当前情况的才是最好的。在问题和环境没有太大的变化情况下要适度维持；在问题和环境发生变化的情况下，原来解决问题的方法已经不是最适合的，这就需要调整，也就是我们说的创新，要点是把握尺度，所以叫作适度创新。

三、创新和维持的关系

1. 维持是保证系统活动顺利进行的基本手段

维持是系统中大部分管理人员，特别是中层和基层的管理人员要花大部分精力从事的工作。管理的维持职能就是要严格地按预定的规划来监视和修正系统的运行，没有维持，社会经济系统的目标就难以实现，计划就无法落实，各成员的工作就有可能偏离计划的要求，系统的各个要素就可能相互脱离，各自为政、各行其是，从而使整个系统呈现出混乱的状况。所以，维持对于系统生命的延续是至关重要的。

2. 任何社会系统都是一个由众多要素构成的开放、动态的非平衡系统

系统的外部环境在不断地发生变化，这些变化必然会对系统的活动内容、活动形式和活动要素产生不同程度的影响；同时，系统内部的各种要素也在不断发生变化。为适应系统内外变化而进行的局部和全局的调整，便是管理的创新职能。

3. 系统的社会存在是以社会的接受为前提的

系统的生命力取决于社会对系统贡献的需要程度和系统本身的奉献能力，而系统的贡献能力又取决于系统从社会中获取资源的能力、组织利用资源的能力以及系统对社会需要的认识能力。要提高系统的生命力、扩展系统的生命周期，就必须使系统提高内部的这些能力，并通过系统本身的工作增强社会对系统贡献的需要程度。系统不断改变和调整取得组合资源的方式、方向及结果，向社会提供新的贡献，这正是创新的主要作用。

4. 创新是维持基础上的发展，而维持是创新的逻辑延续

只有创新没有维持，系统会呈现无时无刻、无所不变的无序的混乱状态；而只有维持没有创新，系统就会缺乏活力，犹如一潭死水，适应不了任何外界变化，最终会被环境淘汰。

5. 维持是为了实现创新的成果，而创新是为更高层次的维持提供依托和框架

综上所述，创新与维持对系统的生存和发展都是非常重要的，它们是相互联系、不可或缺的。

四、创新的类别

1. 按照创新的程度划分，可分为局部创新和整体创新

(1) 局部创新是指在系统性质和目标不变的前提下，系统活动的某些内容、某些要素的性质或相互组合的方式、系统的社会贡献的形式或方式等发生变动。

(2) 整体创新则往往改变系统的目标和使命，涉及系统的目标和运行方式，影响系统的社会贡献的性质。

2. 按照组织的处境划分，可分为消极防御性创新和积极进攻型创新

(1) 消极防御型创新是指由于外部环境的变化对系统的存在和运行造成了某种程度的威胁，为了避免威胁所造成的系统损失，系统在内部展开局部或全局性调整。

(2) 积极进攻型创新是在观察外部世界运动的过程中，敏锐地预测到未来环境可能提供的某种有利机会，从而主动地调整系统的战略和技术，以积极地开发和利用这种机会，谋求系统的发展。

3. 按照创新的组织工作划分，可分为自发的创新和有组织的创新

(1) 自发的创新是指在系统内部的子系统与外部环境交流过程中，由于外部环境的变化，导致子系统会自发地根据环境的变化调整工作内容、工作方式、工作方法等。同时，与外部环境没有交流的子系统会由于其他子系统的变化也进行相应的调整。系统各部分自发创新的结果是不确定的。

(2) 有组织的创新包含两层意思：一是系统的管理人员根据创新的客观要求和创新活动本身的客观规律，制度化地研究外部环境状况和内部工作，寻求和利用创新机会，计划和组织创新活动；二是系统的管理人员要积极地引导和利用各要素的自发创新，使之相互协调并与系统有计划的创新活动相配合，使整个系统内的创新活动有计划、有组织地展开。

4. 按照创新对应的组织寿命周期阶段划分，可分为初创时期的创新和运营时期的创新

系统的组建本身就是社会的一项创新活动。系统的创建者在一张白纸上绘制系统的目标、结构、运行规划等蓝图，这本身就要求有创新的思想和意识，创造一个全然不同于现有社会(经济组织)的新系统，寻找最满意的方案，取得最优秀的要素，并以最合理的方式组合，使系统进行活动。但是创业难，守业更难，在动荡的环境中守业，必然要求积极地以攻为守，要求不断地创新。创新活动大量地存在于系统组建完毕并开始运转以后。系统的管理者要不断地在系统运行的过程中寻找、发现和利用新的创业机会，更新系统的活动内容，调整系统的结构，扩展系统的规模。

第二节　创新的源泉

彼得·德鲁克认为系统化的创新意味着关注创新机遇的7个来源，即意外的成功或失败、企业内外的不协调、过程改进的需要、产业和市场结构的变化、人口结构的变化、观念的改变和新知识的产生。在彼得·德鲁克看来，创新机遇的前4项来源存在于组织内部，不管它是企业还是公共服务机构，或者存在于某项产业或服务业部门之内，而后3项来源则是发生于企业或产业以外的变化。

一、意外的成功或失败

彼得·德鲁克将意外的事情又细分为意外的成功、意外的失败和意外的外部事情3种。关于意外的成功，他认为，没有任何其他领域能够像意外的成功那样提供给成功创新最多的机遇。与其他领域相比，意外的成功所提供的创新机遇风险最低，创新过程也较简单。但是，意外的成功几乎完全受到人们的忽视，更糟糕的是，管理部门还往往将它拒之门外。对于意外的成功视而不见的原因在于，我们往往相信一切事物凡是能持续相当长时间的，就一定是正常的，而且还将一成不变地存在下去。因此，任何事物只要与我们已认定的自然规律相矛盾，就会被视为是不可靠的、不健康的、不正常的，而加以拒绝。

我们现存的情报部门往往忽视市场竞争趋向，不经常做出分析和报道，更别提大声疾呼以引起管理阶层的重视了。因此，德鲁克要求企业家不能消极地坐等意外成功的出现，而应该进行组织调查工作去发掘它。企业家需要正确地看待现时的意愿，以纠正以往举措的诚意和决心来面对意外的成功，因为意外的成功不仅是一个机会，同时它也有它的要求，即要求人们谨慎地对待它：要求配备最优秀的、最有能力的人员，而不是一群滥竽充数的人；要求管理者给予与机会的大小相匹配的关注和支持面对意外的失败。

德鲁克认为，意外的失败与意外的成功不同，它不能被拒之门外，而且几乎总能引起人们的注意，但是，它很少被视作机遇的征兆。面对意外的失败，管理人员特别是大型机构的主管，往往会坐下来做更深入的研究和分析，这种反应是失误的。意外的失败要求你走出去，用眼看，用心听；要求你走出原来的思路，聆听别人的意见，失败应该总是被当作一种创新机遇的征兆，必须慎重地对待它。德鲁克认为，意外的外部事件是发生在一个企业或行业所关注的本业之外的事情，利用这些看起来好像“与己无关”的事情，常常可以拓展、延伸本行业的业务范围，取得意想不到的成功。利用意外的外部事件特别适合具有相当规模的公司，它也许是提供给大公司最大机遇和最低风险的创新领域，也许是创业较久的大型企业从事创新的领域，也许是具备最重要的专门知识以及调动大量资源的能力而且会快速产生最大差异的领域。

二、企业内外的不协调

德鲁克将企业内外的不协调又细分为经济现状的不协调、现状和设想之间的不协调、所付出的努力与顾客的价值观和期望值之间的不协调，以及程序的节奏或逻辑内部的不协调。行业中某个产品或服务的需求稳步增长，而经济效益不能稳步提高，企业得不到利润，就说明经济的现状之间出现了不协调。面对经济现状的不协调，德鲁克认为，创新应该简单，不能复杂，应该明了，不能浮夸。当现状出现问题时，如果一个行业的人们对现状做出错误的判断，并做出改变现状的设想及措施，然而这种主观设想和行动的结果却依然没有改变现存的问题，即存在现状和设想之间的不协调。他认为，解决这种不协调，并不一定需要“英雄式”的创新，解决方案依然应该简单化、小规模化、专业化而且有重点。

造成所付出的努力与顾客的价值观和期望值之间的不协调的原因中，往往潜伏着商业强人的傲慢、强硬以及武断。德鲁克提醒创新者，如果听到这种埋怨时，那么就有理由认为商家的价值观和期望值与顾客的价值观和期望值之间出现了不协调，应该去探索一个具体的创新行动。

在一些专门业务的操作或一些消费者产品的使用过程中，往往会出现一些麻烦导致不顺畅、不方便，这些麻烦说明存在某些尚待改进的不协调，即存在程序的节奏或逻辑内部的不协调。如果发现它们并从中找到成功的解决办法，就抓到了创新的机会。

三、过程改进的需要

过程改进的需要是一种非常特定的需要，又称程序需要，它存在于产业、服务业或者一个企业的内部。过程改进的需要以有待完成的工作为开始，着重于工作，而不是情况。它使现有程序完美且取代薄弱环节的同时，还围绕新得到的知识重新设计存在的旧程序。有时，它通过提供特定的环境而使某个程序成为可能。

德鲁克认为，根据程序需要的成功创新有5个基本要素和3个限制条件。5个基本要素包括一个独立程序、一个薄弱或欠缺的环节、一个清晰明确的目标、解决方案的规则可以清晰地加以规定，以及解决方案应具有可行性。3个限制条件包括：其一，必须对该需要有深入的了解，而不是只注意到它，如果搞不清症结或原因，就不可能确定它的创新方案或规则；其二，也许了解某个程序，但还是缺少解决问题的知识；其三，解决方案应该符合人们做事的方式，而且人们愿意按这个方案去做。市场和产业结构非常脆弱，一个小小的打击就会导致它们土崩瓦解。

四、产业和市场结构的变化

德鲁克认为，当产业结构发生变化时，通常能够确定4项近乎可靠而且非常明显的指标：某产业迅速增长、原有关于市场认识和服务的方式不再适合、彼此独立的科技的整合，以及运营方式正在发生迅速的变化。在这些指标里，最可靠、最容易被发现的是某产业迅速增长。

五、人口结构的变化

人口结构的变化通常指人口、人口规模、年龄结构、人口组合、就业情况以及收入的变化。德鲁克认为，在所有外部变化中，人口结构的变化是最清晰、稳定的，并且能够得出最可靠的预测结果。决策者，无论是商人还是政治家，在进行分析和思考时，人口因素是第一环境因素。

六、观念的改变

当认知发生变化时，事实本身并没有改变，改变的只是它们的意义。这种变化绝不是奇异的或难以捉摸的，它很具体，即它可以被定义、被检测，更重要的是它还可以被利用。

德鲁克认为，利用认知变化创新有4个要素，即创新性、当机立断的迅速手段、准确判断变化的现象是否具有创新潜力，以及基于认知变化的创新要始于小而专的领域。

七、新知识的产生

德鲁克认为，基于知识的创新是最能体现企业家精神的。在所有历史性创新中，基于知识的创新占有很大的比例，而且它往往带来巨大的经济效益。在这里，知识并不一定局限于科技方面，基于知识的社会创新有时可能会有更强烈的效果。德鲁克概括了知识创新的4个基本特征，即实现这种创新的时间跨度较长、需要各种知识的聚合、不可预测性较大，以及结果难以预料。

第三节　创新职能的基本内容

企业系统在运行中的创新涉及许多方面，具体包括以下内容。

一、目标创新

企业是在一定的经济环境中从事经营活动的，特定的环境要求企业按照特定的方式提供特定的产品。当环境发生变化时，企业的生产方向、经营目标以及企业在生产过程中与其他社会经济组织的关系就要进行相应的调整。企业必须通过自身的活动来谋求生存和发展，在新的经济背景中，企业的目标必须调整为通过满足社会需要来获取利润。至于企业在各个时期的具体经营目标，则更需要适时地根据市场环境和消费需求的特点及变化趋势加以整合，每一次调整都是一种创新。

二、技术创新

技术创新是企业创新的主要内容，企业中出现的大量创新活动是与技术有关的，因此，有人甚至把技术创新视为企业创新的同义语。现代工业企业的一个主要特点是在生产过程中广泛运用先进的科学技术。技术水平是反映企业经济实力的一个重要标志，企业要在激烈的市场竞争中处于主动地位，就必须顺应甚至引导社会技术进步，不断地进行技术创新。由于一定的技术是通过一定的物质载体和利用这些载体的方法来体现的，因此，企业技术创新主要表现在要素创新、要素组合方法创新及产品创新3个方面。

(一) 要素创新

企业的生产过程是一定的劳动者利用一定的劳动手段作用于劳动对象，使之改变物理、化学形式或性质的过程。参与这个过程的要素包括材料、设备及企业员工。材料创新的内容包括：开辟新的材料来源，以保证企业扩大再生产的需要；开发和利用量大价廉的普通材料，替代量少价昂的稀缺材料，以降低产品的生产成本；改进材料的质量和性能，以保证和促进产品质量的提高。设备创新主要表现在：通过利用新设备，减少手工劳动的比重，以提高企业生产过程的机械化和自动化程度；通过将先进的科学技术成果用于改造和革新原有设备，延长其技术寿命，提高效能；有计划地进行设备更新，以更先进、更经济的设备来取代陈旧的、过时的老设备，使企业建立在先进的物质技术基础上。人事创新不仅包括根据企业发展和技术进步的要求不断地从外部取得合格的、新的人力资源，而且注重对企业内部现有人力资源的继续教育，用新技术、新知识去培训、改造和发展他们，使之适应技术进步的要求。

(二) 要素组合方法创新

利用一定的方式将不同的生产要素加以组合，这是形成产品的先决条件。要素的组合包括生产工艺和生产过程的时空组织两个方面。生产工艺是劳动者利用劳动手段加工劳动对象的方法，包括工艺过程、工艺配方、工艺参数等内容。工艺创新既要根据新设备的要求改变原材料、半成品的加工方法，也要在不改变现有设备的前提下，不断研究和改进操作技术与生产方法，以求使现有设备得到更充分的利用，使现有材料得到更合理的加工。工艺创新与设备创新是相互促进的，设备的更新要求工艺方法做出相应的调整，而工艺方法的不断完善又必然促进设备的改造和更新。生产过程中各种要素组合的结果形成企业向社会贡献的产品。

(三) 产品创新

企业是通过生产和提供产品来求得社会承认并证明其存在的价值，也是通过销售产品来补偿生产消耗、取得盈余，实现其社会存在的。产品创新主要是物质产品本身的创新，物质产品创新主要包括品种创新和结构创新。品种创新要求企业根据市场需要的变化，根据消费者偏好的转移，及时地调整企业的生产方向和生产结构，不断开发出受用户欢迎的适销对路的产品。结构创新在于不改变原有品种的基本性能，对现在生产的各种产品进行改进和改造，找出更加合理的产品结构，使其生产成本更低、性能更完善、使用更安全、更具市场竞争力。产品创新是企业技术创新的核心内容。它既受制于技术创新，又影响技术创新效果的发挥，而新设备、新工艺的运用又为产品创新提供了更优越的物质条件。

三、制度创新

制度是组织运行方式的原则。制度创新是从社会经济的角度来分析企业中各成员间的正式关系的调整和变革。企业制度主要包括产权制度、经营制度和管理制度3个方面的内容。产权制度是决定企业其他制度的根本性制度，它规定企业最重要的生产要素的所有者对企业的权力、利益和责任。产权制度主要指企业生产资料的所有制，企业产权制度的创新应朝着寻求生产资料的社会成员“个人所有”与“共同所有”的最适度组合的方向发展。经营制度是经营权的归属及其行使条件、范围、限制等方面的原则规定。经营制度的创新方向应是不断寻求企业生产资料最有效的利用方式。管理制度是行使经营权、组织企业日常经营的各种具体规则的总称，包括对材料、设备、人员及资金等各种要素的取得和使用的规定。在管理制度的众多内容中，分配制度是极重要的内容之一，提供合理的报酬以激发劳动者的工作热情，对企业的经营有着非常重要的意义。分配制度的创新在于不断地追求和实现报酬与贡献在更高层次上的平衡。产权制度、经营制度和管理制度三者之间的关系是错综复杂的，企业制度创新的方向是不断调整和优化企业所有者、经营者、劳动者之间的关系，使各个方面的权力和利益得到充分的体现，使组织各成员的作用得到充分的发挥。

四、组织机构和结构的创新

企业系统的正常运行，既要求有符合企业及其环境特点的运行制度，又要求具有与之相适应的组织形式。因此，企业制度创新必然要求组织形式的变革和发展。组织机构是企业在构建组织时，根据一定的标准，将那些类似的或与实现同一目标有密切关系的职务或岗位归并到一起，形成不同的管理部门。组织结构与各管理部门之间、不同层次的管理部门之间的关系有关，不同的机构设置要求不同的结构形式。因此，不同的企业有不同的组织形式。同一企业在不同的时期，随着经营活动的变化，也要求组织机构和结构不断调整，组织结构创新的目的在于更合理地组织管理人员、提高管理的效率。

五、环境创新

环境是企业经营的土壤，同时也制约着企业的经营。环境创新是指通过企业积极的创新活动去改造环境，引导环境朝着有利于企业经营的方向变化。例如，通过企业的公关活动，影响社区、政府政策的制定；通过企业的技术创新，影响社会技术进步的方向等。就企业来说，环境创新的主要内容是市场创新，市场创新主要指通过企业的活动去引导消费、创造需求。市场创新的内容是通过企业的营销活动来进行的，即在产品的材料、结构、性能不变的前提下，通过市场的地理转移或通过揭示产品新的物理使用价值来寻找新用户，或通过广告宣传等促销工作来赋予产品以一定的新的使用价值，影响人们对某种消费行为的社会评价从而诱发和强化消费者的购买动机，提高产品的销售量。

现代的组织经常面临内外部环境的变化或者变革。变化使管理者的工作发生了很大改变从而使管理者的工作变得更加复杂和困难。比如，制订具体性计划将会变得毫无意义，因为明天与今天并没有什么两样。组织问题也易于处理，因为环境不发生变化，对组织适应性和创新力的要求就不明显，这样，所有的组织都可以采取具有严密结构的组织形式。以此类推，如果没有变化发生，管理过程中各方面的决策制定都会得到大大简化，因为每一个方案的结果都几乎可以准确地加以预见。然而，在现代社会中，只有变化才是组织的现实。归纳起来，组织内外环境中存在以下几方面的变化力量。

(一) 外部力量

组织外部的变化力量来源于以下几个方面。

1. 市场

市场变化步伐的加快是当今市场的一大主要特征，其典型表现是顾客的需求越来越变幻莫测，新产品不断推陈出新，产品寿命周期也不断缩短。市场变化的方式、速度已远远超出厂商的想象和控制范围。

2. 竞争

同业的生产者、潜在进入者、替代品生产商，以及具有强讨价还价能力的供应商和顾客都是企业的竞争者。它们之间的竞争已不再是单纯的产品竞争，更多的是服务的竞争。竞争的手段已经从成本、价格越来越多地转移到质量、品种、反应速度及其与成本因素的混合，甚至竞争的主体已经由单个企业转变为整条商品供应链的联合体。核心竞争力的培养和发挥日益成为新时期企业竞争战略研究的新内容。

3. 全球化

随着交通和通信的迅速发展，以及全球反对贸易保护、提倡自由贸易浪潮的掀起，企业的经营和竞争已经走向了国际化、全球化。中国的企业不仅要注意开拓国际市场并研究如何抗衡国外强劲对手的竞争，同时随着我国加入世界贸易组织，我国企业在国内市场上也面临越来越广泛和激烈的竞争。

4. 信息社会的变化

电子计算机的普及和现代信息与通信技术的发展，将企业的经营和管理推进到了一个崭新的时代。某些事物在十几年前还只是一个概念，现在已令人吃惊地展现在了人们眼前。全球互联网和电子商务等的应用、全球村的到来，在给企业的经营和管理带来新机会的同时，也形成了许多待解决的课题。

(二) 内部力量

除了组织外部环境的力量外，组织内部也孕育着多种引发变化的力量。这些存在于组织内部的变化力量，有的最初就产生于组织内部的运营过程，有的产生于外部变化的影响。举例来说，组织的员工队伍就处于不断变化之中，尤其是随着员工受教育程度和职业流动意向的提高，他们对工作的自主性和能力发展的需要会增强，这样就要求管理工作做出相应的调整。技术的进步和新设备的引进也是引发变化的另一种内部力量。高层管理平台的改组、企业战略的重新制定或修订、企业之间的合并重组，这些事件也常常会引起管理政策和实践的变革。

以上力量所引发的环境变化，使管理者的传统角色在不同程度上受到了修正乃至变更。根据环境变化的频度和强度及其对组织变革管理需要程度及方式的不同，可以区分为两种类型的管理变革。

(1) 静态环境中的间断变革。这时的组织就像一艘在风平浪静的海洋中航行的船只，船长和船员们都清楚地知道他们正开往何处，且因为他们或前人已做过多次这样的航行，拥有丰富的经验和知识来确保顺利地到达目的地。只是偶尔遇到风暴时才会有变化出现，其他平静、可预见的航程中尽可能按常规方式来航行。在这种情况下，变化只是偶然的干扰事件，或者说是对组织平衡状态的一种暂时的打破，只要对一时出现的变化能够得当应对，组织将很快恢复到平衡状态。因此，在这种组织的管理工作中，追求稳定性和效率性是管理的主流方向，事务型管理模式起着主导的作用。

(2) 动态环境中的持续变革。从20世纪80年代后期90年代初期开始，企业的经营环境越来越显示出动态多变的特性，相对不变或渐进变化的环境条件已经在越来越多的行业或企业中消失了，变化成为一种自然的、持续的过程。就像在不断出现险滩的湍急河流中的小木筏，筏上的船工以前并没有一起出航过，也完全不熟悉河流的构造，不了解最终的目的地，甚至情况可能更坏，例如他们需要在漆黑的夜晚航行。在这种“急流险滩”的情形下，变化就是一种自然的状态，因此对变革的管理是一个持续的过程。换句话说，动态多变的环境向管理者提出了变革管理的任务和要求。现实中，绝对稳定的环境和绝对动态的环境并不多见，更经常出现的是介于这两个极端之间的某种混合状态。在稳定和变化两种状态交混的情况下，管理者需要对何时及如何实施变革做出决策。决策的主要内容通常包括：①要不要变，即分析其所领导的组织需要变革的原因和必要性；②变成什么样子，即确定组织变革的方向和目标；③变什么，即确定变革的主要内容有哪些，是侧重于任务、技术的变革还是结构、人员的变革，或是组织文化的变革，又或是涵盖内容广泛的全面变革；④如何变，即确定变革发动的时机、所采用的变革方式和变革过程中减少阻力或增强动力的措施等。

第四节　创新的组织和过程

一、创新活动的组织

1. 正确理解和扮演“管理者”的角色

成功的创新者不是盲目的“冒险家”，他们都试图找出所要冒的风险，然后尽量把它们降至最低点。彼得•德鲁克认为，所有的经济行为都是高风险的，但吃老本(即不创新)比创新风险更大。成功的创新者是保守的，他们都成功地找出了风险并加以控制，系统地分析了创新机遇的来源，然后专注于抓住这个机遇并充分利用它。因此，成功的创新者不是专注于风险，而是专注于机遇。

2. 创造促进创新的组织氛围

创新是全体组织成员共同的职责所在，需要全体成员勤奋、有恒心和责任感，这就要求员工把创新作为一项辛苦、专注和有目的工作来对待，因此，有必要在组织内部营造创新的浓厚氛围，鼓励进取、创新，鞭策甚至淘汰无所作为者。

3. 制订有弹性的计划

创新是经济社会双重作用的结果，组织目标的实现是在变化着的环境中进行的，有变化意味创新活动本身的变动性。为了保证创新活动的顺利开展，在制订计划时，必须对众多不确定的因素加以充分考虑，给计划留有一定的变化余地。

4. 正确地对待失败

尽管创新者试图找出风险并加以控制，但是创新过程是尝试的过程，客观上存在着高风险，即失败的可能性很大。因此，管理人员要充分认识到这点，支持尝试，允许失败，并帮助创新者寻找创新失败的经验和教训，努力缩短创新成功的时间。

5. 建立合理的奖酬制度

人是企业中最活跃的要素，在现代企业管理中，尤其是在知识经济时代，人力资源及管理占有越来越重要的地位，企业之间的竞争就是人才之间的竞争，是人的素质的竞争。因此，人力资源的开发及管理对现代企业的成长与发展的意义重大。要建立与现代企业制度相适应的人力资源管理体制，主要包括用人制度、分配制度两大方面，健全“以人为本”的薪酬激励制度，建立“效率优先、兼顾公平”的分配制度。要明确人力资源管理部门在经营中的战略地位，赋予其相应的决策权力。要建立与健全科学、客观、合理、有效的员工绩效评估体系，在全面的工作分析、职位分析的基础上制定绩效评估标准，进行人员分类考评，调动各方面的积极性。

二、创新的过程

要有效地组织系统的创新活动就必须研究和揭示创新的规律，一般来说，创新必然遵循一定的步骤、程序和规律，创新是对旧事物的否定，对新事物的探索。创新在最终的成果取得之前，可能要经历无数次反复和无数次失败。创新必定要突破原先的制度，破坏原先的秩序，在不断的尝试中寻找新的程序、新的方法。成功的变革与创新要总结众多成功企业的经验，经历寻找机会、提出构想、迅速行动、坚持不懈等几个阶段的努力。

1. 寻找机会

创新是对原有秩序的破坏。因为原有秩序内部存在着或出现了某种不协调的现象，这些不协调对系统的发展提供了有利的机会或造成了某种不利的威胁，创新活动正是从发现和利用旧秩序内部的这些不协调现象开始的，不协调为创新提供了契机。旧秩序中的不协调可存在于系统的内部，也可产生于对系统有影响的外部。可能成为系统外部创新契机变化的因素主要有技术的变化、人口的变化、宏观经济环境的变化、文化与价值观念的转变等。就系统内部来说，引发创新的不协调现象包括：生产经营中的瓶颈影响了劳动生产率的提高；企业意外的成功和失败等。企业的创新往往是从密切地注视、系统地分析社会经济组织在运行过程中出现的不协调现象开始的。

2. 提出构想

敏锐地观察到了不协调现象以后，还要透过现象究其原因，并据此分析和预测不协调的变化趋势，估计它们可能给组织带来的积极或消极后果，在此基础上努力利用机会或将威胁转变为机会，提出能够解决多种问题、消除不协调、使系统在更高层次上实现平衡的创新构想。

3. 迅速行动

创新成功的秘诀主要在于迅速行动。提出的构想可能还不完善，但这种并非十全十美的构想必须立即付诸行动才有意义。一味追求完美可能坐失良机，把创新的机会白白地送给竞争对手。创新的构想只有在不断地尝试中才能逐渐完善，企业只有迅速地行动才能有效地利用“不协调”提供的机会。

4. 坚持不懈

构想经过尝试才能成熟，而尝试是有风险的，是不可能一蹴而就的，是可能失败的。创新的过程是不断尝试、不断失败、不断提高的过程。因此，创新者在开始行动以后，为取得最终的成功，必须坚定不移地继续下去绝不能半途而废，否则便会前功尽弃。要在创新中坚持下去，创新者必须有足够的自信心、较强的忍耐力，能正确对待尝试过程中出现的失败。

伟大的发明家爱迪生曾经说过，我的成功乃是从一路失败中取得的，这句话对创新者应该有所启示。创新的成功在很大程度上要归功于“最后五分钟”的坚持。

本章小结

创新的内涵由熊彼特在其著作中提出，创新是指把一种新的生产要素和生产条件相结合引入生产体系，包括5种情况：开发一种新产品；采用一种新的生产方法或新工艺；开辟一个新市场；取得或控制原材料(半制成品)的一种新的供给来源；形成新的产业组织或企业重组。

创新的类别从不同的角度划分，有不同的分类方法：按照创新的程度划分，可分为局部创新和整体创新；按照组织的处境划分，可分为消极防御性创新和积极进攻型创新；按照创新的组织工作划分，可分为自发的创新和有组织的创新；按照创新对应的组织寿命周期阶段划分，可分为初创时期的创新和运营时期的创新。

创新机遇的7个来源，即意外的成功或失败、企业内外的不协调、过程改进的需要、产业和市场结构的变化、人口结构的变化、观念的改变和新知识的产生。

创新职能的基本内容包括目标创新、技术创新、制度创新、组织机构和结构的创新、环境创新。

创新要经历寻找机会、提出构想、迅速行动、坚持不懈等几个阶段的努力，并且需要创新者做到以下几个方面：正确理解和扮演“管理者”的角色；创造促进创新的组织氛围；制订有弹性的计划；正确地对待失败；建立合理的奖酬制度。

习　题

一、选择题

1. 企业技术创新的核心内容是(　　)。

A. 技术理念创新　　B. 产品创新

C. 生产工艺创新　　D. 设备创新

2. 对技术创新概念的正确理解应该是(　　)。

A. 技术创新其实就是技术发明

B. 创新的概念要远比发明宽泛

C. 发明是全新技术的开发，而创新是对原有技术的改善

D. 发明是理论进步，创新是技术进步

3. 企业组织创新包括(　　)。

A. 企业制度创新、技术创新和企业文化创新

B. 技术创新、工作流程再造和企业文化创新

C. 企业制度创新、技术创新和工作流程再造

D. 企业制度创新、企业层级结构创新和企业文化创新

4. ( )的方向是不断调整和优化企业所有者、经营者、劳动者三者之间的关系，使各方面的权力和利益得到充分的体现，使组织成员的作用得到充分的发挥。

A. 目标创新 B. 技术创新

C. 企业制度创新 D. 组织机构和结构创新

5. 系统内部的创新可以从不同角度来分类，按照( )划分，可分为消极防御型和积极进攻型创新。

A. 创新规模 B. 创新与环境的关系

C. 创新发生时期 D. 创新的组织程度

二、判断题

1. 各项管理职能都有自己独特的管理形式。例如，计划职能通过目标的制定和行动的确定表现出来；组织职能通过组织设计和人员配备表现出来。但创新职能本身并没有某种独特的表现形式。 ( )

2. 技术在企业经营中的作用决定了技术创新是产品创新的核心和主要内容，其他创新都是围绕技术创新进行的，而且其成果也最终在技术创新上得到体现。 ( )

3. 企业制度创新的方向是不断调整和优化企业所有者、经营者和劳动者三者之间的关系，使各个方面的权力和利益达到充分的体现，使组织成员的作用得到充分发挥。( )

4. 从生产过程来看，技术创新可分为要素创新、要素组合创新和产品创新。 ( )

三、填空题

1. 维持和创新是管理的本质内容，有效的管理在于____________与____________的结合。

2. 按照创新的规模以及创新对系统的影响程度划分，可将创新分为____________与____________。

3. 按照创新与环境的关系划分，可将创新分为____________与____________。

4. 按照创新发生的时期划分，可将创新分为____________与____________。

5. 按照创新的组织程度划分，可将创新分为____________与____________。

6. 鉴于创新的重要性和创新结果的____________，有效的管理要求有组织地进行创新。

7. 由于一定的技术都是通过一定的物质载体和利用这些载体的方法来体现的，因此企业的技术创新主要表现在____________、____________以及____________。

8. 成功的创新要经历____________、____________、____________、____________几个阶段的努力。

9. 要素组合方法创新包括____________与____________的时空组织两个方面。

10. 要素创新包括____________与____________两方面。

四、名词解释

1. 创新　2. 维持　3. 目标创新　4. 技术创新
5. 要素创新　6. 要素组合创新　7. 产品创新　8. 制度创新
9. 组织创新　10. 环境创新

五、简答题

1. 创新职能的基本内容是什么？
2. 制度创新包括哪些内容？
3. 简述创新的过程。
4. 企业如何进行新活动的组织？

六、论述题

简述维持与创新的关系。

案例分析

从“小创新大节能”走出来的中圣集团

江苏中圣集团的前身是1997年成立的南京圣诺化工设备有限公司。该公司由南京工业大学的几位教授牵头成立的。成立之初，他们发现传输管线会产生能量损失，想帮客户解决这个问题。工业上大量采用管道传输，这些管道在输送过程中消耗了大量能量，消耗的能量需要定点补充。热的要再冷却，冷的要再加热，尤其在化工领域，20%以上的消耗都是管道消耗，用于传输的管道一般都架在空中，每6米有一个支撑点。这些架起管道的支撑点就是散热点，大量的能量就在这儿损失掉了。他们发现了这个问题，并针对这个问题进行攻关，提出了解决办法：给这个支撑管架穿个“鞋子”。这个“鞋子”必须既要具备钢铁般的强度(否则会影响安全)，又要绝热(否则还会散热)。就这么一个小措施，便形成了他们的第一个产品：节能型管架。这个产品为公司赢得了机会和市场。它减少了管道80%的能耗。比如400℃的蒸汽管子，每个支撑管架的年能耗是400W。一千米有150个支架，能耗60多kW。南京是化工城市，金陵石化、南京化工等企业架设在南京地区的管道加起来有一万多千米，一年损耗能量60多万kW，相当于一个下关电厂一年的发电量。这项“小创新大节能”的举措在不经意之间将管道能耗问题解决了，给节能减排带来很大的空间。中圣集团针对大家都忽略的问题，把它们挖掘出来，创造了明显的节能减排效果，同时形成了一个产业。该公司现有一个管架事业部，专门做节能，每年创造亿元以上的产值。2002年11月初中央电视台《对话》节目中，铁道部副部长孙永福院士和几位科学家讲到青藏铁路建设所碰到的冻土问题。青藏高原是高海拔地区，也是水资源极其丰富的地区。水和冰的体积相差10%，水凝成冰体积增加10%，冰化为水体积缩小10%。青藏高原水资源很丰富的地方，冬天会凸出来，夏天会凹下去。每年一冻一涨，波澜壮阔的。凹凸没有规则，今年在这个地方凸起来，明年可能在那个地方又凸起来。高原冻土是活性的，有生命的，它会迁徙，这给铁路建设带来了极大的困难。当时有几种方案解决冻土问题：架桥、放石头、遮阳篷和隔热板，但这些方法对环境都有很大的破坏，而且不可恢复。另外，青藏高原是我国“三江”的源头，土地表层有2~3米的泥炭层，就像保温层一样，具有自然呼吸的功能，能够与外界交换能量，把水保存住。青藏高原的年蒸发量是2000多毫米，而年降水量仅300毫米，如果为了修铁路把这层泥炭扒掉，这个地方很快就会变成沙漠，所以解决冻土问题非常重要。当时的《对话》节目没提到热棒解决方案。中圣集团做节能产品时，就想到了热棒原理，把外面的能量传到地下去。地下-2℃，外面-20℃，相差18℃，这样可以依赖自然界，利用热棒技术，把能量传导到地下储存起来，使热棒周围形成一个-6℃的冰带，这样夏天来了也不会解冻。依赖大自然和热棒技术，把铁路路基变成常年永久冻土层，这样就解决了冬夏凸凹问题。中圣集团董事长郭宏新看了该节目后，非常兴奋，当晚就给孙永福副部长写了一封信，信中提出了方案，画出一些图。一周内铁道部回了信，叫郭宏新到北京参加会议，给他10分钟时间讲解解决方案。去北京讲解的时候，郭宏新一下子讲了两个多小时。孙副部长叫他们尽快做些热棒，到施工现场做实验。经过一年多的实验，发现用热棒的地方没有出现问题，没用的地方出现了问题，有的桥梁下沉了0.5米，甚至1.5米。之后，青藏公路、东北石油输油管线、新藏高速公路、玉树公路都用上了热棒技术。热棒技术应用在铁路路基上，这是全球首创，后来还应用到青藏高原输变电铁塔上。

思考：

1. 中圣集团的创新有什么特点?它与我们听到和看到的重大技术变革有何异同?
2. 你从中圣集团的创新中学到了什么?

第十一章

管理方法与技术

【导读】

在管理学的发展历程中，基于管理理论、科学技术的发展以及这两者的融合，产生和发展出了各种各样的管理方法与技术。不断发展、丰富的管理方法与技术直接促进了管理手段、管理方式的多样化与现代化。在当今社会的管理实践中，由于管理环境的多样性和组织自身的复杂性，各种类型的管理者要想提高管理的效果和效率，仅仅依靠经验式和传统的管理手段是远远不够的，必须依靠多样、科学的并与管理变量相适应的管理方法与技术。实践证明，有效的管理和成功的管理者都离不开科学的管理方法与技术。管理者的类型、层次不同，则对管理方法与技术的依赖程度不同。可以说，在现代社会，不使用现代科学的管理方法与技术，就谈不上真正有效的管理。

【学习目标】

掌握管理方法与技术的分类，以及管理方法与技术在实践中运用时应注意的问题；对一些常见的管理方法与技术，如行政方法、法律方法、系统分析方法、目标管理、全面质量管理等，掌握其主要内容和相应程序，并能运用这些技术与方法解决管理实践中的一些问题。

【学习难点】

对管理方法与技术主要内容的理解、把握，以及如何采用有效的技术方法组合去解决管理实践中的实际问题从而提高管理效率与效果，是学习者的难点。对于管理者而言，可以结合管理实际情景去学习、研究并运用。对于学习者而言，需要结合生活经历中的管理情景去领会，同时，也需要学习者具备数学、运筹学、统计学等相关学科的知识。

【教学建议】

第一节建议以讲授为主，重在理解。第二、三节建议结合案例、例题等进行讲解，并通过课堂练习和课下查阅相关资料辅助学习，提升学习效果。

第一节　管理方法与技术概述

一、管理方法与技术的产生与发展

在人类社会发展到现代社会以前，各个领域的管理活动往往是凭借管理者个人的经验、知识和智慧等做出一些定性的推测与判断，这就是所谓的传统的管理方法。与当时的小生产方式相适应，传统的管理方法简单易行，并在当时的管理活动中发挥了巨大的作用。进入现代社会，社会生产规模日益增大、分工越来越细、联系日益广泛、发展越来越快、功能越来越多，加上组织结构更加复杂，组织与外界的联系日趋紧密，组织活动的内容和各种影响因素趋于多变，对各项决策的制定要求越来越精确、及时，原来那种以定性为主的管理方法越来越不适应现代管理多样化的要求。

第二次世界大战以后，管理科学快速发展，各种管理理论层出不穷，随着系统科学、运筹学、数学、统计学、计算机等学科的迅速发展，管理方法与技术得到了较大发展，逐渐形成以综合运用现代自然科学研究成果，注重定量与定性分析相结合的管理方法与技术体系。从而把过去以感性经验为主的传统的管理方法提升到了以客观地分析事物内在规律为主的定量分析与定性分析相结合的科学管理高度。

进入21世纪以后，知识经济成为世界主导型的经济形态，管理的内外环境也变得更加复杂，人们在利用各种现代管理技术解决各类实际问题时，往往都需要进行大量而又复杂的计算。在此背景下，广泛利用计算机技术，注重数据与定量分析，成为当前管理方法与技术运用的一个显著特点。电子计算机技术的产生与广泛使用极大地促进了现代管理技术的进一步发展。实际的情况是，现代管理技术中许多具有重大实用价值的方法早在20世纪的三四十年代就已经有了，但却直至近二十年才在世界范围内得到较为广泛的应用，其中的一个重要原因就是因为当时即使是在技术比较先进的工业国家里，电子计算机技术也还没有得到足够的推广和普及。可见，电子计算机技术的产生和广泛应用使原来大量而又复杂的计算在短时间内完成，从而推动了各种现代管理技术的进一步发展。

二、管理方法与技术的理论基础

管理方法与技术是管理科学的重要内容，是指综合运用数学、系统科学、运筹学、计算机科学、统计学等现代科学技术成果，在现代先进管理理论的指导下，对各种管理活动进行有效管理并取得最优控制和管理效果的各种方法与技术的统称。管理方法与技术没有一个公认、精准的定义，它实际上是一个相对的、尚在不断发展创新的管理概念。通常，管理方法与技术由理论基础、方法与技术、具体内容3部分构成。

所有的现代管理理论都是在一定的理论指导下形成的。指导管理方法与技术的理论有两类：一类是基本理论，主要包括哲学理论、经济理论和管理理论；另一类是方法论，主要包括系统论、信息论、控制论和现代数学理论等。各种管理方法与技术吸取上述理论的有关思想作为自己的理论基础，从而回答某种技术从什么目的出发，适用于什么样的管理情景，能够解决什么问题，为什么能够解决这些问题，以及如何解决等基本问题。

三、管理方法与技术的概念

管理方法与技术是指在管理过程中所运用的各种数学方法、管理方法和技术手段的统称，是现代管理技术的主要部分。

数学方法是运用管理数学的理论，把管理活动中各种变量之间的关系抽象为数学模型，并进行各种求解、计算和统计的方法统称。数学方法是根据真实的外界现象和客观过程，以抽象的数量关系形式来反映客观规律。数学模型求解的结果又还原为现实的管理关系，以实现对管理活动的最优控制。管理中运用的数学方法有很多，主要有运筹学的各个分支，如决策论、规划论、存储论、搜索论、排队论、价值工程和网络计划方法等，还有投入产出分析、可行性研究等数学方法，它们都是在定性分析的基础上进行定量研究的。

除数学方法外，还有许多现代管理方法，如全面计划管理、全面质量管理、全员设备管理、目标管理、成组技术、看板管理、企业诊断等管理方法。这些方法中，也程度不同地运用了数学方法进行定量分析，以实现对管理活动的最优控制，进而实现预期的管理目标。

现代管理技术主要是现代管理实践中运用的各种现代化的技术手段，包括现代计算机技术、通信技术、信息技术、大数据技术等。现代管理通常需要进行大量的信息收集、数据分析处理、计算，这种活动往往只有电子计算机才能胜任，而计算机的运用往往又必须与现代化的通信设备和信息获取手段相联系，否则计算机也不能充分发挥作用。因此，现代管理技术总是与现代化的管理手段相匹配，也可以说，现代化的管理手段主要是指现代化的通信设备和电子计算机，它们已构成现代管理技术中不可缺少的组成部分。

四、管理方法与技术的具体内容

管理方法与技术能够极大地提高劳动效率就体现在它的内容科学性上。现代管理技术的内容既不是简单的数学方法和纯数学运算，也不是抽象的管理方法本身，它必须是赋予管理具体内容的并解决管理实际问题的技术与方法的实体。现代管理技术以管理客体为对象，以实现管理者的管理目标为运用目的，根据管理对象的真实状况及反映这些状况的各种数据、资料和信息，运用管理数学所提供的各种理论和方法，把数量关系抽象为数学形式予以表达，并把计算结果复原为管理问题，再根据有关条件和因素做出决策、付诸实施。

管理主体、管理客体和管理方法与技术的统一性，决定了管理方法与技术的产生、发展和运用要与管理主、客体的水平相适应：首先，管理方法与技术的产生与发展来源于管理实践。管理实践的发展和管理水平的提高必然促进管理方法与技术的改进和发展；反之，管理方法与技术对于促进管理水平提高的反作用也是很大的。其次，管理方法与技术的应用一方面要从管理主体的素质出发，根据他们所能掌握和运用的程度来选择适当的管理技术和方法；另一方面要从管理客体出发，根据管理对象的性质、特点和所具备的各种条件来选择管理方法与技术。把上述两方面有机结合起来，进行科学的选择和运用，才能起到应有的作用。

五、管理方法与技术的分类

迄今为止，对于管理方法与技术的分类没有一个共识性的统一标准，不同学者往往从不同的角度出发，对管理方法与技术予以不同的分类。对管理方法与技术不同分类的了解，可以使我们加深对管理方法与技术概念外延的系统认识。

(一) 根据管理方法与技术所依赖的主要学科进行分类

如前所述，管理方法与技术是管理理论与其他多学科先进成果积极融合的产物，因而管理方法与技术也可以根据所依据的主要学科来进行分类。

(1) 运筹学类，包括线性规划、整数规划、动态规划、网络计划方法、优选法、正交试验法、对策论、排队论、模拟技术、库存论等。

(2) 概率论和数理统计类，包括抽样调查法、回归预测分析法、统计质量管理、可靠性工程等。

(3) 行为学类，包括目标管理、参与管理、人员功能测定、敏感性训练、工作再设计、弹性工作时间、自主管理等。

以上只是依据3类学科来进行的分类举例，在一些教材中，一些学者还从法律学、教育学、行政学、经济学等学科来对管理方法与技术进行分类。

(二) 根据管理方法与技术的属性进行分类

管理方法与技术的种类较多且功能各异，但从各种方法与技术的属性来看，基本可以划分为两大类。

(1) 综合性管理方法与技术，主要有目标管理、全面质量管理、系统工程等。这类方法本身具有综合性、多元性、系统性等多种特性，是现代管理方法的重要组成部分。

(2) 专业性管理方法与技术，如价值工程、市场预测、决策方法与技术、投入产出分析、量本利分析、ABC管理、线性规划等。这类方法通常与专业技术紧密结合，往往具有数量化的特征。

(三) 根据管理方法与技术的时空维度进行分类

组织有各种层次、各种类型的部门，而管理也是一个包括预测、决策、计划、组织、协调、控制等一系列连续不断的过程，因而可以从时空维度来对管理方法与技术进行分类。

(1) 从横向上看，社会有各种各样的行业，有各种各样的部门，可以基于这些行业、部门的差异与特殊性对管理方法与技术进行分类，如工商管理方法与技术、农业管理方法技术、高等教育管理方法与技术、行政管理方法与技术等。

(2) 从纵向上看，任何一个社会组织都是一个管理系统，都有管理层次之分，不同的层次通常对应不同的管理方法与技术。对于一个大型组织而言，高层管理者更多运用战略、宏观规划类管理方法与技术，中层管理者更多运用战术规划类的管理方法与技术，而基层管理者强调执行，因而更多采用侧重于运行层面的管理方法与技术。

(3) 从管理的流程或职能来看，一个完整的管理过程通常包括预测、决策、计划、组织、协调与控制等环节，在不同的管理环节运用不同的管理方法与技术，如预测方法、决策方法、计划技术、组织方法与技术、协调方法、控制技术等。在预测方法中，常用的有回归预测法、专家咨询法、盈亏平衡分析、投入产出分析等。在决策方法中，常用的有决策树、专家决策法、矩阵汇总、博弈论、边际分析等。在计划技术中，常用的有线性规划、动态规划、整数规划、目标管理、滚动计划方法、网络计划方法等。在组织方法与技术中，常用的有职能组织技术、矩阵组织技术、项目组织技术等。在协调方法中，常用的有会议协调法、访问协调法、书面协调法等。在控制技术中，常用的有质量控制技术、库存控制技术、信息控制技术等。

除了上述这些分类外，学者们还从其他角度对管理方法与技术进行了各种各样的分类。例如，按使用方法的定量化程度划分，将管理方法与技术分为定性管理方法和定量管理方法；按管理活动的类型划分，将管理方法与技术分为生产管理方法、物资管理方法、信息管理方法和人事管理方法；按管理者的类型划分，将管理方法与技术分为专制型管理方法、民主型管理方法和放任型管理方法；按管理方法产生的时间顺序划分，将管理方法与技术分为传统管理方法和现代管理方法等。

六、管理方法与技术的特点

管理方法与技术不同于哲学方法论上的概念，它有自己的特殊性，有其独特的特点。

(一) 主观性

管理方法是人们在管理活动中根据管理活动的规律制定的，是管理主体头脑的创造性产物。因此，管理方法属于主观精神范畴，是第二性的东西。管理方法的主观性还表现在以下方面：第一，即使是对同一管理客体实施管理，不同的管理主体会采取不同的方法；第二，即使采用相同类型的管理方法，不同的管理主体在方法运用的技巧上会存在差异；第三，对管理方法与技术的理解与把握，会因管理主体素质的差异而有不同，因此会造成管理方法与技术在使用效用和效果上的差异。

(二) 普遍性

管理方法与技术反映了各种管理活动的共同规律，因而它能够被普遍地运用于管理活动的各个不同领域。掌握了一般管理原理、方法与技术的管理者，能够在不同的管理岗位上出色地完成各种管理任务。管理过程的普遍性使不同行业的管理人员的高度互换性成为可能。正是由于管理方法与技术具有普遍性的特点，就要求我们不仅要研究和总结过去在实践中形成的行之有效的管理方法，而且要吸收和借鉴当今世界各国，包括资本主义发达国家的反映社会化大生产规律的先进的管理方法。但是，我们在学习和借鉴外国先进的管理方法时，一定要对我们的客观条件进行实事求是的分析。当代各国的卓有成效的管理活动都是与本民族的文化传统、社会心理和生活习惯联系在一起的。

(三) 规范性

规范性是指任何管理方法都是一种规范性原则，为人们的管理实践活动指明一定的程序和途径。管理方法的规范性是由它所反映的客观规律所决定的。例如，制定一个决策的程序通常包括一系列规范性活动：一是信息收集与分析活动，了解情况和条件，理清组织自身的优势、劣势以及外界的机遇与威胁；二是设计决策、制定行动方案；三是对各种方案进行综合比较，优化选择；四是对抉择的方案进行审查和评价。决策一般都是按照这种规范程序来进行的。

(四) 系统性

管理对象和内容的系统性决定了我们在运行管理方法与技术时，必须具有系统思维，以提升管理效果为前提，系统运用各种有效的管理方法与技术。一个组织是一个系统，同时这个组织又处于社会这个大系统之中，组织与社会中的其他组织在法律、教育、行政、经济等领域有着各种各样的关系，相互依存、相互制约，因而管理者必须从整体出发，运用系统分析的方法，采用各种有效的方法与技术进行综合管理。管理方法与技术的系统性体现在两个方面：一是管理方法是多种多样的，它们之间相互联系、相互作用和相互制约，从而构成一个系统。从这个意义上讲，一种管理方法通常需要其他各种方法的积极配合，才能更好地发挥其作用。二是任何管理方法与技术都是由一系列程序、规范、原则、活动等具体内容构成的，在某一种管理方法下的各种管理活动是相互有机联系的整体，必须系统地做好各种管理活动，该管理方法才会产生其应有的效用。决策方法的规范性程序中，倘若只是关注并做好某一个环节，决策活动往往难以取得最佳效果。

七、管理方法与技术在实践运用时应注意的问题

管理方法与技术在管理中的作用是举足轻重的，无论是管理的前提与本质，还是管理的各项职能活动，都离不开科学的管理方法与技术。如何科学地运用这些管理方法与技术，直接关系到管理的成效。

(一) 管理者应根据不同的管理问题与管理变量，选择不同的管理方法与技术

管理问题的不同，涉及的组织变量、外在环境等不同，相应采取的管理方法与技术也应不同。在管理实践中，不存在所谓最佳的适应任何管理情景的管理方法与技术，最好的管理方法应是与管理变量相适应的。如此，我们在选择管理方法与技术时，应在充分掌握这些方法与技术实质内容的基础上，充分考虑组织自身的需求性和这些方法与技术与本组织环境的适应性，选择合理的管理方法与技术。每一种管理方法都有自己的作用原理、适用范围和条件，在不同的情况下其管理效率是不同的。如果所采用的管理方法符合管理活动的客观规律的要求，管理就会取得好的效果；如果选择的方法不恰当，就达不到科学管理的目的。

(二) 应注重在管理实践中把各种管理方法与技术结合起来运用

各种管理活动的特点不同和管理方法作用原理的不同，决定了必须把各种管理方法结合起来运用。各种管理方法对于管理活动都是必要的、不可缺少的。例如，国家政权采取行政方法直接干预企业管理活动过程，它之所以有效力，在于国家政权的权威性。法律方法的作用则是依靠国家法律的强制力，对社会经济活动中的不法行为予以禁止和对合法行为予以保护，体现在法律关系的双方中，一方对另一方的权利与义务的制约，这种制约规定了各种组

织及个人行为的下限。思想教育的方法则更多地体现为意识形态的作用，通过这种方法，促使管理客体在思想认识上发生潜移默化的改变，并最终反映在外在行为上。此外，大数据分析技术、目标管理方法、全面质量管理、价值工程法、网络计划方法等管理方法与技术也都是现代管理不可缺少的方法。它们相互构成了现代管理的方法与技术体系。所以，从总体考虑，单独应用每一种方法都有一定的片面性，不能全面地反映管理活动的要求，不能适应管理活动的广泛性、复杂性和相关性，因而都会产生一定的局限性。只有正确选择合适的管理方法与技术并将其结合运用，使各种方法相辅相成，才能产生最大的合力，使管理更有成效并取得更大的效益。

(三) 应注重在管理实践中不断发展、创新管理方法与技术

管理方法与技术的产生、发展来源于管理实践的需要。社会总是在不断发展变化的，新的事物、新的科学技术、新的管理思想不断出现，因此，必须顺应社会发展的潮流，不断发展、创新管理方法与技术，以满足新管理情境的客观需要。例如，第二次世界大战以后，由于科学技术的飞速发展，企业规模迅速扩大，竞争日趋激烈，资本主义国家的管理由科学管理转入现代管理阶段，适应于这一客观发展的需要，人们广泛应用现代科学成果，经过不断的探索和实践，创造出了一系列适应现代管理需要的现代管理方法，这不仅发展和完善了传统管理方法，而且在很多方面都有前所未有的突破，大大地充实了管理方法的内容。21世纪以来，知识经济成为世界主导型的经济形态，信息技术、计算机技术和人工智能飞速发展，在这种背景下，一些新的现代管理理论，如网络治理理论，新的管理技术，如大数据分析技术开始登上管理舞台，并呈现出强劲的生命力。

第二节　传统管理方法与技术

传统管理方法是最古老的，也是应用最广泛的管理方法，虽然名为传统管理方法，但并未落后，至今在管理实践中依然广泛运用，并且在使用的过程中，随着社会的发展和社会学、心理学、计算机科学等各种学科的发展，这类方法得到了完善和发展。传统管理方法通常包括行政方法、法律方法、经济方法和教育方法。

一、行政方法

行政方法是指各个系统、部门和单位，依靠行政组织，通过行政系统渠道对组织进行管理的方法。这里的行政并非指狭义上的政府行政管理，而是指广泛意义上的行政。行政方法的主要表现形式通常是行政的命令、指示、指令性计划、决议、决定、纪律、规章制度等。所谓行政组织，是指按行政管理的需要组织起来的管理单位，上至中央政府和各部委机关，下到各基层企事业组织机构。

(一) 行政方法的特点

行政方法是管理活动中不可缺少的、最古老的、最基本的方法，强调权威和无条件服

从。行政方法的根本特点是依靠权威、直接指挥下属的活动。具体来讲，主要有以下特点。

1. 权威性

运用行政方法进行管理时，管理者的权威起主要作用。这是因为行政方法的有效性和所发出的指令的接受率及上下级之间的沟通效果，在很大程度上取决于管理者的权威。管理者的权威越高，他所发出的指令接受率就越高，上下级沟通效果就越好。提高管理者的权威是提高行政方法有效性的首要前提和重要措施，但是，管理者的权威不仅依靠职位所带来的权利来强化，更要依靠自身在管理活动中表现出来的良好领导素质、才能来提高。

2. 强制性

行政方法既然是通过行政命令、指示、规定来对管理对象进行指挥和控制的，因而必然具有强制性。行政方法与法律方法的强制性不同，从强制性程度来看，法律的强制程度高，它通过国家机器执行，并规定了人们的行为规范；行政方法的强制程度则相对低一些，它主要要求人们在思想上和行动上服从统一意志，强调原则上的高度统一，但允许人们在方法上的灵活多样。从制约范围来看，法律方法的强制性对管理系统的子系统和任何人都是一致的；行政方法的强制性，一般只对特定部门和特定对象才有效。

3. 系统性

行政方法是多种多样的，每一种方法都具有相应的特点和功能，同时，任何一种行政方法又不可能适用于所有的问题，各种行政方法之间呈现一种互相联系、互相补充的关系，它们构成了一个行政方法的系统和体系。行政方法的体系为人们提供了一个可供选择的范围，人们可以选择一种行政方法，也可以选择多种行政方法。在更多的情况下，人们选择的是多种行政方法，因为一种行政活动的开展往往需要多种行政方法的综合作用，多种行政方法通过有机结合而发挥出的整体功能要比单个行政方法功能的简单相加大得多，这就体现了行政方法的系统性特征。

4. 时代性

时代在发展，行政方法也处于发展和革新的过程中，行政方法只有不断革新，才不会落后于时代发展的步伐。不同的时代为行政管理活动的开展提出了不同的要求，也提供了不同的资源和支持，新的要求使行政方法的革新成为必要，而新的资源和支持又使行政方法的革新成为可能。于是，行政方法随着时代的发展而不断发展。比如，20世纪70年代末、80年代初以来，各国政府为了运用有限的资源更好地管理日益复杂的社会公共事务，逐步将市场机制引入行政管理中，进而发展出了一系列行之有效的市场化方法，如合同外包、凭单制等。不过，新的行政方法的出现并不说明旧的行政方法已没有价值，一方面，新的行政方法可能是在旧的行政方法的基础上发展而来的，新的行政方法中包含旧的行政方法的合理成分；另一方面，旧的行政方法并不一定完全被新的行政方法所取代，其在特定的条件下仍旧发挥着重要作用。

(二) 行政方法的作用

行政方法的特征决定了行政方法具有不同于其他管理方法的作用，主要表现在以下几个方面。

(1) 行政方法的权威性和强制性保证了组织的高度统一，各项指令能够高效地贯彻、各项任务能够高效地执行，从而对全局形成有效的控制。

(2) 行政方法的运用有利于管理职能的发挥和管理目标的实现。管理的决策、组织、领导、激励和创新等职能要有效地发挥作用，就必须依靠行政机关的权威来进行组织和指挥，必须通过行政组织和行政手段来协调好各个方面之间的关系，并解决好出现的矛盾。

(3) 行政方法是实施其他各种管理方法的必要手段。在管理活动中，经济方法、法律方法、教育方法等要发挥作用，必须通过行政方法高效统一地贯彻和执行，才能发挥其作用。

(4) 行政方法的运用有利于灵活处理特殊问题。行政方法的具体性保证了管理活动中出现新情况、新问题时，能及时发出有针对性的行政命令，制定规章制度，采取行政措施，使问题得到及时、有效的解决。一般不会导致“一刀切”状况的出现，会因人、因事、因时、因地采取灵活的措施加以正确处理。

(三) 行政方法的正确运用

行政方法的特点决定了它对管理活动的重要作用，但如何正确地加以运用才能克服其局限性就成为需要研究的问题。

1. 行政方法的管理效果直接受领导者水平的制约

由于行政方法强调领导的权威性，行政命令的效果在很大程度上取决于行政领导者的素质和水平。高素质的领导者往往能正确运用行政方法，提高管理效果；反之，如果领导者无德、少才，其命令就难以执行，也就无法搞好管理工作和实现管理目标，所以行政方法的运用对领导者各方面的素质提出了很高的要求。

2. 管理者必须充分认识到行政方法的本质是服务

行政方法必须以服务为目的，这样不仅可以避免管理者的权力膨胀、为所欲为，而且也是符合管理规律和市场需要的。

3. 行政方法中对信息的运用

第一，从总体布局和统一协调的角度来考虑，要求管理者必须及时地掌握组织外部有用的信息，以求快速、准确地做出决策。第二，在下级执行上级的指令时，要快速、准确地获得上级提供的信息，就需要一个行之有效的信息管理系统。

此外，行政方法的运用借助了职位的权威，因此对下级来说，有较强的单向强制性，很少遭到下级的抵制。但是，依靠职位的权威性单向强制地发布命令的状况可能导致漠视下级的观点和意见，助长官僚主义作风，不利于充分调动各方面的积极性。所以，不能单纯依靠行政方法，要在客观规律的基础上，把行政方法和管理的其他方法有机结合起来。

二、法律方法

法律方法是指运用法律法规、行为规范来进行管理的方法。法律是国家机关制定或认可并受国家强制力保证实施的行为规范。由于社会关系的复杂性和多样性，法律规范的形式和内容也极为丰富。法学上根据法律所调整的社会关系的不同将其分为各个不同的法律部门，并形成相互关联、相互协调的统一的法律体系。法律方法的实质是实现和维护在经济上占统治地位的阶级的意志和利益，并代表他们对社会政治、经济、文化活动实现强制性的统一管理。除国家以外的其他组织，如公司、学校、医院等也可以运用法律方法，通过依法管理对组织内部各类活动进行规范、约束，以保证组织目标的实现。法律方法通常表现为立法、司法和执法3种形式。

(一) 法律方法的特点

1. 规范性

法律是拥有立法权的国家机关依照法定程序制定和颁布的规范性文件，法律语言准确、严密、简洁。不同的法律和法规都有各自规定的内容和相应的解释，它们之间不允许互相冲突，法规应服从法律，一般法律应服从宪法。法律和法规是所有组织和个人行动的准则，具有同等的约束力。

2. 强制性

法律不仅是国家统治阶级意志的反映，而且还要由国家强制力保证执行，否则法律就只能是一纸空文。法律、法规一经规定就要强制执行，各个企业、单位以及每个公民都必须毫无例外地遵守。

3. 稳定性

法律和法规的制定必须严格按照法律规定的程序和规范进行。法律和法规一旦制定或颁布出来，就具有相对的稳定性。法律和法规不能因人而异，不允许滥加修改。法律是严谨、不能轻易变动的规章制度体系。

4. 预防性

国家制定法律的目的不仅在于事后对违法者进行应有的惩罚，更重要的还在于事前对人们起到指导和教育的作用，使人们自觉遵守，从而预防违法犯罪行为的发生。

(二) 法律方法的作用

法律方法的运用对于建立和健全科学的管理制度和管理方法，有着十分重要的作用。

1. 保证必要的管理秩序

管理系统内外部存在着各种社会经济关系，只有通过法律方法才能公正、合理、有效地加以调整，及时排除各种不利因素的影响，才能保证社会经济秩序的正常运用，为管理活动提供良好的外部环境。

2. 调节管理因素之间的关系

根据管理对象的不同特点和所给任务的不同性质，规定不同管理因素在整个管理活动中应尽的义务和应起的作用。这是法律方法所具有的一定的自动调节功能。

3. 使管理活动纳入规范化、制度化的轨道

法律方法的运用有助于使符合客观规律、行之有效的管理制度和管理方法用法律的形式规范化、条文化、固定化，使人们的管理活动有章可循。严格执行这些制度和方法，管理系统便能自动、有效运转。这样既可保证管理效率，又可节约管理者的精力。

(三) 法律方法的正确运用

法律方法从本质上讲是通过上层建筑的力量来影响和改变社会活动的方向。这里就有双重作用问题，既可以起促进作用，也可以起阻碍作用。如果各项法律和法规的制定与颁布符合客观规律的要求，就会促进社会、经济的发展；反之，也可能成为社会、经济发展的严重阻碍。法律方法由于缺少灵活性和弹性，易使管理僵化，而且有时会不利于基层管理者发挥其主动性和创造性。

在管理活动中，各种法规要综合运用、相互配合，因为任何组织的关系都是复杂的、多方面的。就企业管理而言，法律方法不仅要求企业掌握和运用与企业经营活动直接相关的经济法律，而且还要掌握和运用民法赋予的权利和义务。企业成为法人，一方面，其权利和地位受到法律保护，可以自觉地去抵制和克服改革中出现的各种“乱摊派”等不正之风；另一方面，企业的义务和责任也严格化了，就要求企业进行整顿和加强内部的经济责任，建立和健全各种条例和规章制度，克服瞎指挥、不负责任的现象。不仅企业财产关系主要通过民法加以调整，而且由于法人企业的每个员工又都是公民，从管理的人本原理出发，要依靠每个员工并调动其主动性和创造性，所以在企业管理中，民法的掌握和运用也是非常必要的。企业应根据国家、政府的有关法律、法规制定自己的管理规范，保证必要的管理秩序，有效地调节各种管理因素之间的关系，使宏观法规在本单位得以顺利地贯彻执行，避免与法律、法规有悖而造成不必要的损失。

当然，不能期望法律方法解决所有问题，它只能在有效的范围之内发生作用。而在法律范围之外，还有各种大量的经济关系、社会关系需要用其他方法来管理和调整。所以，法律方法应该和管理的其他方法综合使用，才能最有效地实现管理目标。

三、经济方法

经济方法是管理的基本方法之一，是指管理主体依靠经济规律的客观要求，利用各种经济手段，通过调节和影响被管理者的各种经济利益需要，引导组织和成员的行为，促进管理目标实现的方法。常用的经济手段包括价格、税收、信贷、工资、利润、奖金、罚款和经济合同等。不同的经济手段在不同的领域可发挥各自不同的作用，运用时应注意不要单纯依靠经济方法来进行管理，宜将其与其他方法有机地结合起来，以免产生“一切向钱看”的不良倾向。

(一) 经济方法的特点

与其他管理方法相比，经济方法有以下特点。

1. 利益性

利益性是经济方法最基本的特点，指经济方法应符合物质利益原则，利用经济手段管理经济，核心是把经济责任和物质利益有效地结合起来，即把劳动集体及个人的利益与工作成果相联系。

2. 关联性

各种经济手段之间的关系错综复杂，每一种经济手段的变化都会影响社会多方面的经济关系，从而产生连锁反应。

3. 灵活性

一方面，经济方法针对不同的管理对象，如对企业、职工个人，可以采取不同的手段；另一方面，对于同一管理对象，在不同的情况下，可以采用不同方式进行管理，以适应形势的发展。

4. 平等性

经济方法承认被管理的组织或成员在获取的经济利益上是平等的。社会按照统一的价值尺度来计算和分配经济成果，各种经济手段的使用对于相同情况的被管理者起同样的效力，不允许有特殊情况。

(二) 经济方法的作用

经济方法的作用主要体现在以下几点。

(1) 有利于促使各级组织主动地利用自身的条件，挖掘潜力，适应环境的变化，灵活开展生产经营活动，提高经济效益。

(2) 有利于把管理对象的物质利益与其他劳动成果相挂钩，激励和调动员工的工作积极性和创造性。

(3) 便于分权，利用经济方法可给予各级组织较多的自主权，使他们的积极性得到发挥，使领导机关减少主观主义和官僚主义，提高工作效率。

(三) 经济方法的运用

在管理过程中，经济方法的运用需要注意以下几个方面的问题。

(1) 要注意经济方法的综合运用和不断完善，既要发挥各种经济杠杆各自的作用，更要重视整体上的协调配合。

(2) 要注意将经济方法和其他方法有机结合起来。在实际管理中，经济方法要与其他管理方法，如法律方法、行政方法、教育方法结合使用，才能更加有效地发挥作用。

(3) 运用经济方法，必须有统一的方针、政策和计划作为指导，进行大量的组织协调工作，才能真正把各层次、各方面的积极性发挥出来。必须有一套严密的经济立法和规章制度与之相配合，否则容易导致经济上的违法行为。

(4) 应避免经济至上，注重物质需要与精神需要的结合。单纯或过于利用经济方法容易催生工作、生活中的过度功利性，容易导致追求经济利益而忽略精神文化层面的建设。因此，经济方法的利用应恰当有度，以满足管理活动的需要，调动管理对象的主动性、积极性，提升管理效果为目的，并注重与其他管理方式、方法的有机结合。

四、教育方法

教育方法是指通过传授、启发、诱导等方式，提高人们的思想认识水平和科学文化水平，发挥人的主观能动作用，执行管理职能的方法。教育方法是与员工在生产经营活动中的重要地位和作用相联系的。在管理中运用教育方法，是增强组织活力、贯彻国家政策、完成组织任务的重要保证。教育方法的实质就是对受教育者施加影响，从而达到提高人的综合素质、调动人的主观能动性的目标。

(一) 教育方法的特点

教育方法有别于其他管理方法，在管理实践中，该方法的运用体现出以下特点。

1. 启发性

教育方法主要通过宣传、诱导、启发等方式来提高人们在思想认识上的趋同性和一致性，引导生成、出现管理者所期盼的行为。教育方法实施效果不是靠权力强制、物质刺激取得的，而是靠人们对组织倡导的价值观、目标的认同和内化来取得的。

2. 长期性

教育方法的长期性既表现在教育工作的长期性上，又表现在教育效果的长期性上。多数思想认识问题不是一朝一夕就能解决的，思想观念的确立更需要一个长期的教育工作过程，这两方面的工作不是一劳永逸的。

3. 灵活性

教育方法形式多样，要不拘一格，打破常规，因人、因己、因时、因地、因事灵活运用，力求做到教育内容与教育形式的完美结合。

4. 互动性

在教育过程中，授教者和受教者都在提高，是一个相互学习、相互影响的活动。因此，教育不是教训，不是灌输。教育要起作用，授教者必须以身作则、身体力行，同时，两者应相互尊重，否则，教育方法就是无效的，至少是低效的。

(二) 教育方法的作用

教育方法的作用有以下几点。

(1) 教育方法是提高人的素质和各级管理者素质的根本手段。

(2) 教育方法是其他管理方法发挥作用的先导和前提，任何其他管理方法的实施都离不开宣传教育。教育方法能解决其他管理方法所不能解决的问题。

(3) 教育方法是激励人的动机，培养人的责任感和纪律性，调动人的积极性的重要手段。人的认识水平、科学文化水平一旦提高，正确的人生观、价值观一经确立，就会成为长期起作用的因素。

(4) 教育方法有利于实现各级组织的现代化，能不断提高职工的科学文化水平，适应技术发展的需要，为各级组织的现代化创造条件。

(三) 教育方法的运用

在管理实践中，科学应用教育方法应注意以下几点。

1. 教育方法的形式和内容要有科学性

要尊重、培养、关心、爱护人，不能强加于人；要坚持从实际出发，适应需要，恰如其分地选择和安排内容，以增强教育效果；要排除粗制滥造、违情悖理的东西。各种具体形式的运用要把握好质、量和时空等要素。例如运用批评与表扬、奖励与惩罚，一般来说，表扬与奖励要比惩罚多一些，以便尽可能多地调动群众的积极性；要把握准确度，无论表扬与批评都要准确、公道、服人服众；时机和场合的选择要适当，通常，表扬场合宜大，批评场合宜小。

2. 教育的方式、手段要灵活多样并注重艺术性

教育是一项复杂的活动，也是一项长期的过程，教育方式、手段的运用应因人、因时、因地而异。注重教育方法的艺术性，使教育更加生动、活泼、形象、直观，以收到良好的教育效果。

3. 要注重教育与生产经营活动的结合

思想、认识问题的产生往往与员工的工作、生活等具体问题相联系。实际问题得不到解决，思想教育工作就容易成为无的放矢的空洞说教。因此，在教育工作中要把教育工作的“魂” 附在实际工作的“体”上。要注意发现、甄别员工的思想问题是由哪些困难而引发的，尽可能帮助解决，对于一些一时难以解决而又属合理要求的实际问题，必须向员工耐心解释，指明前景，努力创造条件去解决。

第三节 现代管理方法与技术

现代管理方法是指现代新学科、新理论在管理实践中运用而发展起来的方法与技术。与人类的一切知识一样，现代管理方法来源于人类的实践活动，是随着人类社会实践的发展和科学技术的进步而不断发展起来的。改革开放以来，我国先后有计划、有步骤地在全国范围内推广现代管理方法与技术，许多组织在运用现代管理方法与技术的过程中都收到了显著的成效。迄今，对现代管理方法与技术的运用已经成为众多社会组织的自觉行为。常用的现代管理方法与技术主要有系统分析方法、目标管理、全面质量管理、网络计划方法与技术、决策方法与技术、市场调查与预测技术等。本节重点介绍系统分析方法、目标管理和全面质量管理。

一、系统分析方法

系统分析方法作为一种普遍采用的管理方法，是第二次世界大战后最重要的科技成果之

一，也是现代管理方法的基础。系统分析方法来源于系统科学，系统科学是20世纪40年代以后迅速发展起来的一个横跨各个学科的新的科学部门，它从系统的着眼点或角度去考察和研究整个客观世界，为人类认识和改造世界提供科学理论和方法。它的产生和发展标志着人类的科学思维由主要以“实物为中心”逐渐过渡到以“系统为中心”，是科学思维的一个划时代突破。

（一）系统分析方法的概念

在自然界和人类社会中，可以说任何事物都是以系统的形式存在的，我们所要研究的每个问题或对象都可以看作一个系统。人们在认识客观事物或改造客观事物的过程中，用综合的思维方式看待事物，根据事物内在的、本质的、必然的联系，从整体的角度进行分析和研究，这类事物就被看成一个系统。

一般认为，系统分析方法就是对一个系统内的基本问题用系统观点进行思维推理，在确定和不确定的条件下，探索可能采取的方案，通过分析对比，为达到预期目标选出最优方案的一种决策方法。也可以说，系统分析就是决策者选择一个行动的方向，通过对情况的全面分析，对可能采取的方案进行选优，为决策者提供可靠的依据。

（二）系统分析方法的特点

系统分析方法有如下特点。

1. 以整体为目标

系统方法要求人们把对象和过程视为一个相互联系、相互作用的整体，并且尽可能将整体进行形式化的处理。在一个系统中，处于各个层次的子系统都分别具有特定的功能和目标，彼此分工合作，才能实现系统整体的共同目标。构成系统的所有要素都是有机整体的一部分，它们不能脱离整体而独立存在。系统总体所具有的性质是其各个组成部分或要素所没有的，因此，如果只研究改善某些局部问题而忽略或不重视其他子系统，则系统整体效益将受到不利的影响。

从事任何系统分析时，都必须考虑发挥系统整体效益，不能只局限于个别子系统，以免顾此失彼。因此，以整体为目标，是系统分析方法的一个基本特点。

2. 以特定问题为对象

系统分析是一种处理问题的方法，其目的在于寻求解决特定问题的最佳策略。许多问题都含有不确定的因素，而系统分析就是针对这种不确定情况，研究解决问题的各种方案及其可能产生的结果。不同的系统分析所解决的问题是不同的，即使对相同的系统，基于不同的问题，也要进行不同的分析并拟订不同的解决方案。

3. 注重定性分析与定量分析的结合

最初，系统方法不过是对系统思想和系统理论的一般原则的运用，它只能对系统进行定性的研究和描述。随着系统理论的发展，人们不再满足于对系统的定性研究，对系统的定量研究受到越来越多的重视。于是，各种数学方法便成为系统方法的有机组成部分，再加上电子计算机的广泛运用，形成了各种各样的对系统进行定性分析与定量分析相结合的方法。

4. 追求目标与方案的"最优化"

运用系统分析方法，往往致力于追求目标或决策方案的最优化，但是在通常的情况下完全达到最优化是不可能的。最优是理想状态，为实现理想状态有时需要付出过大的人力、物力、财力的代价，即便达到了最优目标，但因代价太大反而显得不优了。因此，一般把目标定为做到满意即可，在此基础上力争最优。

(二) 系统分析方法的要素

实际的系统是千变万化的，而且所有的系统都处于各不相同的复杂环境中。另外，不同的系统所产生的功能不同，内部的构造和因素的组成也不同，即使是同一系统，由于分析的目的不同，所采用的方法和手段也不同。因此，如果要找到技术上先进、经济上合理的最佳系统，则在系统分析时，必须具备若干个要素，才能使系统分析顺利进行，以达到分析的要求。

系统分析由下列6个要素组成。

1. 目标

目标是系统目的的具体化，它是系统整体分析的一个要素，确定的目标应当遵循SMART原则，即目标应当是具体的(specific)、可衡量的(measurable)、可实现的(attainable)、相关联的(relevant)和有时间限制的(time-bounded)。

系统的总目标是决策的主要依据。对于系统分析人员来说，首先要对系统的目的和要求进行全面的了解，如为什么做出此选择，要达到什么程度。因为系统的目的和要求既是建立系统的根据，也是研究系统的出发点。

2. 替代方案

替代方案是选优的前提，没有足够数量的方案就没有优化。只有在性能、费用、效益、时间等指标上互有长短并能进行对比的，才称得上是替代方案。替代方案必须有定性和定量的分析和论证，必须提供执行方案时的预期效果。

例如，在进行加强铁路干线运输能力分析时，既可采取修建复线，也可采取改变牵引动力类型等技术手段，两种方案都有一定的可行性，但在不同指标上互有利弊，确定最优方案时，就需要进行分析与比较。

3. 指标

指标是衡量总体目标的具体标志，包括与性能、费用、效益和时间等有关的内容，分析时根据不同的要求和技术条件具体确定。

性能是技术论证的主要方面；费用是用于方案实施的实际支出，一般用货币表示；效益主要是指完成某项工程、产品或服务而得到的收益；时间是一种价值因素，进度或周期是其具体表现。在进行对社会有广泛影响的大项目决策时，还要考虑其对社会、环境、生态方面的影响，这些因素往往较难用货币尺度来衡量。

为了对替代方案进行综合的比较和分析，必须采用一组相互联系的可以比较的指标进行衡量，这一组指标叫作系统的评价指标体系，不同的系统所采取的指标体系也不同。

4. 评价标准

衡量备选方案在具体指标、准则方面优劣与否应有一个评价标准，通过评价标准可对各个可行性方案进行综合评价，确定各方案的优劣顺序。

5. 模型

为了说明目标与方案之间的因果关系应拟制一个数学模型或模拟模型，用该模型求出系统各替代方案的性能、费用、效益和时间等指标值，依据评价标准，对各方案进行综合评价，确定出方案的优劣顺序，以供决策者选用。模型的优化与评价是方案论证的判断依据。

6. 决策者

各方案进行优先顺序排序后，决策者还要根据分析结果的不同侧面、个人的经验判断以及各种决策原则进行综合的、整体的考虑，最后做出决策。同一种优先顺序，不同的决策者选择的决策方案可能不同。因此，决策者的主观考虑非常重要。

(四) 系统分析方法的步骤

系统分析不同于一般的技术经济分析，作为一种解决问题的方法，它可以帮助决策者对大量可行性方案进行综合评价，在满足约束条件的情况下，最优化地达到系统设计者和决策者的总目标。可以认为，系统问题在实际系统中产生，由问题产生目标，再根据目标去找最优方案，这就是系统分析的主要逻辑顺序。因此，在整个系统分析过程中，不仅需要做大量的调查研究，收集各种数据和资料，同时还需要应用各种专业知识、技术经济分析工具和管理技术等。

一般来说，系统分析可以概括为如下5个步骤。

1. 提出问题，确定目标

要进行系统分析，首先要明确所研究问题的性质和范围，弄清问题所包含的因素、各因素之间的相互关系，以及环境状况和约束条件，这是确定目标的前提。

所谓目标，是指决策者所希望实现的理想。它可能是某一单项，也可能包含多项分目标。有了明确的目标，才便于着手进行系统分析。单一的目标分析起来比较简单，多项目标分析时需要考虑它们的协调。

2. 调查并收集资料

建立模型或拟订方案都必须要有资料作为依据，方案的可行性论证更需要准确、可靠的资料和数据。数据的监测和收集是系统分析的基础工作，在进行此项工作时，首先调查影响目标的各种因素的现状及历史，收集国内外有关问题的各种资料，确定影响目标的各个因素。收集资料通常多借助调查、实验、观察、记录以及参考国内外资料等方式。

3. 制定方案，建立模型

在大量资料的基础上，制定解决问题、达到目标的各种可能方案。建立模型就是找出说明系统功能的要素及其相互关系，即系统的输入、输出和转换关系，以及系统的目标和约束等。模型只是现实过程的近似描述，如果它说明了所研究的系统的主要特征，就可以称为一个满意的模型。

利用模型可以预测每一个方案的运行结果，并根据其结果定量评价各方案的优劣。

4. 分析计算，评价选择

在分析复杂系统的时候，有大量的资料和数据需要处理，通常运用数学工具和电子计算机来进行。

在几个替换方案中，每个方案都有自己的长处，也有自己的短处，往往很难确定选择哪一种方案。所谓评价选择，就是根据评价标准对各种方案的利弊得失和成本效益进行评价。在此基础上加以综合研究，选择费用最低且效益最高的方案。

5. 鉴定及检验

用测验或试验的方法来鉴定所获得的结论，并提出应采用的优化方案。如果对方案不够满意，可以按照上述步骤反复进行，直至得出满意的方案为止。

当然，以上程序并不是僵化不变的，在进行系统分析的时候，需要灵活运用。

二、目标管理

“目标管理”这一概念是现代管理学大师彼得·德鲁克于1954年在其著作《管理的实践》中最先系统提出来的。德鲁克认为，在管理实践中，并不是有了工作才有目标，而是相反，有了目标才能比较恰当地确定每个人的工作。由此，管理者应该将组织的使命和任务转化为各种类型与层次、分属于各部门和个人的具体目标，并以这些目标为导向和依据，制订组织的各种工作计划，安排各种管理活动，对下级进行引导、管理、考核、评价和奖惩。

目标管理这种现代管理方法提出来以后，便在美国迅速流传和广泛应用。时值第二次世界大战后西方经济由恢复转向迅速发展的时期，企业急需新的管理方法激发组织的活力和调动员工的积极性，并最终提高组织的竞争力。目标管理这种方法可谓应运而生，它一经提出，遂被广泛采用，并迅速被日本、西欧各国所效仿，成为当时管理实践中一种流行的管理方法。目前，目标管理这种现代管理方法已经广泛运用于各行各业的管理实践中，是一种公认的、行之有效的管理方法。

(一) 目标管理的概念

目标管理是一种综合的、以工作和人为中心的管理方法。一个组织中上级管理人员与下级管理人员、员工一起共同制定组织目标，目标与组织内每个人的责任和成果密切相关，明确规定了每个人的职责范围，并用目标来管理、评价和决定每个成员的贡献及对其的奖励或报酬等。目标管理就是指组织内部各部门乃至每个人为实现组织目标，自上而下地制定各自的目标并自主地确定行动方针，安排工作进度，有效地组织实施，并对成果严格考核的一种系统的管理方法。

目标管理的概念可以概括为：组织的最高领导层与各级管理人员共同参与制定出一定时

期内组织所要达到的各项工作目标，然后层层落实，要求下属各部门主管人员以至每个员工根据上级制定的目标制定出自己工作的目标和相应的目标实现措施，形成一个目标体系，并把目标完成情况作为考核依据的一套管理方法。

目标管理的基本内容可以从以下几个方面去理解。

(1) 组织的使命与任务必须转化为目标，组织管理人员要通过这些目标对下级进行领导，并以此来保证组织总目标的实现。

(2) 目标管理是一种程序，使一个组织中的上下各级管理人员统一起来制定共同的目标，确定彼此的责任，并将此项责任作为指导业务和衡量各自贡献的准则。

(3) 每个组织管理人员或下属的分目标就是组织总目标对其的要求，同时也是这个组织管理人员或下属对组织总目标的贡献。

(4) 管理人员和下属依据设定的目标进行自我管理，他们以所要达到的目标为依据，进行自我指挥、自我控制，而不是由其上级来指挥和控制。

(5) 组织管理人员对下级进行考核和奖惩也是依据这些分目标。

(二) 目标管理的特点

与传统管理方法相比，目标管理主要有3个方面的特点。

1. 强调自我控制

传统管理方法把下级看成愚笨懒惰、不敢承担责任的人，必须强迫他们工作，这种假设必然会导致将目标强加给下级的做法。目标管理方法则假设下级是愿意承担责任、愿意为组织做出贡献、愿意有所成就的人。在这种假设下，下级比上级更清楚如何工作，愿意而且也能够在工作中发挥才智和创造性，能够对照目标来衡量成就和成果，从而达到自我控制。

2. 注重分权管理

在传统管理方法下，由上级确定目标和达到目标的方法，下级的职责仅是执行。采用目标管理方法则不同，下级在目标确定和执行过程中均有一定的决策权。在确定目标时，下级与上级经过协商讨论，共同确定目标。在执行过程中，下级有权在组织政策规定的范围内决定如何取得最佳效果，上级的责任只是在必要时给予指导。由上级硬性规定工作方法，可能会挫伤下级的工作积极性和创造性。

3. 成果标准

在传统管理方法下，上级对下级的评价缺乏客观的标准，很容易根据印象和对某些问题的态度等主观因素来评价下级的表现。实行目标管理方法则不然，它把达到目标的程度作为评价下级工作表现的唯一标准，从而能够客观地按照实际贡献评价下级的工作表现，不被表面现象所蒙蔽。

目标管理是一种参与式管理，它允许组织成员参与目标设置并在实施过程中进行自我控制。目标管理重实质而不重形式，只要能达成目标，则不拘泥于步骤、手段和方法等细节。参与目标设置不仅使组织成员产生工作的意愿，也使他们对达成目标产生强烈的责任感，在目标达成时还会产生强烈的成就感。组织成员因参与设置的目标得以达成而满足了个人需要，同时也为组织目标的达成做出了贡献。因此，目标管理方法将组织需要和个人需要融合在一起。

(三) 目标管理的要素

目标管理的要素主要表现在以下4个方面。

1. 明确目标

研究人员和实际工作者早已认识到制定个人目标的重要性。美国马里兰大学的早期研究发现，明确的目标要比只要求人们尽力去做更有效果，可以促使人们做出更高的业绩，而且高水平的业绩是和较高的目标相联系的。人们注意到，在企业中，制定目标技能的改善会继续提高生产率。目标制定的重要性并不限于企业，在公共组织中也是十分有用的。在许多公共组织中，普遍存在目标含糊不清的状况，这对管理人员来说是一件难事，人们已经积极着手解决这一难题。

2. 参与决策

目标管理中的目标不是像传统的目标设定那样，由上级单向给下级规定目标，然后分解成分目标落实到组织的各个层次上，而是上级与下级共同参与设定各对应层次的目标，即通过上下协商，逐级制定出整体组织目标、经营单位目标、部门目标直至个人目标。因此，目标管理的目标转化过程既是“自上而下”的，又是“自下而上”的。

3. 规定时限

目标管理强调时间性，制定的每一个目标都有明确的时间期限要求，如一个季度、一年、五年或在已知环境下的任何适当期限。在大多数情况下，目标的制定可与年度预算或主要项目的完成期限一致，但并非必须如此，应依据实际情况来定。某些目标应该安排在很短的时期内完成，也有一些目标则要安排在更长的时期内完成。同样，在典型的情况下，组织的层次越低，为完成目标而设置的时间往往越短。

4. 评价绩效

目标管理寻求不断地将实现目标的进展情况反馈给个人，以便他们及时调整自己的行动。也就是说，下属人员承担为自己设置具体的个人绩效目标的责任，并具有与他们的上级领导人一起检查这些目标的责任。每个人对所在部门的贡献就变得非常明确。尤其重要的是，管理人员要努力引导下属人员对照预先设立的目标来评价业绩，积极参与评价过程，用这种鼓励自我评价和自我发展的方法鞭策员工，使其加大对工作的投入，并创造一种激励的环境。

(四) 目标管理的步骤

综合来看，目标管理的过程主要包括3个环节：一是制定目标、形成科学合理的目标体系；二是依据目标分配资源、权力，组织相关管理活动实现目标；三是在一定的周期内，对目标的完成情况进行评价，并依据评价结果进行相应的奖惩，制定下一阶段的目标。

1. 制定目标

制定目标是目标管理的第一阶段，这一阶段的工作具体可细分为以下4个方面。

(1) 高层管理者预定目标，这是一个暂时的、可以改变的目标预案。既可以由上级提出后与下级讨论，也可以由下级提出报上级批准。无论哪种方式，必须共同商量决定。管理者必须根据企业的使命和长远战略估计客观环境带来的机会和挑战，对本企业的优劣有清醒的认识，对组织应该和能够完成的目标心中有数。

(2) 重新审议组织结构和职责分工。目标管理要求每一个分目标都有确定的责任主体，因此预定目标之后，需要重新审查现有的组织结构，根据新的目标分解要求进行调整，明确目标责任者并协调关系。

(3) 确立下级的目标。首先下级应明确组织的规划和目标，然后与上级商定分目标。在讨论中上级要尊重下级，平等待人，耐心倾听下级意见。分目标要具体、可量化，便于考核。制定分目标时应分清轻重缓急，以免顾此失彼。制定的分目标既要有挑战性，又要有实现可能。每个员工和部门的分目标要与其他的分目标协调一致，支持本企业和组织目标的实现。

(4) 上级和下级应就实现各项目标所需的条件以及实现目标后的奖惩事宜达成协议。分目标制定后，要授予下级相应的资源配置的权力，实现权责利的统一。由下级形成书面协议，编制目标记录卡片，整个组织汇总所有资料后，绘制出目标图。

2. 实现目标

目标管理重视结果，强调自主、自治和自觉，但并不等于管理者可以放手不管。相反，由于形成了目标体系，一环失误，就会牵动全局，因此，管理者在目标实施过程中的管理是不可缺少的。首先进行定期检查，利用双方经常接触的机会和信息反馈渠道自然地进行；其次要向下级通报进度，便于互相协调；最后要帮助下级解决工作中出现的困难问题，当出现意外或不可测事件严重影响组织目标实现时，也可以通过一定的手续修改原定的目标。

3. 总结评价

对各分目标的完成情况，要事先规定出期限，定期进行检查。检查时可灵活地采用自检、互检等方法或责成专门的部门进行检查。检查的依据就是事先确定的目标。对于最终结果，应当根据目标进行评价，并根据评价结果进行奖罚。经过评价，使目标管理进入下一轮循环过程。

三、全面质量管理

全面质量管理是20世纪五六十年代发展起来的一种现代管理方法。“二战”后，出于恢复战后经济的需要，资本主义生产加速发展。随着社会进步和市场竞争的加剧，企业越来越注重自身产品的质量，加上系统理论、行为科学理论等管理理论的出现和发展，高、精、尖产品对质量控制的要求越来越高、越来越复杂，一些管理者开始积极思考有助于质量控制的因素，在这种背景下，全面质量管理的观念得以提出并发展。20世纪50年代，美国通用电气公司的费根堡和质量管理专家朱兰博士首先提出了全面质量管理(total quality management, TQM)的概念，认为全面质量管理是为了能够在最经济的水平上，并在充分满足客户要求的条件下进行生产和提供服务，使企业各部门研制质量、维持质量和提高质量的活动构成一种有效体系。全面质量管理的思想虽然在美国率先提出，但一开始并没有引起足够重视，之后质量管理学者戴明和朱兰博士将这一思想传播到日本，受到日本企业界的高度推崇，在日本一度掀起了轰轰烈烈的全面质量管理运动，极大地助推了日本经济的快速发展。日本产品凭借其卓越的质量和极高的性价比大量涌入美国市场，并加剧了美国产品的质量危机。从此，美国公司开始利用各种质量管理理念和方法去改善产品的质量，提升产品的竞争力。全面质量管理逐渐发展成为一种成熟的现代管理方法。

（一）全面质量管理的概念

费根堡提出的全面质量管理思想逐渐被世界各国管理学界所普遍接受，一些国家还在管理实践中结合本国的国情进行了创新。20世纪80年代中后期以来，全面质量管理得到了进一步的扩展和深化，其含义远远超出了一般意义上的质量管理领域，成为一种综合的、全面的经营管理方式和理念。

ISO 9000系列标准中，对全面质量管理的定义为：组织以质量为中心，以全员参与为基础的一种管理途径，目的在于通过让顾客满意和本组织所有成员及社会受益而达到长期成功。这一定义反映了全面质量管理理念的最新发展，也得到了质量管理界的广泛认同。

（二）全面质量管理的特点

全面质量管理的特点主要体现在全员参与、全过程控制、管理方法的全面性、管理对象的全面性，以及经济效益的全面性等几个方面。

1. 全员参与

产品或者服务质量是企业各方面、各部门、各环节工作质量的综合反映。企业中任何一个环节、任何一个人的工作质量都会不同程度地、直接或间接地影响产品质量或服务质量。因此，提高产品质量人人有责，质量管理活动必须是所有部门的人员都参加的系统性组织活动。同时，要发挥全面质量管理的最大效用，还要加强企业内各职能和业务部门之间的横向合作，这种合作逐渐延伸到企业外的用户和供应商。

2. 全过程控制

任何产品或服务的质量都有一个产生、形成和实现的过程。从全过程的角度来看，质量产生、形成和实现的整个过程是由多个相互联系、相互影响的环节组成的，每一个环节都影响最终的质量状况。为此，全过程的质量管理包括从市场调研、产品设计、加工制造到销售、服务等全部有关过程的质量管理。为了保证质量，就必须把全过程中影响质量的所有环节都控制起来，形成一个综合性的质量管理体系。全过程的质量管理意味着全面质量管理始于识别顾客的需要，终于满足顾客的需要。

3. 管理方法的全面性

由于影响产品和工作质量的因素十分复杂，既有物质的因素，又有人的因素；既有生产技术的因素，又有管理的因素。因此，要搞好全面质量管理，应该根据不同的情况，针对不同的因素，灵活运用各种现代化管理方法和手段，实现统筹管理。在全面质量管理过程中，除了数理统计方法，还经常用到各种质量设计技术、工艺过程的反馈控制技术、最优化方法、网络计划技术、预测和决策方法与技术，以及计算机辅助质量管理技术等。

4. 管理对象的全面性

全面质量管理的对象是质量，而且是广义的质量，不仅包括产品和服务质量，还包括工作质量。只有将工作质量提高，才能最终提高产品和服务质量。除此之外，管理对象全面性的另一个含义是对影响产品和服务质量因素的全面控制。影响产品和服务质量的因素有很多，概括起来包括人员、机器设备、材料、工艺方法、检测手段和环境等方面，只有对这些因素进行全面控制，才能提高产品和工作质量。

5. 经济效益的全面性

企业是个经济实体，在市场经济条件下，它的主要目的是取得最大的经济效益。全面质量管理中经济效益的全面性，除保证制造企业能取得最大经济效益外，还应从社会的角度和从产品寿命循环全过程的角度考虑经济效益问题。也就是说，要以发挥最大的社会经济效益为目的，使供应链上的生产者、储运公司、销售公司、用户和产品报废处理者均能取得最大效益。

(三) 全面质量管理的要素

全面质量管理被描述成在领导、设计、规划和主动改善背后关注质量的驱动力哲学。为了能够成功地实施全面质量管理，组织必须关注以下8个关键要素：道德规范、诚实、信任、培训、团队协作、领导、沟通和赏识。全面质量管理需要这8个关键要素的帮助，这些要素可以根据各自的功能划分为以下4类：

第一类：根基，包括道德规范、诚实和信任。

第二类：建筑砖，包括培训、团队协作和领导。

第三类：黏合剂水泥，包括沟通。

第四类：屋顶，包括赏识。

1. 根基

之所以将道德规范、诚实和信任作为全面质量管理的根基，是因为这些要素十分重要，全面质量管理离开这些坚实的基础支撑，就难以全面、成功地构建起来。全面质量管理提倡开放、公正和真诚，允许每一个人介入其中，这是提高全面质量管理潜力的关键。道德规范、诚实和信任3个要素对全面质量管理起到不同的作用，并在一起发挥了较大的综合作用。

2. 建筑砖

基于道德规范、诚实和信任，培训、团队协作和领导成为获得赏识的基础。培训对于提高员工的生产率是非常重要的。管理者只在各自部门内对全面质量管理的实施负责，并向部门员工传授全面质量管理的哲学体系。要对员工进行培训，使其具备沟通的技巧，在团队内行使职责、解决问题、制定决策、分析和改善工作经营效果的能力。在全面质量管理创建和形成的初期阶段，员工应该得到相应的培训，以成为组织的有效成员。团队合作对于全面质量管理来说也是一个关键的因素，利用团队的优势，组织的业务将会得到更快和更好的问题解决方案，团队也能在方案实施过程和运营过程中得到效能提升。领导是全面质量管理中十分重要的因素，它会出现在组织中的任何一个地方。全面质量管理的领导素质要求经理人能够提供让所有下属理解的战略决策，在指导下属的过程中逐渐向其灌输价值观。为了能够使全面质量管理在公司运营中获得成功，管理者必须能够理解全面质量管理并信任它，能够通过自己在全面质量管理的日常实践中向自己的下属展示自己的理念并承担应该承担的义务。管理者要确信全面质量管理的战略、价值和目标能够在组织内得到全面贯彻并为组织指明一个集中、清晰的方向。全面质量管理中重要的一点是能够得到高层管理人员的推荐和引导。

3. 黏合剂水泥

沟通可以把任何事情都黏合在一起。全面质量管理中的每一件事情都需要沟通作为黏合剂黏合在一起。沟通可以将全面质量管理中的每一个环节联结在一起，沟通意味着信息发送者和接收者对信息有共同理解，成功的全面质量管理需要在组织成员、供应商和客户之间建立顺畅的沟通。管理者必须保持信息沟通的通畅，让所有成员都能够发送和接收到关于全面质量管理流程的信息。顺畅的沟通加上正确信息的分享是至关重要的。为了让人信赖沟通，必须保证信息的清晰，同时接收者必须能够按照信息发送者的意愿重新解释它的含义。

4. 屋顶

赏识是整个系统中的最后一个因素，它应该为团队和个人同时提供建议和绩效。员工努力争取得到团队的赏识，辨别并赏识做出贡献的员工是管理者最为重要的工作。员工受到赏识，会对其自尊、生产率、所生产产品的质量产生重大的影响。员工出色完成工作后马上就得到赏识是赏识的最佳方式。赏识有不同的方式，它可以来自高层经理的私人信件，也可以是颁奖宴会、勋章、奖品等。优秀员工应该能够在部门前、执行董事前和高层管理部门前获得赏识。赏识可以在任何时间给予，如成员大会、年度颁奖大会等。

(四) 全面质量管理的工作程序

对于全面质量管理的工作程序，美国质量管理专家戴明提出了著名的戴明循环(又称PDCA循环)，认为全面质量管理是实施提出计划(plan)、实施计划(do)、对计划的实施进行检查(check)、采取行动进行具体处理(action)4种活动的工作循环。实践证明，戴明提出的质量管理工作程序是进行质量管理的科学工作方法。

1. 计划阶段

首先确认质量问题，并在此基础上明确质量计划要达到的目标，提出质量改进的标准，然后编制质量指标和质量措施，包括制定方针、目标、计划书、管理项目等，这些质量指标和质量措施是实行质量管理的重要依据。该阶段的工作可以细化为4个步骤：

(1) 找出质量问题；

(2) 分析造成质量问题的因素；

(3) 找出影响质量的主要或关键因素；

(4) 针对主要影响因素制订解决问题的措施和计划，包括明确采取该措施的原因(why)、执行措施预期达到的目的(what)、执行措施的地点(where)、由谁来执行(who)、何时开始执行和何时完成(when)，以及如何执行(how)，通常称为5W1H。

2. 执行阶段

执行阶段就是按照所制订的质量改进计划和措施认真实施，以实现质量改进的目标。例如，根据提高产品质量的计划制定质量标准、操作规程和作业标准等，并组织相关人员实施。这是质量管理循环的第5个步骤。

3. 检查阶段

实施过程中，按照计划要求检查执行的情况和效果，及时发现实施过程中出现的问题。这是质量管理循环的第6个步骤。

4. 处理阶段

根据检查结果采取措施、巩固成绩、克服缺点、吸取教训，防止重蹈覆辙，并将未解决的遗留问题转到下一次PDCA循环中去以求解决。在该阶段中，巩固成绩、克服缺点是最重要的过程。这是质量管理循环的第7和第8个步骤。

戴明认为，整个企业的质量管理过程是一个大的PDCA循环，在这个大循环中，又包含各层机构、各个部门的PDCA循环，甚至各员工的工作，也存在PDCA循环。因此，员工、下一级部门的PDCA循环往往是上一级部门、整个企业PDCA循环的贯彻落实和具体实现，而整个组织、上一级部门的PDCA循环则是下一级部门、员工制定PDCA循环的依据。各个PDCA循环是一个有机联系的整体。全面质量管理就是这样一个大环套小环、环环相扣，使质量不断循环上升的质量管理过程。

以上只是列举的几种最常见的现代管理方法，在管理实践中，现代管理方法与技术还有很多，如量本利分析法、预测方法与技术、层次分析法、决策方法与技术、控制方法与技术、线性规划、网络计划技术等，在此不再一一赘述。

本章小结

管理方法与技术是随着社会的发展和管理实践的客观需要而产生与发展起来的。管理方法与技术的发展、丰富是管理理论及其他科学技术融合与借鉴的结果。

现代管理方法主要指“二战”后，随着现代管理理论、现代科学技术的发展而产生与发展起来的一些管理方法与技术。在管理实践中，传统管理方法历经实践的检验，依然具有强大的生命力，和现代管理方法一起，是现代管理实践不可缺少的有效工具。

通常认为，行政方法、法律方法、经济方法、教育方法是最常用和最基本的管理方法，也是传统管理方法的典型代表。

在管理实践中，管理方法的选择与使用必须结合管理的具体情境和管理变量，合理采取多种管理方法，充分发挥各种方法的作用，互为补充，构成有机的方法与技术体系。

21世纪以来，尤其是最近十年来，注重采用计算机技术、数据分析技术、偏重定量分析成为当前管理实践中管理方法与技术运用的一个主要特点。

习　题

一、选择题

1. 现代管理大师彼得·德鲁克在其著作《管理的实践》中提出的现代管理方法是(　　)。

A. 目标管理　　B. 全面质量管理
C. 网络计划方法　　D. 系统分析

2. 全面质量管理的工作程序即PDCA循环是由(　　)提出来的。

A. 朱兰　　B. 戴明
C. 费根堡　　D. 石井

3. 系统分析方法是在充分吸收(　　)学科主要思想的基础上发展起来的。

A. 计算机科学　　B. 运筹学
C. 系统科学　　D. 经济学

4. 将管理方法划分为综合性与专业性管理方法与技术，是从(　　)角度来分类的。

A. 依据管理方法与技术所依赖的学科
B. 依据管理方法与技术的属性
C. 依据管理方法与技术的时空维度
D. 依据管理方法与技术产生的时间

5. 以下管理方法中，(　　)的表现形式通常是命令、指示、指令性计划、决议、决定、规章制度等。

A. 行政方法　　B. 法律方法
C. 经济方法　　D. 教育方法

6. 在目标管理中，制定目标通常依据的原理是(　　)。

A. 管理的系统原理　　B. 管理的人本原理
C. 动态相关原理　　D. SMART原理

7. 目标管理让员工在实现目标的过程中自我管理、自我控制，其人性论基础是(　　)。

A. X理论　　B. Y理论
C. 超Y理论　　D. Z理论

二、判断题

1. 管理方法与技术是管理理论与其他多学科先进成果积极融合的产物，因而管理方法与技术也可以根据所依据的主要学科来分类。(　　)

2. 全面质量管理的思想是由美国质量管理学者在日本提出并应用发展起来的。(　　)

3. 与传统管理方法相比，强调自我控制、注重分权与成果考核是目标管理的主要特点。 ( )

4. 一般而言，一种管理思想必然以某一种人性论假设为基础，如目标管理的人性论基础就是X理论。 ( )

5. 系统分析方法是现代管理方法的基础之一。 ( )

6. 主观性、普遍性、规范性与系统性是管理方法与技术的主要特点。 ( )

7. 注重定性分析与定量分析的有机结合，是管理实践中运用管理方法的主要原则之一。 ( )

8. 管理主体、管理客体和管理方法与技术的统一性决定了管理方法与技术的产生、发展和运用要与管理主、客体的水平相适应。 ( )

三、名词解释

1. 系统分析方法 2. 目标管理 3. 全面质量管理 4. SMART原理
5. PDCA循环 6. 行政方法 7. 经济方法

四、简答题

1. 全面质量管理的工作程序是什么？
2. 简述管理方法与技术的特点。
3. 简述在管理实践中应用管理方法与技术应注意的问题？
4. 简述目标管理的步骤。
5. 简述运用经济方法应注意的问题。

参考文献

[1] 周健临. 管理学教程[M]. 上海：上海财经大学出版社，2002.
[2] 周三多，等. 管理学：原理与方法[M]. 4版. 上海：复旦大学出版社，2003.
[3] 王春利，李大伟. 管理学基础[M]. 北京：首都经济贸易大学出版社，2001.
[4] 周秀淦，宋亚非. 现代企业管理原理[M]. 3版. 北京：中国财政经济出版社，1998.
[5] 黄津孚. 现代企业管理原理[M]. 4版. 北京：首都经济贸易大学出版社，2002.
[6] 许庆瑞. 管理学[M]. 北京：高等教育出版社，2001.
[7] 单凤儒. 管理学基础[M]. 北京：高等教育出版社，2003.
[8] 杨杜. 现代管理理论[M]. 北京：中国人民大学出版社，2001.
[9] 侯炳辉. 企业信息化领导手册[M]. 北京：北京出版社，1999.
[10] 王利平. 管理学原理[M]. 北京：中国人民大学出版社，2003.
[11] 李鹏，袁霞辉. 一次读完25本管理学经典[M]. 长春：吉林人民出版社，2001.
[12] 陈忠卫，王晶晶. 企业战略管理[M]. 北京：中国统计出版社，2001.
[13] 王世良. 生产与运作管理教程：理论、方法、案例[M]. 杭州：浙江大学出版社，2002.
[14] 罗锐韧. 哈佛管理全集[M]. 北京：企业管理出版社，1999.
[15] 刘金胜. 薪酬管理实务手册[M]. 北京：机械工业出版社，2002.
[16] 刘文军，宋宏涛. 500强成功在中国[M]. 北京：兵器工业出版社，1999.
[17] 周祖城. 管理与伦理[M]. 北京：清华大学出版社，2000.
[18] 蔡树堂. 企业战略管理[M]. 北京：石油工业出版社，2001.
[19] 张一弛. 人力资源管理教程[M]. 北京：北京大学出版社，1999.
[20] 郑晓明. 现代人力资源管理导论[M]. 北京：机械工业出版社，2002.
[21] 郭克沙. MBA课程全新读本《人力资源》[M]. 北京：商务印书馆，2003.
[22] 陈荣秋. 生产与运作管理[M]. 北京：高等教育出版社，1999.
[23] 杨锡怀. 企业战略管理(理论与案例) [M]. 北京：高等教育出版社，1999.
[24] 宋维明. 管理学概论[M]. 北京：中国林业出版社，1999.
[25] 董速建，董群惠. 现代企业管理[M]. 北京：经济管理出版社，2002.
[26] 宋远方，成栋. 管理信息系统[M]. 北京：中国人民大学出版社，2000.
[27] 赖茂生. 企业信息化知识手册[M]. 北京：北京出版社，1999.
[28] 季辉. 管理学[M]. 重庆：重庆大学出版社，2017.

[29] 尤立群. 管理学[M]. 杭州：浙江大学出版社，2009.

[30] 周三多. 管理学[M]. 北京：高等教育出版社，2010.

[31] 董克用. 人力资源管理概论[M]. 4版. 北京：中国人民大学出版社，2015.

[32] 方振邦，徐东华. 战略性人力资源管理[M]. 2版. 北京：中国人民大学出版社，2015.

[33] 方振邦. 战略性绩效管理[M]. 4版. 北京：中国人民大学出版社，2014.

[34] 斯蒂芬•罗宾斯. 管理学[M]. 13版. 北京：中国人民大学出版社，2017.

[35] 赵曙明.人员培训与开发：理论、方法、工具、实务[M]. 北京：人民邮电出版社，2014.

[36] 刘昕. 薪酬管理[M]. 5版. 北京：中国人民大学出版社，2017.

[37] 程延园. 劳动关系[M]. 4版. 北京：中国人民大学出版社，2016.

[38] 李新建，孙美佳. 员工关系管理[M]. 北京：中国人民大学出版社，2015.

[39] 彼得 S.潘德，罗伯特 P.纽曼，罗兰 R.卡瓦纳. 6σ管理法：追求卓越的阶梯[M]. 北京：机械工业出版社，2001.

[40] P. F. 德鲁克. 有效管理者[M]. 北京：中国财政经济出版社，1988.

[41] 斯蒂芬 • P. 罗宾斯. 管理学[M]. 4版. 北京：中国人民大学出版社，1997.

[42] 哈罗德 • 孔茨，海因茨 • 韦里克. 管理学[M]. 9版. 北京：经济科学出版社，1993.

[43] 安妮 • 玛丽 • 弗朗西斯科，巴里 • 艾伦 • 戈尔德. 国际组织行为学[M]. 北京：中国人民大学出版社，2003.

[44] 斯蒂芬 • P. 罗宾斯. 组织行为学[M]. 7版. 北京：中国人民大学出版社，2002.

[45] 弗雷德 • R. 戴维. 战略管理[M]. 8版. 北京：经济科学出版社，2001.

[46] 彼得 • 圣吉. 第五项修炼：学习型组织的艺术与实务[M]. 上海：上海三联出版社，2000.

[47] D. A. 雷恩. 管理思想的演变[M]. 北京：中国社会科学出版社，1995.

[48] 斯坦雷 • M. 戴维斯. 企业文化的评估与管理[M]. 广州：广东教育出版社，1991.

[49] F. X. 贝尔，等. 企业管理学[M]. 上海：复旦大学出版社，1998.

[50] 迈克尔 • 波特. 竞争战略[M]. 北京：华夏出版社，1997.

[51] Stephen P. Robbins and Mary Coulter. Management (Fifth Edition). New Jersey：Prentice-Hall.

[52] H. 法约尔. 工业管理与一般管理[M]. 周安华，等，译. 北京：中国社会科学出版社，1982.

[53] M. 韦伯. 新教伦理与资本主义[M]. 于晓，等，译. 上海：三联书店，1987.

[54] H. 明茨伯格. 经理工作的性质[M]. 孙耀君，等，译. 北京：中国社会科学出版社，1986.

[55] A. D. 钱德勒. 看得见的手[M]. 北京：商务印书馆，1987.

[56] A. 奥肯. 平等与效率[M]. 王奔洲，等，译. 北京：华夏出版社，1999.

[57] A. 德赫斯. 长寿公司[M]. 王晓霞，译. 北京：经济日报出版社，1998.

[58] C. I. 巴纳德，等. 经理人员的职能[M]. 孙耀君，等，译. 北京：中国社会科学出版社，1997.

[59] D. A. 雷恩. 管理思想的演变[M]. 孔令济，译. 北京：中国社会科学出版社，1997.

[60] D. 肯尼迪. 美国企业文化[M]. 黎红雷，等，译. 广州：广东高等教育出版社，1989.

[61] E. 弗莱姆. 增长的痛苦[M]. 李剑峰，译，北京：中国经济出版社，1998.

[62] F. W. 泰罗. 科学管理原理[M]. 曹丽顺，译.北京：中国社会科学出版社，1984.

[63] F. 卡斯特，等. 组织与管理：系统与权变的方法[M]. 傅严，等，译. 北京：中国社会科学出版社，2000.

[64] G. 索罗斯. 开放社会：改革全球资本主义[M]. 北京：商务印书馆，2001.

[65] K. 盖尔西克. 家族企业的繁衍[M]. 北京：经济日报出版社，1998.

[66] H. 孔茨，等. 管理学[M]. 郝国华，译. 北京：经济科学出版社，1993.

[67] H. 西斯克. 工业管理与组织[M]. 段文燕，等，译. 北京：中国社会科学出版社，1985.

[68] H. 明茨伯格，等. 战略历程：纵览战略管理学派[M]. 刘瑞红，等，译. 北京：机械工业出版社，2002.

[69] I. 爱迪生. 企业生命周期[M]. 赵睿，译. 北京：中国社会科学出版社，1997.

[70] J. C. 柯林斯. 基业长青[M]. 北京：中信出版社，2002.

[71] J. F. 穆尔. 竞争的衰亡：商业生态系统时代的领导与战略[M]. 梁骏，等，译. 北京：北京出版社，1999.

[72] J. S. 穆顿，等. 新管理方格[M]. 孔令济，等，译. 北京：中国社会科学出版社，1986.

[73] J. 班佛尼斯特. 合成21世纪[M]. 王强，译. 西安：陕西旅游出版社，1998.

[74] J. 科特. 变革的力量：领导与管理的差异[M]. 方云军，等，译. 北京：华夏出版社，1997.

[75] J. 科特. 总经理[M]. 李晓涛，等，译. 北京：华夏出版社，1997.

[76] J. 伊万诺维奇，等. 管理与组织行为经典文献[M]. 李国杰，等，译. 北京：机械工业出版社，2000.

[77] J. 熊彼特. 经济发展理论[M]. 何畏，等，译. 北京：商务印书馆，1990.

[78] K. 普瑞斯，等. 以合作竞争[M]. 武康平，等，译. 沈阳：辽宁教育出版社，1998.

[79] L. 艾柯卡. 拯救沉船：艾柯卡自传[M]. 吴仁勇，等，译. 北京：华夏出版社，1997.

[80] L. 彼德. 彼德原理[M]. 北京：中国文联出版社，1996.

[81] L. 查兰. 执行[M]. 北京：机械工业出版社，2003.

[82] L. 米勒. 美国企业精神[M]. 尉腾蛟，译. 北京：中国友谊出版公司，1985.